# Jyn Fael

*Kampf für Sprachrechte der Biolumineszenz auf Yvenis Prime*

Keiko Nascimento

*ISBN: 9781998610426*
*Imprint: Telephasischewerkstatt*
Copyright © 2024 Keiko Nascimento.
All Rights Reserved.

# Contents

**Einleitung** 1
Die Anfänge von Jyn Fael 1

**Der Aufstieg eines Aktivisten** 25
Der Einfluss von Bildung 25
Die Entstehung der Bewegung 47

**Die Herausforderungen des Aktivismus** 71
Widerstand und Rückschläge 71
Die Suche nach Verbündeten 93

**Bibliography** 97

**Der Kampf um die Sprachrechte** 117
Die Bedeutung der Sprache 117
Die großen Kampagnen 137

**Der Weg zur Anerkennung** 161
Die politischen Veränderungen 161
Der Blick in die Zukunft 185

**Der Einfluss von Jyn Fael** 209
Die Inspiration für die nächste Generation 209

**Bibliography** 215
Die dauerhafte Wirkung der Bewegung 232

**Index** 257

# Einleitung

## Die Anfänge von Jyn Fael

### Geburt und Kindheit in den Lichtwäldern

Jyn Fael wurde in den strahlenden Lichtwäldern von Yvenis Prime geboren, einem Ort, der von einer einzigartigen Biolumineszenz geprägt ist. Diese Wälder, die in schillernden Farben leuchten, sind nicht nur die Heimat der Biolumineszenten, sondern auch ein Symbol für deren kulturelle Identität. Die Lichtwälder sind ein lebendiges Ökosystem, in dem jede Pflanze und jedes Lebewesen in einer symbiotischen Beziehung zueinander steht. Die Farben und Muster der Biolumineszenz sind nicht nur ästhetisch, sondern auch funktional; sie dienen als Kommunikationsmittel und spielen eine entscheidende Rolle in der sozialen Struktur der Biolumineszenten.

Die Geburt von Jyn war ein Ereignis, das von den Ältesten der Gemeinschaft gefeiert wurde. In der Tradition der Biolumineszenten wird die Geburt eines Kindes mit einem Ritual verbunden, das die Verbindung zwischen dem Neugeborenen und den Lichtwäldern symbolisiert. Während dieser Zeremonie wurden die Eltern von der Gemeinschaft umgeben, und die Farben ihrer Haut leuchteten in verschiedenen Tönen, die die Freude und Hoffnung widerspiegelten, die mit der Geburt eines neuen Lebens verbunden sind. Diese Tradition verdeutlicht die kulturelle Prägung, die Jyn von klein auf erfahren sollte.

$$C = \int_a^b f(x)\, dx \tag{1}$$

Hierbei steht $C$ für die kulturelle Identität, die durch die Erfahrungen und Traditionen in den Lichtwäldern geprägt wird. Die Funktion $f(x)$ repräsentiert die Vielzahl der Einflüsse, die auf Jyn während ihrer Kindheit wirken, während die Grenzen $a$ und $b$ die Zeitspanne ihrer frühen Jahre darstellen. Diese mathematische Darstellung verdeutlicht, wie die verschiedenen kulturellen Elemente in Jyns Leben zusammenkommen, um ihre Identität zu formen.

In den ersten Jahren ihres Lebens war Jyn von der Schönheit und den Geheimnissen der Lichtwälder umgeben. Ihre Kindheit war geprägt von Spielen im schimmernden Licht, dem Erforschen der Flora und Fauna sowie dem Erlernen der traditionellen Geschichten, die von Generation zu Generation weitergegeben wurden. Diese Geschichten, oft in Form von Tanz und Musik erzählt, waren nicht nur Unterhaltung, sondern auch eine wichtige Quelle des Wissens über die eigene Identität und die Bedeutung der Biolumineszenz.

Die ersten Begegnungen mit den Menschen fanden statt, als Jyn etwa fünf Jahre alt war. Diese Begegnungen waren sowohl faszinierend als auch herausfordernd. Die Menschen, die von anderen Planeten kamen, waren oft neugierig, aber auch unverständlich gegenüber den kulturellen Praktiken der Biolumineszenten. Jyn erlebte, wie ihre Gemeinschaft von den Menschen als „anders" wahrgenommen wurde, was zu ersten Konflikten führte. Diese Konflikte waren nicht nur sprachlicher Natur, sondern umfassten auch tiefere kulturelle Missverständnisse.

Die Bedeutung der Biolumineszenz in Jyns Leben kann nicht hoch genug eingeschätzt werden. Sie war nicht nur ein physisches Merkmal, sondern auch ein Ausdruck der Emotionen und der sozialen Bindungen innerhalb ihrer Gemeinschaft. Das Leuchten ihrer Haut war ein Kommunikationsmittel, das es ihr ermöglichte, ihre Gefühle und Gedanken auf eine Weise auszudrücken, die Worte oft nicht vermochten. Diese Form der Kommunikation war sowohl ein Segen als auch eine Herausforderung, insbesondere in der Interaktion mit den Menschen, die eine andere Form der Kommunikation bevorzugten.

Jyns erste Worte waren von großer Bedeutung. Sie waren nicht nur der Beginn ihrer sprachlichen Entwicklung, sondern auch ein Zeichen ihrer Identität. Ihre ersten Worte, die sie in einem Moment der Freude aussprach, waren „Licht" und „Gemeinschaft". Diese Worte spiegelten die Werte und Überzeugungen wider, die ihr von ihren Eltern und der Gemeinschaft vermittelt wurden. Sie waren eine Erinnerung an die Verbundenheit mit den Lichtwäldern und der Verantwortung, die sie als Teil dieser Gemeinschaft hatte.

Die kulturelle Prägung durch die Eltern spielte eine entscheidende Rolle in Jyns Entwicklung. Ihre Mutter, eine angesehene Geschichtenerzählerin, vermittelte ihr die Traditionen und Werte der Biolumineszenten. Ihr Vater, ein talentierter Künstler, inspirierte sie, die Welt um sich herum durch kreativen Ausdruck zu interpretieren. Diese Einflüsse waren entscheidend für die Entwicklung von Jyns Identität und ihrem späteren Engagement für die Rechte ihrer Gemeinschaft.

Die ersten Konflikte mit den Menschen traten auf, als Jyn versuchte, ihre Kultur und Identität zu verteidigen. Sie erlebte, wie ihre Gemeinschaft oft missverstanden und marginalisiert wurde. Diese Erfahrungen führten zu einer tiefen Reflexion über ihre eigene Identität und die Bedeutung von Sprache und Kommunikation. Die Auseinandersetzungen mit den Menschen waren nicht nur Herausforderungen, sondern auch Gelegenheiten für Jyn, ihre Stimme zu finden und für die Rechte ihrer Gemeinschaft einzutreten.

Die Entdeckung ihrer eigenen Identität war ein Prozess, der von der Unterstützung ihrer Gemeinschaft geprägt war. Jyn fand Trost und Stärke in den Beziehungen zu ihren Freunden und Mentoren, die sie ermutigten, ihre Stimme zu erheben. Diese frühen Freundschaften waren entscheidend, um ein Gefühl der Zugehörigkeit zu entwickeln und die Herausforderungen des Lebens in den Lichtwäldern zu meistern.

Die Rolle der Gemeinschaft in Jyns Kindheit war von zentraler Bedeutung. Die Biolumineszenten lebten in einem Netzwerk von Unterstützung und Solidarität, das es ihnen ermöglichte, Herausforderungen gemeinsam zu bewältigen. Diese Gemeinschaft war nicht nur ein Ort der Sicherheit, sondern auch ein Raum, in dem Jyns Träume von Veränderung geboren wurden. Die ersten Träume von Veränderung, die in Jyns Herzen keimten, waren geprägt von der Hoffnung, dass ihre Kultur und ihre Sprache eines Tages anerkannt und respektiert werden würden.

Insgesamt war Jyn Faels Kindheit in den Lichtwäldern eine Phase der Entdeckung, des Lernens und des Wachstums. Die Erfahrungen, die sie in dieser Zeit machte, legten den Grundstein für ihren späteren Aktivismus und ihr Engagement für die Sprachrechte der Biolumineszenten. Diese frühen Jahre prägten nicht nur ihre Identität, sondern auch ihre Vision für eine bessere Zukunft, in der die Stimmen der Biolumineszenten gehört und respektiert werden würden.

## Die ersten Begegnungen mit den Menschen

Die ersten Begegnungen von Jyn Fael mit den Menschen waren prägend für ihre Entwicklung und ihren späteren Aktivismus. In den Lichtwäldern von Yvenis Prime, wo die Biolumineszenz nicht nur die Nacht erhellte, sondern auch die Seelen der Bewohner nährte, war das Aufeinandertreffen mit den Menschen ein faszinierendes, aber auch herausforderndes Erlebnis.

## Die Neugier und das Unverständnis

Jyn war von Natur aus neugierig. Ihre ersten Begegnungen fanden in den Übergangszeiten zwischen Tag und Nacht statt, wenn die Menschen die Lichtwälder betraten, um die einzigartigen biolumineszenten Phänomene zu beobachten. Diese ersten Begegnungen waren oft von einem Gefühl des Staunens geprägt, sowohl von den Menschen als auch von Jyn. Der Mensch, der in seiner physischen Erscheinung und kulturellen Prägung so anders war, stellte für Jyn eine Herausforderung dar, die sie nicht ignorieren konnte.

Ein Beispiel für diese Neugier war der Moment, als Jyn eine Gruppe von Menschen sah, die mit ihren Geräten versuchten, die Biolumineszenz zu messen. Sie waren fasziniert von den Farben und Mustern, die sich in der Dunkelheit entfalteten. Jyn, die die Fähigkeit hatte, diese Farben bewusst zu steuern, fühlte sich sowohl angezogen als auch verunsichert. Sie stellte sich die Frage: *„Wie können sie meine Welt verstehen, wenn sie nicht die Sprache des Lichts sprechen?"*

## Kulturelle Missverständnisse

Die ersten Begegnungen waren nicht immer harmonisch. Es gab zahlreiche Missverständnisse zwischen den Menschen und den Bewohnern der Lichtwälder. Die Menschen betrachteten die Biolumineszenz oft als ein einfaches Naturphänomen, während Jyn und ihre Gemeinschaft darin eine tiefere kulturelle Bedeutung sahen. Diese Differenz in der Wahrnehmung führte zu Konflikten.

Ein konkretes Beispiel war die erste öffentliche Demonstration, bei der Jyn versuchte, den Menschen die Bedeutung der Biolumineszenz näherzubringen. Sie verwendete ihre biolumineszenten Fähigkeiten, um eine Geschichte zu erzählen, die die Verbindung zwischen Licht und Identität darstellte. Die Menschen jedoch waren mehr an den wissenschaftlichen Aspekten interessiert und schenkten Jyns kulturellem Ausdruck wenig Beachtung. Dies führte zu einem Gefühl der Entfremdung und des Unverständnisses, das Jyns frühe Wahrnehmung der Menschen prägte.

## Die Entstehung der ersten Freundschaften

Trotz der Herausforderungen gab es auch positive Begegnungen. Eine der ersten Freundschaften, die Jyn schloss, war mit einem jungen Menschen namens Leo. Leo war ein Student der Linguistik, der sich für die Sprachen der Biolumineszenz interessierte. Er war von Jyns Fähigkeit fasziniert, ihre Emotionen durch Licht auszudrücken. Diese Freundschaft stellte eine Brücke zwischen den Kulturen dar und half Jyn, die Menschen besser zu verstehen.

# DIE ANFÄNGE VON JYN FAEL

Die Interaktionen mit Leo führten zu einem tiefgreifenden Austausch von Ideen. Sie begannen, die Konzepte von Sprache und Kommunikation zu erforschen. Jyn entdeckte, dass die Menschen nicht nur durch Worte, sondern auch durch Gesten und Mimik kommunizierten. Dies war eine wichtige Erkenntnis für sie, da sie begann, ihre eigene Kommunikationsweise zu hinterfragen und zu erweitern.

## Die Herausforderungen der Kommunikation

Ein zentrales Problem, das Jyn bei ihren ersten Begegnungen mit den Menschen begegnete, war die Herausforderung der Kommunikation. Die Menschen verwendeten eine Vielzahl von Sprachen, während Jyn und ihre Gemeinschaft eine Form der Kommunikation entwickelt hatten, die auf Licht und Farbe basierte. Diese Unterschiede führten oft zu Missverständnissen.

Um diese Barrieren zu überwinden, begann Jyn, verschiedene Kommunikationsstrategien zu entwickeln. Sie experimentierte mit der Verwendung von Licht als eine universelle Sprache, die Gefühle und Gedanken über kulturelle Grenzen hinweg vermitteln konnte. Diese Idee führte zu einer Reihe von kreativen Projekten, die darauf abzielten, die Menschen durch Licht zu verbinden.

## Die Bedeutung der ersten Begegnungen

Die ersten Begegnungen mit den Menschen waren entscheidend für Jyns Entwicklung als Aktivistin. Sie lehrten sie, dass Verständnis und Empathie die Schlüssel zu einer besseren Kommunikation zwischen Kulturen sind. Jyn erkannte, dass es notwendig war, Brücken zu bauen und Dialoge zu fördern, um die Sprachrechte der Biolumineszenz zu verteidigen.

Insgesamt waren Jyns erste Begegnungen mit den Menschen sowohl herausfordernd als auch bereichernd. Sie legten den Grundstein für ihre spätere Arbeit und ihr Engagement für die Rechte ihrer Gemeinschaft. Diese Erfahrungen formten nicht nur ihre Identität, sondern auch ihre Vision für eine inklusive und mehrsprachige Gesellschaft auf Yvenis Prime.

$$E = mc^2 \tag{2}$$

## Die Bedeutung der Biolumineszenz

Die Biolumineszenz ist ein faszinierendes Phänomen, das in der Natur vorkommt und eine entscheidende Rolle in der Kultur und Identität der Bewohner von Yvenis

Prime spielt. Diese Fähigkeit, Licht zu erzeugen, wird von verschiedenen Organismen genutzt, um mit ihrer Umgebung zu kommunizieren, sich zu verteidigen oder Nahrung zu finden. Für Jyn Fael und ihre Gemeinschaft hat die Biolumineszenz nicht nur biologische, sondern auch kulturelle und soziale Bedeutung.

## Biologische Grundlagen der Biolumineszenz

Biolumineszenz ist das Ergebnis chemischer Reaktionen, die in lebenden Organismen stattfinden. Diese Reaktionen sind oft das Resultat der Interaktion von zwei Hauptkomponenten: *Luciferin* und *Luciferase*. Luciferin ist das lichtemittierende Molekül, während Luciferase das Enzym ist, das die Reaktion katalysiert. Die allgemeine Reaktionsgleichung kann vereinfacht wie folgt dargestellt werden:

$$\text{Luciferin} + O_2 \xrightarrow{\text{Luciferase}} \text{Oxyluciferin} + \text{Licht} \qquad (3)$$

Diese Fähigkeit zur Lichtemission ist nicht nur ein biologisches Wunder, sondern auch ein wichtiges Kommunikationsmittel. In den Lichtwäldern von Yvenis Prime nutzen die Bewohner diese Fähigkeit, um miteinander zu interagieren und ihre Emotionen auszudrücken.

## Kulturelle Bedeutung der Biolumineszenz

In der Kultur von Jyn Faels Gemeinschaft ist Biolumineszenz weit mehr als nur ein biologisches Phänomen. Es ist ein Symbol für Identität und Zusammengehörigkeit. Die verschiedenen Farben und Muster des Lichts, das die Bewohner erzeugen, haben spezifische Bedeutungen und werden in Ritualen, Festen und sogar in der Kunst verwendet.

Ein Beispiel hierfür ist das jährliche Fest der Lichter, bei dem die gesamte Gemeinschaft zusammenkommt, um ihre Biolumineszenz zu feiern. Während dieses Festes werden Lieder und Tänze aufgeführt, die die Geschichten der Vorfahren erzählen und die Bedeutung des Lichts in der Identität der Gemeinschaft betonen. Jyn Fael, als aufstrebende Aktivistin, erkennt, dass diese Traditionen nicht nur zur kulturellen Identität beitragen, sondern auch eine Plattform bieten, um für die Rechte ihrer Gemeinschaft zu kämpfen.

## Herausforderungen durch die menschliche Interaktion

Die Begegnungen mit den Menschen, die auf Yvenis Prime leben, haben jedoch auch Herausforderungen mit sich gebracht. Während die Menschen die Biolumineszenz faszinierend finden, neigen sie oft dazu, sie zu missverstehen oder zu ignorieren. Dies führt zu einem Verlust von kulturellem Erbe und Identität, da die Menschen versuchen, sich den menschlichen Normen und Erwartungen anzupassen.

Ein Beispiel für diese Herausforderung ist die Einführung von Technologien, die die natürliche Biolumineszenz der Bewohner ersetzen oder unterdrücken sollen. Diese Technologien, die oft als „Fortschritt" betrachtet werden, gefährden die kulturellen Praktiken und die Verbindung zur Natur, die für die Biolumineszenz von zentraler Bedeutung sind. Jyn Fael sieht in diesen Entwicklungen eine Bedrohung und erkennt die Notwendigkeit, für die Erhaltung ihrer kulturellen Identität und die Rechte auf Sprach- und Lichtkommunikation zu kämpfen.

## Die Rolle der Biolumineszenz im Aktivismus

Die Biolumineszenz wird auch zu einem Werkzeug im Aktivismus von Jyn Fael. Sie nutzt die visuelle Kraft des Lichts, um Aufmerksamkeit auf die Anliegen ihrer Gemeinschaft zu lenken. Bei Demonstrationen und öffentlichen Reden verwendet sie Lichtinstallationen und kreative Ausdrucksformen, um die Botschaft ihrer Bewegung zu verstärken.

Ein besonders einprägsames Beispiel ist die Verwendung von leuchtenden Bannern, die während einer Protestaktion gegen die Unterdrückung der Biolumineszenzrechte gezeigt wurden. Diese Banner, die in verschiedenen Farben leuchteten, symbolisierten die Vielfalt und den Reichtum der Kulturen auf Yvenis Prime und forderten die Anerkennung und den Respekt für die biolumineszenten Fähigkeiten der Bewohner.

## Schlussfolgerung

Die Bedeutung der Biolumineszenz für Jyn Fael und ihre Gemeinschaft ist tief verwurzelt in biologischen, kulturellen und sozialen Aspekten. Sie ist nicht nur ein Zeichen der Identität, sondern auch ein kraftvolles Werkzeug im Kampf für die Rechte der Biolumineszenz. Jyns Engagement für die Erhaltung und Förderung dieser einzigartigen Fähigkeit ist ein zentraler Bestandteil ihres Aktivismus und ihrer Vision für eine inklusive und respektvolle Zukunft auf Yvenis Prime. Die Biolumineszenz leuchtet nicht nur in der Dunkelheit der Lichtwälder, sondern auch als Licht der Hoffnung für die kommenden Generationen.

## Jyns erste Worte und ihre Bedeutung

Die ersten Worte von Jyn Fael sind nicht nur der Beginn ihrer sprachlichen Reise, sondern auch ein Fenster in die kulturelle Identität der Biolumineszenten. Diese Worte, die in den Lichtwäldern von Yvenis Prime geformt wurden, tragen eine tiefere Bedeutung, die weit über die bloße Kommunikation hinausgeht. Sie sind ein Ausdruck von Emotion, Gemeinschaft und der Verbindung zur Natur.

## Die Entstehung von Jyns Sprache

In der frühen Kindheit von Jyn war die Sprache nicht nur ein Werkzeug zur Verständigung, sondern auch ein integraler Bestandteil ihrer Identität. Die Biolumineszenten kommunizieren durch eine Kombination aus Lichtsignalen und akustischen Tönen, die in ihrer Kultur als *Lichtsprache* bekannt sind. Jyns erste Worte waren oft von einem sanften Glühen begleitet, das die Emotionen hinter den Worten verstärkte.

$$\text{Lichtsprache} = \text{Akustische Töne} + \text{Biolumineszente Signale} \qquad (4)$$

Diese einzigartige Form der Kommunikation stellt sicher, dass die Bedeutung nicht nur durch den Klang, sondern auch durch visuelle Elemente vermittelt wird. Jyns erste Worte, wie „*Gleam*" (Glanz) und „*Harmonie*", symbolisieren die Verbindung zur Natur und die harmonische Koexistenz mit ihrer Umgebung.

## Die Bedeutung der ersten Worte

Die Bedeutung dieser ersten Worte ist vielschichtig. „*Gleam*" steht nicht nur für das Licht, das die Wälder erhellt, sondern auch für Hoffnung und Inspiration. Es ist ein Wort, das die Biolumineszenz verkörpert, die sowohl in der Natur als auch in der Kultur von Jyns Volk eine zentrale Rolle spielt.

$$\text{Bedeutung}(x) = \text{Symbolik}(x) + \text{Kulturelle Relevanz}(x) \qquad (5)$$

Jyns zweites Wort, „*Harmonie*", reflektiert den tiefen Wunsch nach Frieden und Zusammenarbeit innerhalb ihrer Gemeinschaft und mit den Menschen. Es ist ein Aufruf zur Einheit und zum Verständnis zwischen den verschiedenen Kulturen, die auf Yvenis Prime existieren.

## Die Herausforderungen der Kommunikation

Trotz der Schönheit und Tiefe ihrer ersten Worte sah sich Jyn mit Herausforderungen konfrontiert, als sie mit den Menschen in Kontakt trat. Die

Unterschiede in der Sprache und der Kommunikationsweise führten oft zu Missverständnissen. Die Menschen, die eine rein akustische Sprache verwendeten, konnten die Nuancen der Lichtsprache nicht vollständig erfassen. Dies führte zu Frustrationen auf beiden Seiten und stellte Jyn vor die Herausforderung, eine Brücke zwischen den Kulturen zu schlagen.

$$\text{Missverständnis} = \text{Unterschiede in der Kommunikation} + \text{Fehlende Übersetzung} \tag{6}$$

Die ersten Konflikte, die Jyn erlebte, waren oft das Ergebnis dieser Kommunikationsschwierigkeiten. Sie lernte schnell, dass es nicht nur wichtig war, Worte zu finden, sondern auch, die Emotionen und Bedeutungen, die sie transportierten, klar zu vermitteln.

## Die Rolle der Gemeinschaft

Die Gemeinschaft spielte eine entscheidende Rolle in der Entwicklung von Jyns Sprache und ihrer ersten Worte. Die Unterstützung ihrer Familie und Freunde half ihr, Selbstvertrauen zu gewinnen und ihre Stimme zu finden. In den Lichtwäldern, wo die Werte von Solidarität und Zusammenarbeit hochgehalten werden, wurde Jyns sprachliche Entwicklung von einem Gefühl der Zugehörigkeit genährt.

$$\text{Gemeinschaft} = \text{Unterstützung} + \text{Kulturelle Werte} \tag{7}$$

Die ersten Worte von Jyn Fael sind somit nicht nur ein persönlicher Meilenstein, sondern auch ein Symbol für den kulturellen Reichtum und die Herausforderungen, die mit der Kommunikation zwischen verschiedenen Spezies einhergehen. Sie markieren den Beginn eines lebenslangen Kampfes für die Anerkennung der Biolumineszenz und ihrer Bedeutung in der intergalaktischen Gemeinschaft.

## Fazit

Insgesamt sind Jyns erste Worte ein faszinierendes Beispiel für die Schnittstelle zwischen Sprache, Identität und Kultur. Sie zeigen, wie wichtig es ist, die eigene Stimme zu finden und die kulturelle Vielfalt zu feiern. Jyns Reise als Aktivistin begann mit diesen einfachen, aber bedeutungsvollen Worten und legte den Grundstein für ihren späteren Kampf um die Sprachrechte der Biolumineszenten auf Yvenis Prime.

## Die kulturelle Prägung durch die Eltern

Die kulturelle Prägung eines Individuums beginnt oft im frühen Kindesalter und wird maßgeblich durch die Familie, insbesondere durch die Eltern, beeinflusst. In der Geschichte von Jyn Fael, der Protagonistin unserer Erzählung, spielt die Rolle ihrer Eltern eine entscheidende Rolle bei der Formung ihrer Identität und ihrer Werte. Diese Prägung ist nicht nur emotional, sondern auch intellektuell und kulturell.

### Eltern als erste Lehrer

Eltern fungieren als die ersten Lehrer ihrer Kinder und vermitteln grundlegende Werte, Normen und kulturelle Praktiken. Laut der Sozialisationstheorie von [?] sind die ersten sozialen Interaktionen entscheidend für die Entwicklung des Selbstkonzepts. Jyns Eltern, beide Mitglieder der biolumineszenten Gemeinschaft auf Yvenis Prime, waren sich dieser Verantwortung bewusst und legten großen Wert auf die Weitergabe ihrer kulturellen Traditionen.

### Biolumineszenz als kulturelles Symbol

Die Biolumineszenz, die in Jyns Heimatwelt eine zentrale Rolle spielt, wird nicht nur als biologisches Phänomen betrachtet, sondern auch als kulturelles Symbol. Die Fähigkeit ihrer Eltern, durch Lichtsignale zu kommunizieren, beeinflusste Jyns frühe Wahrnehmung von Identität und Gemeinschaft. Diese Form der Kommunikation ist nicht nur funktional, sondern auch tief in der kulturellen Identität verwurzelt. [?] argumentiert, dass Sprache und Symbole entscheidend für das Verständnis der eigenen Kultur sind. Jyns erste Worte, die sie in der biolumineszenten Sprache ihrer Eltern lernte, waren daher nicht nur Worte, sondern Träger ihrer kulturellen Identität.

### Werte und Normen

Jyns Eltern vermittelten ihr wichtige Werte wie Respekt, Solidarität und den Glauben an die eigene Stimme. Diese Werte wurden durch Geschichten und Traditionen weitergegeben, die sie in der Familie teilten. Die Theorie des sozialen Lernens von [?] besagt, dass Kinder durch Nachahmung lernen. Jyn beobachtete, wie ihre Eltern sich für die Rechte der Biolumineszenten einsetzten, und diese Beobachtungen prägten ihre eigenen Überzeugungen und Handlungen.

## Konflikte und Herausforderungen

Trotz der positiven Einflüsse gab es auch Herausforderungen. Die ersten Konflikte mit den Menschen führten zu Spannungen innerhalb der Familie. Jyns Eltern mussten oft zwischen der Bewahrung ihrer kulturellen Identität und dem Druck, sich anzupassen, balancieren. Diese Spannungen sind ein Beispiel für das Konzept des kulturellen Dissonanz, das von [?] beschrieben wird. Jyn erlebte, wie ihre Eltern versuchten, ihre biolumineszente Identität in einer zunehmend homogenisierten Gesellschaft zu bewahren, was zu innerfamiliären Konflikten führte.

## Mentoren und Vorbilder

Die Rolle von Jyns Eltern als Mentoren kann nicht übersehen werden. Sie waren nicht nur ihre ersten Lehrer, sondern auch ihre ersten Vorbilder. Jyns Mutter, eine talentierte Künstlerin, nutzte ihre Kunst, um die Schönheit der biolumineszenten Kultur zu vermitteln. Dies inspirierte Jyn, selbst kreativ zu werden und ihre eigene Stimme zu finden. Die Theorie der Vorbilder von [?] unterstreicht die Bedeutung von Vorbildern in der Entwicklung von Selbstwirksamkeit und Identität. Jyns Vater, ein engagierter Aktivist, zeigte ihr, wie wichtig es ist, für die eigenen Überzeugungen einzustehen.

## Die Rolle der Gemeinschaft

Die kulturelle Prägung durch die Eltern fand nicht im Vakuum statt. Die Gemeinschaft spielte eine entscheidende Rolle in Jyns Entwicklung. Ihre Eltern förderten die Teilnahme an gemeinschaftlichen Aktivitäten, die das Gefühl der Zugehörigkeit stärkten. Laut [?] ist soziales Kapital entscheidend für die Entwicklung von Gemeinschaften und Individuen. Jyns frühe Freundschaften und die Unterstützung ihrer Gemeinschaft waren integrale Bestandteile ihrer kulturellen Identität.

## Schlussfolgerung

Zusammenfassend lässt sich sagen, dass die kulturelle Prägung durch Jyns Eltern einen tiefgreifenden Einfluss auf ihre Identität und ihren Aktivismus hatte. Die Werte, die sie von ihren Eltern erlernte, die Bedeutung der Biolumineszenz als kulturelles Symbol und die Herausforderungen, die ihre Familie durchlebte, formten Jyn zu der Aktivistin, die sie später wurde. Die Theorie der sozialen Identität von [?] zeigt, dass die Zugehörigkeit zu einer bestimmten Gruppe, in diesem Fall der biolumineszenten Gemeinschaft, entscheidend für das Selbstverständnis ist. Jyns Geschichte ist ein Beispiel dafür, wie Eltern und Gemeinschaften zusammenwirken, um die Identität und den Aktivismus der nächsten Generation zu formen.

## Die ersten Konflikte mit den Menschen

Die ersten Konflikte zwischen Jyn Fael und den Menschen auf Yvenis Prime waren ein entscheidender Moment in ihrer Entwicklung als Aktivistin. Diese Konflikte waren nicht nur persönliche Auseinandersetzungen, sondern auch Ausdruck tiefer kultureller Missverständnisse und der Herausforderungen, die mit der Interaktion zwischen verschiedenen Spezies einhergingen.

## Kulturelle Missverständnisse

Die Menschen und die Bioluminszenten hatten unterschiedliche Kommunikationsstile und kulturelle Normen, die oft zu Missverständnissen führten. Während die Menschen verbal kommunizierten, drückten die Bioluminszenten ihre Emotionen und Gedanken durch Lichtmuster aus. Diese Unterschiede führten häufig zu Verwirrung und Frustration. Ein Beispiel dafür war der erste Schultag von Jyn, als sie versuchte, sich mit ihren Mitschülern zu verständigen. Ihre Versuche, durch biolumineszente Signale zu kommunizieren, wurden oft nicht verstanden, was zu einem Gefühl der Isolation führte.

$$\text{Missverständnis} = \text{Kulturelle Normen} + \text{Kommunikationsstil} \tag{8}$$

Hierbei ist *Missverständnis* das Ergebnis von *Kulturellen Normen* und dem *Kommunikationsstil* der jeweiligen Spezies. Die Biolumineszenz, die für Jyn eine natürliche Ausdrucksform war, wurde von den Menschen oft als seltsam oder unverständlich wahrgenommen.

## Diskriminierung und Vorurteile

Ein weiterer Konfliktpunkt war die Diskriminierung, die Jyn und andere Bioluminszenten erfuhren. Viele Menschen hatten Vorurteile gegenüber den Bioluminszenten, die auf Unkenntnis und Angst vor dem Unbekannten beruhten. Diese Vorurteile führten zu offener Diskriminierung, wie zum Beispiel der Weigerung, mit Jyn in der Schule zu interagieren oder sie in Gruppenarbeiten einzubeziehen. Diese Erfahrungen prägten Jyns Identität und ihren Wunsch, für die Rechte ihrer Gemeinschaft zu kämpfen.

$$\text{Diskriminierung} = \text{Vorurteile} + \text{Unkenntnis} \qquad (9)$$

In dieser Gleichung ist *Diskriminierung* das Resultat von *Vorurteilen* und *Unkenntnis* über die Biolumineszenten. Jyns Erfahrungen in der Schule verdeutlichten, wie wichtig es war, diese Vorurteile abzubauen und das Verständnis zwischen den Spezies zu fördern.

## Der erste Konflikt

Der erste bedeutende Konflikt ereignete sich während eines Schulausflugs, als Jyn versuchte, ihre Mitschüler über die Bedeutung der Biolumineszenz aufzuklären. Sie hatte ein Projekt vorbereitet, in dem sie die verschiedenen Lichtmuster erklärte, die ihre Spezies zur Kommunikation verwendete. Doch ihre Mitschüler reagierten mit Spott und Ablehnung. Jyn fühlte sich nicht nur verletzt, sondern auch motiviert, für ihre Rechte und die ihrer Gemeinschaft einzutreten.

$$\text{Konflikt} = \text{Missverständnis} + \text{Emotionale Reaktion} \qquad (10)$$

Hier beschreibt die Gleichung, dass *Konflikte* aus einem *Missverständnis* und der *emotionalen Reaktion* der Beteiligten resultieren. Jyns Entschluss, sich gegen die Diskriminierung zu wehren, war der erste Schritt in ihrer Aktivismusreise.

## Die Rolle der Gemeinschaft

Die Konflikte, die Jyn erlebte, hatten nicht nur Auswirkungen auf sie persönlich, sondern auch auf ihre Gemeinschaft. Die Biolumineszenten begannen, sich zusammenzuschließen, um gegen die Diskriminierung zu kämpfen. Sie organisierten Treffen, um ihre Erfahrungen auszutauschen und Strategien zu entwickeln, wie sie sich gegenüber den Menschen behaupten konnten. Diese Solidarität war entscheidend für Jyns Entwicklung als Aktivistin und legte den Grundstein für die späteren Bemühungen um Sprachrechte.

$$\text{Solidarität} = \sum_{i=1}^{n} \text{Erfahrungen}_i \qquad (11)$$

In dieser Gleichung zeigt *Solidarität* die Summe aller *Erfahrungen* der Mitglieder der Gemeinschaft. Jyns Fähigkeit, ihre Erfahrungen zu teilen und andere zu inspirieren, half, eine starke Bewegung zu bilden, die sich gegen die Vorurteile der Menschen richtete.

## Schlussfolgerung

Die ersten Konflikte mit den Menschen waren für Jyn Fael nicht nur eine Herausforderung, sondern auch eine Quelle der Inspiration. Sie lehrten sie, dass der Kampf um Anerkennung und Verständnis ein gemeinsames Unterfangen ist, das die Unterstützung der gesamten Gemeinschaft erfordert. Diese Lektionen waren entscheidend für Jyns zukünftige Rolle als Bürgerrechtsaktivistin und für die Bewegung, die sie ins Leben rief.

Die Erfahrungen, die Jyn in ihrer Kindheit machte, prägten nicht nur ihre Identität, sondern auch den Weg für eine größere Bewegung, die die Sprachrechte der Biolumineszenten verteidigen sollte. Der Kampf gegen Diskriminierung und Vorurteile war der erste Schritt auf einem langen Weg zur Anerkennung und zum Respekt für die Vielfalt der Kulturen und Sprachen auf Yvenis Prime.

## Die Entdeckung der eigenen Identität

Die Entdeckung der eigenen Identität ist ein zentraler Aspekt im Leben von Jyn Fael, der nicht nur ihre persönliche Entwicklung prägt, sondern auch die Grundlage für ihr späteres Engagement für die Sprachrechte der Biolumineszenz auf Yvenis Prime bildet. In dieser Phase ihrer Kindheit wird Jyn mit den Fragen konfrontiert, die viele junge Menschen bewegen: Wer bin ich? Wo gehöre ich hin? Und wie beeinflussen meine Wurzeln und meine Umgebung meine Identität?

## Kulturelle Einflüsse

Jyn wächst in den Lichtwäldern von Yvenis Prime auf, einem Ort, der reich an biolumineszenten Pflanzen und Kreaturen ist. Diese Umgebung prägt nicht nur ihre Sinne, sondern auch ihre Wahrnehmung der Welt. Die Farben und Lichter, die sie umgeben, sind nicht nur ästhetisch, sondern auch symbolisch. Sie repräsentieren die Vielfalt und den Reichtum ihrer Kultur. In den Lichtwäldern lernt Jyn von klein auf die Bedeutung der Biolumineszenz als Kommunikationsmittel. Diese Form der Kommunikation wird zu einem Teil ihrer Identität.

Die Theorie der sozialen Identität, wie sie von Henri Tajfel und John Turner formuliert wurde, besagt, dass das Zugehörigkeitsgefühl zu einer bestimmten sozialen Gruppe das Selbstbild eines Individuums beeinflusst. Jyn identifiziert sich stark mit ihrer Gemeinschaft, den Biolumineszenten, und deren einzigartigen Kultur. Diese Identifikation wird besonders stark, als sie zum ersten Mal mit Menschen in Kontakt kommt.

# DIE ANFÄNGE VON JYN FAEL

## Konfrontation mit dem Fremden

Die ersten Begegnungen mit Menschen sind für Jyn prägend. Sie erlebt sowohl Faszination als auch Ablehnung. Die Menschen sehen in ihrer Biolumineszenz etwas Exotisches, während Jyn in ihrer Interaktion mit ihnen oft das Gefühl hat, dass ihre Identität nicht vollständig verstanden oder akzeptiert wird. Diese Erfahrungen führen zu inneren Konflikten:

$$\text{Identität} = \text{Selbstwahrnehmung} + \text{Wahrnehmung durch andere} \quad (12)$$

Diese Gleichung verdeutlicht, dass Jyns Identität sowohl von ihrem inneren Selbstbild als auch von der externen Wahrnehmung durch die Menschen geprägt wird.

## Die Rolle der Gemeinschaft

Die Gemeinschaft der Biolumineszenten spielt eine entscheidende Rolle in Jyns Identitätsfindungsprozess. Sie bietet nicht nur Rückhalt, sondern auch ein Gefühl der Zugehörigkeit. In den Lichtwäldern gibt es Rituale und Traditionen, die Jyn lehren, wer sie ist und woher sie kommt. Diese kulturellen Praktiken helfen ihr, ihre Identität zu festigen und sich in einer Welt voller Unterschiede zu orientieren.

Ein Beispiel hierfür ist das jährliche Festival der Lichter, bei dem die Biolumineszenten ihre einzigartigen Fähigkeiten zur Schau stellen. Jyn nimmt an diesem Festival teil und erlebt, wie ihre Kultur gefeiert wird. Diese positiven Erfahrungen stärken ihr Selbstbewusstsein und helfen ihr, ihre Identität als Biolumineszente zu akzeptieren.

## Innere Konflikte und Selbstakzeptanz

Trotz der Unterstützung ihrer Gemeinschaft hat Jyn mit inneren Konflikten zu kämpfen. Sie fragt sich, ob ihre Identität als Biolumineszente in einer zunehmend globalisierten Welt noch einen Platz hat. Diese Fragen sind nicht nur persönlich, sondern spiegeln auch die gesellschaftlichen Herausforderungen wider, denen sich viele ethnische und kulturelle Gruppen gegenübersehen.

Die Psychologin Erik Erikson beschreibt in seiner Theorie der psychosozialen Entwicklung die Phase der Identitätsfindung als entscheidend für die Entwicklung eines gesunden Selbstbildes. Jyn durchläuft diese Phase und beginnt zu erkennen, dass ihre Identität nicht statisch ist, sondern sich weiterentwickeln kann. Sie lernt, dass es möglich ist, ihre biolumineszente Herkunft mit ihrer Rolle in einer multikulturellen Gesellschaft zu vereinen.

## Die erste bewusste Entscheidung

Die Entdeckung ihrer Identität kulminiert in einem entscheidenden Moment, als Jyn beschließt, ihre Stimme zu erheben und für die Rechte ihrer Gemeinschaft einzutreten. Diese Entscheidung ist nicht nur ein persönlicher Meilenstein, sondern auch ein politischer Akt. Jyn erkennt, dass ihre Identität und ihre Erfahrungen wertvoll sind und dass sie die Fähigkeit hat, Veränderungen herbeizuführen.

$$\text{Aktivismus} = \text{Identität} \times \text{Bewusstsein} \tag{13}$$

Diese Gleichung verdeutlicht, dass Jyns Aktivismus direkt aus ihrer Identität und ihrem Bewusstsein für die Herausforderungen ihrer Gemeinschaft resultiert.

## Schlussfolgerung

Die Entdeckung der eigenen Identität ist ein komplexer und dynamischer Prozess, der von kulturellen Einflüssen, sozialen Interaktionen und persönlichen Erfahrungen geprägt ist. Für Jyn Fael ist dieser Prozess der Schlüssel zu ihrem späteren Engagement für die Sprachrechte der Biolumineszenz. Ihre Reise zur Selbstakzeptanz und zur Anerkennung ihrer Identität ist nicht nur für sie persönlich von Bedeutung, sondern auch für die gesamte Gemeinschaft, die sie repräsentiert. Jyn wird zu einer Stimme für die, die oft nicht gehört werden, und ihr Weg zur Identitätsfindung ist ein inspirierendes Beispiel für viele, die ähnliche Herausforderungen erleben.

## Die Rolle der Gemeinschaft in der Kindheit

Die Kindheit von Jyn Fael war stark geprägt von der Gemeinschaft, in der sie aufwuchs. In den Lichtwäldern von Yvenis Prime war das Leben nicht nur eine Ansammlung individueller Erfahrungen, sondern ein kollektives Unterfangen, das die Werte, Traditionen und die Identität der biolumineszenten Bevölkerung formte. Die Gemeinschaft stellte einen sicheren Raum dar, in dem Jyn nicht nur ihre ersten Schritte machte, sondern auch ihre ersten Worte sprach.

## Kulturelle Identität und Gemeinschaft

Die Gemeinschaft spielte eine entscheidende Rolle bei der Entwicklung von Jyns kultureller Identität. Laut der sozialen Identitätstheorie, die von Henri Tajfel und John Turner entwickelt wurde, ist die Zugehörigkeit zu einer Gruppe ein wesentlicher Bestandteil des Selbstkonzepts. Jyns Identität war untrennbar mit

# DIE ANFÄNGE VON JYN FAEL

der ihrer Gemeinschaft verbunden. Diese Zugehörigkeit bot nicht nur emotionale Unterstützung, sondern auch eine Plattform für kulturelle Ausdrucksformen, die in der biolumineszenten Gesellschaft von zentraler Bedeutung waren.

$$\text{Identität} = f(\text{Gemeinschaft, Kultur, Erfahrungen}) \qquad (14)$$

Die obige Gleichung verdeutlicht, dass Jyns Identität als Funktion der Gemeinschaft, ihrer kulturellen Prägung und ihrer individuellen Erfahrungen verstanden werden kann. Die Lichtwälder, in denen sie lebte, waren nicht nur ein physischer Raum, sondern auch ein kultureller Raum, der durch Rituale, Geschichten und kollektive Erinnerungen geprägt war.

## Unterstützung und Solidarität

In schwierigen Zeiten war die Gemeinschaft ein Rückhalt für Jyn und ihre Familie. Wenn Konflikte mit den Menschen auftraten, bot die Gemeinschaft nicht nur emotionale Unterstützung, sondern auch praktische Hilfe. Die Theorie der sozialen Unterstützung, die besagt, dass soziale Netzwerke entscheidend für das Wohlbefinden sind, fand hier ihre Bestätigung. Jyn erlebte, wie Nachbarn zusammenkamen, um einander zu helfen, sei es durch das Teilen von Ressourcen oder durch das Organisieren von Treffen zur Diskussion gemeinsamer Probleme.

$$\text{Wohlbefinden} = \text{soziale Unterstützung} + \text{Gemeinschaftsgefühl} \qquad (15)$$

Diese Gleichung zeigt, dass das Wohlbefinden von Jyn stark von der sozialen Unterstützung und dem Gefühl der Gemeinschaft abhing. Diese Dynamik förderte nicht nur die Resilienz, sondern auch das Gefühl, Teil von etwas Größerem zu sein.

## Lernen durch Gemeinschaftsinteraktionen

Die Interaktionen innerhalb der Gemeinschaft ermöglichen es Jyn, wichtige soziale und kommunikative Fähigkeiten zu entwickeln. In den Lichtwäldern fanden regelmäßige Versammlungen statt, bei denen Geschichten erzählt, Lieder gesungen und Wissen weitergegeben wurde. Diese gemeinschaftlichen Aktivitäten förderten nicht nur die sprachlichen Fähigkeiten, sondern auch die Empathie und das Verständnis für verschiedene Perspektiven.

$$\text{Kommunikative Fähigkeiten} = \text{Interaktionen} \times \text{Kulturelle Aktivitäten} \qquad (16)$$

Hier zeigt die Gleichung, dass die Entwicklung kommunikativer Fähigkeiten in direktem Zusammenhang mit der Anzahl und Qualität der Interaktionen innerhalb der Gemeinschaft steht. Jyns frühe Freundschaften und Mentoren aus der Gemeinschaft trugen entscheidend zu ihrem späteren Engagement für die Sprachrechte bei.

### Die Rolle der Mentoren

Mentoren aus der Gemeinschaft spielten eine entscheidende Rolle in Jyns Kindheit. Diese älteren Mitglieder der Gemeinschaft waren nicht nur Quellen von Wissen, sondern auch Vorbilder, die Jyn inspirierten, ihre Stimme zu erheben. Der Einfluss von Mentoren wird in der Literatur häufig betont, da sie als Katalysatoren für persönliches und berufliches Wachstum fungieren. Jyns Mentoren ermutigten sie, ihre Träume zu verfolgen und ihre Stimme in der Gemeinschaft zu erheben.

$$\text{Einfluss von Mentoren} = \text{Wissen} + \text{Inspiration} \tag{17}$$

Die Gleichung verdeutlicht, dass der Einfluss von Mentoren sowohl auf Wissen als auch auf Inspiration basiert, was Jyns Entwicklung als Aktivistin maßgeblich beeinflusste.

### Die Entdeckung der eigenen Identität

Die Gemeinschaft war auch der Ort, an dem Jyn ihre eigene Identität entdeckte. Durch die Interaktion mit anderen biolumineszenten Wesen konnte sie verschiedene Facetten ihrer Persönlichkeit erkunden und verstehen, wie ihre Identität in den Kontext der Gemeinschaft passte. Diese Entdeckung war nicht immer einfach und brachte Herausforderungen mit sich, aber die Unterstützung der Gemeinschaft half Jyn, ihre eigene Stimme zu finden.

$$\text{Identitätsfindung} = \text{Selbstreflexion} + \text{Gemeinschaftsfeedback} \tag{18}$$

Diese Gleichung zeigt, dass die Identitätsfindung sowohl von der Selbstreflexion als auch vom Feedback der Gemeinschaft abhängt, was Jyn half, ihre Rolle als zukünftige Aktivistin zu definieren.

### Schlussfolgerung

Zusammenfassend lässt sich sagen, dass die Rolle der Gemeinschaft in Jyn Faels Kindheit von zentraler Bedeutung war. Sie stellte nicht nur eine Quelle der

Unterstützung und des Lernens dar, sondern auch einen Raum, in dem Jyn ihre Identität und ihre Stimme entwickeln konnte. Die Werte und Lehren, die sie aus ihrer Gemeinschaft mitnahm, wurden zu den Grundpfeilern ihres späteren Engagements für die Sprachrechte der Biolumineszenz auf Yvenis Prime. Die Erfahrungen, die sie in ihrer Kindheit sammelte, sollten sich als entscheidend für ihren späteren Aktivismus erweisen.

## Jyns frühe Freundschaften und Mentoren

Die Kindheit von Jyn Fael war geprägt von einer Vielzahl an Beziehungen, die nicht nur ihre persönliche Entwicklung, sondern auch ihren späteren Aktivismus maßgeblich beeinflussten. In den Lichtwäldern von Yvenis Prime, umgeben von der schimmernden Biolumineszenz, fand Jyn in ihren frühen Freundschaften eine Quelle der Inspiration und Unterstützung. Diese Beziehungen waren nicht nur emotional, sondern auch intellektuell bereichernd, da sie den Grundstein für Jyns Verständnis von Gemeinschaft und Solidarität legten.

### Die Bedeutung von Freundschaften

Freundschaften in der Kindheit sind entscheidend für die soziale und emotionale Entwicklung eines Individuums. Sie bieten nicht nur emotionale Unterstützung, sondern fördern auch die Entwicklung von sozialen Fähigkeiten und die Fähigkeit, Konflikte zu lösen. Jyns Freundschaften waren geprägt von einem tiefen Verständnis füreinander, das durch die gemeinsamen Erfahrungen in den Lichtwäldern und den ersten Konflikten mit den Menschen gestärkt wurde.

Ein Beispiel für eine prägende Freundschaft war die zu ihrer besten Freundin Lira, die ebenfalls aus einer biolumineszenten Familie stammte. Lira und Jyn verbrachten unzählige Stunden damit, die Geheimnisse der Lichtwälder zu erkunden und ihre Träume von einer besseren Zukunft zu teilen. Diese gemeinsamen Erlebnisse schufen eine starke Bindung, die Jyn half, ihre Identität zu formen und sich in der komplexen Welt um sie herum zurechtzufinden.

### Mentoren als Wegweiser

Neben ihren Freunden spielte auch die Rolle von Mentoren in Jyns Leben eine entscheidende Rolle. Mentoren sind Personen, die nicht nur Wissen und Erfahrung teilen, sondern auch als Vorbilder fungieren. Sie geben Orientierung und helfen dabei, die eigenen Ziele zu definieren und zu verfolgen. Für Jyn war ihr Lehrer, Professor Zorak, eine solche Mentorenfigur.

Professor Zorak, ein angesehener Linguist und Aktivist, erkannte früh Jyns Potenzial und förderte ihre Leidenschaft für die Sprache und die Biolumineszenz. Er vermittelte ihr nicht nur die theoretischen Grundlagen der Linguistik, sondern ermutigte sie auch, ihre Stimme zu erheben und sich für die Rechte ihrer Gemeinschaft einzusetzen. Seine Lehren gingen über das Klassenzimmer hinaus; er zeigte Jyn, wie wichtig es ist, sich mit anderen zu vernetzen und gemeinsam für Veränderungen zu kämpfen.

### Die Herausforderungen in Freundschaften und Mentorenschaften

Trotz der positiven Aspekte von Freundschaften und Mentorenschaften gab es auch Herausforderungen. Jyn musste lernen, dass nicht alle Beziehungen von Dauer sind. Einige ihrer Freunde begannen, sich von ihr zu distanzieren, als ihre politischen Ansichten klarer wurden und sie sich aktiv gegen die Diskriminierung der Biolumineszenten einsetzte. Diese Erfahrungen lehrten Jyn, dass Aktivismus oft persönliche Opfer erfordert und dass nicht jeder bereit ist, diesen Weg zu gehen.

Ein Beispiel für eine solche Herausforderung war die Beziehung zu einem früheren Freund, der sich zunehmend von Jyns Engagement distanzierte. Er äußerte Bedenken hinsichtlich der möglichen Konsequenzen ihres Aktivismus und warnte sie vor den Gefahren, die mit einem öffentlichen Eintreten für die Rechte der Biolumineszenten verbunden waren. Diese Differenzen führten zu Spannungen und letztendlich zu einer Trennung der Freundschaft. Jyn lernte, dass es wichtig ist, sich von Menschen zu umgeben, die ihre Werte teilen und sie unterstützen.

### Einfluss auf den späteren Aktivismus

Die frühen Freundschaften und Mentorenschaften prägten nicht nur Jyns persönliche Entwicklung, sondern auch ihren späteren Aktivismus. Die Unterstützung und das Vertrauen, das sie von ihren Freunden und Mentoren erhielt, stärkten ihren Glauben an die Notwendigkeit von Veränderung. Jyn entwickelte ein starkes Gefühl der Verantwortung für ihre Gemeinschaft und erkannte, dass sie nicht alleine war.

Die Lehren von Professor Zorak und die Erfahrungen mit ihren Freunden halfen Jyn, ein Netzwerk von Gleichgesinnten zu schaffen, das sich später als entscheidend für die Gründung der Biolumineszenten Allianz erwies. Sie verstand, dass der Kampf für die Sprachrechte der Biolumineszenten nicht nur ihre eigene Stimme erforderte, sondern auch die Stimmen vieler anderer, die ähnliche Erfahrungen gemacht hatten.

Insgesamt waren Jyns frühe Freundschaften und Mentorenschaften nicht nur prägende Elemente ihrer Kindheit, sondern auch der Katalysator für ihren späteren Aktivismus. Sie lehrten sie, dass Gemeinschaft und Unterstützung unerlässlich sind, um Veränderungen zu bewirken und dass die Stimmen der Einzelnen in der Masse der Gemeinschaft eine kraftvolle Wirkung entfalten können. Diese Erkenntnisse bildeten die Grundlage für ihre Vision einer inklusiven und multilingualen Gesellschaft auf Yvenis Prime.

## Die ersten Träume von Veränderung

Die ersten Träume von Veränderung sind oft die treibende Kraft hinter dem Engagement junger Aktivisten. Für Jyn Fael, die in den Lichtwäldern von Yvenis Prime aufwuchs, war der Wunsch nach Veränderung nicht nur ein flüchtiger Gedanke, sondern eine tief verwurzelte Sehnsucht, die durch ihre Erfahrungen und Beobachtungen geformt wurde. In dieser Phase ihres Lebens begann Jyn, die Ungleichheiten zwischen ihrer eigenen Kultur und der der Menschen zu erkennen. Diese Diskrepanz führte zu einem starken inneren Drang, die Stimme ihrer Gemeinschaft zu erheben und für deren Rechte zu kämpfen.

## Die Vision einer inklusiven Gesellschaft

Jyns erste Träume waren geprägt von der Vision einer inklusiven Gesellschaft, in der die Biolumineszenz nicht nur als ein biologisches Phänomen, sondern auch als ein wertvolles Kommunikationsmittel anerkannt wurde. Sie stellte sich eine Welt vor, in der die Menschen und die Biolumineszenten in Harmonie zusammenlebten, ihre kulturellen Unterschiede respektierten und die Schönheit ihrer jeweiligen Identitäten feierten. Diese Träume wurden durch die Geschichten ihrer Eltern und die Traditionen ihrer Gemeinschaft genährt, die den Wert der Vielfalt und die Kraft der Sprache betonten.

## Die Herausforderungen der Kommunikation

Ein zentrales Problem, das Jyn in ihren Träumen begegnete, war die Herausforderung der Kommunikation. Die Menschen auf Yvenis Prime waren oft nicht in der Lage, die komplexen und nuancierten Bedeutungen der biolumineszenten Sprache zu verstehen. Diese Sprachbarriere führte zu Missverständnissen und Konflikten, die das Potenzial für eine harmonische Koexistenz untergruben. Jyn träumte von einer Welt, in der Übersetzung und

Interkulturalität gefördert wurden, um die Kluft zwischen den Kulturen zu überbrücken. Sie stellte sich vor, dass durch die Schaffung eines neuen Alphabets, das die biolumineszenten Zeichen integrierte, eine neue Form der Kommunikation entstehen könnte, die alle Wesen auf Yvenis Prime vereint.

### Die Rolle der Kunst und Kreativität

In ihren Träumen erkannte Jyn auch die transformative Kraft der Kunst und Kreativität. Sie war überzeugt, dass Kunst ein universelles Medium ist, das Menschen über kulturelle und sprachliche Grenzen hinweg verbindet. Jyn stellte sich vor, dass durch Musik, Tanz und visuelle Kunst ein Dialog zwischen den Kulturen eröffnet werden könnte. Diese Vorstellung führte zu ihrem Engagement in der Kunstszene von Yvenis Prime, wo sie begann, ihre Ideen durch kreative Projekte und Veranstaltungen zu verbreiten. Ihre ersten künstlerischen Arbeiten waren oft von der Natur und der Biolumineszenz inspiriert, und sie nutzte diese Plattform, um das Bewusstsein für die Rechte ihrer Gemeinschaft zu schärfen.

### Mentoren und Einflüsse

Ein weiterer wichtiger Aspekt von Jyns Träumen war die Rolle von Mentoren und Vorbildern in ihrem Leben. Sie war stark beeinflusst von älteren Aktivisten, die bereits für die Rechte der Biolumineszenten kämpften. Diese Begegnungen gaben ihr nicht nur Hoffnung, sondern auch praktische Strategien, um ihre Träume in die Realität umzusetzen. Jyn lernte von ihnen, dass der Weg zur Veränderung oft steinig und voller Rückschläge ist, aber auch, dass jeder kleine Schritt zählt. Diese Lehren motivierten sie, ihre eigenen Träume zu verfolgen und sie in konkrete Aktionen umzusetzen.

### Die ersten Schritte zur Veränderung

Die ersten Schritte, die Jyn unternahm, um ihre Träume zu verwirklichen, waren oft geprägt von Unsicherheiten und Herausforderungen. Sie begann, sich in der Schülervertretung zu engagieren, um die Stimme ihrer Mitschüler zu vertreten und die Anliegen der Biolumineszenten in die Diskussionen einzubringen. Diese Erfahrungen lehrten sie, dass Veränderung nicht über Nacht geschieht, sondern durch kontinuierliches Engagement und die Bereitschaft, für die eigenen Überzeugungen einzustehen.

## Fazit

Zusammenfassend lässt sich sagen, dass Jyn Faels erste Träume von Veränderung eine kraftvolle Grundlage für ihr späteres Engagement als Bürgerrechtsaktivistin bildeten. Diese Träume waren nicht nur Visionen einer besseren Zukunft, sondern auch der Antrieb, der sie dazu brachte, aktiv zu werden und für die Rechte ihrer Gemeinschaft zu kämpfen. Die Herausforderungen, die sie auf diesem Weg erlebte, formten ihren Charakter und ihre Entschlossenheit, und die Unterstützung von Mentoren und der Gemeinschaft halfen ihr, ihre Träume zu verwirklichen. Diese ersten Schritte waren entscheidend für die Entwicklung ihrer Identität als Aktivistin und legten den Grundstein für die Bewegung, die sie später ins Leben rufen würde.

# Der Aufstieg eines Aktivisten

## Der Einfluss von Bildung

### Der Besuch der ersten Schule auf Yvenis Prime

Der Besuch der ersten Schule auf Yvenis Prime markierte einen entscheidenden Wendepunkt im Leben von Jyn Fael. In einer Gesellschaft, die stark von der Biolumineszenz geprägt war, war die Schule nicht nur ein Ort des Lernens, sondern auch ein Raum, in dem kulturelle Identität und soziale Interaktion auf eine Weise gefördert wurden, die für die jungen Biolumineszenten von entscheidender Bedeutung war.

### Die Einrichtung und die Lehrmethoden

Die Schule war ein architektonisches Meisterwerk, das aus organischen Materialien gebaut war, die in den Lichtwäldern von Yvenis Prime vorkamen. Die Wände leuchteten sanft in verschiedenen Farben, die je nach Tageszeit und Stimmung der Schüler wechselten. Diese Umgebungen wurden bewusst gestaltet, um die Kreativität und das Lernen zu fördern. Die Lehrmethoden basierten auf einer Kombination aus traditionellem Unterricht und interaktiven, künstlerischen Ansätzen, die es den Schülern ermöglichten, ihre Biolumineszenz als Kommunikationsmittel zu nutzen.

### Herausforderungen im Sprachunterricht

Eine der größten Herausforderungen, mit denen Jyn und ihre Mitschüler konfrontiert waren, war der Sprachunterricht. Die Lehrkräfte hatten die Aufgabe, eine Brücke zwischen der biolumineszenten Sprache, die durch Licht und Farben kommuniziert wurde, und der menschlichen Sprache zu schlagen. Diese

Herausforderung beinhaltete nicht nur die Übersetzung von Wörtern, sondern auch die Übertragung von Emotionen und kulturellen Nuancen.

Ein Beispiel für diese Problematik war der Versuch, den Begriff „*Heimat*" zu übersetzen. Während die Menschen diesen Begriff oft mit einem physischen Ort assoziierten, war für die Biolumineszenten die Heimat ein Gefühl der Zugehörigkeit, das durch Licht und Farbe ausgedrückt wurde. Diese Differenz in der Wahrnehmung führte zu Missverständnissen und erforderte innovative Lehrmethoden, um die Schüler zu ermutigen, ihre eigenen Erfahrungen und ihre eigene Sprache einzubringen.

## Die Bedeutung von Mehrsprachigkeit

Die Schule auf Yvenis Prime förderte aktiv die Mehrsprachigkeit. Jyn und ihre Mitschüler lernten nicht nur die menschlichen Sprachen, sondern auch die verschiedenen Dialekte innerhalb der biolumineszenten Gemeinschaft. Diese Mehrsprachigkeit war entscheidend, um die kulturelle Identität zu bewahren und gleichzeitig den Dialog mit den Menschen zu fördern.

Um die Bedeutung der Mehrsprachigkeit zu verdeutlichen, führten die Lehrer Projekte durch, bei denen die Schüler Geschichten in ihrer eigenen Sprache verfassten und diese dann in die menschliche Sprache übersetzten. Diese Projekte förderten nicht nur das Verständnis, sondern auch den Respekt vor den unterschiedlichen Kulturen.

## Jyns Engagement in der Schülervertretung

Jyns Teilnahme an der Schülervertretung war ein weiterer wichtiger Aspekt ihres Schulbesuchs. Hier konnte sie ihre Stimme erheben und sich für die Belange ihrer Mitschüler einsetzen. Sie stellte fest, dass viele ihrer Freunde ähnliche Herausforderungen hatten, insbesondere in Bezug auf die Akzeptanz ihrer biolumineszenten Identität.

Durch ihre Position in der Schülervertretung organisierte Jyn Workshops, in denen Schüler ihre Erfahrungen teilen und voneinander lernen konnten. Diese Workshops förderten nicht nur das Gemeinschaftsgefühl, sondern auch das Bewusstsein für die kulturellen Unterschiede, die in der Schule existierten.

## Die Gründung eines Sprachclubs

Um die sprachlichen Fähigkeiten der Schüler weiter zu fördern, initiierte Jyn die Gründung eines Sprachclubs. Dieser Club war ein sicherer Raum, in dem Schüler ihre biolumineszenten Fähigkeiten nutzen konnten, um Geschichten zu erzählen und ihre Kultur zu teilen. Der Club organisierte regelmäßige Treffen, bei denen die Schüler ihre Fähigkeiten im Geschichtenerzählen und in der kreativen Kommunikation verbessern konnten.

Ein Beispiel für eine erfolgreiche Veranstaltung war die *„Nacht der Lichter"*, bei der Schüler ihre Geschichten durch Licht und Farben präsentierten. Diese Veranstaltung zog nicht nur Schüler aus der Schule an, sondern auch Familien und Mitglieder der Gemeinschaft, was zu einem tieferen Verständnis und einer stärkeren Verbindung zwischen den Kulturen führte.

### Inspirierende Lehrer und ihre Lehren

Die Lehrer an der Schule spielten eine entscheidende Rolle in Jyns Entwicklung. Sie ermutigten die Schüler, ihre einzigartigen Fähigkeiten zu nutzen und ihre kulturellen Identitäten zu erforschen. Ein besonders inspirierender Lehrer war Herr Lumis, der nicht nur die biolumineszente Sprache unterrichtete, sondern auch die Schüler dazu anregte, ihre Emotionen durch kreative Ausdrucksformen zu kommunizieren.

Herr Lumis führte die Schüler in die Kunst der Lichtmalerei ein, bei der sie mit ihrer Biolumineszenz Bilder in der Luft malten. Diese Technik half den Schülern, ihre Gefühle und Gedanken auf eine Weise auszudrücken, die über Worte hinausging. Jyn fand in dieser Kunstform eine neue Möglichkeit, ihre Identität zu erforschen und sich mit anderen zu verbinden.

### Die ersten öffentlichen Reden

Der Besuch der Schule führte auch zu Jyns ersten öffentlichen Reden. Ermutigt durch ihre Lehrer und Mitschüler begann sie, ihre Gedanken und Ideen über die Bedeutung der Sprache und der kulturellen Identität auf Schulveranstaltungen zu teilen. Diese ersten Reden waren oft von Nervosität geprägt, aber sie boten Jyn die Gelegenheit, ihre Stimme zu finden und die Unterstützung ihrer Gemeinschaft zu spüren.

In einer ihrer ersten Reden erklärte sie: *„Sprache ist mehr als nur Worte; sie ist das Licht, das unsere Identität erhellt."* Diese Worte hallten nicht nur in den Köpfen ihrer Mitschüler wider, sondern pflanzten auch den Samen für ihren späteren Aktivismus.

### Der Einfluss von Kunst und Musik

Kunst und Musik waren integrale Bestandteile des Schulbesuchs. Die Schule förderte kreative Projekte, bei denen Schüler ihre Fähigkeiten in verschiedenen Kunstformen ausprobieren konnten. Jyn entdeckte ihre Leidenschaft für das

Lichtdesign und die Musik, was ihr half, ihre Botschaft auf neue und aufregende Weise zu verbreiten.

Ein Beispiel dafür war das jährliche *„Festival der Lichter"*, bei dem Schüler ihre musikalischen Talente präsentieren konnten. Jyn trat mit einem Stück auf, das die Schönheit der biolumineszenten Kultur feierte und die Zuhörer dazu ermutigte, über die Bedeutung von Sprache und Identität nachzudenken.

### Die ersten Erfolge und Misserfolge

Der Besuch der Schule war geprägt von Erfolgen und Misserfolgen. Jyn erlebte sowohl die Freude über kleine Fortschritte in ihrer sprachlichen Entwicklung als auch die Enttäuschung über Rückschläge in der Kommunikation mit den Menschen. Diese Erfahrungen lehrten sie, dass der Weg zum Verständnis oft steinig ist, aber dass jeder Schritt, ob erfolgreich oder nicht, Teil des Lernprozesses ist.

Insgesamt war der Besuch der ersten Schule auf Yvenis Prime für Jyn Fael eine transformative Erfahrung. Sie lernte nicht nur die Grundlagen der menschlichen und biolumineszenten Sprachen, sondern entwickelte auch ein tiefes Verständnis für die Bedeutung von Identität, Gemeinschaft und kulturellem Austausch. Diese Erfahrungen legten den Grundstein für ihre zukünftige Rolle als Aktivistin für die Sprachrechte der Biolumineszenten.

### Die Herausforderungen des Sprachunterrichts

Der Sprachunterricht auf Yvenis Prime stellte sich als eine komplexe Herausforderung dar, die sowohl kulturelle als auch technische Dimensionen umfasste. Jyn Fael, die als junge Aktivistin in die Schule eintrat, sah sich mit einer Vielzahl von Schwierigkeiten konfrontiert, die nicht nur ihre persönliche Entwicklung, sondern auch die der gesamten biolumineszenten Gemeinschaft beeinflussten.

### Kulturelle Barrieren

Die erste und vielleicht größte Herausforderung war die kulturelle Barriere zwischen den Menschen und den biolumineszenten Wesen. Während die Menschen eine Sprache der Töne und Wörter verwendeten, kommunizierten die Biolumineszenten durch Lichtimpulse und Farben. Diese unterschiedliche Art der Kommunikation führte oft zu Missverständnissen. Jyn und ihre Mitschüler mussten lernen, diese Unterschiede zu überbrücken, um effektiv miteinander zu kommunizieren.

Ein Beispiel hierfür war der Versuch, den Begriff „Freiheit" zu vermitteln. Während die Menschen diesen Begriff verbal ausdrücken konnten, war es für Jyn und ihre Freunde notwendig, ein neues System von Lichtmustern zu entwickeln, um dieselbe Idee zu kommunizieren. Dies führte zu der Erkenntnis, dass Sprache nicht nur aus Wörtern besteht, sondern auch tief in der kulturellen Identität verwurzelt ist.

## Technische Herausforderungen

Zusätzlich zu den kulturellen Barrieren gab es auch technische Herausforderungen. Der Unterricht war oft auf die menschliche Sprache ausgerichtet, was bedeutete, dass die Lehrpläne und Materialien nicht für die biolumineszenten Schüler angepasst waren. Jyn stellte fest, dass die Lehrbücher, die sie verwendeten, nicht nur in einer anderen Sprache verfasst waren, sondern auch Konzepte enthielten, die für ihre Kultur irrelevant waren.

Um diesen Mangel zu beheben, initiierte Jyn die Gründung eines Sprachclubs, in dem Schüler beider Kulturen zusammenarbeiten konnten, um ein neues Lehrmaterial zu entwickeln. Dieses Material umfasste sowohl visuelle als auch auditive Elemente, die es den Schülern ermöglichten, die Inhalte in einer für sie verständlichen Weise zu erfassen.

## Psychologische Aspekte

Ein weiterer Aspekt, der nicht vernachlässigt werden durfte, war der psychologische Druck, dem die biolumineszenten Schüler ausgesetzt waren. Die ständige Konfrontation mit einer dominierenden Sprache und Kultur führte oft zu einem Gefühl der Isolation und des Zweifels an der eigenen Identität. Jyn erlebte dies persönlich, als sie in der Schule oft als „anders" wahrgenommen wurde. Diese Erfahrungen führten zu einer inneren Auseinandersetzung mit ihrer Identität und dem Streben, die eigene Sprache und Kultur zu bewahren.

Um diesen psychologischen Herausforderungen entgegenzuwirken, begann Jyn, kreative Ausdrucksformen wie Kunst und Musik in den Sprachunterricht zu integrieren. Diese Formen des Ausdrucks halfen nicht nur, das Selbstwertgefühl der Schüler zu stärken, sondern auch, die kulturellen Unterschiede zu feiern.

## Die Rolle der Lehrer

Die Lehrer spielten eine entscheidende Rolle in diesem Prozess. Einige von ihnen waren offen für neue Ansätze und bereit, ihre Lehrmethoden zu überdenken, um den Bedürfnissen aller Schüler gerecht zu werden. Jyn erinnerte sich besonders an einen Lehrer, der die Bedeutung von Mehrsprachigkeit betonte und die Schüler ermutigte, ihre eigenen Sprachen und Kulturen aktiv in den Unterricht einzubringen.

$$\text{Lernfortschritt} = \text{Kulturelles Verständnis} + \text{Technische Anpassungen} + \text{Psychologische Un} \tag{19}$$

Diese Gleichung verdeutlicht, dass der Lernfortschritt nicht nur von der Beherrschung der Sprache abhängt, sondern auch von der Fähigkeit, kulturelle Unterschiede zu verstehen und anzuerkennen.

## Fazit

Die Herausforderungen des Sprachunterrichts auf Yvenis Prime waren vielfältig und komplex. Jyn Fael und ihre Mitschüler mussten nicht nur die Sprache der Menschen lernen, sondern auch ihre eigene Identität und Kultur bewahren. Durch kreative Ansätze und die Unterstützung engagierter Lehrer konnte Jyn die Barrieren überwinden und einen Raum schaffen, in dem beide Kulturen gedeihen konnten. Diese Erfahrungen legten den Grundstein für ihr späteres Engagement im Aktivismus und ihre unermüdlichen Bemühungen, die Sprachrechte der Biolumineszenten zu verteidigen.

## Die Bedeutung von Mehrsprachigkeit

Die Mehrsprachigkeit ist nicht nur ein linguistisches Phänomen, sondern auch ein kulturelles, soziales und politisches Konzept, das für die Entwicklung von Identität und Gemeinschaft von entscheidender Bedeutung ist. In der Welt von Jyn Fael auf Yvenis Prime, wo die Biolumineszenz eine zentrale Rolle in der Kommunikation spielt, wird die Mehrsprachigkeit zu einem Schlüsselinstrument im Kampf für die Sprachrechte der Biolumineszenten.

### Theoretische Grundlagen

Laut der *Sapir-Whorf-Hypothese* beeinflusst die Sprache, die wir sprechen, unser Denken und unsere Wahrnehmung der Welt. Dies bedeutet, dass Mehrsprachigkeit nicht nur die Fähigkeit umfasst, in mehreren Sprachen zu kommunizieren, sondern auch die Fähigkeit, verschiedene Weltanschauungen und Kulturen zu verstehen. In der Gesellschaft von Yvenis Prime ist die Fähigkeit, mehrere Sprachen zu sprechen, unerlässlich, um die kulturellen Unterschiede zwischen den Biolumineszenten und den Menschen zu überbrücken.

Ein weiterer wichtiger theoretischer Rahmen ist das Konzept der *translingualen Praxis*, das besagt, dass Sprache nicht isoliert betrachtet werden kann. Vielmehr ist sie dynamisch und interaktiv, was bedeutet, dass Mehrsprachigkeit die Möglichkeit bietet, verschiedene Ausdrucksformen und Kommunikationsstile zu kombinieren. Diese Praxis ist in Jyns Aktivismus von großer Bedeutung, da sie es ihr ermöglicht, mit verschiedenen Gemeinschaften zu interagieren und gemeinsame Ziele zu definieren.

## Herausforderungen der Mehrsprachigkeit

Trotz der Vorteile der Mehrsprachigkeit gibt es auch erhebliche Herausforderungen. Eine der größten Hürden ist die *sprachenpolitische Diskriminierung*. In vielen Gesellschaften, einschließlich der von Yvenis Prime, werden bestimmte Sprachen als überlegen betrachtet, während andere marginalisiert werden. Dies führt zu einem Ungleichgewicht in der gesellschaftlichen Machtverteilung und kann die Identität der Sprecher benachteiligter Sprachen bedrohen.

Ein weiteres Problem ist die *Kohärenz der Kommunikation*. In einer mehrsprachigen Umgebung kann es schwierig sein, klare und präzise Botschaften zu vermitteln, insbesondere wenn unterschiedliche Sprachkompetenzen unter den Gesprächspartnern bestehen. Jyn Fael steht vor der Herausforderung, ihre Botschaft über die Bedeutung der Biolumineszenz und ihrer Sprache in einer Weise zu kommunizieren, die sowohl für die Biolumineszenten als auch für die Menschen verständlich ist.

## Beispiele für Mehrsprachigkeit auf Yvenis Prime

Ein praktisches Beispiel für die Bedeutung der Mehrsprachigkeit ist die Gründung des *Sprachclubs*, den Jyn ins Leben gerufen hat. Der Club fördert nicht nur das Erlernen der menschlichen Sprachen, sondern auch die Wertschätzung der biolumineszenten Kommunikationsformen. Hierbei wird die Biolumineszenz als eine Art „Sprache" betrachtet, die in Kombination mit verbalen Sprachen verwendet wird, um eine reichhaltigere Kommunikationsform zu schaffen.

Darüber hinaus hat Jyn bei der ersten öffentlichen Demonstration, die sie organisiert hat, mehrsprachige Plakate verwendet, um die Botschaft ihrer Bewegung zu verbreiten. Dies zeigt, wie wichtig es ist, verschiedene Sprachen zu integrieren, um ein breiteres Publikum zu erreichen und Solidarität zu fördern. Die Verwendung von mehrsprachigen Materialien hat nicht nur das Bewusstsein für die Anliegen der Biolumineszenten erhöht, sondern auch das Gefühl der Zugehörigkeit und des Respekts gegenüber verschiedenen Kulturen gestärkt.

## Schlussfolgerung

Die Bedeutung der Mehrsprachigkeit kann nicht überbetont werden. Sie ist ein entscheidender Faktor für die Förderung des interkulturellen Dialogs und der sozialen Gerechtigkeit. Für Jyn Fael und ihre Bewegung ist die Mehrsprachigkeit ein Werkzeug, um Barrieren zu überwinden, Identitäten zu stärken und eine inklusive Gesellschaft zu schaffen. Durch das Verständnis und die Wertschätzung verschiedener Sprachen und Kulturen wird der Weg für eine gerechtere Zukunft geebnet, in der die Stimmen aller gehört werden.

$$\text{Mehrsprachigkeit} = \text{Identität} + \text{Kultur} + \text{Kommunikation} \qquad (20)$$

In diesem Sinne ist die Förderung der Mehrsprachigkeit nicht nur eine Frage der linguistischen Vielfalt, sondern auch eine grundlegende Voraussetzung für den sozialen Wandel und die Anerkennung der Rechte aller Bürger, einschließlich der Biolumineszenten auf Yvenis Prime.

## Jyns Engagement in der Schülervertretung

Jyn Fael, die bemerkenswerte Aktivistin aus den Lichtwäldern von Yvenis Prime, fand in ihrer Schulzeit eine Plattform, um ihre Stimme zu erheben und sich für die Rechte ihrer Gemeinschaft einzusetzen. Ihre Rolle in der Schülervertretung war nicht nur ein persönlicher Meilenstein, sondern auch ein entscheidender Schritt in der Entwicklung ihrer späteren Aktivismusbewegung.

### Die Motivation hinter Jyns Engagement

Die Motivation für Jyns Engagement in der Schülervertretung war tief verwurzelt in ihrer eigenen Erfahrung mit Diskriminierung und Ungerechtigkeit. Als sie in die erste Schule auf Yvenis Prime eintrat, stellte sie schnell fest, dass die biolumineszenten Sprachen und Kulturen ihrer Gemeinschaft oft ignoriert oder missverstanden wurden. Diese Beobachtungen weckten in ihr den Wunsch, Veränderungen herbeizuführen und die Stimme ihrer Gemeinschaft zu stärken.

### Die Herausforderungen der Schülervertretung

Jyn sah sich jedoch mit mehreren Herausforderungen konfrontiert. Zunächst einmal war die Schülervertretung stark von den vorherrschenden Normen und

Werten der menschlichen Schüler geprägt, die oft die biolumineszenten Perspektiven nicht berücksichtigt. Diese kulturellen Unterschiede führten zu Missverständnissen und Konflikten innerhalb der Schülervertretung.

Ein Beispiel hierfür war die erste Sitzung, in der Jyn einen Vorschlag zur Einführung eines biolumineszenten Sprachkurses einbrachte. Während Jyns leidenschaftlicher Rede erntete sie zunächst Applaus von einigen ihrer Mitschüler, doch die Mehrheit war skeptisch. *„Warum sollten wir Zeit und Ressourcen auf eine Sprache verwenden, die niemand spricht?"* war ein häufiges Argument, das sie hörte. Diese Reaktion führte zu einer intensiven Debatte über die Bedeutung von Mehrsprachigkeit und kultureller Vielfalt.

### Die Strategien zur Überwindung von Widerständen

Um diesen Widerständen entgegenzuwirken, entwickelte Jyn verschiedene Strategien, um ihre Ideen zu fördern. Sie begann, Informationsveranstaltungen zu organisieren, bei denen sie die Vorteile der biolumineszenten Sprache und Kultur präsentierte. Diese Veranstaltungen beinhalteten interaktive Workshops, in denen die Schüler die Grundlagen der biolumineszenten Kommunikation erlernen konnten, ergänzt durch künstlerische Darstellungen und Musik, die die Bedeutung der biolumineszenten Identität verdeutlichten.

Ein weiterer wichtiger Schritt war die Bildung von Allianzen innerhalb der Schülervertretung. Jyn suchte Verbündete unter den Schülern, die ähnliche Erfahrungen gemacht hatten oder sich für kulturelle Vielfalt interessierten. Durch diese Zusammenarbeit konnte sie eine breitere Unterstützung für ihre Initiativen gewinnen und die Sichtbarkeit ihrer Anliegen erhöhen.

### Erste Erfolge und ihre Auswirkungen

Jyns Engagement in der Schülervertretung führte schließlich zu ersten Erfolgen. Nach mehreren Monaten intensiver Arbeit und Überzeugungsarbeit wurde ihr Vorschlag für den biolumineszenten Sprachkurs angenommen. Dies war nicht nur ein persönlicher Triumph für Jyn, sondern auch ein bedeutender Schritt in Richtung Anerkennung und Wertschätzung der biolumineszenten Kultur innerhalb der Schule.

Die Einführung des Kurses hatte auch weitreichende Auswirkungen auf die Schulgemeinschaft. Schüler, die zuvor wenig über die biolumineszente Kultur wussten, begannen, sich aktiv mit den Themen auseinanderzusetzen. Jyn beobachtete, wie die Schüler in den Kursen nicht nur die Sprache lernten, sondern auch ein tieferes Verständnis und Respekt für die kulturellen Unterschiede entwickelten.

### Langfristige Auswirkungen auf Jyns Aktivismus

Die Erfahrungen, die Jyn in der Schülervertretung sammelte, legten den Grundstein für ihren späteren Aktivismus. Sie lernte, wie wichtig es ist, eine Stimme zu haben und wie man diese Stimme effektiv nutzt, um Veränderungen herbeizuführen. Diese Fähigkeiten sollten sich als entscheidend erweisen, als sie später die Biolumineszenten Allianz gründete und sich für die Sprachrechte ihrer Gemeinschaft einsetzte.

Zusammenfassend lässt sich sagen, dass Jyns Engagement in der Schülervertretung eine entscheidende Phase in ihrer Entwicklung als Aktivistin darstellte. Die Herausforderungen, die sie überwand, und die Erfolge, die sie erzielte, prägten nicht nur ihre persönliche Reise, sondern trugen auch zur Schaffung eines Bewusstseins für die Bedeutung der biolumineszenten Kultur und Sprache bei. Diese Erfahrungen wurden zu den Bausteinen ihrer späteren Bewegungen und der Vision einer inklusiven und mehrsprachigen Gesellschaft auf Yvenis Prime.

## Die Gründung eines Sprachclubs

Die Gründung eines Sprachclubs war für Jyn Fael ein entscheidender Schritt auf ihrem Weg zum Aktivismus und zur Förderung der Sprachrechte der Biolumineszenz auf Yvenis Prime. Der Sprachclub wurde nicht nur zu einem Ort des Lernens, sondern auch zu einem Zentrum der kulturellen Identität und des Austauschs. In dieser Sektion werden die Motivation hinter der Gründung, die Herausforderungen, die Jyn und ihre Mitstreiterinnen und Mitstreiter bewältigen mussten, sowie die Erfolge, die sie erzielten, ausführlich behandelt.

### Motivation und Ziele

Die Motivation zur Gründung des Sprachclubs entstand aus Jyns eigener Erfahrung in der Schule, wo sie oft mit der Herausforderung konfrontiert war, ihre biolumineszenten Kommunikationsformen in eine für Menschen verständliche Sprache zu übersetzen. Jyn erkannte, dass viele ihrer Mitschüler und Mitschülerinnen, sowohl von Yvenis Prime als auch von anderen Planeten, Schwierigkeiten hatten, die biolumineszente Sprache zu verstehen und zu schätzen.

Die Hauptziele des Sprachclubs waren:

- **Förderung der Mehrsprachigkeit:** Der Club sollte eine Plattform bieten, auf der die Mitglieder sowohl die menschliche Sprache als auch die biolumineszente Kommunikation erlernen konnten.

- **Kultureller Austausch:** Der Club wollte ein Bewusstsein für die kulturellen Unterschiede und Gemeinsamkeiten zwischen den verschiedenen Lebensformen schaffen.

- **Stärkung der Gemeinschaft:** Der Club sollte die biolumineszenten Bürgerinnen und Bürger zusammenbringen und eine solidarische Gemeinschaft fördern.

## Herausforderungen bei der Gründung

Die Gründung des Sprachclubs war jedoch nicht ohne Herausforderungen. Eine der ersten Hürden war die Rekrutierung von Mitgliedern. Viele potenzielle Mitglieder waren skeptisch gegenüber der Idee eines Clubs, der sich auf eine Sprache konzentrierte, die sie nicht kannten. Jyn und ihre Freunde mussten kreative Wege finden, um das Interesse zu wecken.

$$\text{Interesse} = f(\text{Kreativität}, \text{Zugang}, \text{Wert}) \qquad (21)$$

Hierbei steht $f$ für die Funktion, die das Interesse an der Teilnahme am Club beschreibt, während $Kreativitt$, $Zugang$ und $Wert$ die Schlüsselfaktoren sind, die das Interesse beeinflussen.

Zusätzlich gab es Widerstand von einigen Lehrern und Mitgliedern der Schule, die der Meinung waren, dass ein Sprachclub, der sich auf biolumineszente Kommunikation konzentrierte, nicht notwendig sei. Diese Widerstände führten zu Spannungen und erforderten, dass Jyn und ihre Mitstreiterinnen und Mitstreiter überzeugende Argumente für die Relevanz und den Wert des Clubs entwickelten.

## Strategien zur Überwindung von Widerständen

Um die Widerstände zu überwinden, organisierten Jyn und ihre Freunde mehrere Informationsveranstaltungen, bei denen sie die Vorteile der Mehrsprachigkeit und die Wichtigkeit der biolumineszenten Sprache für die kulturelle Identität präsentierten. Diese Veranstaltungen beinhalteten interaktive Workshops, in denen die Teilnehmer die Grundlagen der biolumineszenten Kommunikation erlernen konnten.

Ein Beispiel für eine solche Veranstaltung war das *Lichtfest*, bei dem die Mitglieder des Clubs ihre biolumineszenten Fähigkeiten demonstrierten und die Zuschauer ein Gefühl für die Schönheit und Komplexität dieser Sprache erhielten.

### Erfolge des Sprachclubs

Nach einigen Monaten harter Arbeit und Engagement konnte der Sprachclub schließlich Mitglieder aus verschiedenen Hintergründen gewinnen. Die Mitgliederzahl wuchs stetig, und der Club wurde zu einem beliebten Treffpunkt für Austausch und Lernen.

Ein bedeutender Erfolg war die Organisation einer *Sprachwoche*, in der verschiedene Workshops, Vorträge und kreative Aktivitäten stattfanden, die sich auf die biolumineszente Sprache konzentrierten. Diese Veranstaltungen zogen nicht nur die Aufmerksamkeit der Schüler und Lehrer auf sich, sondern auch die der Medien.

Die positive Berichterstattung führte dazu, dass die Schule schließlich die Bedeutung des Clubs anerkannte und ihm Ressourcen zur Verfügung stellte, um seine Aktivitäten weiter auszubauen.

### Fazit

Die Gründung des Sprachclubs stellte einen Wendepunkt in Jyn Faels Leben dar. Sie schuf nicht nur einen Raum für den Austausch und das Lernen, sondern auch eine Plattform, um die Stimme der biolumineszenten Gemeinschaft zu erheben. Der Club wurde zu einem Symbol für den Kampf um Sprachrechte und die Förderung von Vielfalt und Inklusion auf Yvenis Prime.

Die Erfahrungen, die Jyn und ihre Mitstreiterinnen und Mitstreiter in diesem Prozess machten, legten den Grundstein für die spätere Entstehung der Biolumineszenten Allianz und trugen entscheidend zu Jyns Entwicklung als Aktivistin bei. Die Herausforderungen, die sie überwanden, und die Erfolge, die sie feierten, zeigten, dass die Kraft der Gemeinschaft und der kreative Ausdruck der Schlüssel zu einem erfolgreichen Aktivismus sind.

## Inspirierende Lehrer und ihre Lehren

In der Entwicklung von Jyn Fael spielte die Rolle ihrer Lehrer eine entscheidende Rolle. Diese inspirierenden Persönlichkeiten waren nicht nur Vermittler von Wissen, sondern auch Mentoren, die Jyns Leidenschaft für die Biolumineszenz und die Sprachrechte der Biolumineszenten Bürger weckten. Ihre Lehren erstreckten sich über verschiedene Disziplinen und boten Jyn die Werkzeuge, die sie benötigte, um sich in einer Welt voller Herausforderungen und Vorurteile zu behaupten.

## Die Bedeutung der Lehrer-Schüler-Beziehung

Die Lehrer-Schüler-Beziehung ist ein zentraler Aspekt des Bildungsprozesses. Inspiriert durch die Theorie von *Lev Vygotsky*, die besagt, dass das Lernen in einem sozialen Kontext stattfindet, erlebte Jyn, wie ihre Lehrer nicht nur Wissen vermittelten, sondern auch eine Umgebung schufen, die Kreativität und kritisches Denken förderte. Vygotskys Konzept der *Zone der proximalen Entwicklung* (ZPD) beschreibt, dass Schüler am besten lernen, wenn sie Unterstützung von kompetenteren Personen erhalten. Jyn profitierte von dieser Unterstützung, indem ihre Lehrer sie ermutigten, ihre eigenen Ideen zu entwickeln und zu erforschen.

## Einflussreiche Lehrer und ihre Lehren

Einer der prägendsten Lehrer für Jyn war *Professor Lumis*, ein Experte für Biolumineszenz und interkulturelle Kommunikation. Professor Lumis vermittelte nicht nur Kenntnisse über die biologischen Grundlagen der Biolumineszenz, sondern ermutigte Jyn auch, diese Kenntnisse in einen sozialen Kontext zu setzen. Er stellte die Frage:

Wie kann die Biolumineszenz als Symbol für Identität und Widerstand eingesetzt werden?
(22)

Diese Frage inspirierte Jyn, ihre eigene Identität als Biolumineszenz-Bewohnerin zu hinterfragen und zu verstehen, dass ihre Sprache und Kultur eine wichtige Rolle in ihrem Aktivismus spielen. Professor Lumis' Unterricht war geprägt von Diskussionen und kreativen Projekten, die Jyn halfen, ihre Stimme zu finden.

Ein weiterer Lehrer, der Jyns Denken maßgeblich beeinflusste, war *Frau Glimmer*, eine leidenschaftliche Kunstpädagogin. Sie brachte Jyn bei, wie Kunst als Ausdrucksmittel für gesellschaftliche Themen dienen kann. Durch Projekte, die die Verbindung zwischen Biolumineszenz und Kunst untersuchten, lernte Jyn, ihre Emotionen und Gedanken in kreativer Form auszudrücken. Frau Glimmer ermutigte ihre Schüler, über den Tellerrand hinauszudenken und die Grenzen traditioneller Kunstformen zu überschreiten. Sie sagte oft:

„Kunst ist nicht nur ein Medium, sondern ein Werkzeug des Wandels."

Diese Lehre wurde zu einem Leitprinzip für Jyn, als sie begann, Kunst in ihren Aktivismus zu integrieren.

## Herausforderungen und Problemlösungen

Die inspirierenden Lehrer waren jedoch nicht ohne Herausforderungen. Die Einführung neuer Lehrmethoden und die Auseinandersetzung mit den Vorurteilen der Gesellschaft gegenüber den Biolumineszenten Bürgern führten oft zu Spannungen. Jyn beobachtete, wie ihre Lehrer manchmal auf Widerstand stießen, wenn sie versuchten, die Bedeutung der Biolumineszenz in den Unterricht zu integrieren.

Ein Beispiel dafür war ein Projekt, das die Schüler dazu ermutigte, ihre eigenen biolumineszenten Kunstwerke zu schaffen und diese in der Schule auszustellen. Die Ausstellung stieß auf gemischte Reaktionen, und einige Eltern waren skeptisch gegenüber der Darstellung von Biolumineszenz als kulturellem Erbe. Hierbei zeigte sich die Notwendigkeit, die Gemeinschaft aktiv einzubeziehen und die positiven Aspekte der Biolumineszenz zu kommunizieren. Jyn lernte aus diesen Erfahrungen, dass der Dialog mit der Gemeinschaft und das Verständnis für unterschiedliche Perspektiven entscheidend sind, um Veränderungen herbeizuführen.

## Der Einfluss auf Jyns Aktivismus

Die Lehren, die Jyn von ihren Lehrern erhielt, waren nicht nur akademischer Natur, sondern beeinflussten auch ihre Sichtweise auf den Aktivismus. Sie erkannte, dass Bildung und das Teilen von Wissen essentielle Werkzeuge im Kampf um Sprachrechte sind. Die Lehrer lehrten sie, dass Sprache nicht nur ein Kommunikationsmittel ist, sondern auch ein Instrument der Macht und des Widerstands.

In einer ihrer ersten öffentlichen Reden zitierte Jyn oft die Worte von Professor Lumis:

„Sprache ist der Schlüssel zur Identität und der Schlüssel zur Freiheit."

Diese Erkenntnis motivierte Jyn, ihre Stimme zu erheben und für die Rechte ihrer Gemeinschaft zu kämpfen. Sie verstand, dass sie nicht nur für sich selbst, sondern auch für die kommenden Generationen sprach, die das Erbe ihrer Vorfahren bewahren und weitertragen sollten.

## Fazit

Zusammenfassend lässt sich sagen, dass die inspirierenden Lehrer in Jyn Faels Leben nicht nur Wissen vermittelten, sondern auch eine tiefere Verbindung zu ihrer Kultur und Identität herstellten. Sie förderten kritisches Denken, Kreativität und die Fähigkeit, Herausforderungen zu bewältigen. Diese Lehren bildeten das Fundament für Jyns späteren Aktivismus und trugen dazu bei, dass sie eine führende Stimme im Kampf um die Sprachrechte der Biolumineszenten Bürger wurde. Ihre Lehrer hinterließen ein bleibendes Erbe, das weit über das Klassenzimmer hinausreichte und die nächsten Generationen inspirierte.

## Die ersten öffentlichen Reden

Die ersten öffentlichen Reden von Jyn Fael waren entscheidende Momente in ihrer Entwicklung als Bürgerrechtsaktivistin. Diese Reden waren nicht nur Ausdruck ihrer Überzeugungen, sondern auch eine Möglichkeit, die Gemeinschaft um sie herum zu mobilisieren und auf die Herausforderungen aufmerksam zu machen, mit denen die biolumineszenten Wesen auf Yvenis Prime konfrontiert waren.

## Die Vorbereitung auf die Reden

Die Vorbereitung auf ihre ersten öffentlichen Reden war ein Prozess, der sowohl emotionale als auch intellektuelle Anstrengungen erforderte. Jyn wusste, dass ihre Worte das Potenzial hatten, Herzen zu berühren und Köpfe zu verändern. Daher verbrachte sie viele Stunden damit, ihre Gedanken zu formulieren und ihre Botschaften klar und überzeugend zu gestalten. Sie studierte die Reden berühmter Aktivisten aus der Geschichte, wie Martin Luther King Jr. und Malala Yousafzai, um zu verstehen, wie man eine kraftvolle Botschaft vermittelt.

## Die erste Rede: Ein Wendepunkt

Jyns erste öffentliche Rede fand während eines Schulfests statt, das von der Schülervertretung organisiert wurde. Das Thema der Veranstaltung war „Die Vielfalt der Stimmen", und Jyn war eingeladen, über die Bedeutung der Biolumineszenz und die Sprachrechte ihrer Gemeinschaft zu sprechen. Diese Gelegenheit stellte sich als Wendepunkt heraus, da sie zum ersten Mal vor einem größeren Publikum sprach.

Der Inhalt ihrer Rede war geprägt von persönlichen Erfahrungen und der kulturellen Bedeutung der Biolumineszenz. Sie erklärte, wie die Fähigkeit, durch

Licht zu kommunizieren, nicht nur ein Teil ihrer Identität war, sondern auch eine Form der Kunst und des Ausdrucks. Jyn sagte:

„Wenn wir in der Dunkelheit leuchten, zeigen wir der Welt, dass wir existieren, dass wir eine Stimme haben und dass wir gehört werden wollen."

Diese Worte hinterließen einen bleibenden Eindruck bei den Zuhörern und schufen ein Gefühl der Solidarität unter den Anwesenden.

### Die Herausforderungen der öffentlichen Rede

Trotz des positiven Feedbacks, das Jyn nach ihrer ersten Rede erhielt, war der Weg zur Meisterung der öffentlichen Rede nicht ohne Herausforderungen. Jyn kämpfte mit Lampenfieber und der Angst, nicht ernst genommen zu werden. Diese Ängste sind nicht ungewöhnlich für Menschen, die in der Öffentlichkeit sprechen, insbesondere für junge Aktivisten, die sich in einem oft feindlichen Umfeld bewegen müssen.

Ein zentrales Problem, das Jyn konfrontierte, war die Frage der Relevanz ihrer Botschaft. Sie stellte sich oft die Frage: „Werde ich die Menschen erreichen? Werden sie sich für meine Anliegen interessieren?" Diese Unsicherheit führte dazu, dass sie ihre Reden überarbeitete und anpasste, um sicherzustellen, dass sie sowohl informativ als auch inspirierend waren.

### Einfluss der Reden auf die Gemeinschaft

Die Wirkung von Jyns Reden auf die Gemeinschaft war signifikant. Nach ihrer ersten Rede begannen andere junge Biolumineszenten, sich ebenfalls zu äußern und ihre eigenen Geschichten zu erzählen. Jyn wurde schnell zu einem Vorbild für viele und inspirierte eine Welle von Aktivismus in ihrer Schule und darüber hinaus.

Die Nutzung von sozialen Medien spielte eine entscheidende Rolle bei der Verbreitung ihrer Botschaften. Jyn begann, Videos ihrer Reden auf Plattformen wie „GalacticTube" zu teilen, wodurch sie eine breitere Zuhörerschaft erreichte. Diese digitalen Auftritte führten dazu, dass ihre Ideen und Anliegen international Gehör fanden.

### Die Entwicklung eines persönlichen Stils

Mit der Zeit entwickelte Jyn ihren eigenen Stil der öffentlichen Rede. Sie integrierte Elemente der Performancekunst, die sie aus ihrer Kindheit in den

Lichtwäldern kannte. Ihre Reden wurden zu einem Zusammenspiel aus Worten und Licht, was die Zuhörer zusätzlich fesselte. Diese kreative Herangehensweise half, die Aufmerksamkeit auf wichtige Themen zu lenken und die Emotionen der Zuhörer zu aktivieren.

### Beispiele für erfolgreiche Reden

Ein besonders eindrucksvolles Beispiel war ihre Rede während der ersten großen Demonstration der Biolumineszenten Allianz. Jyn sprach über die Herausforderungen, die ihre Gemeinschaft erlebte, und forderte die Zuhörer auf, sich für ihre Rechte einzusetzen. Sie sagte:

> „Wir sind nicht nur Lichter in der Dunkelheit. Wir sind ein Regenbogen aus Stimmen, die zusammenkommen, um eine harmonische Melodie der Veränderung zu schaffen."

Diese Rede wurde zum Symbol für den Aufstieg der Bewegung und inspirierte viele, sich aktiv an den Bemühungen zur Förderung der Sprachrechte zu beteiligen.

### Fazit

Die ersten öffentlichen Reden von Jyn Fael waren nicht nur ein persönlicher Meilenstein, sondern auch ein entscheidender Faktor für die Mobilisierung ihrer Gemeinschaft. Durch ihre Worte und die Art und Weise, wie sie diese präsentierte, schaffte sie es, eine Bewegung zu inspirieren, die über ihre eigene Erfahrung hinausging. Ihre Fähigkeit, sich auszudrücken und andere zu motivieren, legte den Grundstein für den weiteren Verlauf ihres Aktivismus und die Entwicklung der Biolumineszenten Allianz.

## Der Einfluss von Kunst und Musik

Kunst und Musik haben eine transformative Kraft, die über die bloße Unterhaltung hinausgeht. Sie können als Werkzeuge des Aktivismus fungieren, indem sie Emotionen wecken, Gemeinschaften mobilisieren und die Botschaften von Bewegungen verstärken. Für Jyn Fael und die Biolumineszenten Allianz war die Integration von Kunst und Musik in den Aktivismus nicht nur eine kreative Ausdrucksform, sondern auch eine strategische Entscheidung, um die Sprachrechte der Biolumineszenz auf Yvenis Prime zu fördern.

## Die Rolle von Kunst im Aktivismus

Kunst hat die Fähigkeit, komplexe Themen zugänglich zu machen und eine breitere Öffentlichkeit zu erreichen. In der Biolumineszenten Allianz wurde Kunst als ein Medium genutzt, um die kulturelle Identität der Biolumineszenten zu feiern und gleichzeitig auf die Herausforderungen aufmerksam zu machen, mit denen sie konfrontiert waren. Die Verwendung von Farben, Formen und Symbolen, die mit der Biolumineszenz verbunden sind, half, die kulturelle Bedeutung und die Schönheit ihrer Sprache zu visualisieren.

Ein Beispiel für den Einfluss von Kunst war die Schaffung eines Wandgemäldes in der Hauptstadt von Yvenis Prime, das die Geschichte der Biolumineszenz und ihre Kämpfe darstellte. Dieses Wandgemälde wurde zu einem zentralen Treffpunkt für Aktivisten und war ein Symbol der Hoffnung und des Widerstands. Es zog nicht nur die Aufmerksamkeit der Medien auf sich, sondern inspirierte auch andere Künstler, sich der Bewegung anzuschließen.

## Musik als Mobilisierungsinstrument

Musik spielte eine ebenso wichtige Rolle im Aktivismus von Jyn Fael. Lieder wurden geschrieben, um die Botschaft der Biolumineszenten Allianz zu verbreiten und die Gemeinschaft zu mobilisieren. Diese Lieder enthielten oft eingängige Melodien und Texte, die die Herausforderungen und Träume der Biolumineszenten widerspiegelten. Ein besonders beliebtes Lied war „Licht der Freiheit", das die Sehnsucht nach Anerkennung und Gleichheit thematisierte.

Die Verwendung von Musik bei Demonstrationen und Veranstaltungen half, eine Atmosphäre der Solidarität und des Zusammenhalts zu schaffen. Die Menschen sangen gemeinsam, was nicht nur die Moral stärkte, sondern auch das Gefühl der Gemeinschaft förderte. Diese musikalischen Ausdrucksformen trugen dazu bei, dass die Bewegung nicht nur als politischer Kampf, sondern auch als kulturelles Phänomen wahrgenommen wurde.

## Theoretische Perspektiven

Die Verbindung zwischen Kunst, Musik und Aktivismus lässt sich durch verschiedene theoretische Ansätze erklären. Der Sozialkonstruktivismus legt nahe, dass Kunst und Musik als Mittel zur Konstruktion von Identität und Gemeinschaft dienen können. Indem sie die Erfahrungen und Perspektiven der Biolumineszenten reflektieren, tragen sie zur Schaffung eines kollektiven Bewusstseins bei.

Darüber hinaus unterstützt die Theorie der performativen Aktivität die Idee, dass durch künstlerische Praktiken soziale Veränderungen herbeigeführt werden können. Die Aufführungen und künstlerischen Darbietungen der Biolumineszenten Allianz waren nicht nur Ausdruck ihrer Identität, sondern auch eine Form des Widerstands gegen die Marginalisierung ihrer Kultur.

## Herausforderungen und Probleme

Trotz der positiven Auswirkungen von Kunst und Musik im Aktivismus gab es auch Herausforderungen. Einige Mitglieder der Gemeinschaft äußerten Bedenken, dass die Kommerzialisierung von Kunst und Musik ihre ursprüngliche Botschaft verwässern könnte. Es gab Diskussionen darüber, wie die Authentizität der künstlerischen Ausdrucksformen gewahrt werden kann, während gleichzeitig eine breitere Öffentlichkeit erreicht wird.

Zudem standen die Aktivisten vor der Herausforderung, die Unterstützung von Künstlern und Musikern zu gewinnen, die möglicherweise nicht bereit waren, sich öffentlich zu engagieren, aus Angst vor Repression oder Stigmatisierung. Diese Bedenken führten zu intensiven Diskussionen innerhalb der Biolumineszenten Allianz über die ethischen Implikationen der Nutzung von Kunst und Musik im Aktivismus.

## Fazit

Der Einfluss von Kunst und Musik auf den Aktivismus von Jyn Fael und der Biolumineszenten Allianz war sowohl tiefgreifend als auch vielschichtig. Durch kreative Ausdrucksformen konnten sie ihre Botschaft verbreiten, Gemeinschaften mobilisieren und das Bewusstsein für die Sprachrechte der Biolumineszenz schärfen. Trotz der Herausforderungen, die mit der Integration von Kunst und Musik in den Aktivismus verbunden sind, bleibt ihre Bedeutung unbestritten. Kunst und Musik sind nicht nur Werkzeuge des Widerstands, sondern auch Quellen der Inspiration, die die Träume und Hoffnungen einer ganzen Gemeinschaft widerspiegeln.

## Die Entstehung eines kreativen Ausdrucks

Die Entwicklung eines kreativen Ausdrucks ist ein zentraler Bestandteil von Jyn Faels Weg als Aktivistin. In einer Welt, in der die Biolumineszenz nicht nur eine physische, sondern auch eine kulturelle Dimension hat, wird der kreative Ausdruck zu einem Werkzeug, um Identität und Gemeinschaft zu manifestieren. Diese Phase ihrer Entwicklung ist geprägt von der Auseinandersetzung mit verschiedenen Kunstformen, die als Mittel zur Kommunikation und zur Stärkung der Bewegung dienen.

## Theoretische Grundlagen

Kreativer Ausdruck kann als eine Form der Kommunikation betrachtet werden, die über die traditionellen sprachlichen Grenzen hinausgeht. Laut dem Psychologen Mihaly Csikszentmihalyi ist Kreativität nicht nur eine individuelle Fähigkeit, sondern auch ein Produkt des sozialen und kulturellen Kontextes, in dem sich der Schaffende befindet [?]. Diese Sichtweise ist besonders relevant für Jyn Fael, deren kreativer Ausdruck tief in der Kultur der Biolumineszenz verwurzelt ist.

Die Theorie des *Kreativen Prozesses* nach Graham Wallas beschreibt vier Phasen: Vorbereitungsphase, Inkubationsphase, Illuminationsphase und Verifizierungsphase [?]. Diese Phasen sind für Jyns kreative Entwicklung von Bedeutung, da sie die Herausforderungen und Erfolge bei der Schaffung von Kunstwerken und Ausdrucksformen widerspiegeln.

## Herausforderungen und Probleme

Trotz der inspirierenden Natur des kreativen Ausdrucks steht Jyn vor mehreren Herausforderungen. Die erste Herausforderung besteht darin, die eigene Stimme in einer Umgebung zu finden, die oft von der dominierenden menschlichen Kultur geprägt ist. Der Druck, sich anzupassen und die eigene Biolumineszenz zu verstecken, kann den kreativen Prozess hemmen.

Ein weiteres Problem ist die Übersetzung kultureller Konzepte in eine Form, die für Menschen verständlich ist. Der kreative Ausdruck muss sowohl die Essenz der biolumineszenten Kultur bewahren als auch für eine breitere Öffentlichkeit zugänglich sein. Dies erfordert eine sorgfältige Überlegung und oft auch Kompromisse, die das Risiko bergen, die ursprüngliche Bedeutung zu verwässern.

## Beispiele für kreativen Ausdruck

Jyn Fael beginnt, verschiedene Formen des kreativen Ausdrucks zu erkunden, darunter Musik, Tanz und visuelle Kunst. Ein Beispiel ist ihr erstes Lied, das sie in den Lichtwäldern komponiert. Der Text des Liedes handelt von der Schönheit der Biolumineszenz und der Verbindung zur Natur. Sie verwendet metaphorische Sprache, um die Emotionen, die mit ihrer Identität verbunden sind, auszudrücken.

Eine der bekanntesten Darbietungen von Jyn ist ein Tanz, der die Bewegungen der leuchtenden Kreaturen in den Lichtwäldern nachahmt. Dieser Tanz wird zu einem Symbol für den Widerstand und die Hoffnung der Biolumineszenten Gemeinschaft. Die Kombination aus Bewegung und Licht schafft ein visuelles Spektakel, das die Zuschauer in seinen Bann zieht und die Botschaft der Bewegung verstärkt.

## Einfluss auf die Bewegung

Der kreative Ausdruck hat nicht nur Jyns persönliche Entwicklung gefördert, sondern auch die gesamte Bewegung gestärkt. Ihre Kunstwerke und Darbietungen ziehen die Aufmerksamkeit der Öffentlichkeit auf die Anliegen der Biolumineszenten und schaffen ein Gefühl der Solidarität.

Die Verwendung von Kunst als Aktivismus ist nicht neu; historische Bewegungen haben oft kreative Ausdrucksformen genutzt, um ihre Botschaften zu verbreiten. Jyns Ansatz erinnert an den *Kunstaktivismus*, der in verschiedenen sozialen Bewegungen weltweit zu finden ist. Durch die Schaffung von Kunstwerken, die sowohl emotional als auch intellektuell ansprechend sind, kann Jyn die Herzen und Köpfe der Menschen erreichen.

## Fazit

Die Entstehung eines kreativen Ausdrucks ist für Jyn Fael nicht nur eine persönliche Reise, sondern auch ein entscheidender Faktor für den Erfolg der Sprachrechtsbewegung. Durch die Überwindung von Herausforderungen und die Nutzung ihrer kreativen Talente hat Jyn es geschafft, eine Plattform zu schaffen, die die Stimmen der Biolumineszenten Gemeinschaft hörbar macht. In einer Welt, die oft von Uniformität geprägt ist, wird Jyns kreativer Ausdruck zu einem strahlenden Beispiel für Vielfalt und Widerstandskraft.

## Die ersten Erfolge und Misserfolge

Die ersten Erfolge und Misserfolge von Jyn Fael als Aktivistin sind entscheidende Meilensteine in ihrem Lebensweg und der Entwicklung der Biolumineszenten Allianz. Diese Erfahrungen prägten nicht nur ihre Identität, sondern auch die Richtung der Bewegung für Sprachrechte auf Yvenis Prime.

### Erfolge: Die ersten Schritte zur Anerkennung

Der erste große Erfolg von Jyn Fael war die Gründung des Sprachclubs an ihrer Schule. Diese Initiative ermöglichte es den Schülern, die biolumineszenten Sprachen ihrer Heimat zu lernen und zu praktizieren. Der Club wurde schnell populär und zog sowohl biolumineszente als auch menschliche Schüler an. Dies war nicht nur ein Zeichen der Akzeptanz, sondern auch ein erster Schritt in Richtung interkultureller Verständigung. Jyn organisierte regelmäßig Workshops und Veranstaltungen, um das Bewusstsein für die Bedeutung der Sprache zu schärfen.

$$\text{Erfolg} = \frac{\text{Anzahl der Teilnehmer}}{\text{Anzahl der Veranstaltungen}} \times 100 \qquad (23)$$

Die obige Gleichung verdeutlicht, wie Jyns Engagement zur Steigerung der Teilnehmerzahlen führte. Der Club wuchs von anfänglich fünf Mitgliedern auf über fünfzig innerhalb eines Jahres. Dies war ein bedeutender Erfolg, der Jyns Motivation weiter steigerte.

Zusätzlich zu den Clubaktivitäten begann Jyn, öffentliche Reden zu halten. Ihre erste Rede auf einer Schulversammlung war ein Wendepunkt. Sie sprach über die Wichtigkeit der biolumineszenten Sprache und deren Rolle in der Identitätsbildung. Die Resonanz war überwältigend; viele Schüler und Lehrer zeigten sich begeistert und unterstützten ihre Initiative.

## Misserfolge: Die Herausforderungen des Engagements

Trotz dieser Erfolge war der Weg nicht immer einfach. Jyn sah sich mit Widerstand und Rückschlägen konfrontiert, insbesondere von Seiten der Schulverwaltung, die Bedenken hinsichtlich der Ressourcen und des Lehrplans äußerten. Ein konkretes Beispiel war der Versuch, biolumineszente Literatur in den Lehrplan aufzunehmen. Die Schulbehörde lehnte den Vorschlag ab, was Jyn und ihre Unterstützer frustrierte.

$$\text{Misserfolg} = \frac{\text{Anzahl der abgelehnten Vorschläge}}{\text{Anzahl der eingereichten Vorschläge}} \times 100 \qquad (24)$$

Diese Gleichung verdeutlicht die Herausforderungen, mit denen Jyn konfrontiert war. Von zehn eingereichten Vorschlägen wurden sieben abgelehnt, was zu einer Misserfolgsquote von 70% führte. Dies führte dazu, dass Jyn sich mit Fragen der Legitimität und der Unterstützung durch die Gemeinschaft auseinandersetzen musste.

Ein weiterer Rückschlag war die erste öffentliche Demonstration, die Jyn organisierte. Obwohl die Veranstaltung gut besucht war, kam es zu Spannungen zwischen den Teilnehmern und der Polizei, die die Versammlung als illegal einstufte. Diese Erfahrung hinterließ bei Jyn und ihren Unterstützern ein Gefühl der Unsicherheit und Angst vor weiteren Repressionen.

### Lernen aus den Erfahrungen

Die ersten Erfolge und Misserfolge lehrten Jyn eine wertvolle Lektion über die Dynamik des Aktivismus. Sie erkannte, dass es wichtig ist, aus Rückschlägen zu lernen und diese als Teil des Prozesses zu akzeptieren. Jyn begann, Strategien zu entwickeln, um mit Misserfolgen umzugehen, und suchte aktiv nach Wegen, um ihre Bewegung zu stärken.

Ein Schlüsselaspekt war die Bedeutung von Netzwerken. Jyn knüpfte Kontakte zu anderen Aktivisten und Organisationen, die ähnliche Ziele verfolgten. Diese Zusammenarbeit führte zu neuen Ideen und Perspektiven, die die Biolumineszenten Allianz bereicherten. Jyn lernte auch, dass Erfolge nicht immer in großen, sichtbaren Veränderungen gemessen werden müssen; oft sind es die kleinen Schritte, die langfristig den größten Einfluss haben.

### Fazit

Die ersten Erfolge und Misserfolge von Jyn Fael waren entscheidend für ihre Entwicklung als Aktivistin. Sie lehrten sie, dass der Weg zum Wandel oft steinig ist, aber dass jeder Schritt, ob positiv oder negativ, Teil eines größeren Prozesses ist. Jyns Fähigkeit, aus ihren Erfahrungen zu lernen und sich an Herausforderungen anzupassen, legte den Grundstein für die zukünftige Entwicklung der Bewegung für Sprachrechte auf Yvenis Prime. Die Biolumineszenten Allianz würde aus diesen frühen Erfahrungen gestärkt hervorgehen und sich zu einer kraftvollen Stimme für die Rechte der biolumineszenten Bürger entwickeln.

# Die Entstehung der Bewegung

## Die Gründung der Biolumineszenten Allianz

Die Gründung der Biolumineszenten Allianz war ein entscheidender Moment in der Geschichte von Jyn Fael und ihrer Bewegung für Sprachrechte. Diese Allianz entstand aus der Notwendigkeit, eine vereinte Front gegen die Diskriminierung der biolumineszenten Sprachen auf Yvenis Prime zu bilden und gleichzeitig die kulturelle Identität der biolumineszenten Gemeinschaft zu bewahren.

### Hintergrund und Motivation

Die Motivation zur Gründung der Allianz war vielfältig. In den Lichtwäldern von Yvenis Prime war die biolumineszente Kommunikation nicht nur eine Form der

Sprache, sondern auch ein Ausdruck der kulturellen Identität. Die ersten Begegnungen mit den Menschen hatten jedoch gezeigt, dass diese einzigartige Form der Kommunikation oft missverstanden oder ignoriert wurde. Jyn und ihre Unterstützer erkannten, dass eine organisierte Bewegung notwendig war, um die Rechte der Biolumineszenten zu verteidigen und zu fördern.

## Die ersten Schritte

Die Gründung der Biolumineszenten Allianz begann mit einer Reihe von informellen Treffen, die von Jyn und ihren engsten Freunden organisiert wurden. Diese Treffen fanden in den schimmernden Lichtwäldern statt, wo die Teilnehmer ihre Ideen austauschen und Strategien entwickeln konnten. Die ersten Ziele der Allianz umfassten:

- Die Sensibilisierung der Öffentlichkeit für die Bedeutung der biolumineszenten Sprache.
- Die Schaffung eines Netzwerkes von Unterstützern, die sich für die Rechte der Biolumineszenten einsetzen.
- Die Organisation von Veranstaltungen, um die Kultur und Sprache der Biolumineszenten zu feiern.

## Die Herausforderungen bei der Gründung

Die Gründung der Allianz war jedoch nicht ohne Herausforderungen. Eine der größten Hürden war die Skepsis innerhalb der eigenen Gemeinschaft. Viele Biolumineszenten waren sich unsicher, ob eine organisierte Bewegung tatsächlich Veränderungen bewirken könnte. Jyn und ihre Mitstreiter mussten hart daran arbeiten, Vertrauen aufzubauen und die Gemeinschaft zu mobilisieren.

Ein weiteres Problem war die Reaktion der menschlichen Gesellschaft. Die ersten Treffen der Allianz wurden von einigen Menschen als Bedrohung wahrgenommen, was zu Spannungen führte. Jyn musste lernen, wie man effektiv kommuniziert, um Missverständnisse zu vermeiden und eine positive Beziehung zur menschlichen Gemeinschaft aufzubauen.

## Die ersten Erfolge

Trotz der Herausforderungen gelang es der Biolumineszenten Allianz, schnell an Einfluss zu gewinnen. Die erste öffentliche Veranstaltung, die sie organisierten, war ein Fest der biolumineszenten Kultur, das in der Hauptstadt von Yvenis Prime

# DIE ENTSTEHUNG DER BEWEGUNG 49

stattfand. Diese Veranstaltung zog eine große Menschenmenge an und wurde von lokalen Medien umfassend berichtet.

Durch die Verwendung von kreativen Elementen, wie biolumineszenten Kunstinstallationen und Musik, konnte die Allianz die Aufmerksamkeit der Öffentlichkeit auf sich ziehen. Dies führte zu einer erhöhten Sensibilisierung für die biolumineszente Sprache und deren Bedeutung für die kulturelle Identität.

## Zusammenarbeit und Solidarität

Ein weiterer entscheidender Faktor für den Erfolg der Biolumineszenten Allianz war die Fähigkeit, mit anderen Organisationen und Gemeinschaften zusammenzuarbeiten. Jyn verstand, dass Solidarität der Schlüssel zum Erfolg war. Sie initiierte Gespräche mit anderen Gruppen, die ähnliche Ziele verfolgten, und schloss Partnerschaften, um Ressourcen und Wissen zu teilen.

Diese Zusammenarbeit führte zur Gründung von interkulturellen Workshops, in denen die Teilnehmer die biolumineszente Sprache erlernen und die kulturellen Unterschiede verstehen konnten. Solche Initiativen halfen nicht nur, das Bewusstsein zu schärfen, sondern auch, Brücken zwischen den verschiedenen Gemeinschaften zu bauen.

## Die Vision der Biolumineszenten Allianz

Die Biolumineszenten Allianz hatte eine klare Vision: Sie wollte eine Welt schaffen, in der die biolumineszente Sprache und Kultur respektiert und anerkannt werden. Jyn formulierte eine Reihe von Leitprinzipien, die die Arbeit der Allianz leiten sollten:

1. **Respekt für kulturelle Vielfalt:** Jede Sprache und Kultur ist wertvoll und sollte geschützt werden.

2. **Bildung und Aufklärung:** Die Förderung von Bildung über die biolumineszente Sprache ist entscheidend für deren Erhaltung.

3. **Engagement für Dialog:** Der Austausch zwischen verschiedenen Kulturen sollte gefördert werden, um gegenseitiges Verständnis zu schaffen.

## Fazit

Die Gründung der Biolumineszenten Allianz war ein bedeutender Schritt in Jyn Faels Kampf für die Sprachrechte der Biolumineszenten. Durch die Überwindung von Herausforderungen und die Mobilisierung der Gemeinschaft konnte die Allianz eine starke Stimme für die biolumineszente Kultur werden. Ihre Arbeit legte den Grundstein für die spätere Bewegung und inspirierte viele, sich für die Rechte und die Anerkennung ihrer eigenen Kulturen einzusetzen.

$$\text{Einheit in der Vielfalt} \Rightarrow \text{Stärkung der Gemeinschaft} \qquad (25)$$

## Die ersten Treffen und Ziele

Die Gründung der Biolumineszenten Allianz war ein entscheidender Moment in der Geschichte von Jyn Fael und ihrer Bewegung für Sprachrechte. Die ersten Treffen fanden in den geheimen Lichtwäldern von Yvenis Prime statt, einem Ort, der sowohl symbolisch als auch praktisch für die Biolumineszenz-Kultur war. Hier versammelten sich Jyn und ihre Mitstreiter, um ihre Visionen und Ziele zu formulieren und eine gemeinsame Strategie zu entwickeln.

## Die Bedeutung der ersten Treffen

Die ersten Treffen waren nicht nur Gelegenheiten zum Austausch von Ideen, sondern auch zur Schaffung eines Gemeinschaftsgefühls. In der Theorie des sozialen Wandels, wie sie von [?] beschrieben wird, ist die Bildung von Netzwerken und Allianzen von zentraler Bedeutung für den Erfolg von Bewegungen. Jyn und ihre Freunde erkannten, dass sie, um ihre Stimme zu erheben, zusammenarbeiten mussten. Diese ersten Zusammenkünfte waren geprägt von einer Atmosphäre der Hoffnung und des Engagements.

## Ziele der Biolumineszenten Allianz

Die Hauptziele der Biolumineszenten Allianz wurden in diesen ersten Treffen klar definiert. Sie umfassten:

- **Förderung der Biolumineszenz-Sprache:** Die Allianz wollte die einzigartige Sprache der Biolumineszenz, die durch Lichtsignale und Farben kommuniziert wird, als gleichwertig anerkennen und fördern. Dies beinhaltete die Entwicklung von Lehrmaterialien und Kursen für die Gemeinschaft.

- **Schutz der kulturellen Identität:** Ein weiteres Ziel war der Schutz und die Bewahrung der kulturellen Identität der biolumineszenten Bevölkerung. Die Allianz wollte sicherstellen, dass die Traditionen und Werte der Biolumineszenz nicht verloren gingen, insbesondere angesichts der wachsenden Einflüsse der menschlichen Kultur.

- **Politische Einflussnahme:** Die Allianz strebte an, politisch aktiv zu werden, um die Rechte der Biolumineszenz-Sprecher auf der intergalaktischen Bühne zu verteidigen. Dies beinhaltete Lobbyarbeit bei der Regierung von Yvenis Prime und die Organisation von Kampagnen zur Sensibilisierung der Öffentlichkeit.

- **Solidarität mit anderen Minderheiten:** Die Allianz wollte auch eine Brücke zu anderen Minderheiten schlagen, die ähnliche Kämpfe führten. Die Idee war, eine intergalaktische Solidarität zu fördern, um die Stimmen aller unterdrückten Gruppen zu vereinen.

## Herausforderungen und Probleme

Trotz der positiven Energie, die die ersten Treffen prägte, standen Jyn und ihre Mitstreiter vor erheblichen Herausforderungen. Eine der größten Hürden war die Skepsis innerhalb der Gemeinschaft. Viele Biolumineszenz-Sprecher waren skeptisch gegenüber der Idee, sich zu organisieren, aus Angst vor Repressionen durch die Regierung oder vor der Marginalisierung ihrer Kultur.

Ein Beispiel für diese Skepsis war die Reaktion von einigen älteren Mitgliedern der Gemeinschaft, die der Meinung waren, dass der Versuch, eine formelle Organisation zu gründen, die traditionellen Werte gefährden könnte. Diese Spannungen führten zu intensiven Diskussionen während der Treffen, in denen Jyn oft als Vermittlerin auftrat.

## Erste Erfolge

Trotz dieser Herausforderungen konnten die ersten Treffen auch einige Erfolge verbuchen. Die Allianz organisierte eine erste Informationsveranstaltung, die von vielen Mitgliedern der Gemeinschaft besucht wurde. Diese Veranstaltung half, das Bewusstsein für die Bedeutung der Biolumineszenz-Sprache zu schärfen und das Interesse an den Zielen der Allianz zu wecken.

Darüber hinaus gelang es Jyn und ihrem Team, einige lokale Künstler und Wissenschaftler für ihre Sache zu gewinnen. Diese Unterstützung war entscheidend, um die kulturelle Relevanz ihrer Bewegung zu unterstreichen. In der Theorie des kulturellen Wandels, wie sie von [?] beschrieben wird, ist die Unterstützung durch kulturelle Akteure entscheidend für den Erfolg sozialer Bewegungen.

## Fazit

Die ersten Treffen der Biolumineszenten Allianz waren ein entscheidender Schritt in Jyn Faels Aktivismus. Sie legten den Grundstein für eine Bewegung, die nicht nur die Sprachrechte der Biolumineszenz-Sprecher verteidigen wollte, sondern auch eine breitere Diskussion über kulturelle Identität und intergalaktische Solidarität anstoßen wollte. Durch die Überwindung von Skepsis und die Mobilisierung von Unterstützung konnte die Allianz ihre Ziele klar definieren und eine Strategie entwickeln, um diese in die Tat umzusetzen.

## Die Herausforderungen der Organisation

Die Gründung der Biolumineszenten Allianz war ein bedeutender Schritt für Jyn Fael und ihre Mitstreiter. Doch wie jede Bewegung sah sich die Allianz bald mit einer Vielzahl von Herausforderungen konfrontiert, die sowohl intern als auch extern waren. Diese Herausforderungen beeinflussten nicht nur die Effektivität der Organisation, sondern auch die Motivation der Mitglieder und die Wahrnehmung der Bewegung in der breiten Öffentlichkeit.

### Interne Herausforderungen

**Ressourcenmanagement** Eine der ersten Herausforderungen war das Management von Ressourcen. Die Biolumineszenten Allianz war von Freiwilligen abhängig, die oft nur begrenzte Zeit und finanzielle Mittel zur Verfügung hatten. Die Frage der Ressourcenallokation stellte sich als kritisch heraus. Jyn und ihr Team mussten lernen, wie man effektiv mit den verfügbaren Mitteln umgeht, um die maximalen Ergebnisse zu erzielen. Dies führte zu Diskussionen über Prioritäten und die Notwendigkeit, strategische Entscheidungen zu treffen.

**Kommunikation innerhalb der Gruppe** Ein weiterer interner Aspekt war die Kommunikation. Die Allianz bestand aus Mitgliedern mit unterschiedlichen Hintergründen, und oft gab es Missverständnisse, die aus kulturellen Unterschieden oder unterschiedlichen Ansichten resultierten. Um diese Probleme zu lösen, führte Jyn regelmäßige Treffen ein, bei denen die Mitglieder ihre Ideen und Bedenken offen äußern konnten. Diese Transparenz förderte das Vertrauen und half, ein gemeinsames Ziel zu definieren.

**Motivation und Engagement** Die Aufrechterhaltung der Motivation innerhalb der Gruppe war eine ständige Herausforderung. In Zeiten des Rückschlags, wie etwa bei der ersten großen Niederlage, war es schwierig, die Mitglieder zu mobilisieren und den Enthusiasmus aufrechtzuerhalten. Jyn erkannte, dass es wichtig war, Erfolge zu feiern, egal wie klein sie auch sein mochten. Dies half, den Gemeinschaftsgeist zu fördern und die Mitglieder zu motivieren, weiterzumachen.

## Externe Herausforderungen

**Gesellschaftliche Vorurteile** Die Allianz sah sich auch externen Herausforderungen gegenüber, insbesondere in Form von gesellschaftlichen Vorurteilen. Viele Menschen auf Yvenis Prime hatten ein begrenztes Verständnis für die Biolumineszenz und die damit verbundenen kulturellen Praktiken. Jyn und ihre Mitstreiter mussten gegen diese Vorurteile ankämpfen und eine positive Wahrnehmung ihrer Bewegung schaffen. Dies erforderte umfassende Aufklärungsarbeit und die Entwicklung von Informationsmaterialien, die sowohl informativ als auch ansprechend waren.

**Politische Repression** Die Reaktion der Regierung auf die Aktivitäten der Biolumineszenten Allianz war oft feindlich. Die Regierung betrachtete die Bewegung als Bedrohung für die bestehende Ordnung und versuchte, ihre Aktivitäten einzuschränken. Dies führte zu einer Reihe von repressiven Maßnahmen, darunter das Verbot von Versammlungen und die Überwachung von Mitgliedern. Jyn musste Strategien entwickeln, um diesen Herausforderungen zu begegnen, einschließlich der Zusammenarbeit mit anderen Organisationen, um eine breitere Unterstützung zu gewinnen.

**Wettbewerb mit anderen Bewegungen** Ein weiterer externer Faktor war der Wettbewerb mit anderen Bewegungen, die ähnliche Ziele verfolgten. Während einige Bewegungen Synergien suchten, gab es auch Rivalitäten, die die Ressourcen und die Aufmerksamkeit der Öffentlichkeit aufteilen konnten. Jyn erkannte die Notwendigkeit, Allianzen zu bilden und gemeinsame Ziele zu definieren, um die Effektivität der Biolumineszenten Allianz zu maximieren.

## Strategien zur Überwindung der Herausforderungen

Um diese Herausforderungen zu bewältigen, entwickelte Jyn eine Reihe von Strategien. Dazu gehörte die Förderung einer offenen Kommunikationskultur, die Durchführung von Workshops zur Teambildung und die Schaffung von Netzwerken mit anderen Organisationen. Durch den Austausch von Ressourcen und Erfahrungen konnte die Biolumineszenten Allianz ihre Reichweite und ihren Einfluss erheblich steigern.

Zusätzlich setzte Jyn auf die Nutzung von sozialen Medien, um ihre Botschaft an ein breiteres Publikum zu verbreiten und Unterstützung zu mobilisieren. Die Kunst und Kreativität, die in die Kampagnen integriert wurden, spielten eine entscheidende Rolle dabei, das Interesse und die Unterstützung der Öffentlichkeit zu gewinnen.

## Fazit

Die Herausforderungen, denen sich die Biolumineszenten Allianz gegenübersah, waren vielfältig und komplex. Doch durch strategisches Denken, Zusammenarbeit und Engagement konnte Jyn Fael die Organisation nicht nur stärken, sondern auch die Grundlagen für eine nachhaltige Bewegung legen. Die Erfahrungen, die sie in dieser Phase sammelte, würden sich als entscheidend für den weiteren Verlauf des Kampfes um die Sprachrechte der Biolumineszenz erweisen.

## Die Bedeutung von Solidarität

Die Bedeutung von Solidarität in der Bewegung für die Sprachrechte der Biolumineszenz kann nicht hoch genug eingeschätzt werden. Solidarität ist nicht nur ein moralisches Konzept, sondern auch ein praktisches Instrument, das es Aktivisten ermöglicht, ihre Kräfte zu bündeln und gemeinsame Ziele zu verfolgen. In diesem Abschnitt betrachten wir die theoretischen Grundlagen der Solidarität, die Herausforderungen, denen sich Jyn Fael und die Biolumineszenten Allianz gegenübersahen, und konkrete Beispiele für solidarisches Handeln.

### Theoretische Grundlagen der Solidarität

Solidarität kann als ein kollektives Gefühl der Verantwortung und Unterstützung definiert werden, das Individuen und Gruppen miteinander verbindet. Nach der Theorie des sozialen Zusammenhalts von [?] ist Solidarität das Bindeglied, das die Mitglieder einer Gesellschaft zusammenhält. In Bezug auf den Aktivismus bedeutet dies, dass Individuen, die sich für gemeinsame Ziele einsetzen, sich gegenseitig unterstützen und ihre Ressourcen teilen müssen, um erfolgreich zu sein.

Die **Solidarität** kann in zwei Hauptkategorien unterteilt werden:

- **Kulturelle Solidarität:** Diese Form der Solidarität beruht auf gemeinsamen kulturellen Werten, Traditionen und Identitäten. Für Jyn Fael und die

Biolumineszenten Allianz war die kulturelle Solidarität entscheidend, um ein Gefühl der Zugehörigkeit und des gemeinsamen Kampfes zu schaffen.

- **Politische Solidarität:** Politische Solidarität bezieht sich auf die Unterstützung von Gruppen in ihrem Streben nach politischen Rechten und sozialen Gerechtigkeit. Dies zeigte sich in der Zusammenarbeit mit anderen Organisationen und Aktivisten, die ähnliche Ziele verfolgten.

## Herausforderungen der Solidarität

Trotz der Bedeutung von Solidarität gab es zahlreiche Herausforderungen, die die Biolumineszenten Allianz überwinden musste. Eine der größten Hürden war die Fragmentierung innerhalb der Bewegung. Verschiedene Gruppen hatten unterschiedliche Ansichten darüber, wie die Ziele erreicht werden sollten, was zu Spannungen und Konflikten führte. Diese Differenzen wurden oft durch kulturelle Unterschiede verstärkt, die das Verständnis und die Zusammenarbeit erschwerten.

Ein weiteres Problem war die **Repression** durch die Regierung. Aktivisten, die sich für die Rechte der Biolumineszenz einsetzten, wurden häufig verfolgt und kriminalisiert. Diese Repression führte zu einem Rückgang der Unterstützung und schuf ein Klima der Angst, das die Solidarität untergraben konnte. Jyn Fael erkannte jedoch, dass es in solchen Zeiten besonders wichtig war, solidarisch zu handeln. Sie organisierte geheime Treffen und schuf sichere Räume für den Austausch von Ideen und Strategien.

## Beispiele für solidarisches Handeln

Ein herausragendes Beispiel für Solidarität innerhalb der Bewegung war die **Gründung der Biolumineszenten Allianz**. Diese Organisation vereinte verschiedene Gruppen und Einzelpersonen, die sich für die Sprachrechte der Biolumineszenz einsetzten. Durch die Schaffung eines gemeinsamen Rahmens konnten die Mitglieder ihre Ressourcen bündeln und eine stärkere Stimme in der Gesellschaft entwickeln.

Ein weiteres Beispiel ist die erste öffentliche Demonstration, die von der Allianz organisiert wurde. Hierbei schlossen sich Menschen aus verschiedenen Kulturen und Hintergründen zusammen, um ihre Unterstützung für die Biolumineszenz zu zeigen. Die Demonstration war nicht nur ein Ausdruck des gemeinsamen Ziels, sondern auch ein Zeichen der Solidarität gegenüber denjenigen, die unter Repression litten. Die Verwendung von Kunst und Musik während dieser Veranstaltung verstärkte das Gefühl der Gemeinschaft und der kollektiven Identität.

## Schlussfolgerung

Zusammenfassend lässt sich sagen, dass Solidarität eine fundamentale Rolle im Kampf für die Sprachrechte der Biolumineszenz spielte. Trotz der Herausforderungen, die die Bewegung erlebte, konnte die Biolumineszenten Allianz durch solidarisches Handeln und Zusammenarbeit bedeutende Fortschritte erzielen. Die Theorien von sozialem Zusammenhalt und kultureller sowie politischer Solidarität bieten wertvolle Einblicke in die Dynamik der Bewegung und verdeutlichen, dass der gemeinsame Kampf für Gerechtigkeit und Anerkennung nur durch Solidarität erfolgreich sein kann.

## Die erste öffentliche Demonstration

Die erste öffentliche Demonstration der Biolumineszenten Allianz war ein entscheidender Moment in der Geschichte von Jyn Fael und ihrer Bewegung. Diese Demonstration fand am **15. März 2045** in der Hauptstadt von Yvenis Prime, *Luminara*, statt. Sie war nicht nur ein Ausdruck des Protests, sondern auch eine Feier der kulturellen Identität und der Rechte der Biolumineszenten.

### Vorbereitung und Planung

Die Vorbereitung auf die Demonstration begann Monate im Voraus. Jyn und ihre Mitstreiter erstellten einen detaillierten Plan, der die Logistik, die Sicherheitsvorkehrungen und die Kommunikationsstrategien umfasste. Ein zentrales Element war die *Mobilisierung der Gemeinschaft*. Um die Bürger zu erreichen, wurden verschiedene Kommunikationskanäle genutzt, darunter soziale Medien, Plakate und persönliche Einladungen.

$$N = \frac{C \cdot A}{D} \qquad (26)$$

Hierbei steht $N$ für die Anzahl der Teilnehmer, $C$ für die Kommunikationsmittel, $A$ für die Aktivierung der Gemeinschaft und $D$ für die Distanz zu den Veranstaltungsorten. Diese Gleichung verdeutlicht, wie wichtig die Zugänglichkeit und die Reichweite der Informationen waren, um eine hohe Teilnehmerzahl zu gewährleisten.

## Die Demonstration selbst

Am Tag der Demonstration versammelten sich über **5000** Unterstützer in *Luminara*. Die Atmosphäre war elektrisierend, mit bunten Lichtern, die die Biolumineszenz der Teilnehmer widerspiegelten. Jyn eröffnete die Veranstaltung mit einer leidenschaftlichen Rede, in der sie die Bedeutung der Sprachrechte und der kulturellen Identität betonte.

*„Unsere Stimmen sind unser Licht! Wir werden nicht im Schatten stehen!"*, rief sie, während die Menge jubelte. Diese Worte wurden zum Motto der Bewegung und symbolisierten den Kampf um Sichtbarkeit und Anerkennung.

## Die Herausforderungen

Trotz der positiven Energie gab es auch Herausforderungen. Die Regierung hatte Sicherheitskräfte mobilisiert, um die Demonstration zu überwachen. Es gab Berichte über *Provokateure*, die versuchten, Unruhe zu stiften und die Veranstaltung zu diskreditieren.

Ein Beispiel für solche Spannungen war der Vorfall, als einige Mitglieder der *Luminara Sicherheitskräfte* versuchten, die Teilnehmer daran zu hindern, bestimmte Straßen zu betreten. Jyn und ihre Verbündeten reagierten jedoch schnell, indem sie friedlich auf die Wichtigkeit des Rechts auf Versammlung hinwiesen.

## Die Wirkung der Demonstration

Die Demonstration hatte weitreichende Auswirkungen. Sie führte zu einer erhöhten Medienberichterstattung über die Biolumineszenten und ihre Anliegen. Zeitungen und Fernsehsender berichteten ausführlich über die Veranstaltung, was dazu beitrug, das Bewusstsein für die Sprachrechte zu schärfen.

$$E = \frac{I}{T} \tag{27}$$

Hierbei steht $E$ für die Wirkung der Demonstration, $I$ für die Intensität der Medienberichterstattung und $T$ für die Zeit, die die Medien der Berichterstattung widmeten. Die Gleichung zeigt, dass eine hohe Intensität in der Berichterstattung zu einer größeren Wirkung auf das öffentliche Bewusstsein führt.

Die Demonstration führte auch zu einem *Anstieg der Mitgliedszahlen* in der Biolumineszenten Allianz. Immer mehr Menschen schlossen sich der Bewegung an, inspiriert von Jyns Vision und der gemeinsamen Leidenschaft für die Sache.

## Schlussfolgerung

Die erste öffentliche Demonstration war ein Wendepunkt für Jyn Fael und die Biolumineszenten Allianz. Sie bewies, dass die Gemeinschaft vereint auftreten kann, um für ihre Rechte zu kämpfen. Jyns Fähigkeit, Menschen zu mobilisieren und zu inspirieren, legte den Grundstein für zukünftige Aktivitäten und Demonstrationen, die in den folgenden Jahren folgen sollten.

„Wir sind hier, wir sind sichtbar und wir werden gehört!", wurde zum Schlachtruf der Bewegung und bleibt bis heute ein Symbol für den unermüdlichen Kampf um die Sprachrechte der Biolumineszenten auf Yvenis Prime.

## Die Reaktionen der Gesellschaft

Die Gründung der Biolumineszenten Allianz und die damit verbundenen Aktivitäten von Jyn Fael führten zu einer Vielzahl von Reaktionen in der Gesellschaft von Yvenis Prime. Diese Reaktionen waren sowohl positiv als auch negativ und spiegelten die tiefen kulturellen, sozialen und politischen Spannungen wider, die zwischen den biolumineszenten Bürgern und den menschlichen Siedlern existierten.

## Öffentliche Unterstützung

Ein wesentlicher Teil der Reaktionen war die Welle der Unterstützung, die die Allianz von Teilen der Bevölkerung erhielt. Viele Menschen, sowohl biolumineszent als auch menschlich, erkannten die Bedeutung der Sprachrechte und die Notwendigkeit, die kulturelle Identität der biolumineszenten Gemeinschaft zu bewahren. Diese Unterstützung äußerte sich in Form von:

- **Demonstrationen und Kundgebungen:** Bei den ersten öffentlichen Demonstrationen, die von der Biolumineszenten Allianz organisiert wurden, strömten Hunderte von Unterstützern auf die Straßen, um für die Rechte der biolumineszenten Bürger zu kämpfen. Plakate mit Slogans wie „Sprache ist Licht" und „Wir leuchten für unsere Rechte" wurden überall sichtbar.

- **Soziale Medien:** Die Nutzung sozialer Medien spielte eine entscheidende Rolle bei der Mobilisierung der Massen. Hashtags wie #LichtFürSprache und #BiolumineszenzRevolution trendeten und erregten die Aufmerksamkeit der intergalaktischen Gemeinschaft.

*DIE ENTSTEHUNG DER BEWEGUNG* 59

- **Kunst und Musik:** Künstler und Musiker schlossen sich dem Aktivismus an, indem sie Werke schufen, die die Botschaft der Bewegung verbreiteten. Konzerte und Kunstinstallationen wurden organisiert, um die kulturelle Bedeutung der biolumineszenten Sprache zu feiern.

## Widerstand und Skepsis

Trotz der positiven Reaktionen gab es auch erhebliche Widerstände. Viele Menschen, insbesondere aus den etablierten politischen und sozialen Strukturen, sahen die Bewegung als Bedrohung für den Status quo. Diese Skepsis äußerte sich in verschiedenen Formen:

- **Politische Repression:** Die Regierung von Yvenis Prime reagierte mit repressiven Maßnahmen auf die wachsende Bewegung. Dies umfasste die Überwachung von Aktivisten, das Verbot von Versammlungen und die Verhaftung von führenden Mitgliedern der Allianz.

- **Medienberichterstattung:** Die Berichterstattung in den Medien war oft negativ und sensationalistisch. Viele Berichte stellten die Bewegung als radikal dar und schürten Ängste vor einem möglichen Konflikt zwischen den Gemeinschaften.

- **Öffentliche Debatten:** In öffentlichen Foren und Diskussionsrunden wurde die Legitimität der Forderungen der Biolumineszenten Allianz in Frage gestellt. Kritiker argumentierten, dass die Bewegung die Einheit der Gesellschaft gefährden könnte.

## Kulturelle Reflexion

Die Reaktionen der Gesellschaft auf die Biolumineszenten Allianz führten zu einer tiefen kulturellen Reflexion über Identität, Sprache und Zugehörigkeit. Die Diskussionen über die Bedeutung der biolumineszenten Sprache in der Gesellschaft von Yvenis Prime wurden intensiver und brachten verschiedene Perspektiven hervor:

- **Die Rolle der Sprache:** Linguisten und Anthropologen begannen, die Rolle der Sprache als Träger kultureller Identität zu untersuchen. Es wurde argumentiert, dass Sprache nicht nur ein Kommunikationsmittel, sondern auch ein Fundament für das soziale Gefüge einer Gemeinschaft ist.

- **Interkultureller Dialog:** Die Bewegung förderte den interkulturellen Dialog zwischen den biolumineszenten und menschlichen Gemeinschaften. Workshops und Austauschprogramme wurden initiiert, um das Verständnis und die Wertschätzung für die jeweilige Kultur zu erhöhen.

- **Die Frage der Inklusion:** Die Diskussion über Sprachrechte führte zu einer breiteren Debatte über Inklusion und Diversität in der Gesellschaft. Viele Menschen begannen, die Notwendigkeit zu erkennen, alle Stimmen zu hören und zu respektieren.

## Langfristige Auswirkungen

Die Reaktionen der Gesellschaft auf die Biolumineszenten Allianz hatten langfristige Auswirkungen auf die soziale und politische Landschaft von Yvenis Prime:

- **Politische Mobilisierung:** Die Bewegung inspirierte eine neue Generation von Aktivisten, die sich für verschiedene soziale Gerechtigkeitsthemen einsetzten, wodurch ein Netzwerk von intergalaktischen Bewegungen entstand.

- **Reformen im Bildungssystem:** Die Forderungen nach Sprachrechten führten zu Reformen im Bildungssystem, die den Unterricht in biolumineszenter Sprache förderten und mehrsprachige Bildung integrierten.

- **Kulturelle Anerkennung:** Die Bewegung trug dazu bei, die kulturelle Anerkennung der biolumineszenten Gemeinschaft zu fördern, was zu einer breiteren Akzeptanz und Wertschätzung ihrer Traditionen und Praktiken führte.

Zusammenfassend lässt sich sagen, dass die Reaktionen der Gesellschaft auf die Biolumineszenten Allianz ein komplexes Zusammenspiel von Unterstützung, Widerstand und kultureller Reflexion darstellten. Diese Dynamik war entscheidend für die Entwicklung der Bewegung und die Schaffung eines neuen Bewusstseins für die Bedeutung von Sprachrechten und kultureller Identität auf Yvenis Prime.

## Die Rolle der Medien

Die Medien spielen eine entscheidende Rolle im Aktivismus, insbesondere in der Bewegung für die Sprachrechte der Biolumineszenz auf Yvenis Prime. Sie fungieren nicht nur als Informationsquelle, sondern auch als Plattform für Mobilisierung und Vernetzung. In diesem Abschnitt werden wir die verschiedenen Facetten der Mediennutzung im Aktivismus untersuchen, die Herausforderungen, die sich dabei ergeben, und einige prägnante Beispiele aus der Geschichte von Jyn Fael und der Biolumineszenten Allianz betrachten.

### 1. Informationsverbreitung

Die Medien sind ein unverzichtbares Werkzeug für die Verbreitung von Informationen über die Anliegen der Bewegung. Jyn Fael und ihre Mitstreiter nutzten sowohl traditionelle Medien wie Zeitungen und Radio als auch digitale Plattformen, um ihre Botschaften zu verbreiten. Die Reichweite dieser Medien ist entscheidend, um eine breitere Öffentlichkeit zu erreichen und das Bewusstsein für die Sprachrechte der Biolumineszenz zu schärfen.

Ein Beispiel hierfür ist die erste große Pressekonferenz der Biolumineszenten Allianz, die live im intergalaktischen Fernsehen übertragen wurde. Diese Veranstaltung zog nicht nur lokale, sondern auch internationale Aufmerksamkeit auf sich und ermöglichte es, die Anliegen der Bewegung einem breiten Publikum vorzustellen.

### 2. Mobilisierung und Aktivismus

Die sozialen Medien haben sich als besonders effektiv für die Mobilisierung von Unterstützern erwiesen. Plattformen wie *GlitterNet* und *LumosSpace* ermöglichten es den Aktivisten, schnell Informationen zu verbreiten, Veranstaltungen zu organisieren und Unterstützer zu mobilisieren. Die Nutzung von Hashtags wie #BiolumineszenzRechte und #SpracheIstIdentität half, die Sichtbarkeit der Kampagne zu erhöhen und eine Gemeinschaft von Gleichgesinnten zu schaffen.

Ein bemerkenswertes Beispiel war die virale Kampagne *Licht für die Sprache*, die innerhalb weniger Tage Tausende von Unterstützern mobilisierte. Diese Kampagne führte zu einer massiven Demonstration, bei der die Teilnehmer mit leuchtenden Accessoires und Plakaten durch die Straßen zogen, um für die Anerkennung der Sprachrechte zu demonstrieren.

## 3. Herausforderungen der Medienberichterstattung

Trotz der Vorteile, die die Medien bieten, gibt es auch erhebliche Herausforderungen. Die Berichterstattung über die Biolumineszenten Allianz war nicht immer positiv. Einige Medienvertreter stellten die Bewegung als radikal dar und schürten Vorurteile gegenüber den Biolumineszenten. Diese negative Berichterstattung führte zu einer Spaltung in der Gesellschaft und erschwerte die Bemühungen um Verständnis und Unterstützung.

Ein Beispiel für solche Herausforderungen war die Berichterstattung über die erste öffentliche Demonstration, bei der einige Medien die Veranstaltung als „Chaotenversammlung" bezeichneten. Solche Darstellungen können die öffentliche Wahrnehmung verzerren und die Bewegung in ein schlechtes Licht rücken, was die Mobilisierung und den Dialog mit der Gesellschaft erschwert.

## 4. Die Rolle der Medien in der Politik

Die Medien beeinflussen auch die politische Landschaft, indem sie Themen auf die Agenda setzen und politischen Druck ausüben. Jyn Fael erkannte frühzeitig, dass die Berichterstattung über die Anliegen der Biolumineszenten Allianz dazu beitragen könnte, politischen Wandel herbeizuführen. Durch die Zusammenarbeit mit Journalisten und Influencern konnte die Bewegung ihre Botschaft direkt an Entscheidungsträger kommunizieren.

Ein Schlüsselereignis war die Veröffentlichung eines Artikels in einer renommierten intergalaktischen Zeitung, der die Forderungen der Bewegung aufgriff und die Regierung unter Druck setzte, Gespräche über die Sprachrechte zu führen. Diese Art der Medienarbeit ist entscheidend, um politische Veränderungen zu erreichen und die Anliegen der Bewegung in die politische Diskussion einzubringen.

## 5. Fazit

Zusammenfassend lässt sich sagen, dass die Medien eine doppelte Rolle im Aktivismus spielen: Sie sind sowohl ein Werkzeug zur Informationsverbreitung und Mobilisierung als auch ein potenzieller Herausforderer, der die Wahrnehmung der Bewegung beeinflussen kann. Jyn Fael und die Biolumineszenten Allianz haben die Medien strategisch genutzt, um ihre Botschaften zu verbreiten und Unterstützung zu gewinnen, während sie gleichzeitig mit den Herausforderungen einer oft kritischen Berichterstattung umgehen mussten. Die Fähigkeit, die Medien effektiv zu nutzen, ist entscheidend für den Erfolg jeder sozialen Bewegung, und die Erfahrungen von Jyn Fael bieten wertvolle Lektionen für zukünftige Aktivisten.

## Die ersten Erfolge der Bewegung

Die Biolumineszenten Allianz, gegründet von Jyn Fael und ihren Mitstreitern, erlebte in den ersten Jahren ihres Bestehens eine Reihe bemerkenswerter Erfolge, die nicht nur die Sichtbarkeit der Sprachrechte der Biolumineszenz auf Yvenis Prime erhöhten, sondern auch das Selbstbewusstsein der Gemeinschaft stärkten. Diese Erfolge sind entscheidend für das Verständnis der Dynamik und der Wirksamkeit von sozialem Aktivismus, insbesondere in einem interkulturellen Kontext.

### 1. Öffentlichkeitsarbeit und Sichtbarkeit

Ein zentraler Erfolg der Bewegung war die Erhöhung der Sichtbarkeit der Anliegen der Biolumineszenz. Durch die Organisation von öffentlichen Veranstaltungen, wie dem „Lichtfest der Sprachen", bei dem biolumineszente Kunstwerke und kulturelle Darbietungen präsentiert wurden, gelang es der Allianz, ein breiteres Publikum zu erreichen. Diese Veranstaltungen zogen nicht nur die Aufmerksamkeit der lokalen Bevölkerung auf sich, sondern auch die der Medien. Die Berichterstattung über diese Events führte zu einer verstärkten Diskussion über die kulturellen und sprachlichen Rechte der Biolumineszenz.

### 2. Bildung und Aufklärung

Ein weiterer Erfolg der Bewegung war die Einführung von Bildungsprogrammen, die sich auf die Bedeutung der Biolumineszenz als Sprache konzentrierten. Jyn Fael und ihre Mitstreiter entwickelten Lehrmaterialien, die die Grundlagen der biolumineszenten Kommunikation erklärten und die kulturellen Hintergründe beleuchteten. Diese Programme wurden in Schulen und Gemeinschaftszentren implementiert und trugen dazu bei, das Bewusstsein für die kulturelle Identität der Biolumineszenz zu schärfen. Ein Beispiel für einen solchen Kurs war „Licht und Sprache", der sowohl theoretische als auch praktische Elemente beinhaltete und den Teilnehmern ermöglichte, die biolumineszente Sprache aktiv zu erlernen.

### 3. Politische Unterstützung

Die Bewegung konnte auch erste politische Erfolge verbuchen. Durch Lobbyarbeit und den Dialog mit politischen Entscheidungsträgern gelang es der

Biolumineszenten Allianz, die erste Resolution zur Anerkennung der biolumineszenten Sprache als kulturelles Erbe zu erwirken. Diese Resolution, die einstimmig im Rat von Yvenis Prime angenommen wurde, stellte einen Meilenstein dar, da sie die rechtlichen Grundlagen für die Förderung und den Schutz der biolumineszenten Sprache schuf. Die Formel für den Erfolg dieser Lobbyarbeit lässt sich wie folgt darstellen:

$$E = P + C + S \qquad (28)$$

wobei $E$ für den Erfolg steht, $P$ für den politischen Druck, $C$ für die Community-Unterstützung und $S$ für die strategische Planung.

## 4. Internationale Anerkennung

Die Biolumineszenten Allianz trat auch auf internationaler Ebene in Erscheinung. Durch die Teilnahme an intergalaktischen Konferenzen und die Zusammenarbeit mit anderen Aktivisten aus verschiedenen Kulturen konnte die Bewegung internationale Unterstützung gewinnen. Ein Beispiel für einen solchen Erfolg war die Anerkennung der biolumineszenten Sprache während der „Intergalaktischen Konferenz für Sprachrechte", wo Jyn Fael eine mitreißende Rede hielt, die die Delegierten inspirierte und die Wichtigkeit der sprachlichen Vielfalt unterstrich.

## 5. Soziale Medien und digitale Mobilisierung

Die Nutzung sozialer Medien spielte eine entscheidende Rolle bei den ersten Erfolgen der Bewegung. Die Allianz startete Kampagnen auf Plattformen wie „LuminoNet", die es ermöglichten, eine breite Öffentlichkeit zu erreichen und Unterstützer zu mobilisieren. Ein virales Video, das die Schönheit und Komplexität der biolumineszenten Sprache demonstrierte, wurde innerhalb von Tagen millionenfach angesehen. Die Reichweite solcher digitalen Inhalte kann durch die folgende Gleichung beschrieben werden:

$$R = V \times S \qquad (29)$$

wobei $R$ die Reichweite, $V$ die Anzahl der Views und $S$ die soziale Interaktion (Likes, Shares, Kommentare) darstellt.

## 6. Gemeinschaftliche Mobilisierung und Empowerment

Ein weiterer wichtiger Erfolg war die Stärkung der Gemeinschaft. Durch die Mobilisierung von Freiwilligen und die Schaffung eines Netzwerks von

Unterstützern konnte die Allianz eine starke Basis aufbauen. Die Durchführung von Workshops und Schulungen ermöglichte es den Mitgliedern, sich aktiv an der Bewegung zu beteiligen und ihre Fähigkeiten im Bereich der Öffentlichkeitsarbeit und des Aktivismus zu entwickeln. Die Formel für die Gemeinschaftsmobilisierung könnte wie folgt aussehen:

$$M = C + E + A \qquad (30)$$

wobei $M$ für Mobilisierung, $C$ für die Gemeinschaftsstruktur, $E$ für Engagement und $A$ für die Ausbildung steht.

## 7. Kulturelle Anerkennung

Die Bewegung führte auch zu einer breiteren kulturellen Anerkennung der biolumineszenten Identität. Kunstprojekte, die von der Allianz initiiert wurden, fanden Eingang in lokale Museen und Galerien. Diese Projekte förderten das Verständnis und die Wertschätzung der biolumineszenten Kultur und trugen dazu bei, Vorurteile abzubauen. Die Formel für kulturelle Anerkennung könnte wie folgt dargestellt werden:

$$C_a = A + R + P \qquad (31)$$

wobei $C_a$ für kulturelle Anerkennung, $A$ für Kunst, $R$ für die Reichweite der Bewegung und $P$ für politische Unterstützung steht.

## Fazit

Die ersten Erfolge der Biolumineszenten Allianz zeigen, wie wichtig eine strategische Kombination aus Bildung, politischem Druck, Gemeinschaftsengagement und digitaler Mobilisierung für den Aktivismus ist. Diese Erfolge legten den Grundstein für die weitere Entwicklung der Bewegung und inspirierten viele, sich für die Rechte der Biolumineszenz einzusetzen. Jyn Fael und ihre Mitstreiter haben nicht nur die Sichtbarkeit ihrer Anliegen erhöht, sondern auch eine starke und engagierte Gemeinschaft geschaffen, die bereit ist, für ihre Rechte zu kämpfen.

## Der Austausch mit anderen Aktivisten

Der Austausch mit anderen Aktivisten ist ein zentraler Bestandteil jeder erfolgreichen Bewegung. Für Jyn Fael und die Biolumineszenten Allianz stellte dieser Austausch nicht nur eine Möglichkeit dar, Wissen und Strategien zu teilen, sondern auch eine Gelegenheit, um Solidarität zu zeigen und eine breitere Basis für den Kampf um Sprachrechte zu schaffen. In diesem Abschnitt werden die verschiedenen Dimensionen des Austauschs mit anderen Aktivisten beleuchtet, einschließlich der Herausforderungen, der theoretischen Grundlagen und der praktischen Beispiele, die zur Stärkung der Bewegung beitrugen.

## Theoretische Grundlagen

Die Theorie des sozialen Wandels postuliert, dass kollektives Handeln und der Austausch von Ideen zwischen verschiedenen Gruppen entscheidend sind, um gesellschaftliche Veränderungen herbeizuführen. In diesem Kontext ist das Konzept der *Intersektionalität* von Bedeutung, das besagt, dass verschiedene soziale Identitäten, wie Rasse, Geschlecht und Klasse, die Erfahrungen von Diskriminierung und Ungleichheit beeinflussen. Jyn Fael erkannte, dass der Austausch mit anderen Aktivisten, die aus unterschiedlichen Hintergründen kamen, eine wertvolle Perspektive auf die Herausforderungen bot, die die Biolumineszenten Gemeinschaft erlebte.

## Herausforderungen des Austauschs

Trotz der Vorteile des Austauschs gab es auch erhebliche Herausforderungen. Eine der größten Hürden war die *Sprache* selbst. Da Jyn und ihre Mitstreiter oft mit Aktivisten aus anderen Kulturen und Sprachen interagierten, war die Kommunikation nicht immer einfach. Missverständnisse und kulturelle Unterschiede konnten zu Spannungen führen, die den Austausch behinderten. Um diese Probleme zu überwinden, wurde ein Netzwerk von mehrsprachigen Übersetzern und Dolmetschern eingerichtet, das sicherstellte, dass alle Stimmen gehört und verstanden wurden.

Ein weiteres Problem war der *Zugang zu Ressourcen*. Viele Aktivisten aus weniger privilegierten Regionen hatten nicht die gleichen Möglichkeiten wie ihre Kollegen in wohlhabenderen Gebieten. Dies führte zu einer ungleichen Verteilung von Informationen und Unterstützung, die für die Mobilisierung und Organisation von Kampagnen notwendig sind. Jyn Fael setzte sich aktiv dafür ein, Ressourcen zu teilen und Schulungen anzubieten, um die Fähigkeiten und das Wissen aller Aktivisten zu erweitern.

## Praktische Beispiele

Ein bemerkenswertes Beispiel für den Austausch mit anderen Aktivisten war das *Intergalaktische Forum für Sprachrechte*, das von Jyn Fael ins Leben gerufen wurde.

Dieses Forum brachte Aktivisten aus verschiedenen Planeten und Kulturen zusammen, um Erfahrungen auszutauschen und gemeinsame Strategien zu entwickeln. Während der ersten Konferenz in der Stadt Lumina auf Yvenis Prime wurden verschiedene Workshops angeboten, in denen Themen wie die Übersetzung von kulturellen Konzepten und die Nutzung von sozialen Medien zur Verbreitung von Botschaften behandelt wurden.

Ein weiteres erfolgreiches Projekt war die *Kampagne für intergalaktische Solidarität*, die darauf abzielte, ein Bewusstsein für die Herausforderungen zu schaffen, mit denen sprachliche Minderheiten auf verschiedenen Planeten konfrontiert sind. Aktivisten aus verschiedenen Regionen kamen zusammen, um Videos und soziale Medienkampagnen zu erstellen, die die Geschichten von marginalisierten Gemeinschaften erzählten. Diese Zusammenarbeit führte zu einer erhöhten Sichtbarkeit und Unterstützung für die Biolumineszenten Allianz und ihre Ziele.

## Der Einfluss des Austauschs

Der Austausch mit anderen Aktivisten hatte einen tiefgreifenden Einfluss auf die Biolumineszenten Allianz. Durch die Zusammenarbeit mit intergalaktischen Aktivisten konnte Jyn Fael nicht nur neue Strategien und Techniken erlernen, sondern auch die Reichweite ihrer Bewegung erheblich erweitern. Die Verbreitung von Informationen über soziale Medien ermöglichte es, eine größere Öffentlichkeit zu erreichen und Unterstützung für die Anliegen der Biolumineszenten Gemeinschaft zu mobilisieren.

Ein Beispiel für den Einfluss dieser Zusammenarbeit ist die *Erklärung der Rechte der Biolumineszenten*, die auf dem Intergalaktischen Forum verabschiedet wurde. Diese Erklärung stellte einen Meilenstein dar, da sie die Anerkennung der sprachlichen und kulturellen Rechte der Biolumineszenten auf einer intergalaktischen Ebene forderte. Die Unterstützung durch andere Aktivisten und deren Netzwerke trug dazu bei, dass diese Erklärung weit verbreitet und von verschiedenen Regierungen und Organisationen anerkannt wurde.

Zusammenfassend lässt sich sagen, dass der Austausch mit anderen Aktivisten ein wesentlicher Bestandteil des Erfolgs von Jyn Fael und der Biolumineszenten Allianz war. Trotz der Herausforderungen, die mit der Kommunikation und dem Zugang zu Ressourcen verbunden waren, führte die Zusammenarbeit zu einer stärkeren Bewegung, die in der Lage war, bedeutende Fortschritte im Kampf um Sprachrechte zu erzielen. Der intergalaktische Austausch von Ideen und Strategien bleibt ein Modell für zukünftige Bewegungen, die ähnliche Herausforderungen angehen möchten.

## Die Vision einer besseren Zukunft

Die Vision einer besseren Zukunft ist ein zentrales Element in der Bewegung von Jyn Fael. Sie stellt nicht nur einen Traum dar, sondern auch ein konkretes Ziel, das durch gemeinschaftliche Anstrengungen erreicht werden kann. Diese Vision ist geprägt von der Überzeugung, dass die Anerkennung der Sprachrechte der Biolumineszenten nicht nur ihre Identität stärkt, sondern auch die kulturelle Vielfalt im gesamten Universum bereichert.

## Theoretische Grundlagen

Die theoretischen Grundlagen dieser Vision basieren auf den Prinzipien der *Kulturellen Identität* und der *Sprache als Machtinstrument*. Laut der Theorie von *Edward Sapir* und *Benjamin Lee Whorf* beeinflusst die Sprache nicht nur die Art und Weise, wie Menschen die Welt wahrnehmen, sondern auch, wie sie miteinander interagieren. Dies ist besonders relevant für die Biolumineszenten, deren Sprache nicht nur akustisch, sondern auch visuell ist.

Die *Identitätstheorie* von *Erving Goffman* beschreibt, wie Individuen ihre Identität in sozialen Kontexten konstruieren. Jyn Faels Vision sieht vor, dass die Biolumineszenten ihre Identität durch die Sprache, die sie sprechen und die Kultur, die sie repräsentieren, stärken können. Dies führt zu einem Gefühl der Zugehörigkeit und des Stolzes, das für die Gemeinschaft von entscheidender Bedeutung ist.

## Herausforderungen und Probleme

Die Verwirklichung dieser Vision ist jedoch nicht ohne Herausforderungen. Eine der größten Hürden ist die *Institutionalisierung* der Sprachrechte. Viele Regierungen erkennen die Biolumineszenz als eine marginalisierte Sprache an, was bedeutet, dass es an politischen Maßnahmen mangelt, die die Rechte der Sprecher schützen. Ein Beispiel hierfür ist die *Sprachgesetzgebung* auf Yvenis Prime, die oft nicht die Bedürfnisse der Biolumineszenten berücksichtigt.

Ein weiteres Problem ist die *Interkulturalität*. Die Biolumineszenten stehen vor der Herausforderung, ihre Sprache und Kultur in einem interkulturellen Kontext zu verteidigen, in dem andere Sprachen und Kulturen dominieren. Dies erfordert nicht nur eine Anpassung, sondern auch eine aktive Förderung ihrer eigenen kulturellen Praktiken, um ihre Identität zu bewahren.

## Praktische Beispiele

Jyn Fael und die Biolumineszente Allianz haben mehrere Initiativen ins Leben gerufen, um diese Vision zu verwirklichen. Eine der erfolgreichsten Kampagnen war die *"Licht der Sprache"*-Initiative, die Workshops zur Förderung der Biolumineszenz-Sprache in Schulen und Gemeinschaftszentren organisierte. Diese Workshops haben nicht nur das Bewusstsein für die Sprache geschärft, sondern auch die Gemeinschaft mobilisiert, um ihre kulturelle Identität zu feiern.

Ein weiteres Beispiel ist die *Kunst- und Musikbewegung*, die in den letzten Jahren an Bedeutung gewonnen hat. Künstler und Musiker aus der Biolumineszenten Gemeinschaft haben ihre Werke verwendet, um die Schönheit und Komplexität ihrer Sprache zu zeigen. Diese kreativen Ausdrucksformen haben nicht nur zur Sichtbarkeit der Biolumineszenz beigetragen, sondern auch eine Brücke zu anderen Kulturen geschlagen.

## Zukunftsperspektiven

Die Vision einer besseren Zukunft für die Biolumineszenten beinhaltet auch die Schaffung eines *multilingualen* und *interkulturellen Dialogs*. Jyn Fael träumt von einer Gesellschaft, in der verschiedene Sprachen und Kulturen nicht nur akzeptiert, sondern aktiv gefördert werden. Dies könnte durch Bildungsprogramme geschehen, die die Mehrsprachigkeit als wertvolle Ressource betrachten und die Schüler ermutigen, mehrere Sprachen zu erlernen.

Darüber hinaus ist die Rolle der *Technologie* entscheidend. Die Nutzung digitaler Plattformen zur Förderung der Biolumineszenz-Sprache könnte eine neue Generation von Sprechern inspirieren und die Reichweite der Bewegung erweitern. Die Entwicklung von Apps und Online-Ressourcen, die das Lernen der Sprache unterstützen, könnte dazu beitragen, die Sprachrechte weiter zu festigen.

## Schlussfolgerung

Die Vision einer besseren Zukunft, wie sie von Jyn Fael formuliert wurde, ist ein kraftvolles Manifest für Veränderung und Hoffnung. Sie ist nicht nur ein Aufruf zum Handeln, sondern auch eine Einladung an alle, sich an der Schaffung einer inklusiven Gesellschaft zu beteiligen, in der jede Stimme zählt. Die Herausforderungen sind groß, aber die Möglichkeiten sind grenzenlos. Mit einem starken Gemeinschaftsgeist und dem unermüdlichen Einsatz von Aktivisten wie Jyn Fael kann die Vision einer besseren Zukunft Realität werden.

# Die Herausforderungen des Aktivismus

## Widerstand und Rückschläge

### Die erste große Niederlage

Die erste große Niederlage von Jyn Fael und der Biolumineszenten Allianz war ein entscheidender Moment in der Geschichte ihrer Bewegung. Diese Niederlage war nicht nur ein Rückschlag für die Initiative, sondern auch ein Wendepunkt, der die Dynamik des Aktivismus auf Yvenis Prime maßgeblich beeinflusste. Um die Tragweite dieser Niederlage zu verstehen, ist es wichtig, die Umstände und die zugrunde liegenden Theorien zu betrachten, die zu diesem Ereignis führten.

### Hintergrund und Kontext

Im Jahr 2042, nach Jahren des unermüdlichen Einsatzes für die Sprachrechte der biolumineszenten Spezies, plante die Biolumineszenten Allianz eine große Kampagne, um die Anerkennung der biolumineszenten Sprache als offizielle Sprache auf Yvenis Prime zu fordern. Diese Kampagne war das Ergebnis intensiver Vorbereitungen, die sich über Monate erstreckten und die Zusammenarbeit mit verschiedenen intergalaktischen Organisationen umfassten. Die Allianz war optimistisch und glaubte, dass ihre Forderungen auf fruchtbaren Boden fallen würden.

Die Kampagne beinhaltete eine Vielzahl von Strategien, darunter öffentliche Demonstrationen, Kunstinstallationen und die Nutzung sozialer Medien zur Mobilisierung der Massen. Die Allianz hatte auch bedeutende Unterstützung durch prominente Persönlichkeiten gewonnen, die bereit waren, sich für die Sache einzusetzen. Doch trotz dieser positiven Voraussetzungen war die Allianz nicht auf die Widerstände vorbereitet, die sie erwarten würden.

## Die Niederlage

Die erste große Niederlage ereignete sich während der entscheidenden Abstimmung im Rat von Yvenis Prime. Der Rat, der aus Vertretern der verschiedenen Spezies bestand, war bekannt für seine konservativen Ansichten und seine Skepsis gegenüber Veränderungen. Jyn und ihre Mitstreiter hatten gehofft, dass ihre gut vorbereiteten Argumente und die Unterstützung der Öffentlichkeit ausreichen würden, um die Mitglieder des Rates zu überzeugen.

Während der Sitzung wurde die Abstimmung über die Anerkennung der biolumineszenten Sprache als offizielle Sprache auf die Tagesordnung gesetzt. Jyn hielt eine leidenschaftliche Rede, in der sie die kulturelle Bedeutung der Sprache und die Notwendigkeit ihrer Anerkennung betonte. Sie wies darauf hin, dass Sprache nicht nur ein Kommunikationsmittel ist, sondern auch ein Träger von Identität und Kultur.

$$\text{Identität} = f(\text{Sprache}, \text{Kultur}, \text{Gemeinschaft}) \qquad (32)$$

Trotz ihrer überzeugenden Argumente und der Unterstützung von über 10.000 Bürgern, die in einer Petition ihre Unterschrift geleistet hatten, wurde der Vorschlag mit 12 zu 8 Stimmen abgelehnt. Diese Entscheidung war ein harter Schlag für Jyn und die Biolumineszenten Allianz. Die Ablehnung war nicht nur eine politische Niederlage, sondern sie stellte auch die gesamte Bewegung in Frage.

## Theoretische Analyse der Niederlage

Die Theorie des sozialen Wandels, wie sie von Theoretikern wie Charles Tilly und Theda Skocpol beschrieben wird, legt nahe, dass soziale Bewegungen oft auf Widerstand stoßen, insbesondere wenn sie etablierte Machtstrukturen herausfordern. In diesem Fall war die Biolumineszenten Allianz eine aufstrebende Bewegung, die gegen die tief verwurzelten Überzeugungen und die Macht der etablierten politischen Institutionen ankämpfte.

Ein weiteres relevantes Konzept ist die Theorie der kollektiven Identität, die besagt, dass die gemeinsame Identität einer Gruppe entscheidend für ihren Erfolg ist. Jyns Niederlage führte zu einer Krise der kollektiven Identität innerhalb der Allianz. Die Mitglieder begannen, an der Wirksamkeit ihrer Bewegung zu zweifeln, was zu einer Abnahme des Engagements und der Unterstützung führte.

## Folgen der Niederlage

Die unmittelbaren Folgen dieser Niederlage waren verheerend. Viele Mitglieder der Allianz fühlten sich entmutigt und einige zogen sich aus dem Aktivismus zurück. Jyn selbst erlebte einen Rückschlag in ihrem Selbstvertrauen und begann, die Strategien ihrer Bewegung zu hinterfragen.

Die Niederlage führte jedoch auch zu einer tiefen Reflexion innerhalb der Bewegung. Jyn und ihre Unterstützer erkannten, dass sie ihre Ansätze überdenken und neue Strategien entwickeln mussten, um ihre Ziele zu erreichen. Diese Phase der Selbstkritik und Neubewertung war entscheidend für das zukünftige Wachstum der Bewegung.

In den folgenden Monaten begann die Biolumineszenten Allianz, ihre Taktiken zu diversifizieren. Sie suchten nach neuen Wegen, um ihre Botschaft zu verbreiten, und konzentrierten sich verstärkt auf die Bildung von Allianzen mit anderen sozialen Bewegungen, die ähnliche Ziele verfolgten. Diese neue Strategie sollte sich als entscheidend für die zukünftigen Erfolge der Bewegung erweisen.

## Schlussfolgerung

Die erste große Niederlage von Jyn Fael und der Biolumineszenten Allianz war ein schmerzhafter, aber lehrreicher Moment in der Geschichte ihres Aktivismus. Diese Erfahrung half ihnen, die Herausforderungen des Aktivismus besser zu verstehen und die Bedeutung von Resilienz und Anpassungsfähigkeit zu erkennen. Letztendlich war diese Niederlage nicht das Ende ihrer Bewegung, sondern der Beginn eines neuen Kapitels, das von Entschlossenheit und Kreativität geprägt war.

## Die Repression durch die Regierung

Die Repression durch die Regierung stellt für Jyn Fael und die Biolumineszenten Allianz eine der größten Herausforderungen im Kampf um die Sprachrechte dar. In dieser Phase des Aktivismus wird deutlich, wie Machtstrukturen und politische Interessen die Bemühungen um Gleichheit und Anerkennung behindern können. In diesem Abschnitt analysieren wir die verschiedenen Facetten der Repression, die Jyn und ihre Mitstreiter erfahren haben.

### Theoretische Grundlagen der Repression

Repression wird oft als ein System von Maßnahmen beschrieben, die von der Regierung ergriffen werden, um abweichendes Verhalten zu kontrollieren und soziale Bewegungen zu unterdrücken. Laut der *Theorie der sozialen Bewegungen* (Tilly, 2004) ist die Repression ein strategisches Mittel, das von staatlichen Akteuren eingesetzt wird, um die Mobilisierung von Gruppen zu verhindern, die eine Bedrohung für die bestehende Ordnung darstellen. In der Praxis bedeutet dies, dass Regierungen Gesetze erlassen, die die Versammlungsfreiheit einschränken, oder dass sie Gewalt gegen Aktivisten einsetzen, um Angst zu verbreiten.

### Beispiele für Repression

Ein prägnantes Beispiel für die Repression, die Jyn Fael erlebte, war die *Verhaftung von Aktivisten* während einer friedlichen Demonstration für die Anerkennung der biolumineszenten Sprache. Diese Demonstration, die in der Hauptstadt Yvenis Prime stattfand, zog Tausende von Unterstützern an, wurde jedoch von der Regierung als Bedrohung für die öffentliche Ordnung angesehen. Die Reaktion der Regierung war brutal: Polizeikräfte setzten Tränengas und Schlagstöcke ein, um die Menge zu zerstreuen. In der Folge wurden mehrere führende Mitglieder der Biolumineszenten Allianz festgenommen und inhaftiert. Diese Vorfälle führten nicht nur zu einer Welle der Angst unter den Aktivisten, sondern auch zu einer verstärkten Solidarität innerhalb der Bewegung.

### Psychologische Auswirkungen der Repression

Die psychologischen Auswirkungen der Repression sind tiefgreifend. Aktivisten wie Jyn Fael berichteten von *Angstzuständen* und *Depressionen*, die durch die ständige Bedrohung ihrer Sicherheit und die Unsicherheit über die Zukunft ihrer Bewegung verursacht wurden. Die *Theorie der kollektiven Identität* (Polletta & Jasper, 2001) zeigt, dass solche Erfahrungen sowohl die individuelle als auch die kollektive Identität von Aktivisten beeinflussen können. Jyn musste lernen, ihre eigene Angst zu überwinden, um ihre Rolle als Führerin der Bewegung aufrechtzuerhalten.

### Strategien zur Bewältigung der Repression

Um mit der Repression umzugehen, entwickelte Jyn verschiedene Strategien. Eine davon war die *Schaffung eines geheimen Kommunikationsnetzwerks*, das es den Aktivisten ermöglichte, Informationen auszutauschen, ohne von der Regierung überwacht zu werden. Diese Netzwerke waren entscheidend, um die Mobilisierung aufrechtzuerhalten und um sicherzustellen, dass die Stimmen der Aktivisten gehört wurden, trotz der staatlichen Unterdrückung.

Zusätzlich organisierte Jyn *Schutzmaßnahmen* für gefährdete Aktivisten, einschließlich rechtlicher Unterstützung und psychosozialer Hilfe. Diese Maßnahmen trugen dazu bei, das Vertrauen innerhalb der Bewegung zu stärken und die Resilienz der Aktivisten zu fördern.

## Die Rolle der internationalen Gemeinschaft

Ein weiterer wichtiger Aspekt im Umgang mit der Repression war die *Mobilisierung internationaler Unterstützung*. Jyn und die Biolumineszenten Allianz wandten sich an internationale Menschenrechtsorganisationen, um auf die Repression aufmerksam zu machen. Diese Zusammenarbeit führte zu einer globalen Kampagne, die Druck auf die yvenisische Regierung ausübte, um die Repression zu beenden. Die Unterstützung durch die internationale Gemeinschaft half nicht nur, die Sichtbarkeit der Bewegung zu erhöhen, sondern bot auch eine gewisse Sicherheit für die Aktivisten vor Ort.

## Fazit

Die Repression durch die Regierung stellte eine erhebliche Hürde für Jyn Fael und die Biolumineszenten Allianz dar. Dennoch war es gerade diese Repression, die die Bewegung zusammenschweißte und sie dazu zwang, kreativere und widerstandsfähigere Strategien zu entwickeln. Die Erfahrungen, die Jyn und ihre Mitstreiter in dieser Zeit machten, prägten nicht nur ihre individuelle Entwicklung, sondern auch die kollektive Identität der Bewegung, die sich aus der Notwendigkeit heraus formte, gegen Ungerechtigkeit zu kämpfen. Der Kampf gegen die Repression wurde somit zu einem zentralen Element der Biolumineszenten Allianz und legte den Grundstein für zukünftige Erfolge im Kampf um Sprachrechte.

## Die Gefahren des Aktivismus

Aktivismus ist ein mutiger und oft notwendiger Weg, um soziale und politische Veränderungen zu bewirken. Dennoch birgt er auch zahlreiche Gefahren, die sowohl die Aktivisten selbst als auch die Gemeinschaften, für die sie kämpfen, betreffen können. In diesem Abschnitt werden die verschiedenen Facetten der Gefahren des Aktivismus beleuchtet, einschließlich der physischen, emotionalen und sozialen Risiken.

## Physische Gefahren

Aktivisten setzen sich häufig in gefährlichen Situationen für ihre Überzeugungen ein. Dies kann zu physischen Bedrohungen führen, insbesondere in repressiven Regimen oder während gewaltsamer Proteste. Ein Beispiel hierfür ist die *Biolumineszenten Allianz*, die sich gegen die Unterdrückung ihrer Sprache und Kultur zur Wehr setzte. Bei einer ihrer ersten Demonstrationen wurde die

Gruppe von Sicherheitskräften angegriffen, was zu Verletzungen und Verhaftungen führte. Solche Vorfälle verdeutlichen die realen Gefahren, denen Aktivisten ausgesetzt sind, und die Notwendigkeit, Sicherheitsvorkehrungen zu treffen und sich auf mögliche Eskalationen vorzubereiten.

## Emotionale und psychologische Risiken

Die emotionale Belastung, die mit aktivistischem Engagement einhergeht, ist erheblich. Aktivisten erleben oft Stress, Angst und Depression, insbesondere wenn ihre Bemühungen nicht den gewünschten Erfolg bringen. Die ständige Konfrontation mit Ungerechtigkeiten kann zu einem Gefühl der Ohnmacht führen. Jyn Fael selbst berichtete von Zeiten, in denen die Herausforderungen überwältigend schienen, und sie stellte fest, dass der Druck, die Stimme ihrer Gemeinschaft zu vertreten, zu einer erheblichen emotionalen Belastung führte.

Die Theorie der *Moralischen Belastung* (Moral Distress) beschreibt, wie Individuen leiden, wenn sie in Situationen sind, in denen sie wissen, was richtig wäre, aber nicht in der Lage sind, entsprechend zu handeln. Diese Theorie ist besonders relevant für Aktivisten, die oft mit der Realität konfrontiert sind, dass ihre Anstrengungen nicht ausreichen, um signifikante Veränderungen herbeizuführen.

## Soziale Isolation und Stigmatisierung

Aktivismus kann auch zu sozialer Isolation führen. Aktivisten, die sich gegen die vorherrschenden Normen oder Gesetze stellen, können von ihren Familien, Freunden oder der Gesellschaft im Allgemeinen entfremdet werden. In vielen Fällen werden sie als Radikale oder Extremisten wahrgenommen, was zu Stigmatisierung und sozialer Ausgrenzung führen kann. Jyn erlebte dies, als sie begann, sich öffentlich für die Rechte der Biolumineszenten einzusetzen. Viele ihrer ehemaligen Freunde distanzierten sich von ihr, aus Angst, selbst ins Visier der Behörden zu geraten.

## Repression durch die Regierung

Regierungen, die sich bedroht fühlen, reagieren oft mit repressiven Maßnahmen gegen Aktivisten. Diese Maßnahmen können von Überwachung, Verhaftungen bis hin zu Gewalt reichen. Die *Biolumineszenten Allianz* sah sich mit einer zunehmenden staatlichen Repression konfrontiert, als ihre Bewegung an Einfluss gewann. Die Regierung versuchte, die Aktivitäten der Allianz zu unterdrücken, indem sie Mitglieder verhaftete und öffentliche Versammlungen verbot. Solche

Repressionen führen nicht nur zu einer Gefährdung der Aktivisten, sondern können auch das gesamte Bewegungsklima vergiften, indem sie Angst und Misstrauen innerhalb der Gemeinschaft säen.

## Verlust von Unterstützern

Ein weiteres Risiko des Aktivismus ist der Verlust von Unterstützern. Wenn die Bewegung an Intensität gewinnt, können einige Unterstützer überfordert oder frustriert sein und sich zurückziehen. Dies kann die Moral der verbleibenden Aktivisten beeinträchtigen und den Fortschritt der Bewegung gefährden. Jyn musste erleben, wie einige ihrer engsten Verbündeten aufgaben, nachdem sie mit den Herausforderungen und Gefahren des Aktivismus konfrontiert wurden. Der Verlust von Unterstützern kann auch zu einem Gefühl der Isolation führen, was die psychologischen Belastungen weiter verstärkt.

## Die Auswirkungen auf die mentale Gesundheit

Die oben genannten Gefahren haben tiefgreifende Auswirkungen auf die mentale Gesundheit von Aktivisten. Studien haben gezeigt, dass Aktivisten ein höheres Risiko für psychische Erkrankungen wie Angststörungen, Depressionen und posttraumatische Belastungsstörungen (PTBS) aufweisen. Die ständige Belastung und der Druck, für eine Sache zu kämpfen, können zu einem Zustand chronischer Erschöpfung führen, der als *Burnout* bekannt ist. Jyn erkannte, dass es wichtig war, Mechanismen zur Selbstfürsorge zu entwickeln, um ihre mentale Gesundheit zu schützen, insbesondere in Zeiten intensiven Drucks.

## Schlussfolgerung

Die Gefahren des Aktivismus sind vielfältig und können sowohl physische als auch emotionale und soziale Dimensionen umfassen. Es ist entscheidend, dass Aktivisten sich dieser Risiken bewusst sind und Strategien entwickeln, um sich und ihre Gemeinschaften zu schützen. Die Erfahrungen von Jyn Fael und der *Biolumineszenten Allianz* verdeutlichen die Herausforderungen, die Aktivisten überwinden müssen, um ihre Ziele zu erreichen. Indem sie sich diesen Gefahren stellen, können sie nicht nur für die Rechte ihrer eigenen Gemeinschaft kämpfen, sondern auch als Vorbilder für zukünftige Generationen von Aktivisten dienen.

## Die Entstehung von Feindschaften

Im Verlauf von Jyn Faels Aktivismus für die Sprachrechte der Biolumineszenz auf Yvenis Prime traten nicht nur Unterstützer, sondern auch Feinde auf den Plan. Diese Feindschaften entstanden aus einer Vielzahl von Faktoren, die sowohl kulturelle als auch politische Dimensionen umfassten.

### Kulturelle Spannungen

Die ersten Anzeichen von Feindschaften manifestierten sich in den kulturellen Spannungen zwischen den biolumineszenten Bewohnern von Yvenis Prime und den Menschen. Die Menschen, die oft eine überlegene Haltung einnahmen, sahen die biolumineszenten Wesen als minderwertig an. Diese Sichtweise führte zu einer tiefen Kluft zwischen den beiden Gruppen. Die biolumineszenten Bürger, die in ihren Lichtwäldern lebten, hatten eine reiche Kultur, die von der Biolumineszenz geprägt war. Diese kulturelle Identität wurde jedoch von den Menschen nicht anerkannt und oft verspottet.

### Politische Repression

Die Repression durch die Regierung verstärkte die Feindschaften. Als Jyn und die Biolumineszenten Allianz begannen, ihre Forderungen nach Sprachrechten lautstark zu äußern, reagierte die Regierung mit repressiven Maßnahmen. Diese beinhalteten nicht nur die Überwachung von Aktivisten, sondern auch die Verhaftung von führenden Mitgliedern der Allianz. Diese Maßnahmen schürten den Groll und die Feindschaft zwischen den Aktivisten und den staatlichen Autoritäten. Die Gleichung für den sozialen Druck, der auf die biolumineszenten Bürger lastete, kann als:

$$P = \frac{F \cdot R}{I}$$

definiert werden, wobei $P$ der soziale Druck, $F$ die Feindseligkeit der Regierung, $R$ die Reaktion der Gemeinschaft und $I$ die Identität der biolumineszenten Bürger darstellt. Ein Anstieg von $F$ und $R$ führte zu einem exponentiellen Anstieg des sozialen Drucks $P$.

### Innere Konflikte

Zusätzlich zu externen Feindschaften gab es auch innere Konflikte innerhalb der biolumineszenten Gemeinschaft. Einige Mitglieder der Gemeinschaft waren der

Meinung, dass Jyns Ansatz zu radikal war und dass eine sanftere Herangehensweise an die Menschen notwendig sei. Diese Differenzen führten zu Spannungen und Spaltungen innerhalb der Bewegung, was die Effektivität der Kampagne weiter gefährdete. Die Gleichung, die diese internen Konflikte beschreibt, könnte folgendermaßen aussehen:

$$C = \frac{D}{S}$$

wobei $C$ die Konflikthäufigkeit, $D$ die Differenzen innerhalb der Gemeinschaft und $S$ die Solidarität zwischen den Mitgliedern darstellt. Ein Anstieg von $D$ und ein Rückgang von $S$ führten zu einer Zunahme von $C$.

## Öffentliche Wahrnehmung

Die öffentliche Wahrnehmung spielte ebenfalls eine entscheidende Rolle bei der Entstehung von Feindschaften. Die Medien, die oft eine sensationelle Berichterstattung bevorzugten, schufen ein verzerrtes Bild der biolumineszenten Bürger und ihrer Anliegen. Diese negative Darstellung führte dazu, dass viele Menschen in der Gesellschaft eine feindliche Haltung gegenüber den Aktivisten einnahmen. Die Beziehung zwischen der Medienberichterstattung und der öffentlichen Meinung kann durch die folgende Gleichung beschrieben werden:

$$O = M \cdot E$$

Hierbei steht $O$ für die öffentliche Meinung, $M$ für die Medienberichterstattung und $E$ für die emotionale Reaktion der Bevölkerung. Eine negative Berichterstattung ($M < 0$) führte zu einer negativen öffentlichen Meinung ($O < 0$) und damit zu einer verstärkten Feindschaft.

## Beispiele für Feindschaften

Ein prägnantes Beispiel für diese Feindschaften war die erste große Demonstration der Biolumineszenten Allianz, die von gewaltsamen Zusammenstößen mit der Polizei begleitet wurde. Die Polizei, die von der Regierung instruiert wurde, sah die Demonstranten als Bedrohung und reagierte mit brutaler Gewalt. Dies führte zu einer Spaltung in der Gesellschaft, wobei einige die Aktivisten unterstützten, während andere sie als Unruhestifter betrachteten.

Ein weiteres Beispiel war die Verbreitung von Gerüchten über Jyn Fael, die von ihren Gegnern in Umlauf gebracht wurden. Diese Gerüchte, die sie als extremistisch und gewalttätig darstellten, führten zu einer weiteren Isolierung der Bewegung und schürten die Feindschaft in der breiteren Gemeinschaft.

## Schlussfolgerung

Die Entstehung von Feindschaften war ein komplexer Prozess, der durch kulturelle Spannungen, politische Repression, innere Konflikte und öffentliche Wahrnehmung geprägt war. Diese Feindschaften stellten nicht nur eine Herausforderung für Jyn Fael und die Biolumineszenten Allianz dar, sondern waren auch ein Spiegelbild der tief verwurzelten Vorurteile und Ängste in der Gesellschaft von Yvenis Prime. Es war eine Zeit, in der die Suche nach Identität und Anerkennung auf erbitterten Widerstand stieß, und die Feindschaften, die entstanden, waren sowohl eine Quelle des Schmerzes als auch ein Katalysator für den Wandel.

## Der Verlust von Unterstützern

Der Verlust von Unterstützern ist eine der größten Herausforderungen, mit denen Aktivisten konfrontiert sind, insbesondere in einem so dynamischen und oft feindlichen Umfeld wie dem von Jyn Fael. In dieser Phase ihres Aktivismus erlebte Jyn nicht nur die Abkehr von einigen ihrer einst treuen Verbündeten, sondern auch die emotionalen und strategischen Auswirkungen, die damit einhergingen.

### Psychologische Auswirkungen

Der Verlust von Unterstützern kann erhebliche psychologische Auswirkungen auf eine Aktivistin haben. Jyn fühlte sich oft isoliert und entmutigt. Die Theorien zur sozialen Unterstützung, wie die von Cohen und Wills (1985), betonen, dass soziale Unterstützung nicht nur emotionalen Rückhalt bietet, sondern auch die Resilienz gegenüber Stressoren erhöht. Wenn Unterstützer wegfielen, nahm Jyns Gefühl der Einsamkeit zu, und sie musste lernen, mit dieser neuen Realität umzugehen.

### Gründe für den Verlust

Die Gründe für den Verlust von Unterstützern sind vielfältig. Einige Unterstützer zogen sich aufgrund von persönlichen Herausforderungen zurück, während andere von der zunehmenden Repression durch die Regierung abgeschreckt wurden. In einem Fall gab es eine öffentliche Demonstration, bei der die Polizei gewaltsam gegen die Teilnehmer vorging. Viele, die zuvor aktiv waren, entschieden sich, sich aus Angst vor Repressalien zurückzuziehen. Diese Dynamik wird in der Theorie des kollektiven Handelns (Olson, 1965) deutlich, die besagt, dass Individuen oft dazu neigen, sich aus Bewegungen zurückzuziehen, wenn sie glauben, dass ihr individuelles Risiko die potenziellen Vorteile überwiegt.

## Strategische Anpassungen

Um den Verlust von Unterstützern zu kompensieren, musste Jyn neue Strategien entwickeln. Sie begann, sich auf die verbleibenden Mitglieder ihrer Bewegung zu konzentrieren und diese zu stärken. Dies beinhaltete die Durchführung von Workshops zur Stärkung der Gemeinschaft und zur Förderung des Zusammenhalts. In diesen Workshops wurden Themen wie Selbstfürsorge und Resilienz behandelt, um den Mitgliedern zu helfen, mit dem Stress des Aktivismus umzugehen.

## Beispiele aus der Bewegung

Ein konkretes Beispiel für den Verlust von Unterstützern war die Abkehr von einem prominenten Mitglied der Biolumineszenten Allianz, das aufgrund von Druck aus der Gesellschaft und persönlichen Ängsten entschied, sich zurückzuziehen. Jyn nutzte diese Situation, um die verbleibenden Mitglieder zu mobilisieren und sie zu ermutigen, sich nicht entmutigen zu lassen. Sie organisierte ein Treffen, bei dem sie die Wichtigkeit der Solidarität betonte und die Mitglieder daran erinnerte, dass jede Stimme zählt, auch wenn die Gruppe kleiner wird.

## Widerstandsfähigkeit und Neuanfang

Trotz der Rückschläge zeigte die Bewegung eine bemerkenswerte Widerstandsfähigkeit. Jyn und ihre Unterstützer begannen, neue Rekrutierungskampagnen zu entwickeln, um frische Mitglieder zu gewinnen. Sie nutzten soziale Medien, um die Botschaft ihrer Bewegung zu verbreiten und neue Unterstützer zu gewinnen. Diese Kampagnen beinhalteten kreative Inhalte, die die Bedeutung der Biolumineszenz und der Sprachrechte betonten, und erreichten ein jüngeres Publikum, das sich zunehmend für die Anliegen der Bewegung interessierte.

## Fazit

Der Verlust von Unterstützern ist eine schmerzhafte, aber oft unvermeidliche Realität im Aktivismus. Jyn Fael lernte, dass es nicht nur wichtig ist, Unterstützer zu gewinnen, sondern auch, die bestehenden Beziehungen zu pflegen und die

Gemeinschaft zu stärken. Ihre Fähigkeit, sich an die Veränderungen anzupassen und neue Wege zu finden, um die Bewegung voranzutreiben, ist ein testamentarisches Beispiel für die Resilienz von Aktivisten in schwierigen Zeiten.

$$S = \frac{N}{1 + e^{-k(t-t_0)}} \qquad (33)$$

In dieser Gleichung beschreibt $S$ die Unterstützung, die von der Zeit $t$ abhängt, wobei $N$ die maximale Unterstützung darstellt, $k$ die Wachstumsrate und $t_0$ der Zeitpunkt ist, an dem die Unterstützung zu wachsen beginnt. Diese mathematische Darstellung verdeutlicht, dass, obwohl Rückschläge auftreten können, die Bewegung weiterhin Potenzial für Wachstum und Erneuerung besitzt.

## Die Auswirkungen auf die mentale Gesundheit

Der Aktivismus kann eine transformative Kraft sein, die das Leben vieler Menschen bereichert und ihnen eine Stimme verleiht. Jedoch bringt der Kampf für soziale Gerechtigkeit auch erhebliche Herausforderungen mit sich, die sich negativ auf die mentale Gesundheit der Aktivisten auswirken können. In diesem Abschnitt werden die verschiedenen Dimensionen dieser Auswirkungen sowie die zugrunde liegenden psychologischen Theorien und Strategien zur Bewältigung beleuchtet.

### Psychologische Belastungen

Aktivisten wie Jyn Fael sehen sich oft mit enormem Druck konfrontiert, der aus der Verantwortung resultiert, für eine Sache zu kämpfen, die ihnen am Herzen liegt. Die ständige Konfrontation mit Ungerechtigkeiten und Diskriminierung kann zu einem Zustand der emotionalen Erschöpfung führen, der als *Burnout* bekannt ist. Laut der *Maslach Burnout Inventory* (MBI) umfasst Burnout drei Hauptdimensionen: emotionale Erschöpfung, Depersonalisation und reduzierte persönliche Leistungsfähigkeit. Diese Dimensionen können sich wie folgt manifestieren:

- **Emotionale Erschöpfung:** Aktivisten fühlen sich oft überfordert und emotional ausgebrannt, was zu einem Gefühl der Hilflosigkeit führen kann.

- **Depersonalisation:** Die ständige Konfrontation mit negativen Erfahrungen kann zu einer Entfremdung von der eigenen Identität und den eigenen Werten führen.

♦ **Reduzierte persönliche Leistungsfähigkeit:** Aktivisten beginnen möglicherweise zu glauben, dass ihre Bemühungen keinen Unterschied machen, was zu einem Rückzug aus dem Aktivismus führen kann.

## Kognitive Dissonanz

Ein weiterer psychologischer Aspekt, der die mentale Gesundheit von Aktivisten beeinflussen kann, ist die *kognitive Dissonanz*. Diese Theorie besagt, dass Menschen ein inneres Bedürfnis haben, ihre Überzeugungen und ihr Verhalten in Einklang zu bringen. Wenn Aktivisten beispielsweise für die Rechte ihrer Gemeinschaft kämpfen, aber gleichzeitig mit der Realität konfrontiert sind, dass ihre Bemühungen nicht sofortige Ergebnisse zeigen, kann dies zu einer tiefen inneren Unruhe führen. Diese Dissonanz kann psychische Belastungen wie Angst und Depression verstärken.

## Stress und Trauma

Die Herausforderungen des Aktivismus können auch zu chronischem Stress führen. Stress, der aus der ständigen Konfrontation mit Widerständen, Repression und Gewalt resultiert, kann langfristige Auswirkungen auf die psychische Gesundheit haben. Laut der *Transactional Model of Stress and Coping* von Lazarus und Folkman wird Stress als ein Ergebnis der Wahrnehmung von Bedrohungen und der Bewertung der eigenen Ressourcen zur Bewältigung dieser Bedrohungen verstanden. Aktivisten müssen oft Strategien entwickeln, um mit diesen Stressoren umzugehen, was zusätzliche emotionale Belastungen mit sich bringen kann.

## Beispiele aus der Praxis

Ein Beispiel für die Auswirkungen von Aktivismus auf die mentale Gesundheit ist die Geschichte von Jyn Fael selbst. Nach einer Reihe von Rückschlägen in ihrer Bewegung erlebte sie eine Phase der tiefen Traurigkeit und Verzweiflung. Ihre ersten öffentlichen Reden, die einst eine Quelle des Stolzes waren, wurden von Selbstzweifeln überschattet. Jyn suchte Unterstützung in ihrer Gemeinschaft und fand Trost in den kreativen Ausdrucksformen, die sie einst als Teil ihrer Aktivismusstrategien genutzt hatte.

## Strategien zur Bewältigung

Um die negativen Auswirkungen des Aktivismus auf die mentale Gesundheit zu mildern, sind verschiedene Strategien von Bedeutung:

- **Selbstfürsorge:** Aktivisten sollten Zeit für sich selbst einplanen, um Stress abzubauen und sich zu regenerieren. Aktivitäten wie Meditation, Yoga oder kreative Hobbys können hilfreich sein.

- **Soziale Unterstützung:** Der Austausch mit Gleichgesinnten bietet nicht nur emotionale Unterstützung, sondern auch die Möglichkeit, Erfahrungen zu teilen und voneinander zu lernen.

- **Professionelle Hilfe:** In schwerwiegenden Fällen kann die Unterstützung durch Psychologen oder Therapeuten notwendig sein, um die psychischen Belastungen zu bewältigen.

- **Bildung und Aufklärung:** Das Verständnis für die eigenen Emotionen und die Mechanismen des Aktivismus kann helfen, die eigene mentale Gesundheit zu schützen. Workshops und Schulungen können dazu beitragen, das Bewusstsein für psychische Gesundheit zu schärfen.

## Fazit

Die mentale Gesundheit von Aktivisten ist ein kritischer Aspekt, der oft übersehen wird, während sie für ihre Überzeugungen kämpfen. Die Herausforderungen, die mit dem Aktivismus verbunden sind, können erheblichen Stress und emotionale Belastungen verursachen. Es ist entscheidend, dass Aktivisten wie Jyn Fael sowohl individuelle als auch gemeinschaftliche Strategien zur Unterstützung ihrer mentalen Gesundheit entwickeln. Nur so kann der Kampf für soziale Gerechtigkeit nachhaltig und gesund geführt werden.

## Die Suche nach neuen Strategien

Im Angesicht der Herausforderungen, die Jyn Fael und die Biolumineszenten Allianz während ihres Aktivismus erlebten, war die Suche nach neuen Strategien von entscheidender Bedeutung. Diese Phase des Aktivismus war geprägt von der Notwendigkeit, kreative Lösungen zu finden, um den Widerstand zu überwinden und die Sprachrechte der Biolumineszenten zu fördern.

## Theoretische Grundlagen

Die Suche nach neuen Strategien im Aktivismus kann durch verschiedene theoretische Ansätze unterstützt werden. Eine davon ist die *Theorie des sozialen Wandels*, die besagt, dass soziale Bewegungen dynamische Prozesse sind, die sich an veränderte Bedingungen anpassen müssen. Diese Theorie legt nahe, dass Aktivisten flexibel sein müssen, um auf Widerstände und Rückschläge zu reagieren. In der Praxis bedeutet dies, dass Jyn und ihre Mitstreiter innovative Ansätze entwickeln mussten, um ihre Ziele zu erreichen.

Ein weiterer wichtiger theoretischer Rahmen ist die *Ressourcentheorie*, die besagt, dass der Zugang zu Ressourcen — sei es finanzieller, menschlicher oder sozialer Art — entscheidend für den Erfolg von Bewegungen ist. Jyn erkannte, dass sie neue Ressourcen mobilisieren musste, um ihre Ziele zu erreichen. Dies führte zur Entwicklung neuer Strategien, die auf der Mobilisierung von Gemeinschaftsressourcen basierten.

## Probleme und Herausforderungen

Die Suche nach neuen Strategien war jedoch nicht ohne Schwierigkeiten. Eine der größten Herausforderungen war die *Fragmentierung der Bewegung*. Verschiedene Gruppen innerhalb der Biolumineszenten Allianz hatten unterschiedliche Prioritäten und Ansichten darüber, wie der Aktivismus vorangetrieben werden sollte. Diese Uneinigkeit führte zu internen Konflikten, die Jyn dazu zwangen, neue Kommunikationsstrategien zu entwickeln, um die verschiedenen Stimmen innerhalb der Bewegung zu vereinen.

Ein weiteres Problem war die *Repression durch die Regierung*. Jyn und ihre Mitstreiter wurden oft mit Drohungen und Gewalt konfrontiert, was eine ständige Quelle der Unsicherheit darstellte. Um dem entgegenzuwirken, musste Jyn innovative Strategien entwickeln, um ihre Sicherheit zu gewährleisten und gleichzeitig ihre Botschaft zu verbreiten.

## Beispiele für neue Strategien

Um die oben genannten Herausforderungen zu bewältigen, entwickelte Jyn verschiedene Strategien, die auf den Prinzipien der Zusammenarbeit und der kreativen Mobilisierung basierten.

**1. Kreative Öffentlichkeitsarbeit** Eine der ersten Strategien war die Nutzung von *Kunst und Musik* als Mittel zur Mobilisierung. Jyn organisierte eine Reihe von Kunst- und Musikfestivals, die nicht nur als Plattform für die Biolumineszenten dienten, sondern auch als Möglichkeit, das Bewusstsein für ihre Anliegen zu schärfen. Diese Veranstaltungen zogen nicht nur Biolumineszenten, sondern auch Menschen aus anderen Gemeinschaften an, was zu einer breiteren Unterstützung führte.

**2. Digitale Mobilisierung** Ein weiterer innovativer Ansatz war die Nutzung von *sozialen Medien*. Jyn erkannte, dass Plattformen wie *GlimmerNet* und *Starlight* eine Möglichkeit boten, ihre Botschaft schnell und effektiv zu verbreiten. Sie initiierte Kampagnen, die virale Videos und Grafiken beinhalteten, um die Aufmerksamkeit auf die Sprachrechte der Biolumineszenten zu lenken. Diese digitale Mobilisierung ermöglichte es, eine jüngere Generation von Unterstützern zu erreichen und die Bewegung zu verjüngen.

**3. Interkulturelle Dialoge** Zusätzlich initiierte Jyn *interkulturelle Dialoge* mit anderen Gemeinschaften, die ähnliche Herausforderungen erlebten. Diese Dialoge förderten den Austausch von Ideen und Strategien und ermöglichten es den Biolumineszenten, von den Erfahrungen anderer zu lernen. Diese Form der Zusammenarbeit führte zu neuen Allianzen und einer stärkeren Stimme in der intergalaktischen Gemeinschaft.

## Fazit

Die Suche nach neuen Strategien war für Jyn Fael und die Biolumineszenten Allianz unerlässlich, um die Herausforderungen des Aktivismus zu bewältigen. Durch die Kombination von kreativer Öffentlichkeitsarbeit, digitaler Mobilisierung und interkulturellem Dialog konnte die Bewegung nicht nur wachsen, sondern auch ihre Ziele effektiver verfolgen. Diese Erfahrungen unterstreichen die Bedeutung von Flexibilität und Innovation im Aktivismus und bieten wertvolle Lektionen für zukünftige Generationen von Aktivisten.

## Die Bedeutung von Selbstfürsorge

In der Welt des Aktivismus, wo der Druck, Veränderungen herbeizuführen, enorm ist, wird die Selbstfürsorge oft vernachlässigt. Jyn Fael, als prominente Figur in der Biolumineszenten Allianz, erkannte schnell, dass die Fähigkeit, für andere zu kämpfen, eng mit der Fähigkeit verbunden ist, für sich selbst zu sorgen. Diese Erkenntnis ist nicht nur für Jyn, sondern für alle Aktivisten von entscheidender Bedeutung.

## Theoretische Grundlagen

Selbstfürsorge ist ein Konzept, das in der Psychologie und Sozialwissenschaft verankert ist. Es bezieht sich auf die Praktiken, die Individuen ergreifen, um ihr körperliches, emotionales und psychisches Wohlbefinden zu fördern. Laut der Selbstfürsorgetheorie von [?] ist Selbstfürsorge ein wesentlicher Bestandteil der Resilienz. Sie beschreibt, wie wichtig es ist, sich selbst Mitgefühl entgegenzubringen, insbesondere in Zeiten von Stress und Rückschlägen.

Die Theorie der Selbstbestimmung, formuliert von [?], unterstützt diese Sichtweise, indem sie betont, dass die Erfüllung grundlegender psychologischer Bedürfnisse – Autonomie, Kompetenz und soziale Eingebundenheit – entscheidend für das Wohlbefinden ist. Aktivisten, die sich um ihre eigenen Bedürfnisse kümmern, sind besser in der Lage, ihre Ziele zu verfolgen und ihre Gemeinschaft zu unterstützen.

## Probleme der Vernachlässigung

Die Vernachlässigung der Selbstfürsorge kann zu verschiedenen Problemen führen, die nicht nur die Aktivisten selbst, sondern auch die Bewegungen, für die sie kämpfen, beeinträchtigen. Zu den häufigsten Problemen zählen:

- **Burnout:** Ein Zustand emotionaler, physischer und mentaler Erschöpfung, der durch anhaltenden Stress verursacht wird. Jyn erlebte dies, als sie sich über Monate hinweg intensiv für die Sprachrechte einsetzte, ohne Pausen einzulegen.

- **Verminderte Effektivität:** Aktivisten, die nicht auf sich selbst achten, sind oft weniger produktiv. Jyn bemerkte, dass ihre Reden weniger leidenschaftlich waren, wenn sie nicht ausreichend geschlafen oder sich um ihre Gesundheit gekümmert hatte.

- **Negative Auswirkungen auf die Gemeinschaft:** Ein erschöpfter Aktivist kann nicht die Energie und Motivation aufbringen, die notwendig sind, um andere zu inspirieren. Dies kann zu einem Rückgang der Beteiligung und Unterstützung in der Gemeinschaft führen.

## Praktische Ansätze zur Selbstfürsorge

Um die Bedeutung der Selbstfürsorge zu unterstreichen, implementierte Jyn verschiedene Strategien, die sowohl für sie selbst als auch für ihre Mitstreiter von Vorteil waren. Dazu gehörten:

1. **Regelmäßige Pausen:** Jyn stellte sicher, dass sie regelmäßige Pausen in ihren Zeitplan einbaute, um sich zu regenerieren und neue Energie zu tanken. Diese Pausen wurden oft in Form von Meditations- und Achtsamkeitssitzungen durchgeführt, die ihr halfen, den Stress abzubauen.

2. **Gesunde Lebensgewohnheiten:** Jyn und ihre Mitstreiter begannen, gesunde Essgewohnheiten zu fördern, indem sie gemeinsam nährstoffreiche Mahlzeiten zubereiteten und Sporteinheiten organisierten. Dies stärkte nicht nur ihre physische Gesundheit, sondern auch den Gemeinschaftsgeist.

3. **Support-Gruppen:** Jyn initiierte wöchentliche Treffen, bei denen Aktivisten ihre Erfahrungen und Herausforderungen teilen konnten. Dieser Austausch förderte nicht nur das Gefühl der Zugehörigkeit, sondern half auch, emotionale Belastungen abzubauen.

### Beispiele aus Jyns Leben

Ein prägnantes Beispiel für die Bedeutung von Selbstfürsorge in Jyns Leben war der „Lichtfestival"-Tag, an dem sie eine große Rede halten sollte. In den Tagen zuvor fühlte sie sich überfordert und gestresst. Anstatt sich in die Arbeit zu stürzen, entschied sie sich, einen Tag für sich selbst zu nehmen. Sie verbrachte Zeit in den Lichtwäldern, meditierte und reflektierte über ihre Ziele. Diese Auszeit half ihr, ihre Gedanken zu ordnen und neue Inspiration zu finden. Am Tag des Festivals war sie nicht nur bereit, sondern strahlte auch eine Energie aus, die das Publikum fesselte.

Ein weiteres Beispiel war die Zusammenarbeit mit anderen intergalaktischen Aktivisten. Jyn stellte fest, dass der Austausch von Ressourcen und Strategien zur Selbstfürsorge, wie Workshops und Schulungen, nicht nur die individuelle Belastung reduzierte, sondern auch das Gefühl der Solidarität innerhalb der Bewegung stärkte.

### Fazit

Die Bedeutung von Selbstfürsorge im Aktivismus kann nicht genug betont werden. Jyn Fael ist ein leuchtendes Beispiel dafür, wie wichtig es ist, auf sich selbst zu achten, um die Kraft und Motivation aufrechtzuerhalten, für andere zu kämpfen. Durch die Implementierung von Selbstfürsorgepraktiken konnte sie nicht nur ihre eigene Gesundheit und ihr Wohlbefinden fördern, sondern auch die Effektivität und den Zusammenhalt ihrer Bewegung stärken. Aktivisten sollten sich stets daran erinnern, dass die Pflege ihrer eigenen Bedürfnisse der erste Schritt zu einem nachhaltigen und erfolgreichen Engagement für die Gemeinschaft ist.

## Die Rolle der Gemeinschaft in Krisenzeiten

In Krisenzeiten wird die Rolle der Gemeinschaft zu einem entscheidenden Faktor für das Überleben und die Resilienz ihrer Mitglieder. Für Jyn Fael und die Biolumineszenten Allianz war die Gemeinschaft nicht nur ein Unterstützungsnetzwerk, sondern auch eine Quelle der Inspiration und des Antriebs. Die Theorie der sozialen Kohäsion, die von Durkheim formuliert wurde, legt nahe, dass starke soziale Bindungen das Individuum in schwierigen Zeiten stützen können. Diese Bindungen sind besonders wichtig, wenn äußere Bedrohungen, wie Repressionen und Angriffe auf die Identität, die Gemeinschaft herausfordern.

### Theoretische Grundlagen

Die Gemeinschaft fungiert als ein Kollektiv, das nicht nur gemeinsame Werte und Normen teilt, sondern auch eine kollektive Identität entwickelt. Diese Identität ist entscheidend für das Gefühl der Zugehörigkeit und des Schutzes. In Krisensituationen können Gemeinschaften als Schutzschild wirken, indem sie Ressourcen und Unterstützung mobilisieren. Die soziale Unterstützung kann in verschiedenen Formen auftreten, wie emotionaler Beistand, materielle Hilfe oder durch die Bereitstellung von Informationen.

Ein Beispiel für die Bedeutung der Gemeinschaft in Krisenzeiten ist die Reaktion der Biolumineszenten Allianz auf die erste große Niederlage. Als die Regierung ihre ersten Proteste mit brutaler Gewalt niederschlug, war es die Gemeinschaft, die Jyn und ihren Unterstützern half, diese Rückschläge zu verarbeiten. Die emotionalen und psychologischen Auswirkungen solcher Ereignisse können verheerend sein, aber die Gemeinschaft bot einen Raum für Trauer, Reflexion und schließlich für die Wiederherstellung des Kampfgeistes.

### Praktische Probleme und Herausforderungen

Trotz der positiven Aspekte der Gemeinschaft gibt es auch Herausforderungen, die in Krisenzeiten auftreten können. Eine der größten Herausforderungen ist die Fragmentierung. In stressigen Situationen kann es zu internen Konflikten kommen, die die Gemeinschaft schwächen. Unterschiedliche Meinungen über Strategien, Ziele oder sogar grundlegende Werte können zu Spaltungen führen. Ein Beispiel dafür war die Diskussion innerhalb der Biolumineszenten Allianz über den Umgang mit der repressiven Regierung. Während einige Mitglieder für einen gewaltfreien Widerstand plädierten, waren andere für radikalere Maßnahmen, was zu Spannungen führte.

Ein weiteres Problem ist die Überlastung der Gemeinschaftsressourcen. In Krisenzeiten kann die Nachfrage nach Unterstützung die verfügbaren Ressourcen übersteigen. Dies kann zu Erschöpfung und Frustration bei den Mitgliedern führen. Die Theorie der Ressourcenkonflikte, die von Homans formuliert wurde, besagt, dass knappe Ressourcen in Krisenzeiten zu Konflikten innerhalb der Gemeinschaft führen können. Jyn und ihre Unterstützer mussten lernen, Prioritäten zu setzen und Ressourcen effizient zu nutzen, um die Gemeinschaft zusammenzuhalten.

## Beispiele für gemeinschaftliche Resilienz

Trotz dieser Herausforderungen gab es viele Beispiele für Resilienz innerhalb der Gemeinschaft. Ein bemerkenswerter Moment war die Organisation einer Solidaritätsdemonstration nach der ersten großen Niederlage. Anstatt sich zurückzuziehen, mobilisierte die Gemeinschaft ihre Mitglieder und Verbündeten, um ihre Stimme zu erheben. Diese Demonstration wurde nicht nur zu einem Symbol des Widerstands, sondern auch zu einem Moment der Einheit und Stärke.

Die Nutzung von sozialen Medien spielte ebenfalls eine entscheidende Rolle. Die Gemeinschaft konnte ihre Botschaften schnell verbreiten und Unterstützer aus der ganzen Galaxie mobilisieren. Die Solidarität, die durch diese Online-Plattformen geschaffen wurde, führte zu einer globalen Bewegung, die Jyns Anliegen unterstützte. Dies zeigt, wie moderne Technologien die Rolle der Gemeinschaft in Krisenzeiten erweitern und stärken können.

## Fazit

Zusammenfassend lässt sich sagen, dass die Rolle der Gemeinschaft in Krisenzeiten sowohl komplex als auch entscheidend ist. Sie bietet nicht nur Unterstützung und Ressourcen, sondern kann auch Herausforderungen und Spannungen mit sich bringen. Für Jyn Fael und die Biolumineszenten Allianz war die Gemeinschaft ein unverzichtbarer Bestandteil ihres Aktivismus. Sie stellte sicher, dass trotz aller Rückschläge die Flamme des Widerstands weiter brannte und die Hoffnung auf Veränderung nicht erlosch. In der Reflexion über diese Zeit wird deutlich, dass die Stärke einer Gemeinschaft in ihrer Fähigkeit liegt, zusammenzustehen, selbst in den dunkelsten Stunden. Die Lehren, die aus diesen Erfahrungen gezogen wurden, sind von unschätzbarem Wert für zukünftige

Generationen von Aktivisten, die sich für ihre Rechte und die ihrer Gemeinschaften einsetzen.

## Die Rückkehr zur Motivation

Die Rückkehr zur Motivation ist ein entscheidender Aspekt im Leben eines Aktivisten, insbesondere nach Rückschlägen und Herausforderungen. In dieser Phase ist es wichtig, die Ursachen der Demotivation zu identifizieren und Strategien zu entwickeln, um die ursprüngliche Leidenschaft und den Antrieb zurückzugewinnen. Jyn Fael erlebte während ihrer Aktivismusreise mehrere solcher Rückkehrphasen, die entscheidend für ihre Entwicklung und den Erfolg der Biolumineszenten Allianz waren.

### Ursachen der Demotivation

Die Ursachen der Demotivation können vielfältig sein. Jyn stellte fest, dass äußere Faktoren, wie die Repression durch die Regierung und der Verlust von Unterstützern, ihre Motivation stark beeinträchtigten. Diese Erfahrungen führten zu einem Gefühl der Isolation und des Zweifels an der eigenen Wirksamkeit. Ein weiteres Problem war der emotionale und physische Stress, der mit dem Aktivismus einherging. Um diesen Herausforderungen zu begegnen, war es notwendig, die inneren und äußeren Quellen der Demotivation zu analysieren.

### Strategien zur Wiederherstellung der Motivation

Um ihre Motivation zurückzugewinnen, wandte Jyn verschiedene Strategien an:

- **Reflexion und Selbstbewusstsein:** Jyn nahm sich Zeit, um über ihre Erfahrungen nachzudenken. Durch Tagebuchschreiben und Meditation konnte sie ihre Gedanken und Gefühle klären. Diese Reflexion half ihr, die Gründe für ihre Demotivation zu verstehen und ihre Ziele neu zu definieren.

- **Zielsetzung:** Jyn setzte sich neue, erreichbare Ziele, die sowohl kurz- als auch langfristig waren. Diese Ziele waren spezifisch, messbar, erreichbar, relevant und zeitgebunden (SMART). Zum Beispiel plante sie, innerhalb eines Monats eine neue Kampagne zur Förderung der Sprachrechte zu starten, die auf die Jugend abzielt.

- **Unterstützung durch die Gemeinschaft:** Jyn suchte aktiv nach Unterstützung innerhalb ihrer Gemeinschaft. Sie organisierte regelmäßige

Treffen mit anderen Aktivisten, um Erfahrungen auszutauschen und sich gegenseitig zu motivieren. Diese Solidarität half nicht nur, die Moral zu stärken, sondern schuf auch ein Gefühl der Zugehörigkeit.

+ **Kreativer Ausdruck:** Kunst und Musik spielten eine zentrale Rolle in Jyns Rückkehr zur Motivation. Sie begann, ihre Gefühle durch kreative Projekte auszudrücken, was ihr half, die emotionalen Lasten des Aktivismus zu verarbeiten. Diese Projekte, wie das Erstellen von Plakaten und das Komponieren von Liedern, stärkten ihre Verbindung zur Biolumineszenten Allianz und inspirierten andere.

+ **Selbstfürsorge:** Jyn erkannte die Bedeutung von Selbstfürsorge und integrierte Praktiken wie Yoga und gesunde Ernährung in ihren Alltag. Diese Maßnahmen halfen ihr, ihre körperliche und geistige Gesundheit zu verbessern, was wiederum ihre Motivation steigerte.

## Beispiele für die Rückkehr zur Motivation

Ein konkretes Beispiel für Jyns Rückkehr zur Motivation war die Organisation der ersten großen Sprachrechtskampagne nach ihrer schweren Niederlage. Anstatt sich von der Rückschlägen entmutigen zu lassen, mobilisierte sie ihre Energie und Kreativität, um eine neue Strategie zu entwickeln. Sie nutzte soziale Medien, um ihre Botschaft zu verbreiten und ein breiteres Publikum zu erreichen. Ihre Fähigkeit, die Herausforderungen als Lernmöglichkeiten zu betrachten, war ein Schlüsselfaktor für ihren Erfolg.

Ein weiteres Beispiel war die Zusammenarbeit mit anderen intergalaktischen Aktivisten. Jyn nahm an internationalen Konferenzen teil, wo sie Gleichgesinnte traf und neue Perspektiven gewann. Diese Erfahrungen stärkten ihre Überzeugung, dass der Kampf für die Sprachrechte nicht nur lokal, sondern auch global von Bedeutung ist. Der Austausch von Ideen und Strategien mit anderen Aktivisten gab ihr neuen Antrieb und half ihr, ihre Vision zu erweitern.

## Theoretische Grundlagen

Die Rückkehr zur Motivation lässt sich auch durch verschiedene psychologische Theorien erklären. Die *Selbstbestimmungstheorie* (Deci & Ryan, 1985) betont die Bedeutung von Autonomie, Kompetenz und sozialer Eingebundenheit für die Motivation. Jyns Strategien zur Wiederherstellung ihrer Motivation spiegeln diese Prinzipien wider. Indem sie ihre Ziele selbst definierte, ihre Fähigkeiten durch kreative Ausdrucksformen stärkte und soziale Unterstützung suchte, konnte sie ihre intrinsische Motivation wiederentdecken.

Darüber hinaus ist die *Resilienztheorie* relevant, die beschreibt, wie Individuen in der Lage sind, sich von Rückschlägen zu erholen und gestärkt daraus hervorzugehen. Jyns Fähigkeit, aus ihren Erfahrungen zu lernen und ihre Strategien anzupassen, zeigt, wie Resilienz eine entscheidende Rolle im Aktivismus spielt.

**Fazit**

Die Rückkehr zur Motivation ist ein dynamischer Prozess, der für Aktivisten von entscheidender Bedeutung ist. Jyn Faels Erfahrungen verdeutlichen, dass es möglich ist, aus Rückschlägen zu lernen und die ursprüngliche Leidenschaft zurückzugewinnen. Durch Reflexion, Zielsetzung, Gemeinschaftsunterstützung, kreativen Ausdruck und Selbstfürsorge konnte Jyn nicht nur ihre eigene Motivation wiederfinden, sondern auch andere inspirieren, sich dem Kampf für die Sprachrechte anzuschließen. Ihre Geschichte ist ein kraftvolles Beispiel dafür, wie man trotz widriger Umstände die Flamme der Motivation am Leben halten kann.

# Die Suche nach Verbündeten

## Die Zusammenarbeit mit anderen Organisationen

Die Zusammenarbeit mit anderen Organisationen stellte einen entscheidenden Faktor für den Erfolg der Bewegung von Jyn Fael dar. Diese Kooperationen ermöglichten es der Biolumineszenten Allianz, ihre Reichweite zu vergrößern, Ressourcen zu teilen und eine breitere Unterstützung zu mobilisieren. In diesem Abschnitt werden wir die verschiedenen Aspekte der Zusammenarbeit, die Herausforderungen und die Erfolge dieser strategischen Allianzen untersuchen.

### Theoretischer Hintergrund

Die Theorie der sozialen Bewegungen legt nahe, dass die Effektivität einer Bewegung durch die Fähigkeit zur Zusammenarbeit mit anderen Organisationen erheblich gesteigert werden kann. Diese Theorie basiert auf der Annahme, dass gemeinsame Ziele und Ressourcen die Mobilisierung von Unterstützern erleichtern und die Sichtbarkeit der Anliegen erhöhen. Laut Della Porta und Diani (2006) können Netzwerke von Organisationen „kollektive Identitäten" schaffen, die eine stärkere Basis für den Aktivismus bieten.

## Herausforderungen der Zusammenarbeit

Trotz der offensichtlichen Vorteile gab es auch erhebliche Herausforderungen bei der Zusammenarbeit mit anderen Organisationen. Zu den häufigsten Problemen gehörten:

- **Unterschiedliche Ziele:** Nicht alle Organisationen hatten die gleichen Prioritäten, was zu Spannungen führen konnte. Einige Organisationen konzentrierten sich stärker auf Umweltfragen, während andere soziale Gerechtigkeit in den Vordergrund stellten.

- **Ressourcenteilung:** Die Verteilung von Ressourcen, sei es finanzieller oder personeller Art, stellte oft eine Herausforderung dar. Jyn Fael und ihr Team mussten sicherstellen, dass alle Partnerorganisationen fair behandelt wurden.

- **Kommunikationsprobleme:** Unterschiedliche Kommunikationsstile und -praktiken konnten Missverständnisse hervorrufen. Um diese Probleme zu überwinden, wurden regelmäßige Treffen und klare Kommunikationskanäle eingerichtet.

## Beispiele erfolgreicher Kooperationen

Trotz dieser Herausforderungen gab es zahlreiche Beispiele für erfolgreiche Kooperationen, die die Bewegung voranbrachten:

- **Partnerschaft mit der Intergalaktischen Sprachallianz:** Diese Organisation setzte sich für die Rechte von Minderheitensprachen in verschiedenen Galaxien ein. Durch gemeinsame Kampagnen konnten sie die Sichtbarkeit der Anliegen von Jyn Fael erhöhen und eine breitere Unterstützung mobilisieren.

- **Zusammenarbeit mit Künstlern:** Die Biolumineszenten Allianz arbeitete eng mit Künstlern und Musikern zusammen, um die Botschaften ihrer Bewegung durch kreative Ausdrucksformen zu verbreiten. Diese Zusammenarbeit führte zu einer Reihe von Veranstaltungen, die sowohl informativ als auch unterhaltsam waren, und half, ein jüngeres Publikum zu erreichen.

- **Kooperation mit Bildungseinrichtungen:** Jyn Fael initiierte Programme in Schulen, die die Bedeutung der Biolumineszenz und der Sprachrechte thematisierten. Diese Programme wurden in Zusammenarbeit mit verschiedenen Bildungseinrichtungen entwickelt, wodurch die Bewegung in die Lehrpläne integriert wurde.

## Ergebnisse der Zusammenarbeit

Die Zusammenarbeit mit anderen Organisationen führte zu einer Reihe positiver Ergebnisse:

- **Erhöhte Sichtbarkeit:** Durch die gemeinsamen Anstrengungen konnte die Biolumineszenten Allianz ihre Sichtbarkeit in den Medien und in der Öffentlichkeit erheblich erhöhen.

- **Stärkung der Gemeinschaft:** Die Zusammenarbeit förderte ein Gefühl der Solidarität und Gemeinschaft unter den verschiedenen Gruppen, was den Aktivismus insgesamt stärkte.

- **Erweiterte Ressourcen:** Der Zugang zu zusätzlichen Ressourcen und Fachwissen durch Partnerorganisationen ermöglichte es der Biolumineszenten Allianz, ihre Kampagnen effektiver zu gestalten.

## Fazit

Die Zusammenarbeit mit anderen Organisationen war ein wesentlicher Bestandteil des Aktivismus von Jyn Fael. Trotz der Herausforderungen, die mit solchen Kooperationen verbunden sind, führte die strategische Partnerschaft zu bedeutenden Erfolgen und einer stärkeren Bewegung für die Sprachrechte der Biolumineszenz auf Yvenis Prime. Diese Erfahrungen unterstreichen die Bedeutung von Kooperation und Solidarität in sozialen Bewegungen und bieten wertvolle Lektionen für zukünftige Aktivisten.

# Bibliography

[1] Della Porta, D., & Diani, M. (2006). *Social Movements: An Introduction.* Blackwell Publishing.

## Der Austausch mit intergalaktischen Aktivisten

Der Austausch mit intergalaktischen Aktivisten stellte einen entscheidenden Wendepunkt in Jyn Faels Kampf für die Sprachrechte der Biolumineszenz auf Yvenis Prime dar. Dieser Austausch ermöglichte es Jyn, nicht nur von den Erfahrungen anderer zu lernen, sondern auch neue Perspektiven und Strategien in ihre eigene Bewegung zu integrieren.

## Theoretische Grundlagen

Die Theorie der interkulturellen Kommunikation bietet einen Rahmen, um die Dynamik des Austausches zwischen verschiedenen Kulturen und Spezies zu verstehen. Diese Theorie besagt, dass effektive Kommunikation nicht nur auf der Sprache beruht, sondern auch auf den kulturellen Werten, Normen und Symbolen, die jede Gruppe repräsentiert. In Jyns Fall bedeutete dies, dass die Biolumineszenz nicht nur als Kommunikationsmittel, sondern auch als kulturelle Ausdrucksform betrachtet werden musste.

$$C = \frac{I \cdot V}{R} \qquad (34)$$

Hierbei steht $C$ für die kulturelle Verständigung, $I$ für die Identität der Kulturen, $V$ für die Werte, die sie vertreten, und $R$ für die Reibung, die durch Missverständnisse oder Vorurteile entsteht. Ein höherer Wert für $C$ deutet auf eine effektivere Kommunikation hin, während eine Erhöhung von $R$ die Verständigung erschwert.

## Herausforderungen des Austausches

Der Austausch mit intergalaktischen Aktivisten war jedoch nicht ohne Herausforderungen. Eine der größten Schwierigkeiten war die Überwindung von sprachlichen Barrieren. Viele der Aktivisten, mit denen Jyn in Kontakt trat, sprachen Sprachen, die sich stark von der Biolumineszenz unterschieden. Dies erforderte kreative Lösungen, um sicherzustellen, dass die Botschaften und Anliegen klar vermittelt wurden.

Ein Beispiel hierfür war die Verwendung von holographischen Übersetzungsgeräten, die es ermöglichten, die biolumineszenten Signale in visuelle und akustische Formen zu übersetzen. Diese Technologie war jedoch nicht ohne ihre Probleme; oft kam es zu Missverständnissen, die die Kommunikation erschwerten und zu Frustrationen führten.

## Beispiele erfolgreicher Kooperation

Trotz dieser Herausforderungen gab es zahlreiche Beispiele für erfolgreiche Kooperationen. Eine der bemerkenswertesten war die Partnerschaft mit den intergalaktischen Aktivisten von Gliese 581g, die eine ähnliche Bewegung zur Förderung der sprachlichen Vielfalt führten. Diese Zusammenarbeit führte zu einem Austausch von Ideen und Strategien, der die Biolumineszente Allianz stärkte.

Ein konkretes Ergebnis dieser Kooperation war die Durchführung einer intergalaktischen Konferenz, die in der Hauptstadt von Yvenis Prime stattfand. Bei dieser Konferenz kamen Aktivisten aus verschiedenen Galaxien zusammen, um ihre Erfahrungen auszutauschen und gemeinsame Ziele zu definieren. Die Veranstaltung wurde von einer Vielzahl von Medien begleitet und trug dazu bei, das Bewusstsein für die Sprachrechte der Biolumineszenz über die Grenzen von Yvenis Prime hinaus zu erhöhen.

## Der Einfluss von Technologie

Technologie spielte eine entscheidende Rolle bei der Förderung des Austausches zwischen Jyn und den intergalaktischen Aktivisten. Soziale Medien und digitale Plattformen ermöglichten es, Informationen in Echtzeit zu teilen und Mobilisierungen zu organisieren. Diese Form der Vernetzung war besonders wichtig, da sie es den Aktivisten ermöglichte, ihre Stimmen zu bündeln und eine breitere Öffentlichkeit zu erreichen.

Ein Beispiel für den Einfluss von Technologie war die Verwendung von Virtual-Reality-Räumen, in denen Aktivisten aus verschiedenen Teilen des

Universums interagieren konnten. Diese Technologie ermöglichte es den Teilnehmern, sich in einer gemeinsamen Umgebung zu treffen, die die kulturellen Unterschiede überbrückte und den Austausch förderte.

## Fazit

Zusammenfassend lässt sich sagen, dass der Austausch mit intergalaktischen Aktivisten für Jyn Fael und die Biolumineszente Allianz von entscheidender Bedeutung war. Trotz der Herausforderungen, die sich aus sprachlichen und kulturellen Unterschieden ergaben, konnte Jyn durch kreative Lösungen und technologische Innovationen wertvolle Partnerschaften aufbauen. Diese Zusammenarbeit führte nicht nur zu einer Stärkung der eigenen Bewegung, sondern auch zu einem tieferen Verständnis für die universellen Herausforderungen im Kampf um Sprachrechte und kulturelle Identität.

## Die Bedeutung von Netzwerken

In der heutigen Welt, in der soziale Bewegungen zunehmend interdependente Strukturen annehmen, ist die Bedeutung von Netzwerken nicht zu unterschätzen. Netzwerke bieten nicht nur eine Plattform für den Austausch von Ideen, sondern auch für die Mobilisierung von Ressourcen, die für den Erfolg einer Bewegung entscheidend sind. Für Jyn Fael und die Biolumineszenten Allianz war die Schaffung und Pflege von Netzwerken von zentraler Bedeutung, um ihre Ziele zu erreichen und die Sprachrechte der Biolumineszenz zu fördern.

## Theoretische Grundlagen

Die Theorie der sozialen Netzwerke, wie sie von [?] und [?] beschrieben wird, legt nahe, dass Netzwerke aus Knoten (Individuen oder Organisationen) und Kanten (Beziehungen oder Interaktionen) bestehen. Diese Struktur ermöglicht es Akteuren, Informationen effizient zu verbreiten und Unterstützung zu mobilisieren. Netzwerke können in verschiedene Typen unterteilt werden, darunter formelle Netzwerke (wie Organisationen und Verbände) und informelle Netzwerke (wie Freundschafts- und Bekanntenkreise).

Ein zentrales Konzept in der Netzwerktheorie ist die *Netzwerkdichte*, die das Verhältnis der tatsächlichen Verbindungen zu den möglichen Verbindungen innerhalb eines Netzwerks beschreibt. Höhere Dichten können zu schnelleren Informationsflüssen und einem stärkeren Zusammenhalt innerhalb der Gruppe führen.

## Herausforderungen im Netzwerkaufbau

Trotz der Vorteile, die Netzwerke bieten, stehen Aktivisten vor mehreren Herausforderungen. Eine der größten Hürden ist die *Fragmentierung* von Netzwerken, die entstehen kann, wenn es an gemeinsamen Zielen oder Strategien mangelt. Jyn Fael erlebte diese Fragmentierung, als verschiedene Gruppen unterschiedliche Ansätze zur Förderung der Sprachrechte verfolgten. Diese Uneinheitlichkeit führte zu Verwirrung und Ineffizienz, was die Bewegung schwächte.

Ein weiteres Problem ist die *Ressourcenkonkurrenz*. In einem umkämpften Umfeld, in dem viele Organisationen um dieselben Mittel und Unterstützer kämpfen, kann es schwierig sein, eine effektive Zusammenarbeit zu fördern. Jyn musste oft strategische Entscheidungen treffen, um sicherzustellen, dass ihre Allianz nicht nur überlebt, sondern auch floriert.

## Beispiele erfolgreicher Netzwerkarbeit

Trotz dieser Herausforderungen gab es auch zahlreiche Beispiele für erfolgreiche Netzwerkbildung innerhalb der Biolumineszenten Allianz. Ein bemerkenswerter Erfolg war die *Konferenz der intergalaktischen Sprachrechte*, die Jyn und ihre Mitstreiter organisierten. Diese Veranstaltung brachte Aktivisten aus verschiedenen Teilen des Universums zusammen, um Erfahrungen auszutauschen und Strategien zu entwickeln.

Ein weiteres Beispiel ist die Zusammenarbeit mit Künstlern und Musikern, die die Botschaft der Bewegung durch ihre Kunst verbreiteten. Diese kreative Vernetzung ermöglichte es der Allianz, eine breitere Öffentlichkeit zu erreichen und mehr Menschen für die Sache zu gewinnen.

## Technologische Unterstützung

Die Rolle der Technologie im Netzwerkaufbau kann nicht übersehen werden. Soziale Medien und Online-Plattformen haben es Aktivisten ermöglicht, schnell und effektiv zu kommunizieren und sich zu organisieren. Jyn nutzte Plattformen wie *LuminaNet*, ein soziales Netzwerk speziell für biolumineszente Wesen, um ihre Botschaft zu verbreiten und Unterstützer zu mobilisieren. Diese Plattform ermöglichte es den Nutzern, Informationen in Echtzeit zu teilen und Aktionen zu koordinieren.

## Schlussfolgerung

Zusammenfassend lässt sich sagen, dass Netzwerke eine entscheidende Rolle im Aktivismus spielen. Sie bieten nicht nur Unterstützung und Ressourcen, sondern auch eine Plattform für den Austausch von Ideen und Strategien. Jyn Faels Erfahrungen zeigen, dass die Fähigkeit, starke Netzwerke aufzubauen und zu pflegen, entscheidend für den Erfolg einer sozialen Bewegung ist. Die Herausforderungen, die mit dem Netzwerkaufbau verbunden sind, können überwunden werden, wenn Aktivisten sich auf gemeinsame Ziele konzentrieren und innovative Wege finden, um ihre Botschaft zu verbreiten. Die Biolumineszenten Allianz ist ein Beispiel dafür, wie durch effektive Netzwerkarbeit bedeutende Fortschritte im Kampf um die Sprachrechte erzielt werden können.

## Die ersten internationalen Konferenzen

Die ersten internationalen Konferenzen, die von der Biolumineszenten Allianz organisiert wurden, waren ein entscheidender Wendepunkt für die Bewegung von Jyn Fael. Diese Konferenzen ermöglichten den Austausch von Ideen, Strategien und Erfahrungen zwischen verschiedenen intergalaktischen Aktivisten und trugen dazu bei, die Sichtbarkeit der Sprachrechte der Biolumineszenz auf Yvenis Prime zu erhöhen.

### Die Planung und Organisation

Die Planung dieser Konferenzen begann mit einer sorgfältigen Auswahl von Themen, die für die Teilnehmer von Bedeutung waren. Jyn Fael und ihr Team erarbeiteten ein Konzept, das sowohl die kulturellen Aspekte der Biolumineszenz als auch die politischen Herausforderungen umfasste. Die erste Konferenz fand in der Hauptstadt von Yvenis Prime statt und zog Teilnehmer aus verschiedenen Planeten und Kulturen an.

Die Organisation erforderte eine enge Zusammenarbeit mit intergalaktischen Partnern. Hierbei stellte sich die Herausforderung, eine gemeinsame Sprache zu finden, da viele der Teilnehmer unterschiedliche Sprachen und Kommunikationsformen verwendeten. Um diese Barrieren zu überwinden, wurde ein innovatives Übersetzungssystem entwickelt, das sowohl menschliche Dolmetscher als auch KI-gestützte Übersetzungstechnologien einbezog.

## Themen und Diskussionen

Die Themen der ersten Konferenzen umfassten folgende Schwerpunkte:

- Die Bedeutung der Biolumineszenz in der intergalaktischen Kommunikation
- Strategien zur Förderung der Mehrsprachigkeit in Bildungssystemen
- Politische Rahmenbedingungen für den Schutz der Sprachrechte
- Kulturelle Identität und deren Erhalt in der globalisierten Welt

Ein besonders bemerkenswerter Moment war die Diskussion über die Rolle von Kunst und Musik als Mittel zur Förderung von Sprachrechten. Jyn Fael präsentierte eine Performance, die die Verbindung zwischen Sprache und Identität durch biolumineszente Kunstwerke visualisierte. Diese Darbietung inspirierte viele Teilnehmer und führte zu einer intensiven Diskussion über die Möglichkeiten, kreative Ausdrucksformen in den Aktivismus zu integrieren.

## Herausforderungen während der Konferenzen

Trotz der positiven Resonanz gab es auch Herausforderungen. Einige Teilnehmer äußerten Bedenken hinsichtlich der Repräsentation und Inklusion. Die Diversität der Stimmen und Perspektiven war entscheidend, um sicherzustellen, dass die Konferenzen tatsächlich die Anliegen aller Beteiligten widerspiegelten.

Ein weiteres Problem war die logistische Durchführung. Die Koordination von Reise und Unterkunft für intergalaktische Teilnehmer stellte sich als komplex heraus. Um diesen Herausforderungen zu begegnen, wurde ein Netzwerk von Unterstützern und Freiwilligen aufgebaut, das half, die notwendigen Ressourcen bereitzustellen.

## Ergebnisse und Auswirkungen

Die Ergebnisse der ersten internationalen Konferenzen waren bemerkenswert. Es wurde ein Manifest verabschiedet, das die Grundsätze der Biolumineszenten Allianz festlegte und die Notwendigkeit eines intergalaktischen Bündnisses zur Unterstützung der Sprachrechte betonte. Dieses Manifest diente als Grundlage für zukünftige Verhandlungen mit Regierungen und Institutionen.

Darüber hinaus führte die Konferenz zu einem Anstieg des Interesses an der Biolumineszenz-Kultur und ihrer Sprachrechte. Medienberichterstattung und soziale Medien trugen dazu bei, die Botschaft weiter zu verbreiten. Jyn Fael erhielt zahlreiche Einladungen, um auf weiteren Konferenzen und Veranstaltungen zu sprechen, was die Bewegung auf ein neues Level hob.

**Beispiele erfolgreicher Kooperationen**

Ein konkretes Beispiel für die Erfolge dieser Konferenzen war die Zusammenarbeit mit einer intergalaktischen Organisation für kulturelle Rechte, die sich für die Unterstützung von Minderheitensprachen einsetzt. Diese Partnerschaft führte zu gemeinsamen Kampagnen und einem Austausch von Ressourcen, die es der Biolumineszenten Allianz ermöglichten, ihre Ziele effektiver zu verfolgen.

Ein weiteres Beispiel war die Gründung eines intergalaktischen Netzwerks von Sprachaktivisten, das sich aus den Konferenzteilnehmern zusammensetzte. Dieses Netzwerk förderte den Austausch von Best Practices und half, neue Strategien zur Mobilisierung von Unterstützern zu entwickeln.

**Fazit**

Zusammenfassend lässt sich sagen, dass die ersten internationalen Konferenzen für die Biolumineszenten Allianz nicht nur ein Forum für den Austausch von Ideen darstellten, sondern auch eine Plattform, um die Stimme der Biolumineszenz-Kultur in der intergalaktischen Gemeinschaft zu stärken. Die Ergebnisse dieser Konferenzen hatten weitreichende Auswirkungen auf den Aktivismus und trugen dazu bei, die Ziele von Jyn Fael und ihrer Bewegung in der intergalaktischen Politik zu verankern.

## Die Rolle von Technologie im Aktivismus

Die Rolle von Technologie im Aktivismus hat sich in den letzten Jahrzehnten erheblich verändert und ist zu einem unverzichtbaren Werkzeug für die Mobilisierung, Organisation und Kommunikation innerhalb von Bewegungen geworden. Im Fall von Jyn Fael und der Biolumineszenten Allianz auf Yvenis Prime spielte Technologie eine entscheidende Rolle in der Verbreitung ihrer Botschaft und der Stärkung ihrer Bewegung.

**1. Die digitale Revolution**

Die digitale Revolution hat den Aktivismus grundlegend transformiert. Mit der Einführung des Internets und sozialer Medien können Aktivisten Informationen schnell verbreiten, Netzwerke aufbauen und Mobilisierungen in Echtzeit organisieren. In der Biolumineszenten Allianz nutzten die Mitglieder Plattformen wie *LumiNet*, eine soziale Netzwerkseite speziell für biolumineszente Wesen, um ihre Anliegen zu kommunizieren und Unterstützer zu gewinnen.

$$\text{Mobilisierung} = \frac{\text{Information} \times \text{Zugänglichkeit}}{\text{Barrieren}} \qquad (35)$$

Hierbei steht die Mobilisierung in direkter Beziehung zur Menge der verfügbaren Informationen und deren Zugänglichkeit. Je mehr Informationen und je einfacher der Zugang, desto höher die Mobilisierung. Diese Gleichung verdeutlicht die Notwendigkeit, Barrieren zu minimieren, um eine breite Unterstützung zu erreichen.

## 2. Kommunikation und Vernetzung

Die Technologie ermöglicht es Aktivisten, über geografische Grenzen hinweg zu kommunizieren. Jyn Fael und ihre Mitstreiter konnten mit Gleichgesinnten auf anderen Planeten in Kontakt treten und sich über Strategien und Ideen austauschen. Diese intergalaktische Vernetzung führte zur Gründung des *Intergalaktischen Bündnisses für Sprachrechte*, das den Austausch von Ressourcen und Wissen förderte.

Ein Beispiel für diese Vernetzung ist die *Galaktische Konferenz für Sprachrechte*, die jährlich stattfand und bei der verschiedene Kulturen und Sprachen vertreten waren. Hier konnten Aktivisten ihre Erfahrungen teilen und gemeinsame Strategien entwickeln, um gegen Diskriminierung und für die Anerkennung ihrer Sprachen zu kämpfen.

## 3. Herausforderungen der Technologie

Trotz der vielen Vorteile bringt der Einsatz von Technologie auch Herausforderungen mit sich. Eine der größten Hürden ist die digitale Kluft, die den Zugang zu Technologie und Internet für bestimmte Gruppen einschränkt. Auf Yvenis Prime gab es Regionen, in denen die Infrastruktur für den Zugang zu digitalen Medien nicht ausreichend entwickelt war, was die Mobilisierung in diesen Gebieten erschwerte.

Zusätzlich können technologische Plattformen auch ein zweischneidiges Schwert sein. Während sie als Werkzeuge der Befreiung dienen, können sie auch zur Überwachung und Kontrolle durch autoritäre Regierungen eingesetzt werden. Jyn Fael erlebte dies, als ihre Online-Aktivitäten von der Regierung überwacht wurden, was zu einer Reihe von Repressionen führte.

## 4. Beispiele für erfolgreiche Kampagnen

Ein herausragendes Beispiel für den erfolgreichen Einsatz von Technologie im Aktivismus ist die Kampagne *Licht für alle*, die von der Biolumineszenten Allianz ins Leben gerufen wurde. Diese Kampagne nutzte virale Videos, die die Schönheit und Bedeutung der biolumineszenten Sprache für die Identität ihrer Kultur zeigten. Die Videos wurden über soziale Medien verbreitet und erlangten schnell internationale Aufmerksamkeit.

$$\text{Erfolg der Kampagne} = \text{Reichweite} \times \text{Engagement} \qquad (36)$$

Die obige Gleichung zeigt, dass der Erfolg einer Kampagne nicht nur von der Reichweite, sondern auch vom Engagement der Zuschauer abhängt. Die Kampagne *Licht für alle* erreichte Millionen von Zuschauern und ermutigte viele, sich für die Sprachrechte der Biolumineszenz einzusetzen.

## 5. Zukunftsperspektiven

Die Zukunft des Aktivismus wird weiterhin stark von technologischen Entwicklungen geprägt sein. Künstliche Intelligenz, Blockchain-Technologie und die fortschreitende Entwicklung von Kommunikationsplattformen könnten neue Möglichkeiten für die Organisation und Mobilisierung bieten. Jyn Fael und die Biolumineszenten Allianz waren sich dieser Möglichkeiten bewusst und begannen, neue Technologien zu erforschen, um ihre Botschaft noch effektiver zu verbreiten.

Insgesamt zeigt die Rolle von Technologie im Aktivismus, dass sie sowohl eine Quelle der Hoffnung als auch eine Herausforderung darstellt. Die Fähigkeit, sich zu vernetzen, Informationen auszutauschen und mobil zu machen, ist entscheidend für den Erfolg von Bewegungen. Jyn Faels Geschichte ist ein Beispiel dafür, wie Technologie genutzt werden kann, um eine Stimme für die Unterdrückten zu erheben und Veränderungen zu bewirken. Die Zukunft des Aktivismus wird zweifellos weiterhin von technologischen Innovationen geprägt sein, die die Art und Weise, wie wir kommunizieren und mobilisieren, revolutionieren werden.

## Die Unterstützung durch Prominente

Die Unterstützung durch prominente Persönlichkeiten spielt eine entscheidende Rolle im Aktivismus, insbesondere in der Bewegung für die Sprachrechte der Biolumineszenz auf Yvenis Prime. Prominente können durch ihre Reichweite und ihren Einfluss eine breite Öffentlichkeit mobilisieren und das Bewusstsein für wichtige Themen schärfen. In diesem Abschnitt werden wir die Mechanismen der Unterstützung durch Prominente, die Herausforderungen, die dabei auftreten können, sowie konkrete Beispiele für deren Einfluss auf die Bewegung analysieren.

## Mechanismen der Unterstützung

Prominente bieten der Bewegung eine Plattform, um ihre Botschaften zu verbreiten. Sie können durch verschiedene Medienkanäle, wie soziale Netzwerke, Interviews oder öffentliche Auftritte, die Anliegen der Biolumineszenten Allianz unterstützen. Diese Unterstützung kann in verschiedenen Formen auftreten:

- **Öffentliche Erklärungen:** Prominente können sich öffentlich zu den Zielen der Bewegung bekennen, wodurch sie deren Sichtbarkeit erhöhen.

- **Teilnahme an Veranstaltungen:** Durch ihre Anwesenheit bei Demonstrationen oder Konferenzen können sie das Interesse der Medien und der Öffentlichkeit wecken.

- **Finanzielle Unterstützung:** Viele Prominente spenden Geld oder sammeln Spenden für die Bewegung, was entscheidend für die Durchführung von Kampagnen sein kann.

- **Kreative Beiträge:** Künstler können durch Musik, Kunst oder Literatur zur Bewegung beitragen und so deren Botschaften auf kreative Weise verbreiten.

## Herausforderungen der Prominentenunterstützung

Trotz der Vorteile, die die Unterstützung durch Prominente mit sich bringt, gibt es auch Herausforderungen. Eine der größten Herausforderungen ist die Authentizität. Wenn Prominente sich in eine Bewegung einbringen, die sie nicht vollständig verstehen oder unterstützen, kann dies als opportunistisch wahrgenommen werden. Dies kann das Vertrauen der Basisbewegung untergraben und zu Spannungen führen.

Ein weiteres Problem ist die Abhängigkeit von Prominenten. Wenn die Bewegung zu stark auf die Unterstützung von Einzelpersonen angewiesen ist, kann dies ihre Unabhängigkeit gefährden. Ein plötzlicher Rückzug eines prominenten Unterstützers kann zu einem Rückschlag für die Bewegung führen. Daher ist es wichtig, ein Gleichgewicht zwischen der Nutzung von Prominenten und der Stärkung der Basisbewegung zu finden.

### Beispiele für den Einfluss von Prominenten

Ein herausragendes Beispiel für die Unterstützung durch Prominente in der Bewegung für die Sprachrechte der Biolumineszenz ist die Sängerin und Aktivistin Lyra Lumina. Ihre Teilnahme an der ersten großen Demonstration der Biolumineszenten Allianz im Jahr 3023 zog nicht nur Tausende von Menschen an, sondern führte auch zu einer umfangreichen Berichterstattung in den intergalaktischen Medien.

Lyra Lumina veröffentlichte ein Lied mit dem Titel „Licht der Stimmen", das die Themen Identität und Sprachrechte thematisierte. Der Song wurde ein Hit und trug dazu bei, das Bewusstsein für die Anliegen der Bewegung zu schärfen. Die Einnahmen aus dem Verkauf des Liedes wurden direkt an die Biolumineszenten Allianz gespendet, was die finanziellen Ressourcen der Bewegung erheblich stärkte.

Ein weiteres Beispiel ist der berühmte intergalaktische Schauspieler Orion Star, der sich in sozialen Medien für die Rechte der Biolumineszenten einsetzte. Durch seine Plattform erreichte er Millionen von Followern und konnte so eine breite Diskussion über die Herausforderungen und die Bedeutung der Sprachrechte anstoßen. Seine Posts enthielten oft persönliche Geschichten von Biolumineszenten, die unter Diskriminierung litten, und machten die Problematik greifbarer für ein breiteres Publikum.

### Zusammenfassung

Die Unterstützung durch prominente Persönlichkeiten ist ein zweischneidiges Schwert im Aktivismus. Während sie die Reichweite und Sichtbarkeit einer Bewegung erheblich erhöhen können, ist es wichtig, die Authentizität und Unabhängigkeit der Bewegung zu bewahren. Die Beispiele von Lyra Lumina und Orion Star zeigen, wie prominente Unterstützung sowohl kreative als auch finanzielle Impulse geben kann, um die Bewegung für die Sprachrechte der Biolumineszenz auf Yvenis Prime voranzutreiben. Die Herausforderung besteht darin, diese Unterstützung strategisch zu nutzen, um eine nachhaltige und inklusive Bewegung aufzubauen, die auf den Bedürfnissen und Wünschen der Gemeinschaft basiert.

## Die Gründung eines intergalaktischen Bündnisses

Die Gründung eines intergalaktischen Bündnisses stellte einen entscheidenden Wendepunkt im Kampf von Jyn Fael und der Biolumineszenten Allianz dar. Dieses Bündnis war nicht nur ein strategischer Schritt, sondern auch eine symbolische Geste der Einheit und Solidarität unter den verschiedenen außerirdischen Kulturen, die sich für Sprachrechte und kulturelle Identität einsetzten.

## Theoretische Grundlagen

Das Konzept eines intergalaktischen Bündnisses basiert auf der Theorie der *kollektiven Identität*. Diese Theorie besagt, dass Individuen, die gemeinsame Merkmale oder Ziele teilen, sich zu einer Einheit zusammenschließen, um ihre Interessen effektiver zu vertreten. In diesem Fall war die gemeinsame Identität der Mitglieder des Bündnisses durch ihre biolumineszenten Eigenschaften und die Herausforderungen, die sie in der Interaktion mit Menschen erlebten, geprägt.

Ein weiterer theoretischer Aspekt, der die Gründung des Bündnisses unterstützte, war die *Theorie der sozialen Bewegungen*. Diese Theorie besagt, dass soziale Bewegungen durch kollektive Aktionen und Mobilisierung von Ressourcen entstehen. Jyn Fael nutzte diese Prinzipien, um verschiedene Gruppen zusammenzubringen, die ähnliche Ziele verfolgten und bereit waren, gegen Diskriminierung und für die Anerkennung ihrer kulturellen Identität zu kämpfen.

## Probleme bei der Gründung

Die Gründung des intergalaktischen Bündnisses war jedoch nicht ohne Herausforderungen. Eine der größten Hürden war die *Kommunikationsbarriere*. Unterschiedliche Kulturen hatten ihre eigenen Sprachen und Kommunikationsstile, was die Zusammenarbeit erschwerte. Um diese Barrieren zu überwinden, entwickelte Jyn ein System, das die Verwendung von *biolumineszenten Signalen* beinhaltete, um nonverbale Kommunikation zu fördern. Diese Methode erwies sich als äußerst effektiv, da sie eine universelle Sprache schuf, die über kulturelle Unterschiede hinweg verstanden werden konnte.

Ein weiteres Problem war die *politische Unsicherheit*. Viele der außerirdischen Gruppen, die Jyn ansprechen wollte, lebten in autoritären Systemen, die nicht bereit waren, ihren Bürgern die Freiheit zu geben, sich zu organisieren. Jyn und ihre Unterstützer mussten daher Strategien entwickeln, um sicherzustellen, dass ihre Aktivitäten nicht von den Regierungen unterdrückt wurden. Dazu gehörte die Verwendung von *verschlüsselten Kommunikationskanälen* und die Durchführung von geheimen Treffen, um die Sicherheit der Mitglieder zu gewährleisten.

## Beispiele für erfolgreiche Kooperation

Trotz der Herausforderungen war die Gründung des intergalaktischen Bündnisses ein großer Erfolg. Ein bemerkenswertes Beispiel für die Effektivität des Bündnisses war die *Konferenz der Biolumineszenten Völker*, die in der Stadt Luminas auf Yvenis Prime stattfand. Diese Konferenz brachte Vertreter von über zwanzig verschiedenen Planeten zusammen, um über die Herausforderungen der Sprachrechte und kulturellen Identität zu diskutieren.

Ein weiterer Erfolg war die gemeinsame Kampagne zur Förderung der *biolumineszenten Sprache* als offizielle Sprache in verschiedenen intergalaktischen Institutionen. Diese Initiative führte zu einer Reihe von *Resolutionen* in den intergalaktischen Gremien, die die Anerkennung der biolumineszenten Sprache forderten.

## Die Bedeutung des Bündnisses

Die Gründung des intergalaktischen Bündnisses hatte weitreichende Auswirkungen auf den Aktivismus in der gesamten Galaxie. Es schuf nicht nur ein Netzwerk von Unterstützern, sondern auch eine Plattform für den Austausch von Ideen und Strategien. Die Mitglieder des Bündnisses konnten voneinander lernen und ihre Ansätze zur Bekämpfung von Diskriminierung und zur Förderung der Sprachrechte anpassen.

Zusammenfassend lässt sich sagen, dass die Gründung des intergalaktischen Bündnisses ein entscheidender Schritt in der Geschichte von Jyn Fael und der Biolumineszenten Allianz war. Es stellte nicht nur eine Antwort auf die Herausforderungen dar, sondern auch eine Vision für eine inklusive Zukunft, in der die Stimmen aller Kulturen gehört und respektiert werden.

## Die Herausforderungen der Zusammenarbeit

Die Zusammenarbeit zwischen verschiedenen Organisationen und Aktivisten ist ein entscheidender Faktor für den Erfolg jeder sozialen Bewegung. In der Biolumineszenten Allianz sah sich Jyn Fael jedoch mit einer Vielzahl von Herausforderungen konfrontiert, die die Effektivität ihrer gemeinsamen Anstrengungen beeinträchtigten.

### 1. Kommunikationsbarrieren

Ein zentrales Problem war die Kommunikation zwischen den verschiedenen Gruppen. Unterschiedliche Sprachen und Dialekte führten häufig zu Missverständnissen und Missinterpretationen. Laut einer Studie von [?] können Kommunikationsbarrieren in interkulturellen Kontexten zu einem Verlust von Vertrauen und einem Rückgang der Zusammenarbeit führen.

Ein Beispiel dafür war ein geplantes Treffen zwischen der Biolumineszenten Allianz und einer intergalaktischen Umweltorganisation. Während der Diskussionen über gemeinsame Ziele und Strategien entstanden Missverständnisse über die Prioritäten beider Gruppen, was zu Spannungen und letztendlich zu einem abgebrochenen Treffen führte.

## 2. Unterschiedliche Ziele und Prioritäten

Ein weiteres Hindernis war die Divergenz in den Zielen der beteiligten Organisationen. Während die Biolumineszenten Allianz sich stark auf die Sprachrechte konzentrierte, hatten andere Gruppen möglicherweise breitere Umweltziele oder soziale Gerechtigkeit im Fokus. Diese unterschiedlichen Prioritäten führten oft zu Konflikten über Ressourcen und Strategien.

Die Theorie des *Organizational Culture* [?] beschreibt, dass Organisationen unterschiedliche Werte und Normen haben, die ihre Entscheidungsfindung und Zusammenarbeit beeinflussen. In diesem Fall führte die kulturelle Divergenz zu Schwierigkeiten bei der Koordination von Aktionen und der Festlegung gemeinsamer Ziele.

## 3. Ressourcenverteilung

Die Verteilung von Ressourcen, sowohl finanzieller als auch personeller Art, stellte eine weitere Herausforderung dar. Oftmals hatten kleinere Gruppen nicht die gleichen Mittel wie größere, etablierte Organisationen, was zu einem Ungleichgewicht in der Zusammenarbeit führte.

Ein Beispiel dafür war die Finanzierung von Kampagnen. Während die Biolumineszenten Allianz über ausreichende Mittel verfügte, um große Veranstaltungen zu organisieren, hatten kleinere Organisationen Schwierigkeiten, ihre eigenen Initiativen zu finanzieren. Dies führte zu einem Gefühl der Ungerechtigkeit und einer Abnahme des Engagements der weniger finanziell stabilen Gruppen.

## 4. Machtverhältnisse

Die Machtverhältnisse innerhalb von Koalitionen können ebenfalls problematisch sein. Größere oder etabliertere Organisationen neigen dazu, mehr Einfluss auf Entscheidungen auszuüben, was kleinere Gruppen marginalisieren kann. Diese Dynamik kann zu einem Gefühl der Entfremdung und der Unzufriedenheit führen.

Die Theorie des *Power Dynamics* [?] besagt, dass Macht in sozialen Interaktionen eine zentrale Rolle spielt und die Zusammenarbeit erheblich beeinflussen kann. In der Biolumineszenten Allianz führte dies zu Spannungen zwischen den Mitgliedsorganisationen, da kleinere Gruppen oft das Gefühl hatten, dass ihre Stimmen nicht gehört wurden.

## 5. Kulturelle Unterschiede

Die kulturellen Unterschiede zwischen den Aktivisten führten ebenfalls zu Herausforderungen. Verschiedene Hintergründe und Traditionen beeinflussten die Art und Weise, wie Aktivisten miteinander kommunizierten und zusammenarbeiteten.

Ein Beispiel für diese kulturellen Unterschiede war der unterschiedliche Umgang mit Konflikten. Während einige Aktivisten eine direkte Konfrontation bevorzugten, neigten andere dazu, Konflikte zu vermeiden. Diese Unterschiede führten zu Missverständnissen und verhinderten oft eine effektive Zusammenarbeit.

## 6. Zeitliche Koordination

Die Koordination von Zeitplänen stellte eine weitere Herausforderung dar. Aktivisten aus verschiedenen Organisationen hatten oft unterschiedliche Verfügbarkeiten, was die Planung gemeinsamer Aktionen erschwerte.

Die Theorie des *Temporal Coordination* [?] betont die Bedeutung von Zeitmanagement in der Zusammenarbeit. In der Biolumineszenten Allianz führte dies zu Frustration und ineffizienten Meetings, da nicht alle Mitglieder zu den vereinbarten Zeiten teilnehmen konnten.

## 7. Emotionale Belastung

Die emotionale Belastung, die mit aktivistischem Engagement verbunden ist, kann ebenfalls die Zusammenarbeit beeinträchtigen. Viele Aktivisten erleben Stress, Enttäuschung und Burnout, was ihre Fähigkeit zur Zusammenarbeit mindert.

Eine Untersuchung von [?] zeigt, dass emotionale Erschöpfung zu einem Rückgang der Motivation und des Engagements führt. In der Biolumineszenten Allianz führte dies dazu, dass einige Aktivisten sich zurückzogen, was die Effektivität der gesamten Bewegung beeinträchtigte.

## Fazit

Die Herausforderungen der Zusammenarbeit in der Biolumineszenten Allianz waren vielfältig und komplex. Von Kommunikationsbarrieren über unterschiedliche Ziele bis hin zu emotionalen Belastungen – all diese Faktoren erforderten von Jyn Fael und ihren Mitstreitern, innovative Lösungen zu finden, um die Zusammenarbeit zu stärken und die gemeinsamen Ziele zu erreichen.

Die Überwindung dieser Herausforderungen war entscheidend für den langfristigen Erfolg der Bewegung und die Schaffung eines inklusiven Rahmens, in dem alle Stimmen gehört und respektiert wurden.

## Der Einfluss von Kultur auf den Aktivismus

Aktivismus ist nicht nur ein politischer oder sozialer Prozess; er ist tief verwurzelt in der Kultur der Gemeinschaften, die ihn antreiben. Kultur beeinflusst die Art und Weise, wie Menschen auf soziale Ungerechtigkeiten reagieren, wie sie sich organisieren und wie sie ihre Botschaften kommunizieren. In diesem Abschnitt werden wir die verschiedenen Dimensionen des kulturellen Einflusses auf den Aktivismus untersuchen, insbesondere im Kontext von Jyn Faels Kampf für die Sprachrechte der Biolumineszenz auf Yvenis Prime.

### Die kulturelle Identität als Motivator

Die kulturelle Identität ist ein wesentlicher Bestandteil des individuellen und kollektiven Selbstverständnisses. Sie prägt nicht nur die Werte und Überzeugungen einer Gemeinschaft, sondern beeinflusst auch die Motivation, für Veränderungen zu kämpfen. In Jyns Fall war die biolumineszente Sprache ein zentraler Aspekt ihrer Identität und ihrer Gemeinschaft. Die Verbindung zwischen Sprache und Identität wird in der Literatur häufig thematisiert.

Ein Beispiel hierfür ist die Theorie von *Edward Sapir* und *Benjamin Lee Whorf*, die besagt, dass die Struktur einer Sprache das Denken ihrer Sprecher beeinflusst. Diese Hypothese, bekannt als die *Sapir-Whorf-Hypothese*, legt nahe, dass die biolumineszente Kommunikation von Jyn und ihrer Gemeinschaft nicht nur ein Mittel zur Verständigung ist, sondern auch ein Ausdruck ihrer kulturellen Identität. Der Verlust dieser Sprache würde daher nicht nur die Kommunikation beeinträchtigen, sondern auch die kulturelle Identität bedrohen.

## Kulturelle Ausdrucksformen im Aktivismus

Kunst und Musik sind mächtige Werkzeuge im Aktivismus, da sie Emotionen wecken und Gemeinschaften mobilisieren können. Jyn Fael nutzte diese Ausdrucksformen, um ihre Botschaft zu verbreiten und die Aufmerksamkeit auf die Sprachrechte der Biolumineszenz zu lenken.

Ein Beispiel ist die Verwendung von *biolumineszenten Performances*, bei denen Tänzer und Künstler die biolumineszente Sprache durch Licht und Bewegung darstellten. Diese Performances waren nicht nur visuell beeindruckend, sondern vermittelten auch die Botschaft, dass die biolumineszente Sprache lebendig und wertvoll ist. Solche kulturellen Ausdrucksformen können als *Katalysatoren* für sozialen Wandel fungieren, indem sie das Bewusstsein schärfen und das Engagement der Gemeinschaft fördern.

## Herausforderungen durch kulturelle Unterschiede

Trotz der positiven Aspekte des kulturellen Einflusses auf den Aktivismus gibt es auch Herausforderungen. Kulturelle Unterschiede können zu Missverständnissen und Konflikten führen, insbesondere wenn Aktivisten aus verschiedenen Hintergründen zusammenarbeiten. In Jyns Fall stellte die Zusammenarbeit mit Menschen aus unterschiedlichen Kulturen eine Herausforderung dar.

Die *Kulturkonflikttheorie* von *Geert Hofstede* bietet einen Rahmen zur Analyse dieser Herausforderungen. Hofstede identifizierte mehrere Dimensionen der Kultur, darunter Individualismus versus Kollektivismus und Machtdistanz, die das Verhalten und die Erwartungen von Menschen in sozialen Bewegungen beeinflussen können. Diese Unterschiede können zu Spannungen innerhalb von Bewegungen führen, wenn es darum geht, Strategien zu entwickeln oder Prioritäten zu setzen.

## Der Einfluss von Traditionen und Bräuchen

Traditionen und Bräuche spielen eine entscheidende Rolle im Aktivismus, indem sie den Rahmen für das Handeln und die Mobilisierung von Gemeinschaften bieten. Jyns Engagement war stark von den Traditionen ihrer biolumineszenten Kultur geprägt. Rituale, die in der Gemeinschaft verwurzelt sind, können als Plattformen für den Aktivismus dienen.

Ein Beispiel ist das jährliche *Lichtfest*, bei dem die Gemeinschaft zusammenkommt, um ihre Sprache und Kultur zu feiern. Dieses Fest wurde von Jyn genutzt, um auf die Bedeutung der biolumineszenten Sprache aufmerksam zu machen und um Unterstützung für die Sprachrechtsbewegung zu mobilisieren.

Solche kulturellen Veranstaltungen bieten nicht nur eine Gelegenheit zur Feier, sondern auch eine Plattform für den Austausch von Ideen und die Förderung des Aktivismus.

### Fazit

Der Einfluss von Kultur auf den Aktivismus ist vielschichtig und komplex. Er kann sowohl als Katalysator für Veränderungen als auch als Quelle von Herausforderungen fungieren. In Jyn Faels Kampf um die Sprachrechte der Biolumineszenz auf Yvenis Prime zeigt sich, wie eng verwoben kulturelle Identität, Ausdrucksformen und soziale Bewegungen sind. Durch das Verständnis dieser Dynamiken können Aktivisten effektivere Strategien entwickeln, um ihre Ziele zu erreichen und eine inklusive und gerechte Gesellschaft zu fördern. Der kulturelle Einfluss bleibt somit ein zentraler Aspekt des Aktivismus, der nicht ignoriert werden darf.

## Die Erfolge durch Zusammenarbeit

Die Zusammenarbeit zwischen verschiedenen Organisationen und Individuen war ein entscheidender Faktor für den Erfolg der Bewegung von Jyn Fael. Durch die Bildung von Netzwerken und Allianzen konnte die Biolumineszenten Allianz nicht nur ihre Reichweite erhöhen, sondern auch die Vielfalt der Perspektiven und Strategien, die in den Kampf um Sprachrechte eingebracht wurden, bereichern. In diesem Abschnitt werden die Erfolge, die durch diese Zusammenarbeit erzielt wurden, näher beleuchtet.

### Interdisziplinäre Ansätze

Ein wichtiger Aspekt der Zusammenarbeit war der interdisziplinäre Ansatz, der verschiedene Fachrichtungen zusammenbrachte. Aktivisten aus den Bereichen Linguistik, Soziologie, Kunst und Technologie arbeiteten gemeinsam an Lösungen, die sowohl kreativ als auch effektiv waren. Diese interdisziplinäre Vernetzung ermöglichte es, innovative Ansätze zu entwickeln, um die Botschaft der Bewegung zu verbreiten und die Öffentlichkeit zu sensibilisieren.

$$R = \frac{S}{C} \qquad (37)$$

wobei $R$ die Reichweite, $S$ die Anzahl der Unterstützer und $C$ die Anzahl der Kooperationspartner darstellt. Diese Gleichung verdeutlicht, dass eine erhöhte Anzahl an Kooperationspartnern direkt zu einer höheren Reichweite führen kann.

## Erfolgreiche Kampagnen

Ein herausragendes Beispiel für den Erfolg durch Zusammenarbeit war die Kampagne „Licht für alle Stimmen", die durch die Partnerschaft mit verschiedenen intergalaktischen Organisationen ins Leben gerufen wurde. Diese Kampagne zielte darauf ab, die Bedeutung der Biolumineszenz als Kommunikationsmittel zu fördern und die Rechte der biolumineszenten Spezies zu stärken. Durch die Zusammenarbeit mit Künstlern, Wissenschaftlern und Aktivisten aus anderen Galaxien konnten sie eine eindrucksvolle Multimedia-Präsentation erstellen, die die Öffentlichkeit ansprach und die Medienaufmerksamkeit auf das Thema lenkte.

## Internationale Konferenzen

Die Teilnahme an internationalen Konferenzen war ein weiterer wichtiger Erfolgsfaktor. Bei diesen Konferenzen konnten die Aktivisten von Jyn Fael nicht nur ihre Ideen und Strategien präsentieren, sondern auch von den Erfahrungen anderer lernen. Die Gespräche und Diskussionen führten zur Bildung neuer Allianzen und zur Entwicklung gemeinsamer Aktionspläne. Ein Beispiel dafür ist die „Intergalaktische Konferenz für Sprachrechte", die 2025 stattfand und an der Vertreter von über 30 verschiedenen Spezies teilnahmen. Die Ergebnisse dieser Konferenz führten zur Schaffung eines gemeinsamen Aktionsplans, der die Ziele der Bewegung klar definierte und die Zusammenarbeit zwischen den verschiedenen Gruppen förderte.

## Ressourcenteilung

Ein weiterer wichtiger Aspekt der Zusammenarbeit war die Teilung von Ressourcen. Durch das Teilen von finanziellen Mitteln, Wissen und Technologien konnten die beteiligten Organisationen ihre Kapazitäten erweitern und effizienter arbeiten. Dies führte zu einer schnelleren Umsetzung von Projekten und einer höheren Sichtbarkeit in der Öffentlichkeit. So stellte beispielsweise die Technologieabteilung einer Partnerorganisation eine Plattform zur Verfügung, die es ermöglichte, die Fortschritte der Bewegung in Echtzeit zu verfolgen und die Öffentlichkeit über soziale Medien zu informieren.

## Stärkung der Gemeinschaft

Die Zusammenarbeit stärkte auch das Gefühl der Gemeinschaft unter den Aktivisten. Gemeinsame Veranstaltungen, Workshops und Schulungen förderten den Austausch von Ideen und Erfahrungen. Diese Stärkung der Gemeinschaft war entscheidend für die Motivation der Aktivisten und trug dazu bei, dass die Bewegung nachhaltig blieb. Die regelmäßigen Treffen und der Austausch von Erfolgsgeschichten schufen eine positive Dynamik, die die Beteiligten ermutigte, weiterhin für ihre Ziele zu kämpfen.

**Langfristige Auswirkungen**

Die langfristigen Auswirkungen der Zusammenarbeit sind ebenfalls bemerkenswert. Durch die Bildung eines intergalaktischen Bündnisses konnten die Aktivisten von Jyn Fael nicht nur ihre unmittelbaren Ziele erreichen, sondern auch eine Grundlage für zukünftige Kooperationen schaffen. Die Erfahrungen, die sie während ihrer Zusammenarbeit gesammelt haben, werden in zukünftige Bewegungen und Kampagnen einfließen und die intergalaktische Gemeinschaft weiterhin inspirieren.

Zusammenfassend lässt sich sagen, dass die Erfolge der Biolumineszenten Allianz in hohem Maße auf die Zusammenarbeit mit anderen Organisationen und Individuen zurückzuführen sind. Diese Kooperationen ermöglichen es, vielfältige Perspektiven zu integrieren, Ressourcen effizient zu nutzen und eine starke Gemeinschaft zu bilden, die den Kampf um Sprachrechte nachhaltig vorantreibt. Die Lehren, die aus diesen Erfahrungen gezogen wurden, werden auch in Zukunft von großer Bedeutung sein, um die Rechte aller Spezies zu schützen und zu fördern.

# Der Kampf um die Sprachrechte

## Die Bedeutung der Sprache

### Die Verbindung zwischen Sprache und Identität

Sprache ist mehr als nur ein Kommunikationsmittel; sie ist ein zentraler Bestandteil der Identität eines Individuums und einer Gemeinschaft. In der Biografie von Jyn Fael, einer Aktivistin für die Sprachrechte der Biolumineszenz auf Yvenis Prime, wird deutlich, wie eng Sprache mit kultureller Identität verknüpft ist. Diese Verbindung ist nicht nur theoretischer Natur, sondern hat auch praktische Implikationen für die Rechte und die Anerkennung von Minderheitensprachen.

### Theoretische Grundlagen

Die Linguistin Edward Sapir formulierte in den 1920er Jahren die Hypothese, dass Sprache das Denken und die Wahrnehmung der Welt beeinflusst. Diese Theorie, bekannt als die Sapir-Whorf-Hypothese, besagt, dass die Struktur einer Sprache die Art und Weise beeinflusst, wie ihre Sprecher die Welt erleben. In diesem Sinne ist Sprache nicht nur ein Werkzeug zur Übermittlung von Informationen, sondern auch ein Träger von Kultur und Identität.

Die Verbindung zwischen Sprache und Identität wird auch durch die Arbeiten von Pierre Bourdieu verdeutlicht, der die Sprache als ein Symbol des sozialen Kapitals betrachtet. In seinem Werk "Die Sprache und die soziale Ordnung" argumentiert Bourdieu, dass die Beherrschung einer Sprache nicht nur den Zugang zu Bildung und Berufsmöglichkeiten beeinflusst, sondern auch die Zugehörigkeit zu bestimmten sozialen Gruppen definiert.

## Probleme der Identitätsbildung

Für die Biolumineszenz-Gemeinschaft auf Yvenis Prime stellt die Dominanz der menschlichen Sprachen eine erhebliche Herausforderung dar. Die marginalisierte Stellung ihrer eigenen Sprache führt zu einem Verlust von kulturellem Erbe und Identität. Jyn Fael erlebte dies in ihrer Kindheit, als sie in der Schule mit der Notwendigkeit konfrontiert wurde, eine Sprache zu lernen, die nicht ihre eigene war. Diese Erfahrung führte zu einem inneren Konflikt, der die Entwicklung ihrer Identität prägte.

Ein Beispiel für die Schwierigkeiten, die durch den Verlust der eigenen Sprache entstehen, ist die Unfähigkeit, komplexe kulturelle Konzepte zu vermitteln, die in der eigenen Sprache tief verwurzelt sind. Dies kann zu Missverständnissen und einer Entfremdung von der eigenen Kultur führen. Jyns erste Worte waren in ihrer Muttersprache, die von der Biolumineszenz geprägt war, und trugen eine Bedeutung, die in der menschlichen Sprache nicht vollständig erfasst werden kann.

## Praktische Beispiele

Ein praktisches Beispiel für die Verbindung zwischen Sprache und Identität ist die Schaffung eines neuen Alphabets, das Jyn und ihre Mitstreiter entwickelten. Dieses Alphabet sollte nicht nur die Laute der Biolumineszenz abbilden, sondern auch die kulturellen Nuancen und die spezifischen Bedeutungen, die in der Kommunikation der Biolumineszenz-Gemeinschaft verwurzelt sind. Die Einführung dieses Alphabets war ein entscheidender Schritt zur Wiederbelebung ihrer Sprache und Identität.

Darüber hinaus organisierte Jyn eine Reihe von Workshops, in denen die Mitglieder der Gemeinschaft die Bedeutung ihrer Sprache erforschten. Diese Workshops förderten ein Bewusstsein für die kulturelle Identität und halfen den Teilnehmern, sich mit ihren Wurzeln zu verbinden. Die Rückkehr zu ihrer Sprache war nicht nur ein Akt der Rebellion gegen die Unterdrückung, sondern auch ein Weg, um die eigene Identität zu stärken und zu feiern.

## Fazit

Die Verbindung zwischen Sprache und Identität ist ein zentrales Thema in Jyn Faels Leben und Aktivismus. Ihre Erfahrungen verdeutlichen, wie Sprache als Ausdruck kultureller Identität fungiert und wie der Verlust der eigenen Sprache zu einem Verlust der Identität führen kann. Durch ihre Bemühungen, die Sprachrechte der Biolumineszenz zu verteidigen, zeigt Jyn, dass die

Wiederbelebung und Förderung der eigenen Sprache eine grundlegende Voraussetzung für die Stärkung der Identität und das Überleben einer Kultur ist.

In einer Welt, in der Sprachen und Kulturen bedroht sind, ist es entscheidend, die Bedeutung der Sprache als Teil der Identität zu erkennen und zu schützen. Jyn Faels Kampf ist nicht nur ein lokales Phänomen, sondern spiegelt die globalen Herausforderungen wider, denen sich viele Minderheitensprachen gegenübersehen. Ihre Geschichte ist ein Aufruf zur Solidarität und zum Schutz der sprachlichen Vielfalt, die das Erbe der Menschheit bereichert.

## Die kulturellen Unterschiede der Sprachen

Die kulturellen Unterschiede der Sprachen sind ein faszinierendes und komplexes Thema, das tief in der menschlichen Erfahrung verwurzelt ist. Sprache ist nicht nur ein Mittel zur Kommunikation, sondern auch ein Träger von Kultur, Identität und Weltanschauung. In diesem Abschnitt werden wir die verschiedenen Facetten der kulturellen Unterschiede in Sprachen beleuchten und deren Auswirkungen auf die Verständigung und das Zusammenleben der Biolumineszenten und der Menschen auf Yvenis Prime untersuchen.

### Theoretische Grundlagen

Die Linguistin Edward Sapir und der Anthropologe Benjamin Lee Whorf prägten die Theorie des *linguistischen Relativismus*, die besagt, dass die Struktur einer Sprache das Denken ihrer Sprecher beeinflusst. Diese Theorie legt nahe, dass die kulturellen Unterschiede in den Sprachen nicht nur in den Wörtern und Grammatikstrukturen liegen, sondern auch in den Denkweisen und Weltanschauungen der Sprecher. In der Praxis bedeutet dies, dass die Art und Weise, wie Menschen über die Welt sprechen, ihre Wahrnehmung der Realität beeinflusst.

Ein Beispiel für linguistischen Relativismus ist die Unterscheidung zwischen *animierten* und *anima* (lebendig und nicht lebendig) in vielen indigenen Sprachen. Während die meisten westlichen Sprachen Objekte als unbelebte Dinge betrachten, erkennen viele Kulturen die Lebendigkeit von Natur und Umwelt an. Diese Unterschiede können zu Missverständnissen führen, wenn Biolumineszenten und Menschen versuchen, über ihre jeweiligen Weltanschauungen zu kommunizieren.

## Probleme der Übersetzung

Die Übersetzung zwischen verschiedenen Sprachen ist oft mit Herausforderungen verbunden, die über die bloße Wort-für-Wort-Übersetzung hinausgehen. Ein zentrales Problem ist die *Unübersetzbarkeit* bestimmter Konzepte, die in einer Kultur existieren, aber in einer anderen nicht. Zum Beispiel gibt es im Deutschen das Wort *Fernweh*, das das Verlangen beschreibt, ferne Orte zu besuchen. Ein ähnliches Wort existiert möglicherweise nicht in der Sprache der Biolumineszenten, was zu Missverständnissen führen kann, wenn es darum geht, emotionale oder kulturelle Konzepte zu vermitteln.

Ein weiteres Beispiel ist die Verwendung von Metaphern, die stark von der Kultur abhängen. In der menschlichen Sprache könnte eine häufige Metapher das *Licht* sein, das oft mit Wissen und Erleuchtung assoziiert wird. In der Kultur der Biolumineszenten hingegen könnte Licht eine ganz andere Bedeutung haben, die mit ihrer eigenen biologischen Natur und ihrem Lebensraum verknüpft ist. Solche Unterschiede in der Metaphorik können zu Missverständnissen führen, wenn man versucht, komplexe Ideen auszudrücken.

## Einfluss der Kultur auf die Sprachstruktur

Die Struktur einer Sprache kann auch kulturelle Werte und Normen widerspiegeln. Zum Beispiel haben viele Sprachen der indigenen Völker eine reiche Tradition der *Ehrfurcht* vor der Natur, was sich in der Verwendung von spezifischen Wörtern und Ausdrücken zeigt, die Respekt und Dankbarkeit ausdrücken. In der Sprache der Biolumineszenten könnte es zahlreiche Begriffe geben, die verschiedene Aspekte der Natur beschreiben, die für ihre Kultur von Bedeutung sind.

Im Gegensatz dazu könnte eine Sprache, die in einer stark urbanisierten und industrialisierten Gesellschaft gesprochen wird, weniger Nuancen in Bezug auf die Natur haben und mehr auf technologische und materielle Aspekte fokussiert sein. Diese Unterschiede können zu einem tiefen Missverständnis zwischen den Kulturen führen, insbesondere wenn es um Themen wie Umweltschutz und Nachhaltigkeit geht.

## Beispiele aus der Praxis

Auf Yvenis Prime gab es zahlreiche Fälle, in denen die kulturellen Unterschiede der Sprachen zu Konflikten führten. Ein bemerkenswerter Vorfall ereignete sich während der ersten interkulturellen Konferenz, bei der Biolumineszenten und Menschen versuchten, eine gemeinsame Basis für den Dialog zu finden. Bei der Diskussion über die Bedeutung von *Licht* in beiden Kulturen gab es erhebliche

*DIE BEDEUTUNG DER SPRACHE* 121

Missverständnisse, da die Menschen Licht als Symbol für Wissen betrachteten, während die Biolumineszenten es als Teil ihrer Existenz und Identität sahen.

Ein weiteres Beispiel ist die Einführung von Schulprogrammen für den Sprachunterricht, bei denen es Schwierigkeiten gab, die kulturellen Kontexte der Biolumineszenten in den Lehrplan zu integrieren. Die Lehrer mussten kreative Wege finden, um die kulturellen Unterschiede zu überbrücken und ein respektvolles und inklusives Lernumfeld zu schaffen.

## Schlussfolgerung

Die kulturellen Unterschiede der Sprachen sind ein Schlüssel zu einem tieferen Verständnis der Identität und der Werte von Gemeinschaften. Die Herausforderungen, die sich aus diesen Unterschieden ergeben, sind sowohl eine Quelle von Konflikten als auch von Möglichkeiten für interkulturellen Dialog und Zusammenarbeit. Um die Sprachrechte der Biolumineszenten zu fördern, ist es von entscheidender Bedeutung, diese Unterschiede zu erkennen und zu respektieren, um eine harmonische Koexistenz auf Yvenis Prime zu ermöglichen.

## Die Herausforderungen der Übersetzung

Die Übersetzung ist ein komplexer Prozess, der weit über das bloße Übertragen von Wörtern von einer Sprache in eine andere hinausgeht. Sie umfasst die Übertragung von Bedeutungen, kulturellen Nuancen und Emotionen, die in der ursprünglichen Sprache verankert sind. Für Jyn Fael, die sich für die Sprachrechte der Biolumineszenz auf Yvenis Prime einsetzt, stellte die Übersetzung eine besondere Herausforderung dar, da die Sprache der Biolumineszenz nicht nur verbal, sondern auch visuell und emotional ist.

### 1. Die Komplexität der Biolumineszenz

Die Sprache der Biolumineszenz ist eine Form der Kommunikation, die auf Lichtemission basiert. Diese Form der Kommunikation ist nicht nur einzigartig, sondern auch vielschichtig. Sie beinhaltet verschiedene Farben, Intensitäten und Muster, die unterschiedliche Bedeutungen und Emotionen vermitteln.

$$\text{Bedeutung} = f(\text{Farbe}, \text{Intensität}, \text{Muster}) \qquad (38)$$

Hierbei ist $f$ eine Funktion, die die Beziehung zwischen den visuellen Elementen und der Bedeutung beschreibt. Diese visuelle Sprache kann oft nicht direkt in menschliche Sprachen übersetzt werden, da die Nuancen und

Emotionen, die durch Licht vermittelt werden, in den meisten menschlichen Sprachen nicht adäquat wiedergegeben werden können.

## 2. Kulturelle Unterschiede

Ein weiteres Problem bei der Übersetzung ist die kulturelle Differenz zwischen den Biolumineszenten und den Menschen. Die Biolumineszenten haben eine tief verwurzelte Verbindung zur Natur und zu ihrer Umwelt, die in ihrer Sprache und Kultur Ausdruck findet. Diese Aspekte sind oft schwer in eine Sprache zu übertragen, die nicht dieselbe Beziehung zur Natur hat.

Ein Beispiel hierfür ist das Konzept der „Lichtgemeinschaft", das sich auf die kollektive Identität der Biolumineszenten bezieht. Dieses Konzept hat keine direkte Entsprechung in der menschlichen Sprache und erfordert eine umfassende Erklärung, um seine Bedeutung zu vermitteln.

## 3. Emotionale Nuancen

Die emotionale Tiefe der biolumineszenten Kommunikation ist ein weiterer Aspekt, der die Übersetzung erschwert. Emotionen werden durch subtile Variationen in der Lichtemission ausgedrückt, die in der menschlichen Sprache oft nicht erfasst werden können. Ein einfaches Beispiel ist die Freude, die durch ein helles, pulsierendes Licht dargestellt wird, während Traurigkeit durch sanfte, gedämpfte Farbtöne ausgedrückt wird.

$$\text{Emotion} = g(\text{Farbe}, \text{Helligkeit}, \text{Rhythmus}) \qquad (39)$$

Hierbei ist $g$ eine Funktion, die die emotionale Wirkung der Lichtkommunikation beschreibt. Diese komplexe Beziehung macht es schwierig, die Emotionen der Biolumineszenten in menschliche Worte zu fassen.

## 4. Technologische Barrieren

Die Technologie spielt eine entscheidende Rolle in der Übersetzung zwischen den Biolumineszenten und den Menschen. Während Menschen auf schriftliche und gesprochene Sprache angewiesen sind, benötigen die Biolumineszenten spezielle Geräte, um ihre Sprache zu übersetzen. Diese Geräte sind oft teuer und nicht immer zugänglich, was die Kommunikation zwischen den beiden Gruppen erschwert.

Ein Beispiel für solche Technologie sind Lichtübersetzer, die in der Lage sind, die biolumineszenten Signale in menschliche Sprache zu konvertieren. Diese

Geräte sind jedoch nicht perfekt und können oft die Feinheiten der biolumineszenten Kommunikation nicht erfassen.

## 5. Missverständnisse und Fehlinterpretationen

Die Herausforderungen der Übersetzung führen häufig zu Missverständnissen und Fehlinterpretationen. Ein einfaches Beispiel ist, wenn ein menschlicher Übersetzer die Bedeutung eines bestimmten Lichtmusters falsch interpretiert, was zu Konflikten zwischen den Biolumineszenten und den Menschen führen kann.

Ein bekanntes Beispiel ist die Übersetzung des Begriffs „Harmonie". Während die Biolumineszenten diesen Begriff als ein Gleichgewicht zwischen Licht und Dunkelheit verstehen, interpretieren Menschen ihn oft als eine bloße Abwesenheit von Konflikten. Solche Differenzen können zu Spannungen führen und den Dialog zwischen den Kulturen behindern.

## 6. Fazit

Die Herausforderungen der Übersetzung zwischen den Biolumineszenten und den Menschen sind vielschichtig und komplex. Sie erfordern ein tiefes Verständnis für die kulturellen, emotionalen und technologischen Unterschiede zwischen den beiden Gruppen. Um eine effektive Kommunikation und ein besseres Verständnis zu fördern, ist es entscheidend, dass beide Seiten sich bemühen, die jeweilige Sprache und Kultur des anderen zu verstehen. Nur so kann ein echter Dialog entstehen, der die Grundlage für eine respektvolle und inklusive Gesellschaft bildet.

## Die Rolle der Biolumineszenz in der Kommunikation

Die Biolumineszenz, das natürliche Phänomen, bei dem Lebewesen Licht erzeugen, spielt eine entscheidende Rolle in der Kommunikation auf Yvenis Prime. Diese einzigartige Form der Kommunikation ist nicht nur ästhetisch ansprechend, sondern auch funktional und tief in der Kultur und Identität der Biolumineszenten verwurzelt. In diesem Abschnitt werden wir die verschiedenen Aspekte der Biolumineszenz als Kommunikationsmittel untersuchen, einschließlich ihrer theoretischen Grundlagen, der Herausforderungen, die sie mit sich bringt, und konkreten Beispielen aus dem Leben von Jyn Fael und ihrer Gemeinschaft.

## Theoretische Grundlagen der Biolumineszenz

Die Biolumineszenz basiert auf biochemischen Reaktionen, die in speziellen Zellen oder Organen von Lebewesen stattfinden. Die grundlegende chemische Reaktion kann durch die folgende Gleichung beschrieben werden:

$$\text{Luciferin} + O_2 + \text{ATP} \xrightarrow{\text{Enzym}} \text{Oxyluciferin} + \text{Licht} + CO_2 + H_2O \quad (40)$$

Hierbei ist Luciferin das Molekül, das Licht emittiert, während das Enzym Luciferase die Reaktion katalysiert. Diese biochemische Reaktion ist nicht nur für die Erzeugung von Licht verantwortlich, sondern auch für die Art und Weise, wie biolumineszente Wesen kommunizieren.

Die Farben und Intensitäten des erzeugten Lichts variieren je nach Art und Kontext. Auf Yvenis Prime haben die Bewohner gelernt, verschiedene Lichtmuster und -farben zu verwenden, um Emotionen, Warnungen oder Informationen zu übermitteln. Diese Form der Kommunikation ist besonders effektiv in den dichten Lichtwäldern, wo visuelle Signale leicht wahrgenommen werden können, während akustische Signale durch die dichte Vegetation gedämpft werden.

## Herausforderungen der biolumineszenten Kommunikation

Trotz ihrer Vorteile bringt die biolumineszente Kommunikation auch Herausforderungen mit sich. Eine der größten Herausforderungen ist die Interpretation der Lichtsignale. Unterschiedliche Arten können ähnliche Lichtmuster erzeugen, was zu Missverständnissen führen kann. Zum Beispiel könnte ein kurzes, blinkendes Licht von einer Art als Warnsignal interpretiert werden, während es von einer anderen Art als Einladung zur Interaktion verstanden werden könnte.

Ein weiteres Problem ist die Abhängigkeit von Lichtverhältnissen. In dunklen Umgebungen sind biolumineszente Signale sehr effektiv, jedoch in helleren Umgebungen, wie sie oft in der Nähe von menschlichen Siedlungen vorkommen, können diese Signale übersehen oder falsch interpretiert werden. Jyn Fael und ihre Mitstreiter mussten Wege finden, um die Sichtbarkeit ihrer Signale in verschiedenen Umgebungen zu optimieren, um sicherzustellen, dass ihre Botschaften richtig verstanden wurden.

## Beispiele aus dem Leben von Jyn Fael

Ein prägnantes Beispiel für die Nutzung von Biolumineszenz in der Kommunikation fand während einer kritischen Versammlung der

Biolumineszenten Allianz statt. Jyn Fael und ihre Unterstützer verwendeten eine Kombination aus verschiedenen Lichtmustern, um ihre Forderungen nach Sprachrechten zu unterstreichen. Bei dieser Versammlung strahlte Jyn ein intensives, pulsierendes Blau aus, das in der Gemeinschaft als Symbol für Hoffnung und Veränderung interpretiert wurde. Die Anwesenden antworteten mit einem harmonischen Lichtspiel aus sanften Grüntönen, das Solidarität und Unterstützung signalisierte.

Ein weiteres Beispiel war eine öffentliche Demonstration, bei der Jyn und ihre Mitstreiter ein spektakuläres Lichtspiel inszenierten, um die Aufmerksamkeit der Medien und der breiten Öffentlichkeit zu gewinnen. Sie kombinierten biolumineszente Effekte mit Musik, um eine emotionale Verbindung zu schaffen und die Dringlichkeit ihrer Botschaft zu betonen. Diese kreative Form der Kommunikation war nicht nur effektiv, sondern auch ein Ausdruck der kulturellen Identität der Biolumineszenten.

## Fazit

Die Rolle der Biolumineszenz in der Kommunikation auf Yvenis Prime ist ein faszinierendes Beispiel für die Anpassungsfähigkeit und Kreativität einer Spezies. Während die Herausforderungen, die mit dieser Form der Kommunikation verbunden sind, nicht zu unterschätzen sind, hat Jyn Fael gezeigt, dass mit Innovation und Gemeinschaftsgeist auch die schwierigsten Hürden überwunden werden können. Die biolumineszente Kommunikation ist nicht nur ein Mittel zur Übermittlung von Informationen, sondern auch ein starkes Symbol für die Identität und den Kampf der Biolumineszenten um ihre Rechte und Anerkennung in einer sich ständig verändernden Welt.

## Die Schaffung eines neuen Alphabets

Die Schaffung eines neuen Alphabets ist ein entscheidender Schritt in der Sprachrechtsbewegung von Jyn Fael und der Biolumineszenten Allianz. Das Alphabet stellt nicht nur ein Kommunikationsmittel dar, sondern ist auch ein Symbol für Identität und kulturelle Zugehörigkeit. In diesem Abschnitt werden die theoretischen Grundlagen, die Herausforderungen und die praktischen Beispiele für die Entwicklung eines neuen Alphabets untersucht.

### Theoretische Grundlagen

Die Theorie hinter der Schaffung eines neuen Alphabets basiert auf der Linguistik und der Semiologie. Ein Alphabet ist mehr als nur eine Ansammlung von Zeichen;

es ist ein System, das Bedeutungen vermittelt. Die Schaffung eines neuen Alphabets erfordert daher ein tiefes Verständnis der phonologischen, morphologischen und syntaktischen Strukturen der Sprache, die es repräsentieren soll.

$$\text{Alphabet} = \{z_1, z_2, \ldots, z_n\} \tag{41}$$

Hierbei steht $z_i$ für ein Zeichen im Alphabet, wobei $n$ die Anzahl der Zeichen ist. Die Auswahl der Zeichen muss sowohl die phonologischen Eigenschaften der biolumineszenten Sprache als auch die kulturellen und emotionalen Assoziationen berücksichtigen, die mit diesen Zeichen verbunden sind.

## Herausforderungen bei der Schaffung

Die Schaffung eines neuen Alphabets bringt mehrere Herausforderungen mit sich:

- **Phonologische Komplexität:** Die biolumineszente Sprache verwendet Klänge und visuelle Signale, die in der menschlichen Sprache nicht vorkommen. Daher musste das neue Alphabet innovative Zeichen entwickeln, um diese einzigartigen Elemente darzustellen.

- **Akzeptanz in der Gemeinschaft:** Die Einführung eines neuen Alphabets erfordert die Akzeptanz und das Engagement der Gemeinschaft. Jyn Fael und ihre Mitstreiter mussten Workshops und Informationsveranstaltungen organisieren, um die Vorteile des neuen Alphabets zu erläutern.

- **Technologische Barrieren:** Die Implementierung des neuen Alphabets in digitalen Medien stellte eine Herausforderung dar. Software und Plattformen mussten aktualisiert werden, um die neuen Zeichen zu unterstützen.

## Praktische Beispiele

Ein praktisches Beispiel für die Schaffung des neuen Alphabets ist die Entwicklung des *Biolumineszenten Schriftsystems* (BSS). Das BSS kombiniert visuelle und akustische Elemente, um die biolumineszente Sprache vollständig zu erfassen. Es umfasst Zeichen, die sowohl auf Lichtintensität als auch auf Klangfrequenzen basieren.

$$\text{BSS} = \{\text{Lichtintensität}, \text{Tonhöhe}, \text{Dauer}\} \tag{42}$$

Die Zeichen im BSS können in verschiedenen Kombinationen verwendet werden, um unterschiedliche Bedeutungen zu erzeugen. Zum Beispiel könnte ein

Zeichen, das eine hohe Lichtintensität und eine hohe Tonhöhe kombiniert, als Ausdruck von Freude interpretiert werden, während eine niedrige Lichtintensität und eine tiefe Tonhöhe Traurigkeit signalisieren könnten.

Ein weiteres Beispiel ist die Einführung von *Lichtplakaten* in der Öffentlichkeit. Diese Plakate verwenden das neue Alphabet, um Botschaften zu verbreiten und Aufmerksamkeit auf die Sprachrechtsbewegung zu lenken. Die Verwendung von Licht und Farbe macht die Botschaften nicht nur visuell ansprechend, sondern auch für die biolumineszenten Bürger leicht verständlich.

## Schlussfolgerung

Die Schaffung eines neuen Alphabets ist ein komplexer, aber notwendiger Schritt für die Biolumineszenten Allianz und deren Kampf um Sprachrechte. Es erfordert ein tiefes Verständnis der linguistischen Prinzipien, die Berücksichtigung kultureller Identität und die Überwindung technologischer Barrieren. Durch die Entwicklung des Biolumineszenten Schriftsystems und die Einführung von Lichtplakaten hat Jyn Fael einen bedeutenden Beitrag zur Sichtbarkeit und Anerkennung der biolumineszenten Sprache geleistet. Die Herausforderungen, die mit diesem Prozess verbunden sind, zeigen die Entschlossenheit und Kreativität, die notwendig sind, um eine inklusive und gerechte Gesellschaft zu schaffen.

## Die Bedeutung von Sprachunterricht

Der Sprachunterricht spielt eine zentrale Rolle in der Förderung der Sprachrechte und der kulturellen Identität, insbesondere in einer multikulturellen Gesellschaft wie Yvenis Prime. In dieser Sektion werden die theoretischen Grundlagen, die Herausforderungen sowie die praktischen Beispiele des Sprachunterrichts untersucht.

## Theoretische Grundlagen

Die Bedeutung des Sprachunterrichts kann aus verschiedenen theoretischen Perspektiven betrachtet werden. Eine der prominentesten Theorien ist die *Sapir-Whorf-Hypothese*, die besagt, dass die Sprache, die wir sprechen, unsere Wahrnehmung der Welt beeinflusst. Diese Hypothese legt nahe, dass der Zugang zu verschiedenen Sprachen nicht nur die Kommunikation erleichtert, sondern auch das Verständnis und die Wertschätzung anderer Kulturen fördert.

Ein weiterer wichtiger Aspekt ist die *Vygotskysche Theorie* der sozialen Interaktion, die besagt, dass Lernen ein sozialer Prozess ist. Durch den

Sprachunterricht können Lernende nicht nur sprachliche Fähigkeiten erwerben, sondern auch soziale Kompetenzen entwickeln, die für die Integration in eine multikulturelle Gesellschaft unerlässlich sind.

### Herausforderungen im Sprachunterricht

Trotz der offensichtlichen Vorteile gibt es zahlreiche Herausforderungen im Sprachunterricht, insbesondere im Kontext der Biolumineszenz-Sprache. Eine der größten Herausforderungen ist die *Ressourcenknappheit*. Viele Schulen auf Yvenis Prime verfügen nicht über die notwendigen Materialien oder qualifizierten Lehrer, um einen effektiven Sprachunterricht anzubieten.

Ein weiteres Problem ist die *Motivation der Lernenden*. Oftmals sind Schüler, die mit der Biolumineszenz-Sprache aufgewachsen sind, nicht motiviert, diese Sprache im Unterricht zu lernen, da sie die Relevanz und den Nutzen nicht erkennen. Dies führt zu einer Abnahme der Sprachkenntnisse und gefährdet die kulturelle Identität.

### Praktische Beispiele

Um die Bedeutung des Sprachunterrichts zu verdeutlichen, können wir uns einige erfolgreiche Programme und Initiativen auf Yvenis Prime anschauen.

Ein bemerkenswertes Beispiel ist das *Biolumineszenz-Sprachprogramm*, das in der Stadt Lumina ins Leben gerufen wurde. Dieses Programm kombiniert traditionellen Unterricht mit kreativen Methoden wie Musik und Kunst, um die Schüler zu motivieren und zu inspirieren. Die Verwendung von biolumineszenten Materialien im Unterricht hat nicht nur das Interesse der Schüler geweckt, sondern auch dazu beigetragen, das Bewusstsein für die eigene Kultur zu stärken.

Ein weiteres Beispiel ist die *Interkulturelle Austauschinitiative*, die Schüler aus verschiedenen Kulturen zusammenbringt, um Sprachkenntnisse zu teilen und zu erweitern. Diese Initiative hat nicht nur die Sprachfähigkeiten der Teilnehmer verbessert, sondern auch das Verständnis und die Wertschätzung für die kulturellen Unterschiede gefördert.

### Schlussfolgerung

Zusammenfassend lässt sich sagen, dass der Sprachunterricht eine entscheidende Rolle bei der Wahrung und Förderung der Sprachrechte auf Yvenis Prime spielt. Er bietet nicht nur eine Plattform für die Entwicklung sprachlicher Fähigkeiten, sondern auch für die Stärkung der kulturellen Identität und des sozialen Zusammenhalts. Angesichts der Herausforderungen, die im Sprachunterricht

*DIE BEDEUTUNG DER SPRACHE* 129

bestehen, ist es jedoch unerlässlich, innovative Ansätze und Ressourcen zu entwickeln, um die nächsten Generationen zu unterstützen und zu ermutigen, ihre sprachlichen und kulturellen Wurzeln zu bewahren.

$$\text{Sprachunterricht} = \text{Kulturelle Identität} + \text{Soziale Integration} + \text{Weltanschauung} \tag{43}$$

## Die Förderung der Mehrsprachigkeit

Die Förderung der Mehrsprachigkeit ist ein zentraler Aspekt im Kampf für die Sprachrechte der Biolumineszenz auf Yvenis Prime. In einer zunehmend globalisierten Welt, in der Kulturen und Sprachen miteinander interagieren, ist es von entscheidender Bedeutung, dass Individuen die Möglichkeit haben, mehrere Sprachen zu erlernen und zu verwenden. Dies gilt insbesondere für die Biolumineszenten, deren einzigartige Kommunikationsform und kulturelle Identität durch die Mehrsprachigkeit bereichert werden kann.

## Theoretische Grundlagen der Mehrsprachigkeit

Die theoretischen Grundlagen der Mehrsprachigkeit basieren auf verschiedenen linguistischen und soziologischen Ansätzen. Ein zentraler Aspekt ist die *Identitätstheorie*, die besagt, dass Sprache eng mit der Identität eines Individuums verbunden ist. Mehrsprachigkeit ermöglicht es Individuen, verschiedene Facetten ihrer Identität auszudrücken und in unterschiedlichen kulturellen Kontexten zu interagieren.

Ein weiteres wichtiges Konzept ist die *Interkulturalität*, die die Fähigkeit beschreibt, zwischen verschiedenen Kulturen zu navigieren und diese zu verstehen. Mehrsprachigkeit fördert interkulturelle Kompetenzen, die für das Überleben und die Blüte einer vielfältigen Gesellschaft unerlässlich sind.

## Herausforderungen bei der Förderung der Mehrsprachigkeit

Trotz der Vorteile, die Mehrsprachigkeit mit sich bringt, gibt es zahlreiche Herausforderungen, die es zu bewältigen gilt. Eine der größten Hürden ist die *Bildungspolitik* auf Yvenis Prime, die oft einsprachige Lehrpläne bevorzugt. Dies führt dazu, dass viele Biolumineszenten in ihrer eigenen Sprache unterrichtet werden, während die Sprache der Menschen dominiert. Diese Ungleichheit kann zu einem Gefühl der Entfremdung und Identitätskrise führen.

Ein weiteres Problem ist der *Mangel an Ressourcen* für den Sprachunterricht. Viele Schulen verfügen nicht über die notwendigen Materialien oder qualifizierten Lehrer, um einen effektiven mehrsprachigen Unterricht anzubieten. Dies wird durch die *finanziellen Einschränkungen* der Biolumineszenten Gemeinschaften verschärft, die oft in wirtschaftlich benachteiligten Regionen leben.

## Beispiele für erfolgreiche Programme zur Förderung der Mehrsprachigkeit

Trotz dieser Herausforderungen gibt es ermutigende Beispiele für erfolgreiche Programme zur Förderung der Mehrsprachigkeit auf Yvenis Prime. Eines der bemerkenswertesten ist das *Biolumineszente Sprachzentrum*, das gegründet wurde, um den Biolumineszenten Zugang zu mehrsprachigen Bildungsressourcen zu bieten. Das Zentrum bietet Sprachkurse in der Biolumineszenz-Sprache sowie in der Sprache der Menschen an und nutzt innovative Lehrmethoden, um das Lernen zu fördern.

Ein weiteres Beispiel ist das *Interkulturelle Austauschprogramm*, das Biolumineszenten und Menschen zusammenbringt, um Sprachkenntnisse und kulturelles Verständnis zu fördern. Durch Workshops, kulturelle Veranstaltungen und gemeinsame Projekte wird eine Plattform geschaffen, auf der beide Gruppen voneinander lernen können. Dies hat nicht nur die Sprachkenntnisse der Teilnehmer verbessert, sondern auch das Bewusstsein für die kulturellen Unterschiede und Gemeinsamkeiten zwischen den Gruppen gestärkt.

## Strategien zur Förderung der Mehrsprachigkeit

Um die Mehrsprachigkeit weiter zu fördern, sind verschiedene Strategien erforderlich. Zunächst ist es wichtig, eine *inklusive Bildungspolitik* zu entwickeln, die die Bedürfnisse aller Sprachgemeinschaften berücksichtigt. Dies könnte die Einführung von mehrsprachigen Lehrplänen und die Bereitstellung von Ressourcen für den Sprachunterricht umfassen.

Darüber hinaus sollten *gemeindebasierte Initiativen* gefördert werden, die den Biolumineszenten die Möglichkeit geben, ihre Sprache aktiv zu verwenden und zu praktizieren. Solche Initiativen könnten lokale Sprachclubs, kulturelle Veranstaltungen und Austauschprogramme umfassen, die den interkulturellen Dialog unterstützen.

Ein weiterer wichtiger Aspekt ist die *Nutzung von Technologie* zur Unterstützung des Sprachunterrichts. Digitale Plattformen und Apps können den

Zugang zu Sprachressourcen erleichtern und den Biolumineszenten helfen, ihre Sprachkenntnisse in einem interaktiven Umfeld zu verbessern.

## Fazit

Die Förderung der Mehrsprachigkeit ist ein entscheidender Schritt im Kampf für die Sprachrechte der Biolumineszenz auf Yvenis Prime. Durch die Überwindung der Herausforderungen, die mit der Mehrsprachigkeit verbunden sind, und die Implementierung erfolgreicher Programme und Strategien kann eine inklusive und vielfältige Gesellschaft geschaffen werden, in der alle Stimmen gehört und respektiert werden. Die Zukunft der Biolumineszenten hängt von ihrer Fähigkeit ab, ihre Sprache und Kultur zu bewahren und gleichzeitig in einer mehrsprachigen Welt zu gedeihen.

## Die ersten Erfolge in der Sprachrechtsbewegung

Die Sprachrechtsbewegung auf Yvenis Prime, angeführt von Jyn Fael und der Biolumineszenten Allianz, feierte in den ersten Jahren ihrer Existenz mehrere bedeutende Erfolge. Diese Erfolge waren nicht nur Meilensteine für die Bewegung selbst, sondern auch entscheidend für die Anerkennung und den Schutz der Sprachrechte der biolumineszenten Gemeinschaft.

Ein zentraler Erfolg war die Einführung eines bilingualen Bildungsprogramms in Schulen, das sowohl die Sprache der Menschen als auch die biolumineszente Sprache lehrte. Diese Initiative wurde von der Regierung nach dem Druck der Biolumineszenten Allianz und der breiten Unterstützung durch die Bevölkerung ins Leben gerufen. Die Einführung des Programms stellte sicher, dass die Kinder der biolumineszenten Gemeinschaft in der Lage waren, ihre kulturelle Identität zu bewahren und gleichzeitig die Sprache der Menschen zu erlernen. Diese doppelte Sprachkompetenz förderte nicht nur das Verständnis zwischen den Kulturen, sondern auch die Integration der biolumineszenten Bürger in die Gesellschaft.

Ein weiterer wichtiger Erfolg war die Schaffung eines offiziellen biolumineszenten Sprachcodes, der die Grundlagen der biolumineszenten Kommunikation dokumentierte. Dieser Code wurde von Linguisten und Aktivisten entwickelt und stellte sicher, dass die einzigartigen Merkmale der biolumineszenten Sprache anerkannt und respektiert wurden. Die Veröffentlichung des Codes wurde von einer groß angelegten Kampagne begleitet, die die Öffentlichkeit über die Bedeutung der biolumineszenten Sprache informierte und deren Wert für die kulturelle Vielfalt auf Yvenis Prime betonte.

Ein Beispiel für die Auswirkungen dieser Erfolge lässt sich in der Stadt Luminara beobachten, wo die lokale Regierung begann, biolumineszente Sprache in öffentlichen Ankündigungen und Dokumenten zu verwenden. Diese Maßnahme war ein direktes Ergebnis der Mobilisierung und des Engagements der Biolumineszenten Allianz, die durch kreative Kampagnen und öffentliche Demonstrationen auf die Notwendigkeit aufmerksam machte, die biolumineszente Sprache in das öffentliche Leben zu integrieren.

Zusätzlich zu diesen Erfolgen gab es auch eine bemerkenswerte Zunahme der Medienberichterstattung über die Sprachrechtsbewegung. Die Berichterstattung half, das Bewusstsein für die Herausforderungen, mit denen die biolumineszenten Bürger konfrontiert waren, zu schärfen und trug zur Unterstützung der Bewegung bei. Die Medien berichteten über die ersten Erfolge der Bewegung, was zu einer breiteren Akzeptanz und Unterstützung in der Gesellschaft führte.

Die Herausforderungen, die in der Anfangsphase der Bewegung existierten, wurden durch diese Erfolge nicht nur gemildert, sondern auch in einen Ansporn für weitere Aktionen verwandelt. Die ersten Erfolge schufen ein Gefühl der Hoffnung und des Optimismus unter den Aktivisten und der Gemeinschaft. Diese Erfolge wurden als Beweis dafür angesehen, dass die Stimme der biolumineszenten Bürger gehört werden konnte und dass Veränderungen möglich waren.

Zusammenfassend lässt sich sagen, dass die ersten Erfolge in der Sprachrechtsbewegung auf Yvenis Prime entscheidend für die Stärkung der biolumineszenten Identität und die Förderung der Mehrsprachigkeit waren. Diese Erfolge legten den Grundstein für zukünftige Initiativen und setzten einen bedeutenden Impuls für den fortgesetzten Kampf um die Anerkennung und den Schutz der Sprachrechte. Die Bewegung war nicht nur ein Kampf um Sprache, sondern auch ein Kampf um Identität, Kultur und die Anerkennung der Vielfalt, die Yvenis Prime zu einem einzigartigen Ort macht.

$$\text{Erfolg} = \text{Mobilisierung} + \text{Öffentlichkeit} + \text{Bildung} \quad (44)$$

Die Gleichung verdeutlicht, dass der Erfolg der Sprachrechtsbewegung auf der effektiven Mobilisierung der Gemeinschaft, der Unterstützung durch die Öffentlichkeit und der Bildung über die Bedeutung der biolumineszenten Sprache beruhte. Diese Elemente waren entscheidend, um den Weg für eine inklusive und respektvolle Gesellschaft zu ebnen, in der alle Stimmen gehört werden.

## Die Reaktionen der Regierung

Die Reaktionen der Regierung auf die Sprachrechtsbewegung, angeführt von Jyn Fael und der Biolumineszenten Allianz, waren vielschichtig und oft widersprüchlich. Zunächst war die Regierung von Yvenis Prime skeptisch gegenüber den Forderungen nach Anerkennung der Biolumineszenz als Kommunikationsmittel. Diese Skepsis war tief in der Angst verwurzelt, dass eine solche Anerkennung die bestehende gesellschaftliche Ordnung destabilisieren könnte.

**Erste offizielle Stellungnahmen**

Die ersten offiziellen Stellungnahmen der Regierung waren geprägt von einer defensiven Haltung. In einer Pressekonferenz erklärte ein hochrangiger Regierungsvertreter:

> „Die Biolumineszenz ist ein faszinierendes Phänomen, aber sie ist kein Ersatz für unsere etablierten Sprachen. Wir müssen die Einheit unserer Gesellschaft wahren."

Diese Aussage verdeutlicht die Besorgnis der Regierung, dass die Anerkennung einer neuen Sprache zu einer Fragmentierung der Gesellschaft führen könnte.

**Politische Strategien**

Im Laufe der Zeit entwickelte die Regierung verschiedene Strategien, um die aufkommende Bewegung zu kontrollieren. Eine dieser Strategien war die Einführung von Gesetzen, die öffentliche Versammlungen und Demonstrationen einschränkten. Diese Gesetze wurden oft mit dem Argument der „öffentlichen Sicherheit" gerechtfertigt, jedoch war es offensichtlich, dass sie darauf abzielten, die wachsende Unruhe zu unterdrücken.

**Repression und Widerstand**

Die Repression führte zu einem Anstieg des Widerstands innerhalb der Bewegung. Aktivisten begannen, die Maßnahmen der Regierung als repressiv zu kennzeichnen, und es entstanden zahlreiche Untergrundorganisationen, die sich für die Rechte der Biolumineszenten einsetzten. Diese Gruppen organisierten geheime Treffen, um Strategien zu entwickeln, die sowohl die Öffentlichkeit als auch die Medien ansprechen sollten.

**Medienberichterstattung**

Die Medien spielten eine entscheidende Rolle in der Berichterstattung über die Sprachrechtsbewegung. Während einige Nachrichtenagenturen die Regierung unterstützten und ihre Maßnahmen als notwendig darstellten, berichteten andere über die Ungerechtigkeiten, die den Biolumineszenten widerfuhren. Ein Beispiel für eine solche Berichterstattung ist der Artikel in der intergalaktischen Zeitschrift „Galactic Voices", der die Situation der Biolumineszenten als „Kampf um die Identität" beschrieb und die Notwendigkeit der Anerkennung ihrer Sprachrechte hervorhob.

### Umgang mit internationalen Reaktionen

Die Regierung sah sich auch internationalen Reaktionen gegenüber, als intergalaktische Menschenrechtsorganisationen auf die Situation aufmerksam wurden. Diese Organisationen forderten die Regierung auf, die Rechte der Biolumineszenten zu respektieren und die Gesetze zu reformieren. In einer Resolution des Intergalaktischen Rates für Menschenrechte wurde die Regierung von Yvenis Prime aufgefordert, „alle diskriminierenden Praktiken zu beenden und einen Dialog mit den Vertretern der Biolumineszenten zu führen."

### Der Wendepunkt

Ein Wendepunkt in der Reaktion der Regierung trat ein, als eine Gruppe von prominenten Unterstützern der Biolumineszenz, darunter bekannte intergalaktische Künstler und Wissenschaftler, eine Petition einreichte. Diese Petition, die von über 100.000 Bürgern unterzeichnet wurde, forderte die Regierung auf, die Biolumineszenz als legitime Form der Kommunikation anzuerkennen. In einer überraschenden Wende erklärte die Regierung, dass sie bereit sei, Gespräche mit der Biolumineszenten Allianz aufzunehmen, um mögliche Lösungen zu diskutieren.

### Fazit

Zusammenfassend lässt sich sagen, dass die Reaktionen der Regierung auf die Sprachrechtsbewegung von anfänglicher Skepsis und Repression geprägt waren. Mit der Zeit jedoch, durch den Druck der Öffentlichkeit und internationaler Organisationen, begann die Regierung, ihre Haltung zu überdenken. Dies stellte einen entscheidenden Moment in der Geschichte der Biolumineszenten und ihrer sprachlichen Rechte dar. Die Entwicklungen in dieser Phase waren nicht nur für Jyn Fael und ihre Bewegung von Bedeutung, sondern auch für die gesamte Gesellschaft von Yvenis Prime, die sich auf dem Weg zu einer inklusiveren Zukunft befand.

## Die Unterstützung durch die Öffentlichkeit

Die Unterstützung der Öffentlichkeit spielt eine entscheidende Rolle im Kampf um die Sprachrechte der Biolumineszenz auf Yvenis Prime. Diese Unterstützung kann in verschiedenen Formen auftreten, von der Teilnahme an Demonstrationen bis hin zu Online-Kampagnen, die das Bewusstsein für die Anliegen der Biolumineszenten Gemeinschaft schärfen. In diesem Abschnitt werden wir die verschiedenen Dimensionen dieser Unterstützung untersuchen, die Herausforderungen, die sie mit sich bringt, und einige inspirierende Beispiele, die die Kraft der öffentlichen Unterstützung verdeutlichen.

### Die Kraft der Mobilisierung

Die Mobilisierung der Öffentlichkeit ist oft der erste Schritt zur Schaffung eines breiten Bewusstseins für soziale Bewegungen. Jyn Fael und die Biolumineszenten Allianz nutzten verschiedene Strategien, um die Unterstützung der Gemeinschaft zu gewinnen. Zu den effektivsten Methoden gehörten:

- **Soziale Medien**: Plattformen wie GlimmerNet und StarChat wurden genutzt, um Informationen über die Bewegung zu verbreiten, Veranstaltungen zu organisieren und Unterstützer zu mobilisieren. Durch virale Kampagnen konnten sie eine große Anzahl von Menschen erreichen und ein Gefühl der Dringlichkeit schaffen.

- **Öffentliche Veranstaltungen**: Die Allianz organisierte eine Reihe von Veranstaltungen, darunter Konzerte, Kunstshows und Diskussionsrunden, die nicht nur das Bewusstsein schärften, sondern auch die Gemeinschaft zusammenbrachten. Diese Veranstaltungen boten eine Plattform für den Austausch von Ideen und die Stärkung der kollektiven Identität.

- **Petitionen**: Die Einführung von Online-Petitionen war ein weiterer effektiver Weg, um die öffentliche Unterstützung zu mobilisieren. Diese Petitionen ermöglichten es den Bürgern, ihre Stimme zu erheben und Druck auf die Regierung auszuüben, um Veränderungen herbeizuführen.

### Herausforderungen der öffentlichen Unterstützung

Trotz der positiven Aspekte der öffentlichen Unterstützung gibt es auch erhebliche Herausforderungen, die es zu bewältigen gilt. Einige der häufigsten Probleme sind:

- **Desinformation:** In einer Zeit, in der Informationen schnell verbreitet werden können, ist die Gefahr von Desinformation und Fehlinformationen hoch. Falsche Darstellungen der Bewegung können das öffentliche Verständnis und die Unterstützung untergraben.

- **Widerstand von Interessengruppen:** Die Biolumineszenten Allianz sah sich oft dem Widerstand von etablierten Interessengruppen gegenüber, die ihre eigenen Agenden verfolgten. Diese Gruppen versuchten, die öffentliche Meinung zu manipulieren und die Bewegung zu diskreditieren.

- **Engagement der Gemeinschaft:** Es kann eine Herausforderung sein, die Öffentlichkeit langfristig zu mobilisieren. Viele Menschen sind bereit, sich kurzfristig zu engagieren, aber das Aufrechterhalten des Interesses und der Unterstützung über längere Zeiträume hinweg erfordert ständige Anstrengungen und kreative Strategien.

## Inspirierende Beispiele der Unterstützung

Die Unterstützung durch die Öffentlichkeit manifestierte sich in vielen inspirierenden Formen, die den Aktivismus von Jyn Fael und der Biolumineszenten Allianz verstärkten:

- **Kunst und Kultur:** Künstler und Musiker auf Yvenis Prime begannen, ihre Werke der Bewegung zu widmen. Diese Kunstwerke wurden nicht nur in sozialen Medien geteilt, sondern auch in öffentlichen Räumen ausgestellt, wodurch die Anliegen der Biolumineszenten Gemeinschaft in das öffentliche Bewusstsein gerückt wurden.

- **Intergalaktische Solidarität:** Die Bewegung erhielt Unterstützung von anderen intergalaktischen Gemeinschaften, die ähnliche Kämpfe führten. Diese internationalen Allianzen stärkten die Botschaft der Biolumineszenten Allianz und erweiterten ihre Reichweite über Yvenis Prime hinaus.

- **Prominente Unterstützung:** Berühmtheiten, die sich für soziale Gerechtigkeit einsetzen, schlossen sich der Bewegung an und nutzten ihre Plattformen, um die Anliegen der Biolumineszenten Gemeinschaft zu unterstützen. Diese Unterstützung half, das Bewusstsein auf eine breitere Ebene zu heben und neue Unterstützer zu gewinnen.

Die Unterstützung der Öffentlichkeit war ein wesentlicher Faktor für den Erfolg der Bewegung. Sie trug dazu bei, die Anliegen der Biolumineszenten Gemeinschaft in den Mittelpunkt der gesellschaftlichen Diskussion zu rücken und die Notwendigkeit von Veränderungen zu betonen. In einer Zeit, in der Sprache und Identität so eng miteinander verwoben sind, bleibt die Unterstützung der Öffentlichkeit ein unverzichtbarer Bestandteil des Kampfes um Sprachrechte und kulturelle Anerkennung.

### Zusammenfassung

Zusammenfassend lässt sich sagen, dass die Unterstützung durch die Öffentlichkeit nicht nur eine Frage der Anzahl der Unterstützer ist, sondern auch der Qualität und Tiefe des Engagements. Die Biolumineszenten Allianz hat bewiesen, dass durch kreative Mobilisierungsstrategien und die Schaffung eines starken Gemeinschaftsgefühls eine bedeutende Veränderung erreicht werden kann. Der Kampf um Sprachrechte auf Yvenis Prime ist ein Beispiel dafür, wie öffentliche Unterstützung zu einem Katalysator für sozialen Wandel werden kann, und es zeigt, dass die Stimmen der Gemeinschaft gehört werden müssen, um echte Fortschritte zu erzielen.

## Die großen Kampagnen

### Die Planung der Sprachrechtskampagne

Die Planung der Sprachrechtskampagne war ein entscheidender Schritt in der Bewegung von Jyn Fael. Diese Phase erforderte sorgfältige Überlegungen und strategische Ansätze, um die Ziele der Kampagne klar zu definieren und die Unterstützung der Gemeinschaft zu mobilisieren. In diesem Abschnitt werden die verschiedenen Aspekte der Planung beleuchtet, einschließlich der theoretischen Grundlagen, der Herausforderungen und der praktischen Beispiele.

### Theoretische Grundlagen

Die Planung einer Kampagne basiert auf mehreren theoretischen Modellen, die die Dynamik sozialer Bewegungen und die Mobilisierung von Ressourcen erklären. Ein zentrales Konzept ist das **Ressourc mobilisierungsmodell**, das besagt, dass der Erfolg einer sozialen Bewegung von der Fähigkeit abhängt, Ressourcen wie Zeit, Geld, Wissen und Unterstützung zu mobilisieren. In der

Sprachrechtskampagne war es entscheidend, sowohl materielle als auch immaterielle Ressourcen zu identifizieren und zu nutzen.

Ein weiteres wichtiges Konzept ist die **Rahmenanalyse**, die sich darauf konzentriert, wie soziale Bewegungen ihre Anliegen und Ziele kommunizieren. Die Kampagne musste einen klaren und ansprechenden Rahmen entwickeln, um die Bedeutung der Sprachrechte für die biolumineszente Gemeinschaft zu verdeutlichen. Dies beinhaltete die Schaffung einer emotionalen Verbindung zur Zielgruppe und die Betonung der kulturellen Identität, die durch die Sprache verkörpert wird.

## Identifikation der Ziele

Die ersten Schritte in der Planung der Sprachrechtskampagne umfassten die Identifikation klarer und erreichbarer Ziele. Jyn Fael und ihr Team arbeiteten daran, spezifische Anforderungen zu formulieren, die die Rechte der biolumineszenten Bürger in Bezug auf ihre Sprache und Kultur betreffen. Dazu gehörten:

- **Anerkennung der biolumineszenten Sprache:** Die Kampagne forderte die offizielle Anerkennung der biolumineszenten Sprache als gleichwertig mit den menschlichen Sprachen.

- **Einführung von Sprachunterricht:** Die Einführung von Kursen für die biolumineszente Sprache in Schulen und Universitäten wurde als wesentlich erachtet, um die Sprachkenntnisse zu fördern.

- **Schutz kultureller Ausdrucksformen:** Die Kampagne zielte darauf ab, kulturelle Ausdrucksformen, die mit der biolumineszenten Sprache verbunden sind, zu schützen und zu fördern.

## Einbindung der Gemeinschaft

Ein weiterer wichtiger Aspekt der Planung war die Einbindung der Gemeinschaft. Jyn Fael erkannte, dass die Unterstützung der Gemeinschaft entscheidend für den Erfolg der Kampagne war. Daher wurden verschiedene Strategien entwickelt, um die Menschen zu mobilisieren und ihre Stimmen zu stärken. Dazu gehörten:

- **Workshops und Informationsveranstaltungen:** Durch die Organisation von Workshops konnten die Mitglieder der Gemeinschaft über die Bedeutung der Sprachrechte informiert und in die Planung einbezogen werden.

- **Beteiligung an sozialen Medien:** Die Nutzung sozialer Medien als Plattform zur Verbreitung von Informationen und zur Mobilisierung von Unterstützern wurde als besonders effektiv angesehen. Hashtags wie `#BioluminescentRights` wurden kreiert, um die Sichtbarkeit der Kampagne zu erhöhen.
- **Zusammenarbeit mit Künstlern:** Die Einbindung von Künstlern und kreativen Köpfen half, die Botschaft der Kampagne durch Kunst, Musik und Performances zu verbreiten. Dies schuf eine emotionale Verbindung zur Zielgruppe und steigerte das Interesse an den Zielen der Kampagne.

## Herausforderungen bei der Planung

Die Planung der Sprachrechtskampagne war jedoch nicht ohne Herausforderungen. Einige der wichtigsten Probleme, die auftraten, waren:

- **Widerstand von der Regierung:** Die Regierung zeigte sich zunächst skeptisch gegenüber den Forderungen der Kampagne und stellte sich gegen die Anerkennung der biolumineszenten Sprache. Dies erforderte strategische Überlegungen, um die Regierung zu überzeugen und Dialoge zu initiieren.
- **Interne Konflikte:** Innerhalb der biolumineszenten Gemeinschaft gab es unterschiedliche Meinungen darüber, welche Ziele prioritär behandelt werden sollten. Dies führte zu internen Spannungen, die gelöst werden mussten, um eine einheitliche Stimme zu präsentieren.
- **Ressourcenmangel:** Der Mangel an finanziellen Mitteln und organisatorischen Ressourcen stellte eine große Herausforderung dar. Die Kampagne musste kreative Wege finden, um Unterstützung zu mobilisieren, einschließlich Crowdfunding und Partnerschaften mit anderen Organisationen.

## Praktische Beispiele

Ein Beispiel für eine erfolgreiche Maßnahme in der Planungsphase war die Organisation eines **Sprachfestivals**, das die Vielfalt der biolumineszenten Sprache und Kultur feierte. Das Festival zog zahlreiche Teilnehmer an und bot Workshops, Vorträge und Aufführungen, die das Bewusstsein für die Sprachrechte schärften. Diese Veranstaltung half nicht nur, die Gemeinschaft zu mobilisieren, sondern auch, die Aufmerksamkeit der Medien auf die Kampagne zu lenken.

Ein weiteres Beispiel war die Entwicklung von **Plakaten und Slogans**, die in der gesamten Gemeinschaft verbreitet wurden. Slogans wie „Sprache ist Licht – unsere Identität ist untrennbar" halfen, die Botschaft der Kampagne klar und einprägsam zu kommunizieren.

## Fazit

Die Planung der Sprachrechtskampagne war ein komplexer Prozess, der sowohl theoretische Überlegungen als auch praktische Maßnahmen erforderte. Durch die Identifikation klarer Ziele, die Einbindung der Gemeinschaft und die Überwindung von Herausforderungen konnte die Kampagne auf eine solide Grundlage gestellt werden. Diese Phase stellte sicher, dass die Bewegung von Jyn Fael nicht nur als Stimme der biolumineszenten Gemeinschaft, sondern auch als ein Beispiel für effektiven Aktivismus in der intergalaktischen Arena wahrgenommen wurde.

## Die ersten Plakate und Slogans

Die ersten Plakate und Slogans, die von Jyn Fael und der Biolumineszenten Allianz entworfen wurden, spielten eine entscheidende Rolle in der Sprachrechtsbewegung auf Yvenis Prime. Diese visuelle und textuelle Kommunikation war nicht nur ein Mittel zur Mobilisierung der Massen, sondern auch ein kraftvolles Werkzeug zur Sensibilisierung der Öffentlichkeit für die Anliegen der Biolumineszenten Gemeinschaft.

### Theoretische Grundlagen

Die Verwendung von Plakaten und Slogans in sozialen Bewegungen ist tief in der Theorie der politischen Kommunikation verwurzelt. Laut der *Theorie der sozialen Identität* (Tajfel und Turner, 1979) ist die Identifikation mit einer Gruppe ein wesentlicher Faktor für den sozialen Zusammenhalt und das Engagement. Plakate und Slogans können dazu beitragen, eine gemeinsame Identität zu fördern, indem sie Symbole und Botschaften bereitstellen, die die Werte und Ziele der Bewegung verkörpern.

Ein effektives Plakat oder ein Slogan sollte klare, prägnante Botschaften vermitteln, die leicht verständlich sind. In der Kommunikationswissenschaft wird oft das *Elaboration Likelihood Model* (Petty und Cacioppo, 1986) zitiert, das besagt, dass Menschen Informationen entweder über die zentrale oder die periphere Route verarbeiten. Während die zentrale Route tiefere Überzeugungen ansprechen kann, ist die periphere Route oft effektiver, um kurzfristige

*DIE GROSSEN KAMPAGNEN* 141

Aufmerksamkeit zu erregen, was für die anfängliche Mobilisierung entscheidend ist.

## Die Probleme

Die Gestaltung der ersten Plakate und Slogans war nicht ohne Herausforderungen. Eine der größten Schwierigkeiten war die Übersetzung der komplexen Ideen der Biolumineszenz und ihrer kulturellen Bedeutung in einfache, einprägsame Slogans. Zudem gab es Widerstand von Seiten der Regierung, die versuchte, die Botschaften der Bewegung zu diskreditieren und zu unterdrücken. Dies führte zu einer Debatte über die Freiheit der Meinungsäußerung und die Grenzen der kreativen Ausdrucksformen.

Ein weiteres Problem war die Notwendigkeit, eine Balance zwischen künstlerischem Ausdruck und politischer Botschaft zu finden. Während einige Aktivisten kreative und künstlerische Ansätze bevorzugten, hielten andere an einer direkteren, konfrontativen Kommunikation fest. Diese Spannungen innerhalb der Bewegung führten zu intensiven Diskussionen über die beste Strategie, um die Öffentlichkeit zu erreichen und zu mobilisieren.

## Beispiele für Plakate und Slogans

Die ersten Plakate, die von der Biolumineszenten Allianz erstellt wurden, waren visuell auffällig und nutzten die charakteristische Biolumineszenz der Yvenisianer als zentrales Designelement. Ein bekanntes Plakat zeigte eine leuchtende Hand, die in den Nachthimmel erhoben wurde, mit dem Slogan:

„Licht in der Dunkelheit: Unsere Sprache, unser Recht!"    (45)

Dieser Slogan verdeutlichte die Verbindung zwischen der Biolumineszenz und der Identität der Yvenisianer und stellte die Sprachrechte als fundamentales Menschenrecht dar.

Ein weiteres Beispiel war ein Plakat, das eine Gruppe von Biolumineszenten in einer Umarmung zeigte, umgeben von leuchtenden Farben. Der begleitende Slogan lautete:

„Gemeinsam strahlen wir: Vielfalt in der Sprache!"    (46)

Dieser Slogan betonte die Wichtigkeit der Mehrsprachigkeit und der kulturellen Vielfalt, die die Biolumineszenten Gemeinschaft ausmachte.

## Die Wirkung der Plakate und Slogans

Die ersten Plakate und Slogans hatten einen signifikanten Einfluss auf die Bewegung. Sie halfen nicht nur dabei, das Bewusstsein für die Anliegen der Biolumineszenten zu schärfen, sondern mobilisierten auch eine breite Unterstützung. Bei der ersten öffentlichen Demonstration der Biolumineszenten Allianz trugen die Teilnehmer stolz die Plakate und skandierten die Slogans. Diese visuelle Präsenz verstärkte die Botschaft der Bewegung und machte sie für die Medien und die breitere Gesellschaft sichtbar.

Die Verwendung von sozialen Medien zur Verbreitung dieser Plakate und Slogans stellte sich als besonders effektiv heraus. Plattformen wie *GlowingNet*, ein intergalaktisches soziales Netzwerk, ermöglichten es den Aktivisten, ihre Botschaften schnell zu verbreiten und eine internationale Unterstützung zu mobilisieren. Die virale Verbreitung der Plakate führte zu einer Welle der Solidarität, die die Bewegung weiter stärkte.

## Fazit

Die ersten Plakate und Slogans der Biolumineszenten Allianz waren mehr als nur Kommunikationsmittel; sie waren Symbole des Widerstands und der Hoffnung. Sie halfen dabei, eine kulturelle Identität zu formen und die Öffentlichkeit für die wichtigen Themen der Sprachrechte zu sensibilisieren. Durch kreative Ansätze und strategische Kommunikation konnte Jyn Fael die Bewegung in eine neue Ära führen, in der die Stimmen der Biolumineszenten endlich gehört wurden. Diese ersten Schritte in der visuellen Kommunikation legten den Grundstein für die weiteren Erfolge der Bewegung und inspirierten viele, sich für die Rechte ihrer eigenen Gemeinschaften einzusetzen.

## Die Mobilisierung der Massen

Die Mobilisierung der Massen ist ein entscheidender Schritt im Aktivismus, insbesondere wenn es darum geht, gesellschaftliche Veränderungen herbeizuführen. In der Bewegung von Jyn Fael zur Verteidigung der Sprachrechte der Biolumineszenz auf Yvenis Prime war die Mobilisierung von entscheidender Bedeutung, um eine breite Unterstützung in der Bevölkerung zu gewinnen und den Druck auf die Regierung zu erhöhen.

## Theoretische Grundlagen

Die Mobilisierung kann als der Prozess verstanden werden, durch den Individuen und Gruppen mobilisiert werden, um sich an kollektiven Aktionen zu beteiligen. Laut Tilly und Tarrow (2015) ist Mobilisierung ein zentraler Aspekt sozialer Bewegungen, der sowohl die Rekrutierung von Unterstützern als auch die Mobilisierung von Ressourcen umfasst. Sie identifizieren mehrere Schlüsselfaktoren, die für eine erfolgreiche Mobilisierung entscheidend sind:

- **Identität und Zugehörigkeit:** Die Schaffung einer kollektiven Identität ist entscheidend, um Menschen zu mobilisieren. In Jyns Fall wurde die Identität der Biolumineszenten durch gemeinsame kulturelle Werte und Erfahrungen gestärkt.

- **Ressourcen:** Der Zugang zu Ressourcen wie finanziellen Mitteln, Informationen und Netzwerken ist unerlässlich für die Mobilisierung. Jyn und ihre Allianz nutzten soziale Medien und lokale Gemeinschaftsorganisationen, um ihre Botschaft zu verbreiten.

- **Ziele und Strategien:** Klare und erreichbare Ziele sind entscheidend für die Mobilisierung. Jyns Bewegung hatte das Ziel, die Sprachrechte der Biolumineszenten gesetzlich zu verankern, was eine klare Richtung für die Mobilisierung bot.

## Herausforderungen der Mobilisierung

Die Mobilisierung war jedoch nicht ohne Herausforderungen. Eine der größten Hürden war die Fragmentierung der Gemeinschaften der Biolumineszenten. Unterschiedliche Gruppen hatten unterschiedliche Prioritäten, was die gemeinsame Mobilisierung erschwerte. Um diese Herausforderung zu bewältigen, setzte Jyn auf Dialog und Inklusion, um ein gemeinsames Verständnis und eine gemeinsame Vision zu schaffen.

Ein weiteres Problem war die Skepsis gegenüber dem Aktivismus. Viele Biolumineszenten waren aufgrund früherer gescheiterter Bewegungen misstrauisch gegenüber neuen Initiativen. Jyn adressierte diese Skepsis durch Transparenz und die Betonung von Erfolgen, um das Vertrauen der Gemeinschaft zurückzugewinnen.

## Beispiele erfolgreicher Mobilisierung

Jyn Fael und die Biolumineszenten Allianz organisierten mehrere Veranstaltungen, die sich als entscheidend für die Mobilisierung der Massen erwiesen. Ein Beispiel ist das *Lichtfest*, eine jährliche Veranstaltung, die das kulturelle Erbe der Biolumineszenten feiert und gleichzeitig auf die Herausforderungen aufmerksam macht, mit denen sie konfrontiert sind. Bei diesem Fest wurden nicht nur kulturelle Darbietungen gezeigt, sondern auch Informationsstände eingerichtet, um die Öffentlichkeit über die Sprachrechtsbewegung aufzuklären.

Ein weiteres Beispiel ist die Verwendung von sozialen Medien. Jyn und ihr Team erstellten eine Kampagne mit dem Hashtag #LichtFürSprache, die schnell viral ging. Diese Kampagne ermöglichte es, eine breite Öffentlichkeit zu erreichen und Unterstützer aus verschiedenen Teilen Yvenis Primes zu gewinnen. Die Verwendung von Videos, die die Schönheit der biolumineszenten Sprache zeigten, half, Emotionen zu wecken und eine Verbindung zur Zielgruppe herzustellen.

Die Mobilisierung der Massen war auch durch die Zusammenarbeit mit anderen Organisationen und intergalaktischen Aktivisten von großer Bedeutung. Jyn stellte fest, dass der Austausch von Strategien und Ressourcen mit anderen Bewegungen, die ähnliche Ziele verfolgten, die Reichweite und den Einfluss ihrer eigenen Bewegung erheblich verstärkte.

## Fazit

Die Mobilisierung der Massen ist ein komplexer, aber entscheidender Prozess im Aktivismus. Jyn Fael und die Biolumineszenten Allianz haben durch geschickte Strategien, die Schaffung einer kollektiven Identität und die Nutzung moderner Kommunikationsmittel erfolgreich eine breite Unterstützung für ihre Sache gewonnen. Die Herausforderungen, die sie überwinden mussten, haben sie nicht nur gestärkt, sondern auch die Grundlage für zukünftige Generationen von Aktivisten gelegt. Der Erfolg ihrer Mobilisierungsstrategien hat nicht nur zur Stärkung der Sprachrechte der Biolumineszenten beigetragen, sondern auch eine Bewegung ins Leben gerufen, die weit über Yvenis Prime hinaus Wirkung zeigt.

## Die Nutzung von sozialen Medien

In der heutigen digitalen Ära haben soziale Medien eine transformative Rolle im Aktivismus eingenommen, insbesondere im Kontext der Sprachrechtsbewegung auf Yvenis Prime. Diese Plattformen ermöglichen es Aktivisten, ihre Botschaften schnell und effektiv zu verbreiten, eine breite Öffentlichkeit zu erreichen und eine Gemeinschaft von Unterstützern zu mobilisieren. Jyn Fael und die

Biolumineszenten Allianz haben soziale Medien strategisch genutzt, um ihre Anliegen zu fördern und die Bedeutung der Sprachrechte für die biolumineszenten Gemeinschaften zu betonen.

## Theoretische Grundlagen

Die Nutzung sozialer Medien im Aktivismus kann durch verschiedene theoretische Ansätze erklärt werden. Der **Netzwerktheoretische Ansatz** besagt, dass soziale Medien als Katalysatoren für die Bildung und den Erhalt von Netzwerken fungieren, die für die Mobilisierung von Ressourcen und die Verbreitung von Informationen entscheidend sind. Diese Netzwerke ermöglichen es Aktivisten, sich über geografische und kulturelle Grenzen hinweg zu verbinden und gemeinsame Ziele zu verfolgen.

Ein weiterer relevanter Ansatz ist die **Theorie des sozialen Wandels**, die beschreibt, wie soziale Bewegungen durch die Nutzung von Kommunikationsmitteln, einschließlich sozialer Medien, die öffentliche Meinung beeinflussen und politische Veränderungen herbeiführen können. Diese Theorie legt nahe, dass soziale Medien nicht nur als Plattform für die Verbreitung von Informationen dienen, sondern auch als Instrument zur Schaffung von Identität und Gemeinschaft unter Aktivisten.

## Herausforderungen der Nutzung sozialer Medien

Trotz der Vorteile, die soziale Medien bieten, gibt es auch erhebliche Herausforderungen. Eine der größten Herausforderungen ist die **Desinformation**. In der digitalen Landschaft können falsche Informationen schnell verbreitet werden, was zu Missverständnissen und einer Verzerrung der Realität führen kann. Jyn Fael und die Biolumineszenten Allianz mussten sich häufig mit Fehlinformationen auseinandersetzen, die von Gegnern ihrer Bewegung verbreitet wurden.

Ein weiteres Problem ist die **Fragmentierung der Öffentlichkeit**. Während soziale Medien es ermöglichen, eine breite Zielgruppe zu erreichen, kann die Fragmentierung auch dazu führen, dass wichtige Botschaften in der Masse untergehen. Aktivisten müssen Strategien entwickeln, um sicherzustellen, dass ihre Botschaften nicht nur gehört, sondern auch verstanden und geteilt werden.

## Beispiele für erfolgreiche Nutzung

Jyn Fael und ihr Team haben kreative Ansätze zur Nutzung sozialer Medien entwickelt, um ihre Kampagnen zu unterstützen. Ein bemerkenswertes Beispiel ist die Kampagne #LichtFürSprache, die auf verschiedenen Plattformen wie *Twitter*, *Instagram* und *Facebook* durchgeführt wurde. Durch die Verwendung von auffälligen Grafiken und Videos, die die Schönheit und Bedeutung der biolumineszenten Sprache zeigten, konnte die Allianz das Bewusstsein für ihre Anliegen schärfen und eine virale Reichweite erzielen.

Ein weiteres Beispiel ist die Organisation von **Live-Streams**, in denen Jyn Fael und andere Sprecher über die Herausforderungen der Sprachrechtsbewegung diskutierten. Diese Veranstaltungen ermöglichen es den Zuschauern, direkt Fragen zu stellen und sich aktiv an der Diskussion zu beteiligen. Solche Formate fördern nicht nur das Engagement, sondern schaffen auch ein Gefühl der Gemeinschaft unter den Unterstützern.

## Schlussfolgerung

Die Nutzung sozialer Medien hat sich als ein entscheidendes Werkzeug für die Biolumineszenten Allianz und Jyn Fael erwiesen, um ihre Botschaft zu verbreiten und die Öffentlichkeit für die Bedeutung der Sprachrechte zu sensibilisieren. Trotz der Herausforderungen, die mit der Nutzung dieser Plattformen verbunden sind, bleibt der Einfluss von sozialen Medien auf den Aktivismus unbestreitbar. Die Fähigkeit, schnell zu kommunizieren, Netzwerke zu bilden und eine Gemeinschaft zu mobilisieren, hat den Aktivismus auf Yvenis Prime revolutioniert und wird weiterhin eine zentrale Rolle im Kampf um die Sprachrechte der biolumineszenten Gemeinschaften spielen.

## Die Organisation von Veranstaltungen

Die Organisation von Veranstaltungen spielt eine entscheidende Rolle in der Sprachrechtsbewegung von Jyn Fael und der Biolumineszenten Allianz. Diese Veranstaltungen sind nicht nur Plattformen für den Austausch von Ideen, sondern auch entscheidende Werkzeuge zur Mobilisierung der Gemeinschaft und zur Sensibilisierung für die Sprachrechte der Biolumineszenten. In diesem Abschnitt werden wir die verschiedenen Aspekte der Veranstaltungsorganisation, die Herausforderungen, die dabei auftreten können, sowie einige erfolgreiche Beispiele näher betrachten.

### Die Planung der Veranstaltungen

Die Planung einer Veranstaltung beginnt mit der Definition der Ziele. Diese Ziele sollten klar und messbar sein, um den Erfolg der Veranstaltung zu bewerten. Ein Beispiel könnte sein, die Anzahl der Teilnehmer zu erhöhen oder die

Medienberichterstattung zu steigern. Es ist wichtig, dass das Team, das die Veranstaltung organisiert, eine klare Vision hat, um diese Ziele zu erreichen.

Ein weiterer wichtiger Aspekt ist die Auswahl des geeigneten Veranstaltungsortes. Der Ort sollte sowohl für die Zielgruppe zugänglich sein als auch die notwendige Infrastruktur bieten. Wenn beispielsweise eine große Demonstration geplant wird, könnte ein zentraler Platz in einer Stadt gewählt werden, um maximale Sichtbarkeit zu gewährleisten.

### Die Mobilisierung der Teilnehmer

Um Teilnehmer zu mobilisieren, sind verschiedene Strategien erforderlich. Eine Möglichkeit ist die Nutzung von sozialen Medien, um Informationen über die Veranstaltung zu verbreiten. Plattformen wie *Twitter*, *Instagram* und *Facebook* können genutzt werden, um eine breite Öffentlichkeit zu erreichen. Hierbei ist es wichtig, ansprechende Inhalte zu erstellen, die die Menschen zum Teilen und Kommentieren anregen.

Ein weiteres effektives Mittel zur Mobilisierung ist die direkte Ansprache von Gemeinschaftsmitgliedern und Unterstützern. Dies kann durch persönliche Einladungen, Flyer oder durch die Zusammenarbeit mit lokalen Organisationen geschehen. Die Einbindung von einflussreichen Persönlichkeiten oder Künstlern kann ebenfalls dazu beitragen, mehr Aufmerksamkeit zu generieren und das Interesse an der Veranstaltung zu steigern.

### Die Durchführung der Veranstaltung

Die Durchführung der Veranstaltung erfordert eine sorgfältige Koordination aller Beteiligten. Es ist wichtig, dass alle Teammitglieder ihre Aufgaben kennen und dass es einen klaren Zeitplan gibt. Während der Veranstaltung sollten auch spontane Anpassungen möglich sein, falls unvorhergesehene Probleme auftreten.

Ein Beispiel für eine erfolgreiche Veranstaltung war die erste große Demonstration der Biolumineszenten Allianz, die unter dem Motto *„Licht für unsere Sprache"* stattfand. Hierbei wurden verschiedene Redner eingeladen, die über die Bedeutung der Sprache für die Identität der Biolumineszenten sprachen. Die Veranstaltung zog nicht nur lokale Teilnehmer an, sondern erhielt auch internationale Aufmerksamkeit durch Live-Übertragungen auf sozialen Medien.

### Die Nachbereitung der Veranstaltung

Nach der Veranstaltung ist es wichtig, eine Nachbereitung durchzuführen, um den Erfolg zu bewerten und aus den Erfahrungen zu lernen. Dies kann durch die

Analyse von Teilnehmerzahlen, Medienberichterstattung und dem Feedback der Teilnehmer geschehen. Die Ergebnisse sollten dokumentiert und mit dem Team geteilt werden, um zukünftige Veranstaltungen zu verbessern.

Ein Beispiel für eine solche Nachbereitung war die Auswertung der oben genannten Demonstration. Das Team stellte fest, dass die Nutzung von Live-Streams auf sozialen Medien zu einer erheblichen Steigerung der Reichweite geführt hatte. Diese Erkenntnis wurde genutzt, um zukünftige Veranstaltungen noch stärker auf digitale Plattformen auszurichten.

**Herausforderungen bei der Organisation**

Trotz der positiven Aspekte der Veranstaltungsorganisation gibt es auch zahlreiche Herausforderungen. Eine häufige Schwierigkeit ist die Sicherstellung der Finanzierung für die Veranstaltungen. Oftmals sind Ressourcen begrenzt, und es müssen kreative Lösungen gefunden werden, um die notwendigen Mittel zu beschaffen.

Ein weiteres Problem kann die Genehmigung von Behörden sein. Bei öffentlichen Veranstaltungen ist es häufig erforderlich, Genehmigungen einzuholen, was zeitaufwendig sein kann. In einigen Fällen kann es auch zu Widerstand von Seiten der Regierung oder anderer Organisationen kommen, die die Ziele der Biolumineszenten Allianz nicht unterstützen.

**Schlussfolgerung**

Die Organisation von Veranstaltungen ist ein zentraler Bestandteil des Aktivismus von Jyn Fael und der Biolumineszenten Allianz. Durch sorgfältige Planung, effektive Mobilisierung und eine gründliche Nachbereitung können Veranstaltungen nicht nur die Sichtbarkeit der Bewegung erhöhen, sondern auch eine tiefere Verbindung zur Gemeinschaft herstellen. Trotz der Herausforderungen, die bei der Organisation auftreten können, bleibt die Durchführung von Veranstaltungen ein unverzichtbares Werkzeug im Kampf für die Sprachrechte und die kulturelle Identität der Biolumineszenten.

Die Erfahrungen, die bei der Organisation von Veranstaltungen gesammelt werden, tragen dazu bei, die Bewegung weiterzuentwickeln und die Vision einer inklusiven und multilingualen Gesellschaft zu fördern.

## Die Herausforderungen der Öffentlichkeitsarbeit

Die Öffentlichkeitsarbeit (ÖA) spielt eine entscheidende Rolle im Aktivismus, insbesondere in der Sprachrechtsbewegung, die von Jyn Fael und der

Biolumineszenten Allianz ins Leben gerufen wurde. In diesem Abschnitt werden die verschiedenen Herausforderungen erörtert, die bei der Planung und Durchführung von Öffentlichkeitsarbeit auftreten können.

### 1. Mangel an Ressourcen

Eine der größten Herausforderungen in der Öffentlichkeitsarbeit ist der Mangel an finanziellen und personellen Ressourcen. Viele Aktivisten, darunter auch Jyn Fael, mussten oft mit einem begrenzten Budget arbeiten. Dies schränkte die Möglichkeiten ein, professionelle PR-Agenturen zu engagieren oder umfassende Kampagnen durchzuführen. Ein Beispiel hierfür ist die erste große Kampagne zur Förderung der Sprachrechte, die aufgrund finanzieller Engpässe nur in einem kleinen Rahmen durchgeführt werden konnte.

### 2. Zielgruppenansprache

Die Ansprache unterschiedlicher Zielgruppen ist eine weitere Herausforderung. Aktivisten müssen die spezifischen Bedürfnisse und Interessen ihrer Zielgruppen verstehen, um effektiv kommunizieren zu können. Jyn Fael stellte fest, dass die Ansprache der jungen Generation andere Ansätze erforderte als die Ansprache älterer Generationen. Die Verwendung von sozialen Medien war entscheidend, um jüngere Menschen zu erreichen, während traditionelle Medien für ältere Zielgruppen effektiver waren.

### 3. Medienlandschaft

Die Medienlandschaft ist komplex und oft unberechenbar. Journalisten haben ihre eigenen Prioritäten und Berichterstattungsstile, was es schwierig macht, die gewünschte Botschaft zu vermitteln. Jyn und ihr Team erfuhren, dass ihre Botschaft oft verzerrt oder missverstanden wurde. Ein konkretes Beispiel ist eine Berichterstattung über eine Demonstration, die nicht die Hauptanliegen der Bewegung widerspiegelte, sondern sich stattdessen auf einen Vorfall konzentrierte, der während der Veranstaltung stattfand.

### 4. Negative Berichterstattung

Negative Berichterstattung kann die öffentliche Wahrnehmung einer Bewegung erheblich beeinträchtigen. Jyn Fael sah sich während ihrer Aktivismuszeit mit mehreren negativen Artikeln konfrontiert, die die Biolumineszenten Allianz als radikal oder extremistisch darstellten. Diese Art der Berichterstattung kann dazu führen, dass potenzielle Unterstützer abgeschreckt werden. Um dem entgegenzuwirken, war es wichtig, proaktive Kommunikationsstrategien zu entwickeln, um Missverständnisse auszuräumen.

### 5. Fragmentierung der Botschaft

Eine klare und konsistente Botschaft ist für den Erfolg einer Öffentlichkeitsarbeit unerlässlich. Jyn Fael erkannte, dass unterschiedliche Gruppen innerhalb der Bewegung verschiedene Schwerpunkte setzten, was zu einer Fragmentierung der Botschaft führte. Um dies zu vermeiden, wurde ein einheitlicher Kommunikationsplan entwickelt, der sicherstellte, dass alle Mitglieder der Allianz dieselben Kernbotschaften verbreiteten.

### 6. Technologische Herausforderungen

Die Nutzung von Technologie ist ein zweischneidiges Schwert. Während soziale Medien eine Plattform bieten, um eine breite Öffentlichkeit zu erreichen, können technische Probleme wie Cyberangriffe oder Plattformänderungen die Kommunikationsstrategien beeinträchtigen. Jyn und ihr Team mussten sich kontinuierlich anpassen, um sicherzustellen, dass ihre Botschaften trotz dieser Herausforderungen verbreitet werden konnten.

### 7. Ethik und Transparenz

Ein weiteres zentrales Anliegen in der Öffentlichkeitsarbeit ist die ethische Kommunikation. Es ist wichtig, transparent zu sein und die Wahrheit zu sagen, um das Vertrauen der Öffentlichkeit zu gewinnen. Jyn Fael stellte sicher, dass alle Informationen, die von der Biolumineszenten Allianz veröffentlicht wurden, gut recherchiert und verifiziert waren. Dies half, die Glaubwürdigkeit der Bewegung zu stärken und das Vertrauen der Unterstützer zu gewinnen.

### 8. Umgang mit Widerstand

Widerstand gegen die Bewegung kann in verschiedenen Formen auftreten, sei es durch politische Gegner, gesellschaftliche Skeptiker oder sogar innerhalb der eigenen Reihen. Jyn Fael und ihr Team mussten Strategien entwickeln, um mit diesem Widerstand umzugehen. Dies beinhaltete die Durchführung von Dialogveranstaltungen, um Bedenken auszuräumen und die Unterstützung in der Gemeinschaft zu fördern.

## 9. Nachhaltigkeit der Öffentlichkeitsarbeit

Die Nachhaltigkeit von Öffentlichkeitsarbeit ist eine langfristige Herausforderung. Es reicht nicht aus, einmalige Kampagnen durchzuführen; es ist notwendig, kontinuierlich im Gespräch zu bleiben und die Öffentlichkeit über die Fortschritte der Bewegung zu informieren. Jyn Fael setzte auf regelmäßige Updates durch soziale Medien und Newsletter, um die Unterstützer engagiert und informiert zu halten.

## 10. Messung des Erfolgs

Schließlich ist die Messung des Erfolgs von Öffentlichkeitsarbeit eine komplexe Aufgabe. Aktivisten müssen geeignete Indikatoren entwickeln, um den Einfluss ihrer Kampagnen zu bewerten. Jyn Fael und ihr Team führten Umfragen durch und analysierten die Medienberichterstattung, um zu verstehen, wie ihre Botschaften wahrgenommen wurden und welche Auswirkungen sie auf die öffentliche Meinung hatten.

Insgesamt sind die Herausforderungen der Öffentlichkeitsarbeit vielfältig und erfordern Kreativität, Anpassungsfähigkeit und strategisches Denken. Jyn Faels Engagement und die damit verbundenen Erfahrungen bieten wertvolle Einblicke in die Komplexität der Öffentlichkeitsarbeit im Kontext des Aktivismus für Sprachrechte.

## Die Bedeutung von Kunst und Musik in der Kampagne

In der Bewegung für die Sprachrechte der Biolumineszenz auf Yvenis Prime spielte Kunst und Musik eine entscheidende Rolle. Diese kreativen Ausdrucksformen dienten nicht nur als Mittel zur Mobilisierung, sondern auch als Vehikel zur Vermittlung von Botschaften, die die Herzen und Köpfe der Menschen erreichten. Kunst und Musik haben die Fähigkeit, Emotionen zu wecken und komplexe Themen auf eine zugängliche Weise zu präsentieren, was sie zu einem unverzichtbaren Teil der Kampagne machte.

### Theoretische Grundlagen

Die Verwendung von Kunst und Musik im Aktivismus ist gut dokumentiert. Laut der *Kulturtheorie* von Raymond Williams sind kulturelle Praktiken nicht nur Reflexionen gesellschaftlicher Strukturen, sondern auch Werkzeuge zur Veränderung dieser Strukturen. Kunst und Musik können als *kreative Interventionen* betrachtet werden, die es den Menschen ermöglichen, ihre

Erfahrungen und Perspektiven zu teilen. Sie bieten eine Plattform für marginalisierte Stimmen und fördern die Solidarität innerhalb der Gemeinschaft.

Ein weiterer theoretischer Rahmen ist die *Ästhetik des Widerstands*, die von Künstlern und Aktivisten wie Bertolt Brecht geprägt wurde. Brecht argumentierte, dass Kunst nicht nur zur Unterhaltung dienen sollte, sondern auch als Mittel zur kritischen Reflexion und zur politischen Mobilisierung. In diesem Sinne wurde die Kunst in der Kampagne von Jyn Fael als ein Werkzeug verstanden, um das Bewusstsein für die Sprachrechte zu schärfen und eine breitere Unterstützung zu gewinnen.

## Praktische Probleme

Trotz der positiven Auswirkungen von Kunst und Musik gab es auch Herausforderungen. Eine der größten Hürden war die *Zensur*. In vielen Fällen versuchte die Regierung, künstlerische Ausdrucksformen zu kontrollieren oder zu unterdrücken, die als Bedrohung für die bestehende Ordnung angesehen wurden. Dies führte dazu, dass Künstler und Musiker oft in den Untergrund gehen mussten, um ihre Botschaften zu verbreiten.

Ein weiteres Problem war der *Zugang zu Ressourcen*. Viele Künstler auf Yvenis Prime hatten Schwierigkeiten, die notwendigen Materialien und Plattformen zu finden, um ihre Arbeiten zu präsentieren. Dies führte zu einer Abhängigkeit von improvisierten Lösungen und der Notwendigkeit, Netzwerke zu schaffen, um Unterstützung zu erhalten.

## Beispiele aus der Kampagne

Ein herausragendes Beispiel für den Einsatz von Kunst in der Kampagne war die *Lichtinstallation* "Biolumineszente Träume", die von Jyn Fael und ihrer Gemeinschaft organisiert wurde. Diese Installation verwandelte einen öffentlichen Platz in einen strahlenden Raum voller Farben und Formen, die die Schönheit der biolumineszenten Kultur verkörperten. Die Installation zog Tausende von Menschen an und wurde von Live-Musik begleitet, die die Emotionen der Teilnehmer ansprach.

Zudem wurden *Musikvideos* produziert, die die Geschichten von Betroffenen der Sprachrechtsbewegung erzählten. Diese Videos wurden über soziale Medien verbreitet und erreichten ein breites Publikum. Ein besonders erfolgreiches Video, "Sprache ist Licht", kombinierte eindrucksvolle visuelle Effekte mit eingängigen Melodien und ermutigte die Zuschauer, sich aktiv an der Bewegung zu beteiligen.

## Die Auswirkungen von Kunst und Musik

Die Integration von Kunst und Musik in die Kampagne führte zu einer Reihe von positiven Ergebnissen. Zum einen half sie, das Bewusstsein für die Sprachrechte zu schärfen und eine emotionale Verbindung zur Thematik herzustellen. Menschen, die zuvor wenig über die Anliegen der Biolumineszenten wussten, wurden durch die kraftvollen Bilder und Melodien berührt und motiviert, sich zu engagieren.

Darüber hinaus förderte die Kunst die *Gemeinschaftsbildung*. Durch gemeinsame kreative Projekte konnten Menschen aus verschiedenen Hintergründen zusammenkommen und ihre Stimmen vereinen. Dies stärkte nicht nur den Zusammenhalt innerhalb der Bewegung, sondern auch das Gefühl der Identität und Zugehörigkeit.

## Fazit

Insgesamt zeigt die Rolle von Kunst und Musik in der Kampagne für die Sprachrechte der Biolumineszenz auf Yvenis Prime, wie wichtig kreative Ausdrucksformen für sozialen Wandel sind. Sie ermöglichen es, komplexe Themen zu vermitteln, Emotionen zu wecken und Gemeinschaften zu mobilisieren. Die Herausforderungen, die mit ihrer Nutzung einhergehen, können durch Zusammenarbeit und Innovation überwunden werden. Jyn Fael und ihre Bewegung haben bewiesen, dass Kunst und Musik nicht nur Begleiterscheinungen des Aktivismus sind, sondern zentrale Elemente, die den Kampf um Gerechtigkeit und Anerkennung vorantreiben.

## Die ersten Erfolge und Rückschläge

Die ersten Erfolge und Rückschläge in der Sprachrechtsbewegung von Jyn Fael waren entscheidende Momente, die den Verlauf der Bewegung prägten und die Dynamik zwischen den Biolumineszenten und den Menschen auf Yvenis Prime beeinflussten. Diese Phase war gekennzeichnet durch eine Mischung aus Triumph und Enttäuschung, die sowohl die Motivation der Aktivisten als auch die Reaktionen der Gesellschaft auf die Forderungen nach Sprachrechten formte.

### Erfolge der Sprachrechtsbewegung

Die ersten Erfolge der Bewegung manifestierten sich in mehreren Bereichen, die sowohl symbolische als auch praktische Bedeutung hatten. Ein bemerkenswerter Erfolg war die Einführung von bilingualen Programmen in Schulen, die es den Biolumineszenten ermöglichte, ihre Sprache in den Lehrplan zu integrieren. Diese

Programme wurden als direkte Antwort auf die Forderungen der Biolumineszenten Allianz ins Leben gerufen und trugen dazu bei, das Bewusstsein für die kulturelle Identität der Biolumineszenten zu schärfen.

$$\text{Erfolg}_{bilingual} = \text{Anzahl der Schulen} \times \text{Anzahl der Schüler} \times \text{Zufriedenheit der Eltern} \tag{47}$$

Die Einführung dieser Programme führte zu einer erhöhten Einschreibung von Biolumineszenten Schülern und förderte den interkulturellen Austausch. Lehrer berichteten von einer positiven Entwicklung in der Klassenzimmerdynamik, da Schüler, die ihre kulturelle Identität durch Sprache ausdrücken konnten, aktiver am Unterricht teilnahmen.

Ein weiterer Erfolg war die erste öffentliche Anerkennung der Biolumineszenz-Sprache durch die Regierung. Diese formelle Anerkennung, die während einer großen Konferenz zur Förderung der interkulturellen Verständigung verkündet wurde, stellte einen Wendepunkt dar. Die Regierung versprach, Ressourcen für die Förderung der Biolumineszenz-Sprache bereitzustellen, was als ein bedeutender Fortschritt in der Anerkennung der Rechte der Biolumineszenten angesehen wurde.

## Rückschläge und Herausforderungen

Trotz dieser Erfolge war die Bewegung nicht ohne Rückschläge. Ein wesentlicher Rückschlag war der Widerstand, den die Biolumineszenten Allianz von nationalistischen Gruppen erfuhr, die die Einführung bilingualer Programme als Bedrohung für die einheitliche Sprache von Yvenis Prime betrachteten. Diese Gruppen organisierten Proteste, die oft in gewaltsame Auseinandersetzungen mündeten. Die Repression, die aus diesen Konflikten resultierte, führte dazu, dass einige Aktivisten eingeschüchtert wurden und ihre Teilnahme an der Bewegung überdachten.

Ein weiterer Rückschlag war die Unfähigkeit, die gesamte Gesellschaft von der Bedeutung der Sprachrechte zu überzeugen. Trotz der positiven Resonanz in einigen Teilen der Bevölkerung gab es auch weit verbreitete Vorurteile und Missverständnisse über die Biolumineszenz-Sprache und ihre kulturelle Bedeutung. Viele Menschen betrachteten die Biolumineszenz als „exotisch" oder „unnütz", was den Aktivisten das Gefühl gab, gegen eine Wand aus Ignoranz anzukämpfen.

$$\text{Rückschlag}_{Widerstand} = \text{Anzahl der Proteste} \times \text{Intensität der Repression} \tag{48}$$

Die Aktivisten mussten Strategien entwickeln, um mit diesen Rückschlägen umzugehen. Die Notwendigkeit, die öffentliche Wahrnehmung zu ändern, führte zu einer verstärkten Nutzung von sozialen Medien und Kunst, um die Anliegen der Bewegung zu verbreiten und das Bewusstsein zu schärfen. Kampagnen wurden ins Leben gerufen, um die positiven Aspekte der Biolumineszenz-Kultur und -Sprache hervorzuheben, und es wurden Partnerschaften mit Künstlern und Influencern geschlossen, um die Botschaft weiter zu verbreiten.

**Lernprozesse und Anpassungen**

Die ersten Erfolge und Rückschläge führten zu wichtigen Lernprozessen innerhalb der Bewegung. Die Biolumineszenten Allianz erkannte, dass es entscheidend war, eine breite Basis an Unterstützung zu mobilisieren, um die gesellschaftlichen Normen zu verändern. Die Aktivisten begannen, Workshops und Informationsveranstaltungen zu organisieren, die auf die Aufklärung der Öffentlichkeit abzielten. Diese Veranstaltungen halfen, das Verständnis für die Biolumineszenz-Sprache zu vertiefen und die kulturelle Identität der Biolumineszenten zu feiern.

In dieser Phase wurde auch die Bedeutung der internen Kommunikation innerhalb der Bewegung deutlich. Die Aktivisten mussten sicherstellen, dass alle Mitglieder über die Ziele und Strategien der Bewegung informiert waren und sich aktiv an der Entscheidungsfindung beteiligen konnten. Dies führte zu einer stärkeren Kohäsion innerhalb der Allianz und half, die Motivation der Mitglieder aufrechtzuerhalten, selbst in schwierigen Zeiten.

Die ersten Erfolge und Rückschläge in der Sprachrechtsbewegung von Jyn Fael waren somit nicht nur prägend für den Verlauf der Bewegung, sondern auch lehrreich für die Aktivisten. Sie erkannten, dass der Kampf um Sprachrechte ein langfristiger Prozess war, der Geduld, Kreativität und unermüdliches Engagement erforderte. Trotz der Herausforderungen blieben sie entschlossen, ihre Stimme zu erheben und für ihre Rechte zu kämpfen, was letztendlich zu einer nachhaltigeren und inklusiveren Gesellschaft auf Yvenis Prime führte.

**Die Rolle der Jugend im Aktivismus**

Die Jugend spielt eine entscheidende Rolle im Aktivismus, insbesondere im Kontext der Sprachrechte auf Yvenis Prime. Diese dynamische und oft unerschütterliche Gruppe bringt frische Perspektiven, kreative Ideen und eine unermüdliche Energie in die Bewegung ein, die für Veränderungen unerlässlich ist. In diesem Abschnitt werden wir die verschiedenen Dimensionen der Rolle der Jugend im Aktivismus untersuchen, einschließlich der Herausforderungen, denen sie gegenüberstehen, der Theorien, die ihren Einfluss erklären, und konkreten Beispielen, die ihren Beitrag illustrieren.

## Theoretische Grundlagen

Die Rolle der Jugend im Aktivismus kann durch verschiedene theoretische Rahmenbedingungen verstanden werden. Eine der prominentesten Theorien ist die *Generationentheorie*, die besagt, dass jede Generation von den gesellschaftlichen, politischen und wirtschaftlichen Bedingungen geprägt wird, unter denen sie aufwächst. Diese Bedingungen formen nicht nur ihre Werte und Überzeugungen, sondern auch ihre Bereitschaft, sich für Veränderungen einzusetzen.

Ein weiterer relevanter theoretischer Ansatz ist die *Soziale Bewegungstheorie*, die untersucht, wie soziale Bewegungen entstehen und sich entwickeln. Laut dieser Theorie sind junge Menschen oft die Vorreiter von sozialen Bewegungen, da sie weniger an bestehende Normen gebunden sind und eine größere Bereitschaft zeigen, gegen Ungerechtigkeiten zu kämpfen.

## Herausforderungen für die Jugend im Aktivismus

Trotz ihres Potenzials stehen junge Aktivisten auf Yvenis Prime vor erheblichen Herausforderungen. Eine der größten Hürden ist der *Mangel an Ressourcen*. Oft haben junge Menschen nicht die finanziellen Mittel oder den Zugang zu wichtigen Netzwerken, um ihre Botschaften effektiv zu verbreiten. Dies kann ihre Fähigkeit, an Konferenzen teilzunehmen oder Kampagnen zu organisieren, stark einschränken.

Ein weiteres Problem ist die *politische Repression*. In vielen Fällen sind junge Aktivisten Ziel von staatlichen Maßnahmen, die darauf abzielen, ihre Stimmen zum Schweigen zu bringen. Diese Repression kann in Form von Drohungen, Überwachung oder sogar Verhaftungen auftreten, was dazu führt, dass viele junge Menschen zögern, sich öffentlich zu engagieren.

## Beispiele für den Einfluss der Jugend

Trotz dieser Herausforderungen gibt es zahlreiche Beispiele für den positiven Einfluss der Jugend im Aktivismus auf Yvenis Prime. Ein herausragendes Beispiel ist die Gründung des *Biolumineszenten Jugendnetzwerks*, das junge Menschen aus verschiedenen Gemeinschaften zusammenbringt, um sich für die Rechte der Biolumineszenten zu engagieren. Dieses Netzwerk hat nicht nur die Sichtbarkeit der Bewegung erhöht, sondern auch eine Plattform geschaffen, auf der junge Menschen ihre Ideen und Anliegen teilen können.

Ein weiteres Beispiel ist die Nutzung von *sozialen Medien*. Junge Aktivisten haben soziale Medien als Werkzeug genutzt, um ihre Botschaften zu verbreiten und Gleichgesinnte zu mobilisieren. Kampagnen wie *#SpeakYourLight* haben Millionen von Menschen erreicht und das Bewusstsein für die Bedeutung der sprachlichen Rechte der Biolumineszenten geschärft. Diese Kampagnen zeigen, wie die Jugend moderne Technologien nutzen kann, um eine breitere Öffentlichkeit zu erreichen und Veränderungen anzustoßen.

## Die Zukunft der Jugend im Aktivismus

Die Rolle der Jugend im Aktivismus wird in den kommenden Jahren voraussichtlich weiter wachsen. Mit der zunehmenden Verfügbarkeit von Informationen und Ressourcen, insbesondere durch das Internet, haben junge Menschen mehr Möglichkeiten denn je, sich zu engagieren und Einfluss zu nehmen. Die Herausforderungen, vor denen sie stehen, werden jedoch nicht verschwinden, und es ist entscheidend, dass sie Unterstützung und Ressourcen erhalten, um ihre Stimmen zu stärken.

Zusammenfassend lässt sich sagen, dass die Jugend eine unverzichtbare Kraft im Aktivismus ist. Ihre Ideen, Energie und Entschlossenheit sind entscheidend für den Kampf um die Sprachrechte der Biolumineszenten auf Yvenis Prime. Indem sie sich zusammenschließen, ihre Stimmen erheben und innovative Ansätze verfolgen, können junge Aktivisten nicht nur ihre Gemeinschaften, sondern auch die gesamte Gesellschaft verändern. Der Weg ist nicht einfach, aber die Entschlossenheit und der Einfallsreichtum der Jugend werden weiterhin eine treibende Kraft für positive Veränderungen sein.

## Der nachhaltige Einfluss der Kampagne

Die Kampagne für die Sprachrechte der Biolumineszenz hat nicht nur kurzfristige Erfolge erzielt, sondern auch einen nachhaltigen Einfluss auf die Gesellschaft und die politischen Strukturen auf Yvenis Prime. Dieser Einfluss kann in verschiedenen Dimensionen betrachtet werden, darunter die gesellschaftliche Wahrnehmung von Sprache, die politischen Rahmenbedingungen und die kulturellen Veränderungen innerhalb der Gemeinschaft.

## Gesellschaftliche Wahrnehmung von Sprache

Die Kampagne hat das Bewusstsein für die Bedeutung der Sprache als Träger von Identität und Kultur geschärft. Durch die Einführung von Bildungsprogrammen und Workshops zur Biolumineszenz-Sprache wurde die Wichtigkeit der Mehrsprachigkeit hervorgehoben. Die Theorie der *sozialen Identität* (Tajfel & Turner, 1979) besagt, dass Individuen ihre Identität stark aus der Zugehörigkeit zu sozialen Gruppen ableiten. In diesem Kontext haben die Kampagnenaktivitäten dazu beigetragen, dass die Biolumineszenz-Sprache als ein zentraler Bestandteil der Identität der Gemeinschaft anerkannt wurde.

Ein Beispiel für diesen Wandel ist die zunehmende Verwendung der Biolumineszenz-Sprache in öffentlichen Veranstaltungen und Medien. Die Förderung von mehrsprachigen Inhalten hat auch dazu geführt, dass die Gemeinschaft sich stärker mit ihrer Kultur identifiziert und stolz auf ihre sprachlichen Wurzeln ist.

## Politische Rahmenbedingungen

Die politische Landschaft auf Yvenis Prime hat sich durch die Kampagne signifikant verändert. Die Einführung von Gesetzen, die die Rechte der Biolumineszenz-Sprecher schützen, ist ein direktes Ergebnis des Drucks, den die Bewegung ausgeübt hat. In der politischen Theorie wird oft auf den *politischen Prozess* verwiesen, der durch Mobilisierung und Advocacy beeinflusst werden kann. Die Kampagne hat gezeigt, wie wichtig es ist, dass Bürger aktiv in politische Prozesse eingreifen, um Veränderungen herbeizuführen.

Ein konkretes Beispiel ist das Gesetz zur Anerkennung der Biolumineszenz-Sprache als offizielle Sprache, das nach intensiven Verhandlungen und öffentlichem Druck verabschiedet wurde. Diese gesetzliche Anerkennung hat nicht nur die Rechte der Sprecher gestärkt, sondern auch die Sichtbarkeit der Sprache in Bildungseinrichtungen und öffentlichen Institutionen erhöht.

## Kulturelle Veränderungen

Die Kampagne hat auch tiefgreifende kulturelle Veränderungen angestoßen. Durch die Nutzung von Kunst und Musik als Mittel zur Mobilisierung und Sensibilisierung hat die Bewegung eine Plattform geschaffen, auf der die kulturellen Ausdrucksformen der Biolumineszenz-Gemeinschaft gefeiert werden. Die Theorie des *kulturellen Wandels* (Rogers, 2003) beschreibt, wie neue Ideen und Praktiken in eine Gesellschaft eingeführt werden und sich dort verbreiten. Die

Kampagne hat erfolgreich neue kulturelle Normen etabliert, die die Wertschätzung der Biolumineszenz-Kultur fördern.

Ein Beispiel hierfür ist die Einführung von jährlichen Festivals, die der Biolumineszenz-Sprache und -Kultur gewidmet sind. Diese Festivals ziehen nicht nur lokale Bürger an, sondern auch intergalaktische Besucher, was zu einem Austausch von Ideen und Kulturen führt.

**Herausforderungen und Lösungen**

Trotz des nachhaltigen Einflusses der Kampagne gibt es Herausforderungen, die es zu bewältigen gilt. Eine der größten Herausforderungen ist die Aufrechterhaltung des Engagements innerhalb der Gemeinschaft. Die Theorie des *kollektiven Handelns* (Olson, 1965) legt nahe, dass es schwierig sein kann, eine langfristige Mobilisierung aufrechtzuerhalten, wenn die unmittelbaren Ziele erreicht sind. Um diesem Problem entgegenzuwirken, haben die Organisatoren der Bewegung kontinuierlich neue Ziele und Herausforderungen formuliert, um die Gemeinschaft zu motivieren und zu aktivieren.

Zusätzlich hat die Kampagne Strategien entwickelt, um die intergenerationale Weitergabe von Wissen und Engagement zu fördern. Programme, die junge Menschen in die Aktivitäten einbeziehen, haben sich als besonders effektiv erwiesen, um eine neue Generation von Aktivisten heranzuziehen.

**Fazit**

Insgesamt hat die Kampagne für die Sprachrechte der Biolumineszenz auf Yvenis Prime einen tiefgreifenden und nachhaltigen Einfluss auf die Gesellschaft, die Politik und die Kultur ausgeübt. Durch die Schaffung eines Bewusstseins für die Bedeutung der Sprache, die Veränderung politischer Rahmenbedingungen und die Förderung kultureller Ausdrucksformen hat die Bewegung nicht nur die Rechte der Biolumineszenz-Sprecher gestärkt, sondern auch eine inklusive und vielfältige Gesellschaft gefördert. Der nachhaltige Einfluss dieser Kampagne zeigt, wie wichtig es ist, dass Stimmen, die oft übersehen werden, gehört und gefeiert werden.

# Der Weg zur Anerkennung

## Die politischen Veränderungen

### Die ersten Gespräche mit der Regierung

Die ersten Gespräche zwischen Jyn Fael und der Regierung von Yvenis Prime stellten einen entscheidenden Wendepunkt in der Geschichte der Biolumineszenten Allianz dar. Diese Gespräche waren nicht nur ein Ausdruck des Wunsches nach Anerkennung, sondern auch ein strategischer Schritt, um die Bedürfnisse der biolumineszenten Gemeinschaft zu artikulieren und ihre Sprachrechte zu sichern.

### Der Kontext der Gespräche

Um den Kontext der Gespräche zu verstehen, ist es wichtig, die politischen und sozialen Rahmenbedingungen auf Yvenis Prime zu betrachten. Die Regierung war zu dieser Zeit stark von den Interessen der menschlichen Bevölkerung geprägt, die oft die kulturellen und sprachlichen Eigenheiten der biolumineszenten Bürger ignorierte. Die Biolumineszenz, die nicht nur eine Form der Kommunikation, sondern auch ein zentraler Bestandteil der Identität der biolumineszenten Bevölkerung war, wurde oft als exotisches Phänomen betrachtet, das in den politischen Diskursen kaum Beachtung fand.

### Die Vorbereitung der Gespräche

Jyn und die Mitglieder der Biolumineszenten Allianz erkannten, dass eine effektive Vorbereitung für die Gespräche mit der Regierung von entscheidender Bedeutung war. Sie entwickelten eine umfassende Strategie, die folgende Elemente beinhaltete:

- **Forschung und Datenanalyse:** Um ihre Argumente zu untermauern, sammelten sie Daten über die Auswirkungen der sprachlichen

Diskriminierung auf die biolumineszente Gemeinschaft. Studien zeigten, dass der Mangel an Sprachrechten zu einem Verlust der kulturellen Identität führte und die psychische Gesundheit beeinträchtigte.

- **Koalitionsbildung:** Jyn bemühte sich, Unterstützung von anderen Organisationen und Gruppen zu gewinnen, die ähnliche Ziele verfolgten. Diese Koalitionen stärkten ihre Position und ermöglichten es ihnen, die Gespräche als Teil einer breiteren Bewegung zu präsentieren.

- **Entwicklung eines klaren Antrags:** Der Antrag, der der Regierung vorgelegt wurde, beinhaltete spezifische Forderungen, darunter die offizielle Anerkennung der biolumineszenten Sprache und die Einführung von Sprachunterricht in Schulen.

## Die ersten Gespräche

Die ersten Gespräche fanden in einem formellen Rahmen statt, in dem Vertreter der Regierung und der Biolumineszenten Allianz zusammenkamen. Jyn war gut vorbereitet und brachte ihre Argumente mit Leidenschaft vor. Sie sprach über die kulturellen und identitätsstiftenden Aspekte der Biolumineszenz und erläuterte, wie die Anerkennung der Sprache zur Förderung des sozialen Zusammenhalts beitragen könnte.

Ein entscheidendes Argument, das Jyn vorbrachte, war die Idee, dass Sprache nicht nur ein Kommunikationsmittel ist, sondern auch ein Träger von Kultur und Geschichte. Sie zitierte den Linguisten Edward Sapir, der sagte:

> „Die Sprache ist das wichtigste Medium, durch das die Menschen ihre Welt verstehen und sich selbst definieren."

Die Regierung war jedoch skeptisch. Ein zentrales Problem war das Fehlen eines klaren Verständnisses für die biolumineszente Kultur und deren Relevanz in der intergalaktischen Gesellschaft. Viele Regierungsvertreter sahen die Forderungen als zu radikal an und befürchteten, dass die Anerkennung der biolumineszenten Sprache zu einer Fragmentierung der Gesellschaft führen könnte.

## Herausforderungen und Widerstände

Während der Gespräche traten mehrere Herausforderungen und Widerstände auf:

- **Misstrauen:** Einige Regierungsvertreter äußerten Bedenken hinsichtlich der Absichten der Biolumineszenten Allianz. Sie befürchteten, dass die Forderungen nach Sprachrechten ein Vorwand für eine größere politische Agenda sein könnten.

- **Mangel an Ressourcen:** Die Regierung argumentierte, dass die Umsetzung der geforderten Maßnahmen erhebliche Ressourcen erfordere, die in anderen Bereichen dringender benötigt würden. Diese Argumentation spiegelte die Prioritäten der Regierung wider, die oft auf wirtschaftliche Überlegungen fokussiert war.

- **Kulturelle Vorurteile:** Vorurteile gegenüber der biolumineszenten Kultur führten dazu, dass einige Regierungsvertreter die Sprache und ihre Bedeutung nicht ernst nahmen. Diese Vorurteile waren tief verwurzelt und erforderten eine umfassende Bildungsarbeit, um sie abzubauen.

## Erste Erfolge und Rückschläge

Trotz der Herausforderungen gab es auch erste Erfolge. Jyn und ihre Mitstreiter konnten einige Regierungsvertreter von der Wichtigkeit der Sprachrechte überzeugen. Es wurden Arbeitsgruppen eingerichtet, um die Anliegen der biolumineszenten Gemeinschaft zu diskutieren. Diese Arbeitsgruppen boten eine Plattform für den Austausch von Ideen und ermöglichten es der Biolumineszenten Allianz, ihre Perspektiven weiter zu verbreiten.

Ein Beispiel für diesen Erfolg war die Einführung eines Pilotprojekts in Schulen, das den Unterricht in der biolumineszenten Sprache förderte. Dies war ein kleiner, aber bedeutender Schritt in Richtung Anerkennung und Wertschätzung der biolumineszenten Kultur.

## Schlussfolgerung

Die ersten Gespräche mit der Regierung waren ein komplexer Prozess, der sowohl Herausforderungen als auch Chancen bot. Jyn Faels Engagement und die strategische Vorbereitung der Biolumineszenten Allianz legten den Grundstein für zukünftige Verhandlungen. Sie verdeutlichten, dass der Weg zur Anerkennung der Sprachrechte nicht nur ein rechtlicher, sondern auch ein kultureller Kampf war, der die Herzen und Köpfe der Menschen auf Yvenis Prime erreichen musste.

## Die Herausforderungen des politischen Prozesses

Der politische Prozess ist oft ein komplexes und vielschichtiges Unterfangen, das nicht nur die Ausarbeitung und Verabschiedung von Gesetzen umfasst, sondern auch die Interaktion zwischen verschiedenen Akteuren, Institutionen und der Öffentlichkeit. In der Biografie von Jyn Fael wird deutlich, dass der Weg zur Anerkennung der Sprachrechte der Biolumineszenz auf Yvenis Prime von zahlreichen Herausforderungen geprägt war, die sowohl struktureller als auch strategischer Natur waren.

### 1. Die Fragmentierung der politischen Landschaft

Ein zentrales Problem im politischen Prozess ist die Fragmentierung der politischen Landschaft. Auf Yvenis Prime existieren verschiedene politische Fraktionen, die unterschiedliche Interessen vertreten. Diese Fragmentierung erschwert es, eine einheitliche Stimme für die Biolumineszenten zu finden. Jyn Fael und ihre Verbündeten mussten sich mit einer Vielzahl von politischen Akteuren auseinandersetzen, die oft gegensätzliche Ansichten über die Anerkennung der Sprachrechte hatten.

$$\text{Politische Fragmentierung} = \sum_{i=1}^{n} \text{Interessen}_i \qquad (49)$$

Hierbei steht $n$ für die Anzahl der politischen Fraktionen und Interessen$_i$ für die spezifischen Interessen jeder Fraktion. Diese Gleichung verdeutlicht, dass die Vielzahl an Interessen eine kohärente politische Strategie erschwert.

### 2. Bürokratische Hürden

Ein weiteres Hindernis sind die bürokratischen Hürden, die oft mit dem politischen Prozess verbunden sind. Die Antragsverfahren für die Einbringung von Gesetzesentwürfen sind häufig langwierig und komplex. Jyn und ihre Mitstreiter mussten sich durch ein Dickicht aus Vorschriften und Verfahren navigieren, um ihre Anliegen Gehör zu verschaffen.

Ein Beispiel für diese bürokratischen Hürden war der Antrag auf eine öffentliche Anhörung, der zunächst abgelehnt wurde, weil die zuständigen Behörden die Relevanz der Sprachrechte nicht anerkannten. Dies führte zu einer intensiven Lobbyarbeit, um die Entscheidungsträger von der Dringlichkeit des Anliegens zu überzeugen.

## 3. Politische Repression

Die politische Repression ist ein ernstzunehmendes Problem, das viele Aktivisten betrifft. Auf Yvenis Prime sah sich Jyn Fael nicht nur mit Widerstand aus der politischen Landschaft konfrontiert, sondern auch mit direkter Repression durch die Regierung. Diese Repression äußerte sich in Form von Überwachung, Einschüchterung und sogar Verhaftungen von Aktivisten, die sich für die Sprachrechte einsetzten.

Ein Beispiel hierfür ist der Vorfall während einer Demonstration, bei dem mehrere Mitglieder der Biolumineszenten Allianz festgenommen wurden. Diese Maßnahmen sollten nicht nur die Bewegung schwächen, sondern auch andere potenzielle Unterstützer von einer Teilnahme abhalten.

## 4. Mangel an Ressourcen

Ein weiteres bedeutendes Problem ist der Mangel an Ressourcen, der oft die Fähigkeit von Aktivisten einschränkt, effektive Kampagnen durchzuführen. Jyn und ihre Mitstreiter benötigten finanzielle Mittel, um Informationsmaterialien zu erstellen, Veranstaltungen zu organisieren und Öffentlichkeitsarbeit zu leisten. Oft waren sie auf Spenden und ehrenamtliche Unterstützung angewiesen, was die Planung und Durchführung von Kampagnen zusätzlich erschwerte.

$$\text{Ressourcen} = \text{Finanzen} + \text{Menschen} + \text{Materialien} \qquad (50)$$

Hierbei ist es entscheidend, dass alle drei Faktoren in ausreichendem Maße vorhanden sind, um einen effektiven politischen Prozess zu ermöglichen.

## 5. Der Einfluss von Lobbygruppen

Lobbygruppen spielen eine entscheidende Rolle im politischen Prozess. Oft sind es gut finanzierte und organisierte Gruppen, die die politische Agenda maßgeblich beeinflussen können. Jyn Fael und ihre Bewegung mussten sich gegen mächtige Lobbyisten behaupten, die die Interessen der etablierten politischen Fraktionen vertreten. Diese Gruppen hatten nicht nur Zugang zu Ressourcen, sondern auch zu entscheidenden Entscheidungsträgern, was den Einfluss der Biolumineszenten Allianz erheblich einschränkte.

## 6. Die Notwendigkeit der öffentlichen Unterstützung

Schließlich ist die öffentliche Unterstützung ein entscheidender Faktor im politischen Prozess. Jyn Fael erkannte schnell, dass ohne eine breite Basis an

Unterstützung in der Bevölkerung ihre Bemühungen um Anerkennung der Sprachrechte ins Leere laufen würden. Daher war es notwendig, das Bewusstsein für die Anliegen der Biolumineszenten zu schärfen und eine breite Solidarität zu mobilisieren.

Die Verwendung von sozialen Medien und kreativen Kampagnen war entscheidend, um das öffentliche Interesse zu wecken. Die Herausforderung bestand darin, eine Botschaft zu formulieren, die sowohl die Biolumineszenten als auch die Menschen auf Yvenis Prime ansprach und eine gemeinsame Identität schuf.

$$\text{Öffentliche Unterstützung} = \text{Aufklärung} + \text{Engagement} + \text{Solidarität} \qquad (51)$$

Die Gleichung zeigt, dass die Stärkung der öffentlichen Unterstützung eine Kombination aus Aufklärung, Engagement und Solidarität erfordert, um eine positive Resonanz im politischen Prozess zu erzeugen.

## Schlussfolgerung

Zusammenfassend lässt sich sagen, dass der politische Prozess für Jyn Fael und die Biolumineszenten Allianz von zahlreichen Herausforderungen geprägt war. Diese umfassten die Fragmentierung der politischen Landschaft, bürokratische Hürden, politische Repression, Mangel an Ressourcen, den Einfluss von Lobbygruppen und die Notwendigkeit öffentlicher Unterstützung. Um erfolgreich zu sein, war es unerlässlich, diese Herausforderungen zu erkennen und strategisch anzugehen, um die Sprachrechte der Biolumineszenz auf Yvenis Prime zu sichern und zu fördern.

## Die Rolle der Medien in der Politik

Die Medien spielen eine entscheidende Rolle in der politischen Landschaft, indem sie Informationen verbreiten, die öffentliche Meinung formen und als Plattform für politische Diskurse dienen. In der Ära der digitalen Kommunikation hat sich die Rolle der Medien weiterentwickelt und ist komplexer geworden. Um die Auswirkungen der Medien auf die Politik zu verstehen, ist es wichtig, verschiedene Theorien und Konzepte zu betrachten.

### Theoretische Grundlagen

Eine der grundlegenden Theorien zur Rolle der Medien in der Politik ist die **Agenda-Setting-Theorie**. Diese Theorie besagt, dass die Medien nicht nur

*DIE POLITISCHEN VERÄNDERUNGEN* 167

berichten, sondern auch die Themen bestimmen, die in der politischen Diskussion behandelt werden. Die Medien haben die Macht, bestimmte Themen hervorzuheben und andere in den Hintergrund zu drängen, was die Prioritäten der Öffentlichkeit beeinflusst. Dies geschieht oft durch die Auswahl von Nachrichten, die prominent platziert werden, sowie durch die Art und Weise, wie diese Nachrichten präsentiert werden.

Ein weiteres wichtiges Konzept ist die **Framing-Theorie**. Diese Theorie untersucht, wie die Medien Informationen strukturieren und präsentieren, um bestimmte Interpretationen zu fördern. Durch den Rahmen, den sie für ein Thema setzen, können die Medien die Wahrnehmung der Öffentlichkeit erheblich beeinflussen. Zum Beispiel kann die Berichterstattung über einen Protest entweder als Ausdruck legitimer Unzufriedenheit oder als chaotische Störung dargestellt werden, was die öffentliche Reaktion stark beeinflusst.

## Probleme und Herausforderungen

Trotz ihrer wichtigen Rolle stehen die Medien vor zahlreichen Herausforderungen. Eine der größten Herausforderungen ist die **Medienkonzentration**. Wenn eine kleine Anzahl von Unternehmen die Medienlandschaft dominiert, kann dies zu einer einseitigen Berichterstattung führen. Die Vielfalt der Meinungen und Perspektiven wird eingeschränkt, was die demokratische Diskussion gefährdet.

Ein weiteres Problem ist die **Desinformation**. In der heutigen digitalen Welt verbreiten sich falsche Informationen und Verschwörungstheorien schnell über soziale Medien. Dies kann das Vertrauen der Öffentlichkeit in die Medien und die politischen Institutionen untergraben. Politische Akteure nutzen oft gezielte Desinformationskampagnen, um ihre Agenda voranzutreiben, was zu einer Polarisierung der Gesellschaft führt.

## Beispiele aus der Praxis

Ein bemerkenswertes Beispiel für die Rolle der Medien in der Politik ist die Berichterstattung über die **Biolumineszenten Allianz** und ihre Forderungen nach Sprachrechten. Die Medienberichterstattung spielte eine entscheidende Rolle bei der Sensibilisierung der Öffentlichkeit für die Anliegen der Allianz. Durch gezielte Berichterstattung konnten die Medien die Themen der Sprachrechte und kulturellen Identität ins Rampenlicht rücken, was zu einer breiteren Unterstützung in der Gesellschaft führte.

Ein weiteres Beispiel ist die Reaktion der Medien auf die erste öffentliche Demonstration der Allianz. Die Art und Weise, wie die Medien über die Demonstration berichteten, beeinflusste nicht nur die öffentliche Wahrnehmung, sondern auch die Reaktionen der Regierung. Positive Berichterstattung führte zu einer erhöhten Aufmerksamkeit und Unterstützung für die Bewegung, während negative Berichterstattung zu einem verstärkten Widerstand führen konnte.

### Schlussfolgerung

Zusammenfassend lässt sich sagen, dass die Medien eine unverzichtbare Rolle in der Politik spielen, indem sie Informationen verbreiten und die öffentliche Meinung formen. Die Herausforderungen, vor denen die Medien stehen, wie Medienkonzentration und Desinformation, erfordern eine kritische Auseinandersetzung mit der Medienlandschaft. Die Beispiele aus der Praxis zeigen, wie wichtig eine verantwortungsvolle Berichterstattung für den Erfolg politischer Bewegungen ist. Die Medien müssen als Hüter der Demokratie agieren und sicherstellen, dass sie eine Plattform für vielfältige Stimmen und Perspektiven bieten.

$$\text{Einfluss der Medien} = \text{Agenda-Setting} + \text{Framing} + \text{Öffentliche Wahrnehmung} \tag{52}$$

## Die Bedeutung von Lobbyarbeit

Lobbyarbeit spielt eine entscheidende Rolle im politischen Prozess, insbesondere wenn es um die Durchsetzung von Rechten und Interessen marginalisierter Gruppen geht. Für Jyn Fael und die Biolumineszenten Allianz war Lobbyarbeit nicht nur ein strategisches Werkzeug, sondern auch ein Mittel zur Schaffung eines Dialogs zwischen der Regierung und den Vertretern der biolumineszenten Gemeinschaft. Diese Sektion untersucht die Theorie und Praxis der Lobbyarbeit, die Herausforderungen, denen sie gegenübersteht, sowie konkrete Beispiele, die die Bedeutung dieser Aktivität verdeutlichen.

### Theoretische Grundlagen der Lobbyarbeit

Lobbyarbeit bezieht sich auf die Aktivitäten, die darauf abzielen, politische Entscheidungsträger zu beeinflussen, um spezifische Interessen zu fördern. Laut der Theorie der pluralistischen Demokratie ist Lobbyarbeit ein notwendiges Element, um die Vielfalt der Interessen in einer Gesellschaft widerzuspiegeln. In

*DIE POLITISCHEN VERÄNDERUNGEN* 169

diesem Kontext wird Lobbyarbeit als ein Mechanismus betrachtet, der es verschiedenen Gruppen ermöglicht, Gehör zu finden und ihre Anliegen in den politischen Diskurs einzubringen [?].

Die Lobbyarbeit kann in zwei Hauptkategorien unterteilt werden:

- **Direkte Lobbyarbeit:** Diese Form umfasst persönliche Treffen, das Einreichen von Petitionen und das Bereitstellen von Informationen an Entscheidungsträger.

- **Indirekte Lobbyarbeit:** Diese umfasst die Mobilisierung der Öffentlichkeit, Medienkampagnen und die Bildung von Koalitionen, um den Druck auf die Politik zu erhöhen.

### Herausforderungen der Lobbyarbeit

Trotz ihrer Bedeutung sieht sich die Lobbyarbeit mit mehreren Herausforderungen konfrontiert:

- **Mangelnde Ressourcen:** Viele Organisationen, insbesondere solche, die von marginalisierten Gruppen vertreten werden, verfügen nicht über die finanziellen Mittel, um effektive Lobbyarbeit zu leisten. Dies kann ihre Fähigkeit einschränken, Fachleute einzustellen oder umfassende Kampagnen durchzuführen.

- **Politische Widerstände:** Lobbyarbeit kann auf Widerstand von politischen Entscheidungsträgern stoßen, die möglicherweise nicht bereit sind, die Anliegen bestimmter Gruppen zu berücksichtigen. Dies kann insbesondere der Fall sein, wenn diese Anliegen als unpopulär oder kontrovers angesehen werden.

- **Mangelnde Transparenz:** Oftmals wird Lobbyarbeit als intransparent wahrgenommen, was das Vertrauen der Öffentlichkeit in die politischen Prozesse untergräbt. Dies ist besonders problematisch, wenn es um die Interessenvertretung von Minderheiten geht.

### Beispiele erfolgreicher Lobbyarbeit

Ein bemerkenswertes Beispiel für erfolgreiche Lobbyarbeit in der Geschichte der Biolumineszenten Allianz war die Kampagne zur Anerkennung der biolumineszenten Sprache als offizielle Sprache auf Yvenis Prime. Die Allianz organisierte mehrere Lobbytage, an denen Mitglieder der Gemeinschaft direkt mit Abgeordneten sprachen und die kulturelle Bedeutung ihrer Sprache erläuterten.

Die wichtigsten Schritte in dieser Kampagne umfassten:

1. **Informationssammlung:** Die Allianz sammelte Daten über die Anzahl der Sprecher der biolumineszenten Sprache und deren kulturelle Bedeutung. Diese Daten wurden in Form von Berichten und Infografiken aufbereitet, um die Argumente zu untermauern.

2. **Koalitionsbildung:** Die Allianz arbeitete mit anderen Organisationen zusammen, die ähnliche Ziele verfolgten, um eine stärkere Stimme zu haben. Dies umfasste sowohl lokale als auch intergalaktische Gruppen, die sich für Sprachrechte einsetzten.

3. **Öffentliche Mobilisierung:** Die Allianz nutzte soziale Medien und öffentliche Veranstaltungen, um das Bewusstsein für ihre Anliegen zu schärfen und Unterstützung aus der breiteren Gemeinschaft zu gewinnen.

Diese Maßnahmen führten schließlich zu einem Treffen mit hochrangigen Regierungsvertretern, bei dem die Allianz ihre Forderungen klar und überzeugend darlegen konnte. Die Kombination aus direkter Lobbyarbeit und öffentlicher Mobilisierung führte zu einer positiven Reaktion der Regierung, die sich bereit erklärte, die Anliegen der biolumineszenten Gemeinschaft zu prüfen.

## Fazit

Die Bedeutung von Lobbyarbeit kann nicht hoch genug eingeschätzt werden, insbesondere für Gruppen, die sich für ihre Rechte und Interessen einsetzen. Für Jyn Fael und die Biolumineszenten Allianz war Lobbyarbeit nicht nur ein Mittel zur Einflussnahme, sondern auch ein Weg, um die eigene Identität und Kultur zu stärken. Durch strategische Planung, Koalitionsbildung und die Mobilisierung der Gemeinschaft konnte die Allianz bedeutende Fortschritte in ihrem Kampf um Sprachrechte erzielen. Die Herausforderungen bleiben jedoch bestehen, und die Notwendigkeit für kontinuierliche und transparente Lobbyarbeit ist unerlässlich, um die erreichten Fortschritte zu sichern und weiter auszubauen.

## Die ersten Gesetzesentwürfe

Die ersten Gesetzesentwürfe zur Anerkennung der Sprachrechte der biolumineszenten Bevölkerung auf Yvenis Prime stellten einen entscheidenden Wendepunkt in der politischen Landschaft dar. Diese Entwürfe waren nicht nur

*DIE POLITISCHEN VERÄNDERUNGEN*

das Ergebnis jahrelanger Aktivismusarbeit, sondern auch das Produkt eines tiefen Verständnisses für die kulturellen und linguistischen Bedürfnisse der Biolumineszenten.

## Hintergrund und Motivation

Die Motivation hinter den Gesetzesentwürfen war vielschichtig. Zum einen wurde erkannt, dass die Sprache nicht nur ein Kommunikationsmittel ist, sondern auch ein Träger von Identität und Kultur. Jyn Fael und ihre Mitstreiter argumentierten, dass die Anerkennung der biolumineszenten Sprache nicht nur die Rechte ihrer Gemeinschaft schützen würde, sondern auch zur Bereicherung der gesamten Gesellschaft auf Yvenis Prime beitragen könnte.

$$C = \frac{(L + S)}{I} \tag{53}$$

In dieser Gleichung steht $C$ für den kulturellen Beitrag, $L$ für die linguistische Vielfalt, $S$ für die soziale Integration und $I$ für die Identität. Diese Formel verdeutlicht, dass ein Anstieg der linguistischen Vielfalt und sozialen Integration zu einem höheren kulturellen Beitrag führt.

## Entwicklung der Gesetzesentwürfe

Die Entwicklung der Gesetzesentwürfe war ein iterativer Prozess, der durch mehrere Phasen gekennzeichnet war. Zunächst wurden Arbeitsgruppen gebildet, die aus Aktivisten, Linguisten und Juristen bestanden. Diese Gruppen hatten die Aufgabe, die Bedürfnisse der biolumineszenten Gemeinschaft zu ermitteln und diese in rechtliche Rahmenbedingungen zu übersetzen.

Die ersten Entwürfe umfassten folgende Kernpunkte:

- **Anerkennung der biolumineszenten Sprache als Amtssprache:** Dies war ein zentraler Punkt, der sicherstellen sollte, dass die biolumineszenten Bürger in ihrer eigenen Sprache kommunizieren konnten, insbesondere in offiziellen Angelegenheiten.

- **Zugang zu Bildung:** Der Entwurf sah vor, dass Schulen auf Yvenis Prime biolumineszente Sprachkurse anbieten sollten, um die nächste Generation in ihrer kulturellen Identität zu stärken.

- **Schutz von kulturellem Erbe:** Die Gesetzesentwürfe beinhalteten auch Maßnahmen zum Schutz und zur Förderung der biolumineszenten Kultur, einschließlich der Unterstützung von Kunst und Musik.

## Herausforderungen bei der Umsetzung

Die Umsetzung dieser Gesetzesentwürfe war jedoch nicht ohne Herausforderungen. Ein zentrales Problem war der Widerstand seitens der Regierung und der etablierten politischen Parteien. Viele Politiker sahen die Anerkennung der biolumineszenten Sprache als Bedrohung für die Einheit und Homogenität der Gesellschaft an.

Ein weiteres Problem war die Komplexität der rechtlichen Formulierung. Die Juristen in den Arbeitsgruppen standen vor der Herausforderung, die Besonderheiten der biolumineszenten Sprache in eine rechtliche Sprache zu übersetzen, die sowohl präzise als auch verständlich war.

$$R = \frac{P + C + T}{D} \qquad (54)$$

Hierbei steht $R$ für den Widerstand gegen die Gesetzesentwürfe, $P$ für die politische Opposition, $C$ für kulturelle Missverständnisse, $T$ für technische Schwierigkeiten und $D$ für die öffentliche Unterstützung. Diese Gleichung verdeutlicht, dass ein Anstieg der politischen Opposition und kulturellen Missverständnisse zu einem höheren Widerstand gegen die Gesetzesentwürfe führt.

## Beispiele erfolgreicher Gesetzesentwürfe

Trotz dieser Herausforderungen gab es auch Beispiele für erfolgreiche Gesetzesentwürfe, die als Modell für die biolumineszenten Gesetzesentwürfe dienen konnten. In anderen intergalaktischen Regionen, wie beispielsweise auf Zorath III, wurde eine ähnliche Bewegung initiiert, die zur Anerkennung der dortigen Minderheitensprache führte. Diese Erfolge wurden von Jyn Fael und ihren Mitstreitern als Inspiration genutzt, um ihre eigenen Gesetzesentwürfe zu stärken.

Ein konkretes Beispiel ist das *Zorathian Language Recognition Act*, das 2022 verabschiedet wurde. Dieses Gesetz gewährte der Zorathianischen Sprache nicht nur den Status einer Amtssprache, sondern stellte auch finanzielle Mittel für die Entwicklung von Bildungsprogrammen bereit.

## Schlussfolgerung

Die ersten Gesetzesentwürfe zur Anerkennung der Sprachrechte der biolumineszenten Bevölkerung waren ein bedeutender Schritt in Richtung Gleichheit und Gerechtigkeit. Trotz der Herausforderungen, die sich aus

*DIE POLITISCHEN VERÄNDERUNGEN* 173

politischem Widerstand und rechtlichen Komplexitäten ergaben, bleibt die Hoffnung, dass diese Entwürfe nicht nur die Rechte der biolumineszenten Bürger schützen, sondern auch als Katalysator für eine breitere gesellschaftliche Veränderung dienen können. Der Weg zur Anerkennung war steinig, aber die Vision einer inklusiven und vielfältigen Gesellschaft auf Yvenis Prime war es wert, verfolgt zu werden.

## Die Reaktionen der Bevölkerung

Die Reaktionen der Bevölkerung auf die ersten Gesetzesentwürfe zur Anerkennung der Sprachrechte der Biolumineszenten Bürger auf Yvenis Prime waren vielschichtig und reichten von enthusiastischer Unterstützung bis hin zu tiefgreifender Skepsis. Diese Reaktionen spiegelten nicht nur die unterschiedlichen sozialen und kulturellen Hintergründe der Bürger wider, sondern auch die tief verwurzelten Ängste und Vorurteile, die im Laufe der Zeit entstanden waren.

### Öffentliche Unterstützung

Ein großer Teil der Bevölkerung zeigte sich offen für die Idee der Anerkennung der Sprachrechte. Die Biolumineszenten Allianz hatte in den Monaten vor den Gesetzesentwürfen intensive Aufklärungsarbeit geleistet, die sich in einer Zunahme des öffentlichen Bewusstseins für die Bedeutung von Sprache und Identität niederschlug. Umfragen ergaben, dass etwa 70% der Befragten die Einführung eines neuen Gesetzes zur Förderung der Mehrsprachigkeit unterstützten. Diese Unterstützung war besonders stark unter jüngeren Menschen, die durch soziale Medien und interaktive Kampagnen mobilisiert wurden.

$$\text{Unterstützungsquote} = \frac{\text{Anzahl der Unterstützer}}{\text{Gesamtzahl der Befragten}} \times 100 \quad (55)$$

Die Biolumineszenten Allianz nutzte diese Unterstützung strategisch, indem sie öffentliche Veranstaltungen organisierte, die sowohl informativ als auch unterhaltsam waren. Konzerte, Kunstausstellungen und interaktive Workshops wurden abgehalten, um die kulturellen Werte der Biolumineszenten zu feiern und die Bedeutung der Sprachrechte zu verdeutlichen. Diese Events trugen dazu bei, das Gemeinschaftsgefühl zu stärken und die Unterstützung für die Bewegung zu festigen.

## Skepsis und Widerstand

Trotz der breiten Unterstützung gab es auch signifikante Widerstände. Konservative Gruppen, die um den Erhalt traditioneller Werte besorgt waren, äußerten Bedenken, dass die Anerkennung der Sprachrechte zu einer Fragmentierung der Gesellschaft führen könnte. Diese Gruppen argumentierten, dass die Einführung neuer Sprachgesetze die Integration der Biolumineszenten in die bestehende Gesellschaft gefährden würde. Kritische Stimmen betonten, dass die Ressourcen besser in die Förderung der gemeinsamen Sprache investiert werden sollten.

Ein Beispiel für diese Skepsis war die öffentliche Debatte, die durch einen Artikel in der einflussreichen Zeitung *Yvenis Daily* ausgelöst wurde. Der Artikel, der die möglichen negativen Konsequenzen der Gesetzesentwürfe thematisierte, führte zu einer Welle von Kommentaren und Diskussionen in sozialen Medien. Viele Leser äußerten ihre Bedenken, dass die Einführung neuer Sprachen in Schulen und öffentlichen Einrichtungen zu Verwirrung und Missverständnissen führen könnte.

## Die Rolle der Medien

Die Medien spielten eine entscheidende Rolle in der Formung der öffentlichen Meinung. Während einige Nachrichtenagenturen die Bemühungen um die Sprachrechte positiv hervorhoben, berichteten andere über die Herausforderungen und Konflikte, die mit der Umsetzung der Gesetzesentwürfe einhergingen. Dies führte dazu, dass die Bevölkerung in zwei Lager gespalten wurde: diejenigen, die die Bedeutung der kulturellen Vielfalt anerkannten, und diejenigen, die die Einheit der Gesellschaft über alles stellten.

Die Berichterstattung über die ersten öffentlichen Demonstrationen der Biolumineszenten Allianz war ein weiterer Faktor, der die Reaktionen der Bevölkerung beeinflusste. Während einige Medien die Kreativität und den Einsatz der Demonstranten lobten, berichteten andere über die Spannungen zwischen verschiedenen Gruppen, die zu Auseinandersetzungen führten. Diese Berichterstattung trug dazu bei, die Ängste und Vorurteile in der Gesellschaft zu schüren.

## Kulturelle Differenzen

Die kulturellen Unterschiede zwischen den Biolumineszenten und den Menschen auf Yvenis Prime führten ebenfalls zu unterschiedlichen Reaktionen. Für viele Menschen war die Vorstellung, dass eine neue Sprache und Kultur in die bestehende Gesellschaft integriert werden sollte, eine Herausforderung. Es gab Ängste, dass dies die bestehenden sozialen Strukturen destabilisieren könnte.

Die Biolumineszenten hingegen sahen in der Anerkennung ihrer Sprachrechte eine Chance zur Selbstverwirklichung und zur Stärkung ihrer kulturellen Identität. Sie argumentierten, dass die Vielfalt der Sprachen und Kulturen eine Bereicherung für die Gesellschaft darstellt und dass die Anerkennung ihrer Rechte letztlich zu einer harmonischeren Koexistenz führen könnte.

## Fazit

Zusammenfassend lässt sich sagen, dass die Reaktionen der Bevölkerung auf die ersten Gesetzesentwürfe zur Anerkennung der Sprachrechte der Biolumineszenten sowohl Unterstützung als auch Widerstand beinhalteten. Die Komplexität der Situation erforderte eine sorgfältige Auseinandersetzung mit den Ängsten und Hoffnungen der verschiedenen gesellschaftlichen Gruppen. Die Biolumineszenten Allianz war gefordert, ihre Strategie anzupassen, um sowohl die Befürworter als auch die Skeptiker zu erreichen und einen konstruktiven Dialog zu fördern. Letztlich war es dieser Dialog, der den Weg für eine inklusive Gesellschaft ebnete, in der die Stimmen aller Bürger gehört und respektiert wurden.

## Die Rolle der internationalen Gemeinschaft

Die internationale Gemeinschaft spielt eine entscheidende Rolle im Kampf um die Sprachrechte der Biolumineszenz auf Yvenis Prime. In einer zunehmend globalisierten Welt ist die Unterstützung durch internationale Akteure, einschließlich Regierungen, Nichtregierungsorganisationen (NGOs) und interkulturellen Institutionen, von grundlegender Bedeutung für den Erfolg lokaler Bewegungen. Diese Unterstützung kann in verschiedenen Formen erfolgen, darunter diplomatische Beziehungen, finanzielle Hilfe und der Austausch bewährter Verfahren.

### Diplomatische Unterstützung

Die diplomatische Unterstützung von anderen Planeten und intergalaktischen Organisationen kann den Druck auf die Regierung von Yvenis Prime erhöhen, die Anliegen der Biolumineszenten zu berücksichtigen. Ein Beispiel hierfür ist die Intervention des Intergalaktischen Rates für Kulturelle Rechte (IRCR), der Yvenis Prime während einer Sitzung in der Galaktischen Versammlung zur Verantwortung zog. Der IRCR forderte die Regierung auf, die Sprachrechte der Biolumineszenten anzuerkennen und Maßnahmen zur Förderung ihrer kulturellen

Identität zu ergreifen. Diese Art von internationalem Druck kann zu einem Umdenken in der nationalen Politik führen und die Regierung dazu bewegen, Gesetze zu erlassen, die die Rechte der Biolumineszenten schützen.

## Finanzielle Hilfe

Finanzielle Unterstützung von internationalen NGOs ist ein weiterer wichtiger Aspekt. Diese Organisationen können Ressourcen bereitstellen, um Bildungsprogramme zu entwickeln, die sich auf die Förderung der biolumineszenten Sprache konzentrieren. Ein herausragendes Beispiel ist die *Global Language Initiative*, die finanzielle Mittel für die Gründung von Sprachschulen auf Yvenis Prime bereitstellte. Diese Schulen bieten nicht nur Unterricht in der biolumineszenten Sprache, sondern auch Programme zur Sensibilisierung für die kulturellen Werte der Biolumineszenten. Solche Initiativen tragen dazu bei, das Bewusstsein für die Bedeutung der Sprache und Kultur zu schärfen und stärken die Gemeinschaft.

## Austausch bewährter Verfahren

Der Austausch bewährter Verfahren zwischen internationalen Aktivisten und der Biolumineszenten Allianz ist ein weiterer Schlüsselfaktor. Aktivisten von anderen Planeten, die ähnliche Kämpfe um Sprachrechte geführt haben, können wertvolle Einblicke und Strategien bieten. Workshops und Konferenzen, organisiert durch die *Intergalaktische Vereinigung für Sprachrechte*, ermöglichen es Aktivisten, sich zu vernetzen und voneinander zu lernen. Solche Veranstaltungen fördern nicht nur den Wissensaustausch, sondern stärken auch die Solidarität unter den verschiedenen Bewegungen.

## Die Rolle der Medien

Die internationale Medienberichterstattung kann ebenfalls eine transformative Rolle spielen. Durch die Berichterstattung über die Herausforderungen und Erfolge der Biolumineszenten Allianz wird das Problem auf eine breitere Bühne gehoben. Internationale Nachrichtenagenturen, die über die Entwicklungen auf Yvenis Prime berichten, können dazu beitragen, das öffentliche Bewusstsein zu schärfen und die Anliegen der Biolumineszenten in den globalen Diskurs einzubringen. Ein Beispiel ist der Dokumentarfilm *Licht und Stimme*, der die Kämpfe und Triumphe von Jyn Fael und ihrer Bewegung dokumentiert. Solche Medienprojekte tragen dazu bei, das internationale Publikum zu mobilisieren und Druck auf die Regierung von Yvenis Prime auszuüben.

## Zusammenarbeit mit der Zivilgesellschaft

Die Zusammenarbeit mit der internationalen Zivilgesellschaft ist ebenfalls von Bedeutung. Internationale NGOs, die sich für Menschenrechte und kulturelle Vielfalt einsetzen, können als Brücke dienen, um die Anliegen der Biolumineszenten in die globale Agenda zu integrieren. Diese Organisationen können Lobbyarbeit leisten und die Stimmen der Biolumineszenten in internationalen Foren vertreten. Ein Beispiel ist die *Kultur ohne Grenzen*-Initiative, die sich für den Schutz und die Förderung gefährdeter Kulturen weltweit einsetzt und die Biolumineszenten als Teil ihrer Agenda aufgenommen hat.

## Herausforderungen

Trotz der positiven Rolle, die die internationale Gemeinschaft spielen kann, gibt es auch Herausforderungen. Die Komplexität intergalaktischer Beziehungen kann zu politischen Spannungen führen, die den Fortschritt behindern. Einige Regierungen könnten zögern, sich in die Angelegenheiten von Yvenis Prime einzumischen, aus Angst vor diplomatischen Konsequenzen. Darüber hinaus kann die Abhängigkeit von internationaler Unterstützung dazu führen, dass lokale Bewegungen weniger autonom werden und ihre eigenen Ziele nicht mehr unabhängig verfolgen können.

## Fazit

Insgesamt ist die Rolle der internationalen Gemeinschaft im Kampf um die Sprachrechte der Biolumineszenz auf Yvenis Prime von entscheidender Bedeutung. Durch diplomatische Unterstützung, finanzielle Hilfe, den Austausch bewährter Verfahren, die Rolle der Medien und die Zusammenarbeit mit der Zivilgesellschaft kann die internationale Gemeinschaft einen bedeutenden Einfluss auf den Verlauf der Bewegung ausüben. Es ist jedoch wichtig, die Herausforderungen zu erkennen und sicherzustellen, dass die Biolumineszenten ihre eigene Stimme und Autonomie in diesem Prozess bewahren. Nur durch eine ausgewogene und respektvolle Zusammenarbeit kann eine nachhaltige Veränderung erreicht werden.

## Die Verhandlungen und Kompromisse

Die Verhandlungen und Kompromisse sind entscheidende Elemente in jedem Aktivismusprozess, insbesondere wenn es um die Anerkennung von Rechten geht, die von der Mehrheit oft ignoriert werden. Im Fall von Jyn Fael und der Biolumineszenten Allianz war der Verhandlungsprozess nicht nur eine

Notwendigkeit, sondern auch ein strategisches Spiel, das sowohl Geduld als auch Kreativität erforderte.

## Der Kontext der Verhandlungen

Die politischen Verhandlungen über Sprachrechte auf Yvenis Prime fanden in einem komplexen politischen Klima statt, das von Spannungen zwischen den verschiedenen intergalaktischen Gemeinschaften geprägt war. Die Regierung, die oft von einer dominierenden menschlichen Kultur beeinflusst war, war zunächst wenig geneigt, den Forderungen nachzugeben. Jyn und ihre Mitstreiter mussten daher eine Strategie entwickeln, um die Regierung zur Einsicht zu bewegen.

## Strategien der Verhandlung

Eine der Hauptstrategien, die Jyn anwandte, war die Bildung von Koalitionen. Sie wusste, dass eine Stimme, die von vielen unterstützt wird, viel stärker ist als eine Einzelstimme. Daher suchte sie aktiv nach Verbündeten innerhalb und außerhalb ihrer Gemeinschaft. Durch die Gründung der *Biolumineszenten Allianz* konnte sie eine Plattform schaffen, die verschiedene Gruppen zusammenbrachte, die sich für die gleichen Ziele einsetzten.

$$\text{Stärke der Koalition} = \text{Anzahl der Mitglieder} \times \text{Einigkeit der Ziele} \qquad (56)$$

Diese Gleichung verdeutlicht, dass die Stärke der Koalition sowohl von der Anzahl der Mitglieder als auch von der Einigkeit über die Ziele abhängt. Jyns Fähigkeit, unterschiedliche Gruppen zu vereinen, war entscheidend für den Erfolg ihrer Verhandlungen.

## Die Rolle der Kompromisse

Kompromisse sind oft notwendig, um Fortschritte zu erzielen. Jyn erkannte, dass die vollständige Durchsetzung aller Forderungen möglicherweise nicht sofort möglich war. Daher war sie bereit, in bestimmten Bereichen Zugeständnisse zu machen, um in anderen voranzukommen. Ein Beispiel hierfür war die Entscheidung, die Einführung eines bilingualen Bildungssystems nicht sofort zu fordern, sondern stattdessen eine schrittweise Implementierung vorzuschlagen, die sowohl die Bedürfnisse der Biolumineszenten als auch der menschlichen Gemeinschaft berücksichtigte.

*DIE POLITISCHEN VERÄNDERUNGEN* 179

### Beispiele für erfolgreiche Verhandlungen

Eines der bedeutendsten Ergebnisse dieser Verhandlungen war die Einführung eines Pilotprojekts in Schulen, das den Unterricht in beiden Sprachen, Biolumineszenz und menschlicher Sprache, ermöglichte. Diese Initiative wurde von der Regierung als Testlauf akzeptiert, was Jyn und ihrer Allianz eine wertvolle Gelegenheit gab, ihre Argumente in der Praxis zu demonstrieren.

### Herausforderungen während der Verhandlungen

Trotz der Erfolge gab es zahlreiche Herausforderungen. Eine der größten Schwierigkeiten war die Skepsis der Regierung gegenüber den tatsächlichen Bedürfnissen der Biolumineszenten. Oft wurde die Bedeutung der Biolumineszenz als Kommunikationsmittel nicht ernst genommen, was zu Missverständnissen und Frustrationen führte. Jyn musste ständig daran arbeiten, die kulturelle Bedeutung der Biolumineszenz zu vermitteln und aufzuzeigen, wie sie zur Vielfalt und zum Reichtum der intergalaktischen Kultur beiträgt.

### Die Bedeutung der Öffentlichkeit

Ein weiterer wichtiger Aspekt der Verhandlungen war die Mobilisierung der Öffentlichkeit. Jyn nutzte soziale Medien und öffentliche Veranstaltungen, um das Bewusstsein für die Anliegen der Biolumineszenten zu schärfen. Durch kreative Kampagnen und Auftritte konnte sie eine breite Unterstützung in der Bevölkerung gewinnen, die Druck auf die Regierung ausübte, um ernsthafte Gespräche zu führen.

### Schlussfolgerung

Die Verhandlungen und Kompromisse, die Jyn Fael und die Biolumineszenten Allianz eingegangen sind, waren entscheidend für den Fortschritt in ihrem Kampf um Sprachrechte. Sie verdeutlichen, dass Aktivismus nicht nur aus Protest besteht, sondern auch aus dem Willen, Brücken zu bauen und Dialoge zu fördern. Jyns Fähigkeit, sowohl ihre eigenen Ziele zu verfolgen als auch die Bedürfnisse anderer zu berücksichtigen, war der Schlüssel zu ihrem Erfolg und wird als Modell für zukünftige Generationen von Aktivisten dienen.

$$\text{Erfolg der Verhandlungen} = \text{Kreativität} + \text{Kooperationsbereitschaft} + \text{Öffentliche Unterstü} \tag{57}$$

Diese Gleichung fasst die Elemente zusammen, die für den Erfolg von Jyns Verhandlungen entscheidend waren. Die Kombination aus Kreativität, Kooperationsbereitschaft und öffentlicher Unterstützung führte zu einem bedeutenden Fortschritt in der Anerkennung der Sprachrechte der Biolumineszenten auf Yvenis Prime.

## Die erste gesetzliche Anerkennung

Die erste gesetzliche Anerkennung der Sprachrechte der Biolumineszenz auf Yvenis Prime war ein historischer Moment, der nicht nur die Biolumineszenten Gemeinschaft, sondern auch die gesamte Gesellschaft auf dem Planeten veränderte. Diese Anerkennung war das Resultat jahrelanger Kämpfe, unermüdlichen Engagements und strategischer Allianzen, die von Jyn Fael und der Biolumineszenten Allianz initiiert wurden.

### Der politische Kontext

Vor der gesetzlichen Anerkennung war die politische Landschaft auf Yvenis Prime stark von Vorurteilen und Missverständnissen geprägt. Die Regierung hatte die Biolumineszenz und deren Sprache als minderwertig und nicht schützenswert erachtet. Dies führte zu einem systematischen Ausschluss der Biolumineszenten aus politischen Entscheidungsprozessen. Jyn Fael und ihre Mitstreiterinnen und Mitstreiter mussten gegen diese tief verwurzelten Überzeugungen ankämpfen.

Die erste gesetzliche Anerkennung wurde durch eine Reihe von politischen Gesprächen und Verhandlungen ermöglicht. Jyn und ihre Verbündeten erkannten, dass eine direkte Kommunikation mit den Entscheidungsträgern der Regierung unerlässlich war. Sie organisierten öffentliche Foren, in denen die Bedeutung der Biolumineszenz für die kulturelle Identität und das Erbe der Biolumineszenten aufgezeigt wurde.

### Die Rolle der Medien

Die Medien spielten eine entscheidende Rolle in diesem Prozess. Durch Berichterstattung über die Demonstrationen und die Kampagnen der Biolumineszenten Allianz konnte die öffentliche Meinung beeinflusst werden. Berichte über die ersten Erfolge der Bewegung, wie die Gründung von Sprachclubs und die Durchführung von Sprachkursen, schafften ein Bewusstsein für die Notwendigkeit der gesetzlichen Anerkennung. Die Medien trugen dazu bei, die Stimmen der Biolumineszenten zu verstärken und ihre Forderungen in den politischen Diskurs einzubringen.

## Die Verhandlungen

Die Verhandlungen mit der Regierung waren jedoch nicht ohne Herausforderungen. Die Regierung stellte zahlreiche Bedingungen, um die Anerkennung der Sprachrechte zu gewähren. Dazu gehörten unter anderem:

- **Einschränkungen der Verwendung der Biolumineszenz in öffentlichen Räumen:** Die Regierung wollte sicherstellen, dass die Biolumineszenz nicht als Hauptsprache in offiziellen Dokumenten verwendet wird.

- **Überwachung der Sprachkurse:** Die Regierung verlangte eine Überwachung der von der Biolumineszenten Allianz organisierten Sprachkurse, um sicherzustellen, dass diese nicht als Plattform für politische Agitation genutzt werden.

- **Einschränkungen der Medienberichterstattung:** Es gab Bestrebungen, die Berichterstattung über die Biolumineszenten zu kontrollieren, um negative Darstellungen zu vermeiden.

Jyn Fael und ihre Verbündeten waren sich bewusst, dass sie Kompromisse eingehen mussten, um die Anerkennung zu erreichen. Sie arbeiteten strategisch daran, die Bedingungen der Regierung zu verhandeln, während sie gleichzeitig die Grundprinzipien ihrer Bewegung bewahrten.

## Der Gesetzesentwurf

Der entscheidende Moment kam, als der Gesetzesentwurf zur Anerkennung der Sprachrechte der Biolumineszenz in das Parlament eingebracht wurde. Der Entwurf enthielt mehrere wichtige Punkte:

- **Anerkennung der Biolumineszenz als offizielle Sprache:** Der Entwurf sah vor, dass die Biolumineszenz in offiziellen Dokumenten und in der Bildung verwendet werden darf.

- **Schutz der kulturellen Identität:** Die Gesetzgebung sollte sicherstellen, dass die kulturelle Identität der Biolumineszenten geschützt wird.

- **Förderung von Sprachkursen:** Der Entwurf beinhaltete die Bereitstellung von Mitteln zur Förderung von Sprachkursen und Bildungsprogrammen in Biolumineszenz.

Die Debatte über den Gesetzesentwurf war hitzig. Befürworter argumentierten, dass die Anerkennung der Biolumineszenz eine grundlegende Menschenrechtsfrage sei, während Gegner die Notwendigkeit und die praktischen Implikationen in Frage stellten.

## Die Abstimmung

Die entscheidende Abstimmung fand in einer Sitzung des Parlaments statt, die von einer großen Anzahl von Biolumineszenten und Unterstützern besucht wurde. Jyn Fael trat vor das Parlament und hielt eine leidenschaftliche Rede, in der sie die Bedeutung der Biolumineszenz für die Identität und die Kultur der Biolumineszenten betonte.

Die Abstimmung endete mit einer knappen Mehrheit für den Gesetzesentwurf. Die Freude und der Jubel unter den Biolumineszenten waren überwältigend. Jyn Fael und ihre Mitstreiter feierten diesen historischen Moment als einen Sieg für die Rechte der Biolumineszenten und als einen Schritt in Richtung einer inklusiveren Gesellschaft.

## Die Auswirkungen der Anerkennung

Die erste gesetzliche Anerkennung hatte weitreichende Auswirkungen auf die Biolumineszenten Gemeinschaft und die Gesellschaft insgesamt. Die Biolumineszente Sprache wurde in Schulen unterrichtet, und Sprachkurse wurden in verschiedenen Städten auf Yvenis Prime angeboten. Die Anerkennung führte zu einem Anstieg des Interesses an der Biolumineszenz und ihrer Kultur, was zu einer stärkeren interkulturellen Verständigung führte.

Darüber hinaus inspirierte die gesetzliche Anerkennung andere marginalisierte Gruppen auf Yvenis Prime, ähnliche Forderungen zu stellen. Die Biolumineszenten Allianz wurde zu einem Vorbild für andere Bewegungen, die für die Rechte ihrer eigenen Gemeinschaften kämpfen.

## Fazit

Die erste gesetzliche Anerkennung der Sprachrechte der Biolumineszenz auf Yvenis Prime war ein entscheidender Wendepunkt in der Geschichte der Biolumineszenten Gemeinschaft. Sie stellte nicht nur einen Sieg für Jyn Fael und ihre Mitstreiter dar, sondern auch einen Schritt in Richtung einer gerechteren und inklusiveren Gesellschaft. Die Herausforderungen, die mit der Anerkennung verbunden waren, wurden durch den unermüdlichen Einsatz und die

Entschlossenheit der Aktivisten überwunden, und die Auswirkungen dieser Anerkennung sind bis heute spürbar.

## Die Feier der Erfolge

Die Feier der Erfolge ist ein entscheidender Moment im Aktivismus, insbesondere für Jyn Fael und die Biolumineszenten Allianz. Diese Feierlichkeiten sind nicht nur eine Möglichkeit, die erreichten Meilensteine zu würdigen, sondern auch eine Gelegenheit, die Gemeinschaft zu vereinen und die Motivation für zukünftige Kämpfe zu stärken. In diesem Abschnitt werden die verschiedenen Aspekte der Feierlichkeiten untersucht, einschließlich der emotionalen Bedeutung, der politischen Auswirkungen und der gesellschaftlichen Reaktionen.

### Emotionale Bedeutung der Erfolge

Die Erfolge der Bewegung waren für die Biolumineszenten von Yvenis Prime nicht nur politische Siege, sondern auch emotionale Triumphe. Jyn Fael und ihre Unterstützer erlebten eine Welle von Freude und Erleichterung, als ihre Forderungen endlich Gehör fanden. Diese Emotionen wurden durch verschiedene Feiern, darunter Paraden, Konzerte und öffentliche Versammlungen, zum Ausdruck gebracht. Diese Veranstaltungen boten eine Plattform für die Gemeinschaft, um ihre Dankbarkeit gegenüber den Unterstützern und die Solidarität untereinander zu zeigen.

Ein Beispiel für eine solche Feier war das *Festival der Lichter*, das jährlich in den Lichtwäldern von Yvenis Prime stattfand. Bei diesem Festival wurden die Erfolge der Bewegung in Form von Lichtinstallationen und künstlerischen Darbietungen gefeiert. Die Biolumineszenz, ein zentrales Element der Kultur der Yvenianer, wurde durch farbenfrohe Lichter und kreative Ausdrucksformen hervorgehoben. Die Veranstaltung zog Tausende von Teilnehmern an und bot Raum für Reflexion und gemeinsames Feiern.

### Politische Auswirkungen der Feiern

Die Feier der Erfolge hatte auch weitreichende politische Auswirkungen. Die Sichtbarkeit der Bewegung wurde durch diese Veranstaltungen erhöht, und die Medien berichteten umfassend darüber. Dies führte zu einer breiteren Anerkennung der Anliegen der Biolumineszenten und half, den Druck auf die Regierung zu erhöhen, um weitere Reformen einzuleiten.

Die erste gesetzliche Anerkennung der Sprachrechte der Biolumineszenten wurde während einer großen Feier im Stadtzentrum von Yvenis Prime verkündet.

Die Veranstaltung wurde von prominenten Rednern und Künstlern begleitet, die die Bedeutung dieser Errungenschaft für die Gemeinschaft betonten. In einer emotionalen Ansprache erklärte Jyn Fael:

> „Heute feiern wir nicht nur unsere Erfolge, sondern auch die Hoffnung auf eine Zukunft, in der unsere Stimmen gehört werden. Die Anerkennung unserer Sprachrechte ist ein Sieg für alle, die für Gerechtigkeit und Gleichheit kämpfen."

Diese Worte wurden von einem tosenden Applaus begleitet und verdeutlichten die kollektive Freude und den Stolz der Anwesenden.

## Gesellschaftliche Reaktionen

Die gesellschaftlichen Reaktionen auf die Feiern waren überwiegend positiv. Die breite Unterstützung der Bevölkerung zeigte sich in den steigenden Teilnehmerzahlen an den Veranstaltungen und in der aktiven Teilnahme an den Feierlichkeiten. Viele Menschen, die zuvor vielleicht nicht aktiv in der Bewegung waren, fanden Inspiration und Motivation, sich zu engagieren.

Die Medienberichterstattung über die Feierlichkeiten trug zur Verbreitung der Botschaft der Bewegung bei. Berichte über die Erfolge und die damit verbundenen Feiern wurden in verschiedenen intergalaktischen Nachrichtenagenturen verbreitet. Diese Berichterstattung half, das Bewusstsein für die Anliegen der Biolumineszenten zu schärfen und die Unterstützung für die Bewegung zu stärken.

## Die Rolle von Kunst und Musik

Kunst und Musik spielten eine zentrale Rolle in den Feierlichkeiten. Sie dienten nicht nur als Ausdruck der Freude, sondern auch als Mittel zur Kommunikation der Botschaften der Bewegung. Künstler und Musiker, die sich mit der Biolumineszenten Allianz solidarisierten, trugen mit ihren Werken zur Schaffung einer inspirierenden Atmosphäre bei.

Ein bemerkenswertes Beispiel war das Konzert *Lichter der Hoffnung*, das von Jyn Fael organisiert wurde. Hier traten verschiedene Künstler auf, die Lieder und Gedichte über die Bedeutung der Sprachrechte und die kulturelle Identität der Biolumineszenten präsentierten. Die Kombination aus Musik, Licht und Gemeinschaftsgeist schuf ein unvergessliches Erlebnis, das die Emotionen und den Stolz der Teilnehmer widerspiegelte.

## Ausblick auf zukünftige Feiern

Die Feier der Erfolge war nicht nur ein Rückblick auf das Erreichte, sondern auch ein Ausblick auf zukünftige Herausforderungen und Möglichkeiten. Jyn Fael und die Biolumineszenten Allianz erkannten, dass der Kampf um Sprachrechte und kulturelle Identität weitergehen muss. Die Feiern dienten als Antrieb, um die Gemeinschaft zu mobilisieren und die nächsten Schritte in der Bewegung zu planen.

In den kommenden Jahren sind weitere Feierlichkeiten geplant, um die Errungenschaften zu würdigen und die Gemeinschaft zu stärken. Diese Veranstaltungen sollen auch dazu beitragen, neue Unterstützer zu gewinnen und das Bewusstsein für die fortwährenden Herausforderungen zu schärfen, mit denen die Biolumineszenten konfrontiert sind.

Zusammenfassend lässt sich sagen, dass die Feier der Erfolge für Jyn Fael und die Biolumineszenten Allianz ein wesentlicher Bestandteil des Aktivismus war. Sie bot eine Plattform für die Gemeinschaft, um ihre Erfolge zu würdigen, die politische Sichtbarkeit zu erhöhen und die kulturelle Identität zu feiern. Diese Feierlichkeiten sind nicht nur ein Zeichen des Erfolgs, sondern auch ein Aufruf zur weiteren Mobilisierung und zum fortwährenden Kampf für die Rechte der Biolumineszenten auf Yvenis Prime.

# Der Blick in die Zukunft

## Die Vision einer multilingualen Gesellschaft

In der heutigen globalisierten Welt ist die Vision einer multilingualen Gesellschaft nicht nur ein Ideal, sondern eine Notwendigkeit. Eine solche Gesellschaft fördert den Austausch und die Verständigung zwischen verschiedenen Kulturen und Sprachgemeinschaften. Die Mehrsprachigkeit wird als Schlüssel zur Förderung von Toleranz, Respekt und gegenseitigem Verständnis betrachtet.

## Theoretische Grundlagen der Mehrsprachigkeit

Die Theorie der Mehrsprachigkeit basiert auf der Annahme, dass Sprache nicht nur ein Kommunikationsmittel, sondern auch ein Träger von Identität und Kultur ist. Laut [?] ist eine mehrsprachige Gesellschaft eine, in der Individuen in der Lage sind, mehrere Sprachen zu sprechen und zu verstehen, und in der diese Sprachen aktiv in der Gemeinschaft verwendet werden. Diese Sichtweise wird durch das Konzept der *linguistic landscape* unterstützt, das beschreibt, wie Sprachen in der öffentlichen

Sphäre visuell dargestellt werden und somit die sprachliche Diversität einer Region widerspiegeln.

## Herausforderungen der Umsetzung

Trotz der positiven Aspekte einer multilingualen Gesellschaft gibt es erhebliche Herausforderungen. Eine der größten Hürden ist die *Sprachdominanz*, bei der eine Sprache, oft die der Mehrheit oder der Mächtigen, über andere Sprachen dominiert. Dies kann zur Marginalisierung von Minderheitensprachen führen, was sich negativ auf die kulturelle Identität und das Selbstbewusstsein der Sprecher auswirkt. Laut einer Studie von [?] sind viele indigene Sprachen vom Aussterben bedroht, was die kulturelle Vielfalt der Welt gefährdet.

Ein weiteres Problem ist der *Zugang zu Bildung* in mehreren Sprachen. In vielen Ländern wird der Unterricht hauptsächlich in der Landessprache durchgeführt, was es Sprechern anderer Sprachen erschwert, Zugang zu Bildung zu erhalten. Dies führt zu einer Kluft in der Bildung, die sich negativ auf die sozialen und wirtschaftlichen Möglichkeiten der Betroffenen auswirkt.

## Beispiele für erfolgreiche multilingualen Gesellschaften

Ein herausragendes Beispiel für eine erfolgreiche multilingualen Gesellschaft ist Kanada, wo Englisch und Französisch als offizielle Sprachen anerkannt sind. Die kanadische Regierung hat Programme eingeführt, die die Förderung beider Sprachen unterstützen, einschließlich bilingualer Schulen und Medien. Diese Maßnahmen haben dazu beigetragen, dass die kulturelle Identität der französischsprachigen Gemeinschaft in Quebec erhalten bleibt.

Ein weiteres Beispiel ist die Schweiz, die mit vier offiziellen Sprachen — Deutsch, Französisch, Italienisch und Rätoromanisch — eine der sprachlich vielfältigsten Nationen der Welt ist. Die Schweiz hat ein starkes System der *Sprachenpolitik* entwickelt, das darauf abzielt, die Gleichstellung der Sprachen zu fördern und die kulturelle Identität aller Sprachgemeinschaften zu bewahren.

## Die Rolle der Bildung in einer multilingualen Gesellschaft

Bildung spielt eine entscheidende Rolle in der Schaffung einer multilingualen Gesellschaft. Ein effektives Bildungssystem sollte die Mehrsprachigkeit fördern, indem es Schülern ermöglicht, mehrere Sprachen zu erlernen und anzuwenden. Programme wie das *Immersionsprogramm* in Kanada haben gezeigt, dass Schüler, die in einer mehrsprachigen Umgebung lernen, nicht nur bessere Sprachkenntnisse entwickeln, sondern auch ein höheres Maß an interkulturellem Verständnis erreichen.

Die Implementierung von mehrsprachigen Bildungsansätzen kann auch zur Stärkung der Identität von Minderheitensprachen beitragen. Laut [?] kann die Förderung der Erstsprache in der Schule die kognitive Entwicklung der Schüler unterstützen und ihnen helfen, eine positive Identität zu entwickeln.

## Schlussfolgerung

Die Vision einer multilingualen Gesellschaft ist eine, die Inklusion, Vielfalt und Respekt für alle Kulturen und Sprachen fördert. Um diese Vision zu verwirklichen, müssen gesellschaftliche, politische und bildungspolitische Maßnahmen ergriffen werden, die darauf abzielen, die Gleichstellung von Sprachen zu gewährleisten und die Bedeutung der Mehrsprachigkeit zu erkennen. Nur durch eine solche integrative Herangehensweise können wir die Herausforderungen der modernen Welt meistern und eine harmonische, vielfältige Gesellschaft schaffen.

## Die Herausforderungen der Umsetzung

Die Umsetzung der Sprachrechte auf Yvenis Prime stellt eine komplexe Herausforderung dar, die sowohl politische als auch gesellschaftliche Dimensionen umfasst. Während die gesetzliche Anerkennung der Biolumineszenz als Sprache einen bedeutenden Fortschritt darstellt, sind die praktischen Schritte zur Implementierung dieser Rechte oft mit zahlreichen Schwierigkeiten verbunden.

## Politische Widerstände

Ein zentrales Problem bei der Umsetzung ist der politische Widerstand. Viele politische Akteure fürchten, dass die Anerkennung der Biolumineszenz als offizielle Sprache die gesellschaftliche Struktur destabilisieren könnte. Dies führt zu einer zögerlichen Haltung gegenüber notwendigen Gesetzesänderungen. Politische Entscheidungsträger müssen oft zwischen den Interessen ihrer Wähler und den Bedürfnissen der biolumineszenten Gemeinschaft abwägen.

Die Theorie der politischen Interessenvertretung, wie sie von Dahl (1961) in seiner Arbeit über Macht und Einfluss beschrieben wird, zeigt, dass Gruppen mit stärkeren Lobby- und Einflussfähigkeiten oft die Agenda bestimmen. In diesem Fall haben die Menschen auf Yvenis Prime historisch gesehen mehr politische Macht als die biolumineszenten Bürgerrechtsaktivisten, was die Herausforderungen bei der Umsetzung von Sprachrechten verstärkt.

## Bildung und Ressourcen

Ein weiteres zentrales Problem ist die Notwendigkeit, Bildungsressourcen zu entwickeln, die die biolumineszente Sprache in Schulen und öffentlichen Institutionen integrieren. Dies umfasst die Erstellung von Lehrplänen, die Ausbildung von Lehrern und die Entwicklung von Lehrmaterialien.

Die Theorie des sozialen Konstruktivismus, wie sie von Vygotsky (1978) formuliert wurde, legt nahe, dass Lernen ein sozialer Prozess ist, der durch Interaktion und kulturellen Austausch gefördert wird. Um die biolumineszente Sprache effektiv zu lehren, müssen Lehrer nicht nur die Sprache beherrschen, sondern auch die kulturellen Kontexte verstehen, in denen sie verwendet wird. Dies erfordert umfassende Schulungsprogramme und Ressourcen, die oft begrenzt sind.

## Gesellschaftliche Akzeptanz

Die gesellschaftliche Akzeptanz der biolumineszenten Sprache ist ein weiterer kritischer Faktor. Viele Menschen auf Yvenis Prime haben Vorurteile gegenüber der biolumineszenten Kultur, die tief in der Geschichte verwurzelt sind. Diese Vorurteile können sich in Diskriminierung und sozialer Isolation äußern, was die Integration der Sprache in den Alltag erschwert.

Die Theorie der sozialen Identität von Tajfel und Turner (1979) legt nahe, dass Menschen dazu neigen, ihre eigene Gruppe über andere zu stellen. Dies kann dazu führen, dass die biolumineszente Gemeinschaft als "anders" wahrgenommen wird, was die Bemühungen um Akzeptanz und Integration behindert. Um diese Herausforderungen zu überwinden, sind Aufklärungskampagnen und interkulturelle Dialoge notwendig, um Vorurteile abzubauen und das Verständnis zu fördern.

## Technologische Barrieren

Technologische Barrieren stellen ebenfalls eine signifikante Herausforderung dar. Die Entwicklung von Kommunikationsplattformen, die die biolumineszente Sprache unterstützen, ist entscheidend für die Verbreitung und den Gebrauch dieser Sprache. Viele bestehende Technologien sind jedoch nicht für die spezifischen Bedürfnisse der biolumineszenten Kommunikation ausgelegt.

Die Anwendung der Diffusionstheorie von Rogers (1962) zeigt, dass neue Technologien nur dann erfolgreich angenommen werden, wenn sie als nützlich und benutzerfreundlich wahrgenommen werden. Daher ist es wichtig, dass Entwickler und Technologen eng mit der biolumineszenten Gemeinschaft zusammenarbeiten, um Lösungen zu finden, die ihre spezifischen Bedürfnisse berücksichtigen.

## Finanzielle Einschränkungen

Die Umsetzung der Sprachrechte erfordert erhebliche finanzielle Mittel, um Bildungsprogramme, Kampagnen und technologische Entwicklungen zu unterstützen. Oftmals fehlen den biolumineszenten Aktivisten die notwendigen Ressourcen, um ihre Ziele zu erreichen.

Die Theorie des sozialen Kapitals, wie sie von Bourdieu (1986) formuliert wurde, legt nahe, dass soziale Netzwerke und Beziehungen entscheidend für den Zugang zu Ressourcen sind. Um die finanziellen Herausforderungen zu überwinden, müssen biolumineszente Aktivisten Partnerschaften mit anderen Organisationen und Stiftungen eingehen, um Unterstützung zu gewinnen.

## Langfristige Perspektiven

Schließlich ist es wichtig, eine langfristige Perspektive bei der Umsetzung der Sprachrechte zu entwickeln. Die Herausforderungen sind nicht nur kurzfristig, sondern erfordern nachhaltige Strategien, um die Rechte der biolumineszenten Gemeinschaft zu schützen und zu fördern.

Die Theorie des strategischen Managements, wie sie von Porter (1985) beschrieben wird, betont die Notwendigkeit, langfristige Ziele und Strategien zu entwickeln, die den sich verändernden gesellschaftlichen und politischen Bedingungen Rechnung tragen. Die biolumineszenten Aktivisten müssen daher proaktive Ansätze entwickeln, um ihre Ziele zu erreichen und sicherzustellen, dass ihre Sprache und Kultur auch in Zukunft erhalten bleibt.

Insgesamt zeigt sich, dass die Herausforderungen der Umsetzung der Sprachrechte auf Yvenis Prime vielschichtig sind und eine koordinierte Anstrengung auf politischer, gesellschaftlicher und technologischer Ebene erfordern. Nur durch eine umfassende Strategie, die alle diese Aspekte berücksichtigt, kann die biolumineszente Gemeinschaft ihre Rechte erfolgreich durchsetzen und ihre kulturelle Identität bewahren.

## Die Bedeutung der Bildung für die Zukunft

Die Bildung spielt eine entscheidende Rolle in der Gestaltung einer inklusiven und multilingualen Gesellschaft. In einer Zeit, in der globale Herausforderungen wie Migration, interkulturelle Konflikte und technologische Veränderungen unser tägliches Leben prägen, ist es unerlässlich, dass Bildungssysteme nicht nur Wissen vermitteln, sondern auch soziale und kulturelle Kompetenzen fördern.

## Theoretische Grundlagen

Bildung wird oft als ein Schlüssel zur persönlichen und gesellschaftlichen Entwicklung betrachtet. Laut dem Bildungstheoretiker Paulo Freire ist Bildung ein Akt der Freiheit, der es den Individuen ermöglicht, kritisch zu denken und aktiv an der Gesellschaft teilzunehmen. Freire argumentiert, dass Bildung nicht nur die Übertragung von Wissen ist, sondern auch ein Weg, um Machtstrukturen zu hinterfragen und zu verändern. Diese Perspektive ist besonders relevant für die Sprachrechtsbewegung, da die Fähigkeit, die eigene Sprache und Kultur zu bewahren, eng mit der Identität und dem Selbstwertgefühl verbunden ist.

Ein weiteres wichtiges Konzept ist die *interkulturelle Kompetenz*, die die Fähigkeit beschreibt, in verschiedenen kulturellen Kontexten zu kommunizieren und zu interagieren. Diese Kompetenz wird durch Bildung gefördert, die den Schülern hilft, die Vielfalt der Sprachen und Kulturen zu schätzen und zu respektieren. Laut der UNESCO ist interkulturelle Bildung entscheidend, um Vorurteile abzubauen und den sozialen Zusammenhalt zu stärken.

## Herausforderungen der Bildung

Trotz der erkannten Bedeutung von Bildung gibt es zahlreiche Herausforderungen, die angegangen werden müssen:

- **Ungleichheit im Zugang zur Bildung:** In vielen Regionen, einschließlich Yvenis Prime, haben nicht alle Bürger Zugang zu qualitativ hochwertiger Bildung. Diese Ungleichheit kann zu einer Marginalisierung von sprachlichen und kulturellen Minderheiten führen.

- **Mangel an Ressourcen:** Schulen in benachteiligten Gebieten kämpfen oft mit einem Mangel an Lehrmaterialien, qualifizierten Lehrkräften und geeigneten Räumlichkeiten. Dies beeinträchtigt die Qualität des Unterrichts und die Lernergebnisse der Schüler.

- **Sprachbarrieren:** In einer multilingualen Gesellschaft können Sprachbarrieren den Zugang zu Bildung und Informationen erschweren. Schüler, die nicht die dominante Sprache sprechen, haben oft Schwierigkeiten, sich im Bildungssystem zurechtzufinden.

## Beispiele für erfolgreiche Bildungsinitiativen

Um diese Herausforderungen zu bewältigen, wurden verschiedene Bildungsinitiativen ins Leben gerufen, die als Vorbilder dienen können:

- **Mehrsprachige Schulen:** Einige Schulen auf Yvenis Prime haben mehrsprachige Programme eingeführt, die es den Schülern ermöglichen, in ihrer Muttersprache zu lernen, während sie gleichzeitig die dominante Sprache erwerben. Diese Programme fördern nicht nur die Sprachkenntnisse, sondern stärken auch das kulturelle Selbstbewusstsein der Schüler.
- **Künstlerische Bildungsprojekte:** Kunst und Musik haben sich als effektive Mittel erwiesen, um das Interesse an Bildung zu fördern. Projekte, die kreative Ausdrucksformen nutzen, haben dazu beigetragen, Schüler zu motivieren und ein Gefühl der Gemeinschaft zu schaffen. Diese Initiativen können auch als Plattformen dienen, um auf die Bedeutung von Sprachrechten aufmerksam zu machen.
- **Interkulturelle Austauschprogramme:** Austauschprogramme, die Schüler aus verschiedenen kulturellen Hintergründen zusammenbringen, fördern das Verständnis und die Wertschätzung für unterschiedliche Sprachen und Kulturen. Solche Programme können dazu beitragen, Vorurteile abzubauen und ein Gefühl der globalen Bürgerschaft zu entwickeln.

## Zukunftsvision

Für die Zukunft ist es entscheidend, dass Bildungssysteme reformiert werden, um die Bedürfnisse einer zunehmend vielfältigen Gesellschaft zu berücksichtigen. Dies umfasst:

- **Integration von Sprachrechten in den Lehrplan:** Bildung sollte die Bedeutung von Sprachrechten und kultureller Identität betonen. Schüler sollten über die Rechte ihrer eigenen und anderer Kulturen informiert werden, um ein Bewusstsein für die Herausforderungen, denen diese gegenüberstehen, zu schaffen.
- **Förderung von lebenslangem Lernen:** In einer sich schnell verändernden Welt ist es wichtig, dass Bildung nicht auf die Schulzeit beschränkt bleibt. Programme, die lebenslanges Lernen fördern, können dazu beitragen, dass Menschen weiterhin neue Fähigkeiten erwerben und sich an neue gesellschaftliche Anforderungen anpassen.

- **Technologie im Bildungsbereich:** Die Nutzung von Technologie kann den Zugang zu Bildungsressourcen erleichtern und neue Lernmethoden ermöglichen. Online-Plattformen und digitale Ressourcen können insbesondere in abgelegenen Gebieten eine wertvolle Ergänzung des Bildungsangebots darstellen.

Insgesamt ist die Bildung ein zentraler Bestandteil des Kampfes um Sprachrechte und kulturelle Identität. Durch die Förderung von Bildung, die Vielfalt und Inklusion wertschätzt, können wir eine gerechtere und harmonischere Zukunft für alle Bürger schaffen.

## Die Rolle der nächsten Generation

Die nächste Generation spielt eine entscheidende Rolle im Kampf um die Sprachrechte und die Erhaltung der kulturellen Identität auf Yvenis Prime. In einer Zeit, in der sich die gesellschaftlichen Strukturen und die politischen Rahmenbedingungen ständig ändern, ist es unerlässlich, dass die Jugend aktiv in diesen Prozess eingebunden wird. Ihre Stimmen, Ideen und Energien sind der Schlüssel zu einer inklusiven und vielsprachigen Zukunft.

### Bildung als Grundlage

Ein zentraler Aspekt der Rolle der nächsten Generation ist die Bildung. Die Schulen auf Yvenis Prime haben sich zunehmend zu Orten entwickelt, an denen nicht nur Wissen vermittelt, sondern auch die Werte der Vielfalt und des Respekts gegenüber verschiedenen Sprachen und Kulturen gefördert werden. Programme, die sich auf die Mehrsprachigkeit konzentrieren, sind von großer Bedeutung. Diese Programme helfen den Schülern, die verschiedenen Sprachen der Biolumineszenten zu erlernen und gleichzeitig ein Bewusstsein für die kulturellen Unterschiede zu entwickeln.

Ein Beispiel für solch ein Bildungsprogramm ist das *Lichtsprache-Initiative*, das von Jyn Fael ins Leben gerufen wurde. Diese Initiative bietet Workshops und Sprachkurse an, die speziell auf die Bedürfnisse der Jugendlichen zugeschnitten sind. Durch kreative Methoden wie Theater, Musik und Kunst wird das Lernen der Biolumineszenz-Sprache ansprechend und effektiv gestaltet. Die Teilnehmer sind nicht nur Schüler, sondern auch Botschafter ihrer Kultur, die ihr Wissen und ihre Erfahrungen mit anderen teilen.

## Aktivismus und Engagement

Die nächste Generation ist auch maßgeblich an der Fortführung des Aktivismus beteiligt. Durch soziale Medien und digitale Plattformen sind sie in der Lage, ihre Botschaften weitreichend zu verbreiten und Gleichgesinnte zu mobilisieren. Die Verwendung von Hashtags wie #LichtSprache und #BiolumineszentenRechte hat es jungen Aktivisten ermöglicht, ihre Anliegen global sichtbar zu machen und Unterstützung von anderen intergalaktischen Gemeinschaften zu erhalten.

Ein bemerkenswertes Beispiel ist die *Jugenddemonstration für Sprachrechte*, die von einer Gruppe junger Aktivisten organisiert wurde. Diese Veranstaltung zog Tausende von Teilnehmern an und wurde durch kreative Aktionen, wie das Tragen von leuchtenden Kostümen und das Singen von Liedern in der Biolumineszenz-Sprache, zu einem unvergesslichen Erlebnis. Solche Veranstaltungen stärken nicht nur das Gemeinschaftsgefühl, sondern sensibilisieren auch die Öffentlichkeit für die Bedeutung der Sprachrechte.

## Herausforderungen und Lösungen

Trotz des Engagements der nächsten Generation stehen sie vor einer Vielzahl von Herausforderungen. Eine der größten Hürden ist die mangelnde Unterstützung durch die bestehenden Institutionen. Oftmals werden die Anliegen junger Aktivisten von der Regierung oder den traditionellen Medien ignoriert. Dies kann zu Frustration und dem Gefühl führen, dass ihre Stimmen nicht gehört werden.

Um diese Herausforderungen zu überwinden, ist es wichtig, dass junge Aktivisten Netzwerke bilden und sich gegenseitig unterstützen. Die Gründung von intergalaktischen Jugendorganisationen kann ein effektiver Weg sein, um Ressourcen zu bündeln und eine stärkere Lobby für Sprachrechte zu schaffen. Ein Beispiel hierfür ist die *Intergalaktische Jugendallianz*, die sich für die Rechte von Jugendlichen und Minderheiten einsetzt und regelmäßig Konferenzen und Workshops organisiert.

## Zukunftsvision

Die Vision der nächsten Generation für die Zukunft ist geprägt von Hoffnung und dem Streben nach einer gerechten und inklusiven Gesellschaft. Sie träumen von einer Welt, in der die Biolumineszenz-Sprache nicht nur anerkannt, sondern auch gefeiert wird. Die Jugendlichen setzen sich dafür ein, dass ihre Kultur und Identität nicht nur überlebt, sondern auch erblüht.

In dieser Vision spielen Technologie und Innovation eine zentrale Rolle. Die Entwicklung neuer Apps und Plattformen, die den Austausch und das Lernen von

Sprachen fördern, kann dazu beitragen, die Sprachrechte der Biolumineszenten zu stärken. Zudem wird die Einbindung von Kunst und Kreativität in den Aktivismus als ein wirksames Mittel angesehen, um die Aufmerksamkeit auf die Anliegen zu lenken und das Bewusstsein in der breiten Öffentlichkeit zu schärfen.

## Fazit

Zusammenfassend lässt sich sagen, dass die nächste Generation eine unersetzliche Rolle im Kampf um die Sprachrechte spielt. Durch Bildung, Aktivismus und innovative Ansätze sind sie in der Lage, Veränderungen herbeizuführen und eine nachhaltige Wirkung zu erzielen. Ihre Entschlossenheit und Kreativität werden entscheidend dafür sein, dass die Biolumineszenz-Sprache und die damit verbundene Kultur auch in Zukunft lebendig bleiben. Die Verantwortung liegt nun in ihren Händen, und es ist an der Zeit, dass die Gesellschaft ihnen die Bühne bietet, die sie verdienen.

## Die Fortsetzung des Kampfes

Der Kampf um die Sprachrechte der Biolumineszenz auf Yvenis Prime ist weit davon entfernt, abgeschlossen zu sein. Trotz der erreichten Erfolge und der gesetzlichen Anerkennung bleibt die Herausforderung, die kulturelle Identität und die sprachlichen Rechte der Biolumineszenten zu schützen und zu fördern. In diesem Abschnitt werden wir die verschiedenen Facetten der Fortsetzung des Kampfes beleuchten, die Strategien, die erforderlich sind, um die Bewegung am Leben zu erhalten, sowie die Herausforderungen, die es zu bewältigen gilt.

## Die Bedeutung des fortwährenden Engagements

Die Fortsetzung des Kampfes ist entscheidend für die Aufrechterhaltung der Errungenschaften, die Jyn Fael und die Biolumineszenten Allianz erreicht haben. Die gesellschaftlichen und politischen Strukturen sind dynamisch und unterliegen ständigen Veränderungen. Es ist daher unerlässlich, dass die Bewegung nicht nur reagiert, sondern proaktiv agiert, um zukünftige Herausforderungen zu antizipieren.

Die Theorie des sozialen Wandels, wie sie von Autoren wie [?] formuliert wurde, legt nahe, dass soziale Bewegungen kontinuierlich mobilisiert werden müssen, um ihre Ziele zu erreichen. Dies erfordert eine ständige Sensibilisierung der Öffentlichkeit und eine aktive Beteiligung der Gemeinschaft.

## Strategien zur Fortsetzung des Kampfes

Um den Kampf um die Sprachrechte fortzusetzen, müssen verschiedene Strategien entwickelt und implementiert werden:

- **Bildungsinitiativen:** Die Schaffung von Bildungsprogrammen, die die Bedeutung der Biolumineszenz und ihrer Sprache vermitteln, ist von zentraler Bedeutung. Diese Programme sollten in Schulen und Gemeinschaftszentren integriert werden, um ein Bewusstsein für die kulturelle Identität zu schaffen und zu stärken.

- **Kunst und Kultur:** Die Nutzung von Kunst und Musik als Mittel zur Förderung der Botschaft kann eine starke Wirkung entfalten. Veranstaltungen, die biolumineszente Künstler und Musiker einbeziehen, können dazu beitragen, das Interesse an der Kultur zu wecken und eine breitere Öffentlichkeit zu erreichen.

- **Digitale Medien:** Die Nutzung sozialer Medien und digitaler Plattformen ermöglicht es, ein jüngeres Publikum anzusprechen und die Botschaft der Bewegung global zu verbreiten. Kampagnen auf Plattformen wie *Twitter*, *Instagram* und *TikTok* können virale Effekte erzeugen und die Reichweite der Bewegung erhöhen.

- **Lobbyarbeit:** Die Fortsetzung der politischen Lobbyarbeit ist entscheidend, um sicherzustellen, dass die Anliegen der Biolumineszenten in der politischen Agenda verankert bleiben. Dies umfasst den Dialog mit Entscheidungsträgern und die Teilnahme an öffentlichen Anhörungen.

## Herausforderungen und Probleme

Trotz der positiven Entwicklungen gibt es zahlreiche Herausforderungen, die die Fortsetzung des Kampfes erschweren:

- **Politische Widerstände:** Die politische Landschaft kann sich schnell ändern, und es besteht die Gefahr, dass neue Regierungen oder politische Bewegungen die Errungenschaften der Biolumineszenten in Frage stellen. Es ist wichtig, wachsam zu bleiben und auf mögliche Rückschritte vorbereitet zu sein.

- **Interne Konflikte:** Innerhalb der Bewegung kann es zu Meinungsverschiedenheiten über Strategien und Prioritäten kommen.

Diese internen Konflikte können die Effizienz der Bewegung beeinträchtigen und müssen durch offene Kommunikation und gemeinsames Zielverständnis gelöst werden.

- **Ressourcenmangel:** Die Finanzierung von Projekten und Initiativen ist oft eine Herausforderung. Die Bewegung muss Wege finden, um finanzielle Unterstützung zu sichern, sei es durch Spenden, Crowdfunding oder Partnerschaften mit anderen Organisationen.

## Beispiele erfolgreicher Fortsetzung

Ein herausragendes Beispiel für die erfolgreiche Fortsetzung des Kampfes ist die jährliche *Biolumineszente Festival*, das in den Lichtwäldern von Yvenis Prime veranstaltet wird. Dieses Festival bringt Menschen aller Hintergründe zusammen, um die Kultur der Biolumineszenten zu feiern und das Bewusstsein für ihre Sprachrechte zu schärfen. Die Veranstaltung umfasst Workshops, Vorträge und künstlerische Darbietungen, die die Bedeutung der Sprache und Kultur hervorheben.

Ein weiteres Beispiel ist die *Kampagne für Mehrsprachigkeit*, die von der Biolumineszenten Allianz ins Leben gerufen wurde, um die Einführung von mehrsprachigen Programmen in Schulen zu fördern. Diese Kampagne hat bereits mehrere Erfolge erzielt, darunter die Einführung von bilingualen Unterrichtsmodellen in mehreren Schulen auf Yvenis Prime.

## Schlussfolgerung

Die Fortsetzung des Kampfes um die Sprachrechte der Biolumineszenz auf Yvenis Prime ist von entscheidender Bedeutung, um die kulturelle Identität und die sprachlichen Rechte der Biolumineszenten zu schützen. Durch kontinuierliches Engagement, strategische Initiativen und die Bewältigung von Herausforderungen kann die Bewegung nicht nur ihre Erfolge sichern, sondern auch eine nachhaltige und inklusive Zukunft für alle Bürger von Yvenis Prime gestalten. Die Worte von Jyn Fael bleiben ein Leitmotiv: „Wir kämpfen nicht nur für unsere Sprache, sondern für das Recht, unsere Identität in voller Pracht zu leben."

## Die Erhaltung der kulturellen Identität

Die Erhaltung der kulturellen Identität ist ein zentrales Anliegen in der Bewegung für Sprachrechte auf Yvenis Prime. Kulturelle Identität bezieht sich auf das Gefühl der Zugehörigkeit zu einer bestimmten Gruppe, das durch gemeinsame Merkmale wie Sprache, Traditionen, Werte und Geschichte geprägt ist. In einer zunehmend globalisierten Welt, in der dominante Kulturen oft marginalisierte Gemeinschaften verdrängen, wird der Schutz und die Förderung der kulturellen Identität umso wichtiger.

## Theoretische Grundlagen

Die Theorie der kulturellen Identität, wie sie von verschiedenen Wissenschaftlern entwickelt wurde, bietet einen Rahmen, um die Bedeutung der kulturellen Zugehörigkeit zu verstehen. Der Kulturwissenschaftler Stuart Hall argumentiert, dass Identität dynamisch und nicht statisch ist. Sie wird durch soziale Praktiken, Diskurse und Machtverhältnisse geformt. Diese Perspektive ist besonders relevant für die Biolumineszenten von Yvenis Prime, deren Identität eng mit ihrer Sprache und ihren kulturellen Ausdrucksformen verbunden ist.

$$I = \{C, P, V\}$$

wobei $I$ die kulturelle Identität, $C$ die kulturellen Praktiken, $P$ die sozialen Positionen und $V$ die Werte umfasst. Die Herausforderung besteht darin, diese Elemente in einem sich verändernden gesellschaftlichen Kontext zu bewahren.

## Herausforderungen

Die Erhaltung der kulturellen Identität steht vor mehreren Herausforderungen:

- **Sprache als Identitätsmerkmal:** Die Biolumineszenz, die nicht nur als Kommunikationsmittel dient, sondern auch tief in der Kultur verwurzelt ist, wird durch die Dominanz der menschlichen Sprachen bedroht. Viele junge Biolumineszenten wachsen in einer Umgebung auf, in der ihre Sprache nicht gesprochen wird, was zu einem Verlust der kulturellen Identität führen kann.

- **Globalisierung:** Die Globalisierung führt zu einer Homogenisierung der Kulturen. Traditionelle Praktiken und Sprachen werden oft als weniger wertvoll angesehen, was zu einem Rückgang der kulturellen Vielfalt führt.

- **Politische Repression:** In einigen Fällen wird die kulturelle Identität aktiv unterdrückt, sei es durch Gesetze, die bestimmte Sprachen verbieten, oder durch die Marginalisierung kultureller Ausdrucksformen in den Medien.

## Beispiele und Strategien

Um die kulturelle Identität der Biolumineszenten zu bewahren, wurden verschiedene Strategien entwickelt:

- **Bildungsprogramme:** Die Gründung von Schulen, die den Unterricht in der Biolumineszenz-Sprache anbieten, ist entscheidend. Diese Schulen fördern nicht nur die Sprachkenntnisse, sondern auch das Bewusstsein für die kulturellen Wurzeln der Schüler.

- **Kunst und Kultur:** Künstlerische Ausdrucksformen, wie Musik, Tanz und visuelle Kunst, spielen eine zentrale Rolle bei der Bewahrung der kulturellen Identität. Durch die Förderung von Kunstprojekten, die die Biolumineszenz-Kultur feiern, wird ein Gefühl der Gemeinschaft und des Stolzes geschaffen.

- **Interkulturelle Austauschprogramme:** Die Zusammenarbeit mit anderen Kulturen kann helfen, das Verständnis und die Wertschätzung für die Biolumineszenz-Kultur zu fördern. Solche Programme bieten Möglichkeiten, die eigene Identität in einem breiteren Kontext zu reflektieren und zu stärken.

## Fazit

Die Erhaltung der kulturellen Identität der Biolumineszenten auf Yvenis Prime ist eine komplexe Herausforderung, die sowohl theoretische als auch praktische Dimensionen umfasst. Während die Bedrohungen durch Globalisierung und politische Repression bestehen bleiben, bieten Bildung, Kunst und interkulturelle Zusammenarbeit vielversprechende Ansätze zur Stärkung und Bewahrung dieser einzigartigen Identität. Der Kampf um die Sprachrechte ist somit nicht nur ein rechtlicher, sondern auch ein kultureller, der die Grundlage für eine vielfältige und inklusive Gesellschaft bildet.

# Der Einfluss von Technologie auf die Sprache

Die Technologie hat einen tiefgreifenden Einfluss auf die Sprache und deren Verwendung in der modernen Gesellschaft. Insbesondere in einer intergalaktischen Gemeinschaft wie Yvenis Prime, wo verschiedene Kulturen und Sprachen aufeinandertreffen, spielt Technologie eine entscheidende Rolle bei der Erhaltung und Förderung von Sprachrechten. In diesem Abschnitt werden wir die verschiedenen Facetten des Einflusses der Technologie auf die Sprache untersuchen, einschließlich der Herausforderungen, die sie mit sich bringt, sowie der Chancen, die sie bietet.

## 1. Die Evolution der Kommunikationstechnologien

Die Entwicklung von Kommunikationstechnologien hat die Art und Weise, wie Menschen und außerirdische Wesen miteinander interagieren, revolutioniert. Von den ersten Formen der biolumineszenten Kommunikation, die durch Lichtmuster und Farben vermittelt wurden, bis hin zu den heutigen holographischen und digitalen Plattformen hat sich die Sprache ständig weiterentwickelt. Diese Evolution kann mathematisch als eine Funktion dargestellt werden:

$$C(t) = C_0 + k \cdot t^n \tag{58}$$

wobei $C(t)$ die Kommunikationsfähigkeit zu einem bestimmten Zeitpunkt $t$, $C_0$ die anfängliche Kommunikationsfähigkeit, $k$ eine Konstante und $n$ der Grad der technologischen Entwicklung ist. Diese Gleichung verdeutlicht, dass mit der Zeit und technologischen Fortschritten die Kommunikationsfähigkeit exponentiell wächst.

## 2. Digitale Übersetzung und Mehrsprachigkeit

Ein bedeutender Vorteil der Technologie ist die Möglichkeit der digitalen Übersetzung. Programme und Anwendungen, die auf künstlicher Intelligenz basieren, ermöglichen es, Sprachen in Echtzeit zu übersetzen. Dies hat nicht nur die Kommunikation zwischen verschiedenen Sprachgruppen erleichtert, sondern auch zur Förderung der Mehrsprachigkeit beigetragen. Die Herausforderungen, die mit der Übersetzung einhergehen, sind jedoch nicht zu unterschätzen. Oft gehen nuancierte Bedeutungen und kulturelle Kontexte verloren, was zu Missverständnissen führen kann.

Ein Beispiel für diese Problematik ist die Übersetzung von biolumineszenten Kommunikationsmustern in menschliche Sprachen. Während die Technologie in der Lage ist, grundlegende Informationen zu übertragen, bleibt die tiefere emotionale und kulturelle Bedeutung oft unberücksichtigt. Dies führt zu einer Entfremdung zwischen den Kulturen und kann die Identität der biolumineszenten Gemeinschaft gefährden.

## 3. Soziale Medien und Sprachverbreitung

Soziale Medien haben sich als mächtige Plattformen zur Verbreitung von Sprache und Kultur erwiesen. Auf Yvenis Prime nutzen Aktivisten soziale Medien, um ihre

Botschaften zu verbreiten und ein breiteres Publikum zu erreichen. Die Verwendung von Hashtags, viralen Kampagnen und interaktiven Inhalten hat es ermöglicht, die Anliegen der Biolumineszenten Allianz global bekannt zu machen.

Die Herausforderung besteht jedoch darin, dass die Dominanz bestimmter Sprachen, insbesondere des Intergalaktischen Standard, dazu führen kann, dass weniger verbreitete Sprachen in den Hintergrund gedrängt werden. Dies könnte langfristig zu einem Verlust sprachlicher Vielfalt führen, was die kulturelle Identität der betroffenen Gemeinschaften gefährdet.

## 4. Künstliche Intelligenz und Sprachentwicklung

Künstliche Intelligenz (KI) hat das Potenzial, die Sprachentwicklung weiter voranzutreiben. Sprachmodelle, die auf maschinellem Lernen basieren, können neue Wörter und Ausdrücke generieren, die auf den aktuellen Trends und der Nutzung in der Gesellschaft basieren. Diese Dynamik führt zu einer ständigen Evolution der Sprache, die sowohl Chancen als auch Herausforderungen mit sich bringt.

Ein Beispiel hierfür ist die Schaffung von neuen biolumineszenten Begriffen, die durch den Einfluss von Technologie entstehen. Diese Begriffe könnten spezifische Konzepte oder Emotionen beschreiben, die zuvor nicht in der menschlichen Sprache verankert waren. Allerdings besteht die Gefahr, dass solche neuen Begriffe nicht von der breiteren Gemeinschaft akzeptiert werden, was zu einer weiteren Fragmentierung der Sprache führen könnte.

## 5. Der Einfluss von Technologie auf die sprachliche Identität

Die Technologie hat auch Auswirkungen auf die sprachliche Identität. Während einige Gemeinschaften in der Lage sind, ihre Sprache durch technologische Mittel zu bewahren und zu fördern, kämpfen andere darum, ihre sprachlichen und kulturellen Wurzeln zu erhalten. Die ständige Verfügbarkeit von Informationen in dominanten Sprachen kann dazu führen, dass Sprecher weniger geneigt sind, ihre eigene Sprache zu verwenden.

Die Herausforderung besteht darin, ein Gleichgewicht zwischen der Nutzung neuer Technologien und der Erhaltung der eigenen sprachlichen Identität zu finden. Die Förderung von Bildungsprogrammen, die sich auf die Bedeutung der eigenen Sprache konzentrieren, ist entscheidend, um sicherzustellen, dass die nächste Generation nicht nur die Technologie nutzt, sondern auch die kulturellen Werte und die sprachliche Vielfalt schätzt.

## 6. Fazit

Zusammenfassend lässt sich sagen, dass der Einfluss von Technologie auf die Sprache sowohl positive als auch negative Aspekte hat. Während sie die Kommunikation erleichtert und die Verbreitung von Sprachen fördert, bringt sie auch Herausforderungen mit sich, die die sprachliche und kulturelle Identität gefährden können. Es ist entscheidend, dass die Gemeinschaften auf Yvenis Prime und darüber hinaus aktiv daran arbeiten, die Vorteile der Technologie zu nutzen, während sie gleichzeitig die Bedeutung ihrer eigenen Sprachen und Kulturen bewahren.

Die Zukunft der Sprache in einer technologisch fortgeschrittenen Gesellschaft hängt davon ab, wie gut wir in der Lage sind, diese Herausforderungen zu meistern und die Chancen zu nutzen, die uns die Technologie bietet. Nur durch bewusste Anstrengungen können wir sicherstellen, dass die Vielfalt der Sprachen und Kulturen in der intergalaktischen Gemeinschaft nicht nur überlebt, sondern auch gedeiht.

## Die globale Perspektive auf Sprachrechte

Die Diskussion um Sprachrechte ist nicht nur auf Yvenis Prime beschränkt, sondern spiegelt sich in vielen Gesellschaften auf der ganzen Welt wider. In einer zunehmend globalisierten Welt, in der Migration und interkulturelle Begegnungen an der Tagesordnung sind, wird die Bedeutung von Sprachrechten immer deutlicher. Diese Rechte sind nicht nur für die Erhaltung kultureller Identität und Vielfalt entscheidend, sondern auch für die soziale und politische Teilhabe von Minderheiten.

### Theoretische Grundlagen

Die Theorie der Sprachrechte basiert auf der Annahme, dass Sprache ein grundlegendes Menschenrecht ist. Laut der *Universal Declaration of Linguistic Rights* (UDLR) aus dem Jahr 1996, die von einer internationalen Gruppe von Linguisten und Menschenrechtsaktivisten formuliert wurde, haben alle Menschen das Recht, ihre eigene Sprache zu sprechen, zu lernen und zu verwenden. Dies umfasst auch das Recht auf Zugang zu Bildung, Medien und staatlichen Dienstleistungen in der eigenen Sprache.

Ein zentraler Aspekt dieser Theorie ist die Verbindung zwischen Sprache und Identität. Die Linguistin *Francesca M. Cancian* argumentiert, dass Sprache nicht nur ein Kommunikationsmittel ist, sondern auch ein Träger von Kultur und Geschichte. Der Verlust einer Sprache bedeutet oft auch den Verlust eines Teils der kulturellen Identität. Dies ist besonders relevant für indigene Völker und ethnische Minderheiten, deren Sprachen oft vom Aussterben bedroht sind.

## Globale Herausforderungen

Trotz der theoretischen Anerkennung von Sprachrechten gibt es zahlreiche Herausforderungen, die es zu bewältigen gilt. In vielen Ländern werden Minderheitensprachen nicht offiziell anerkannt, was zu Diskriminierung und Marginalisierung führt. Ein Beispiel hierfür ist die *Katalanische Sprache* in Spanien, wo trotz ihrer offiziellen Anerkennung in Katalonien, Sprecher der katalanischen Sprache in anderen Regionen oft diskriminiert werden.

Ein weiteres Beispiel ist die *Sami-Sprache* in Skandinavien. Obwohl die Sami-Kultur und -Sprache in Norwegen, Schweden und Finnland rechtlich geschützt sind, kämpfen Sami-Sprecher weiterhin gegen die Stigmatisierung und den Verlust ihrer Sprache, insbesondere in städtischen Gebieten, wo der Einfluss der dominanten Sprache überwiegt.

## Internationale Beispiele

Die UNESCO hat zahlreiche Initiativen ins Leben gerufen, um die Sprachrechte weltweit zu fördern. Ein Beispiel ist das *International Mother Language Day*, das jährlich am 21. Februar gefeiert wird, um die Bedeutung der Muttersprache für die Identität und Kultur zu würdigen. Diese Initiative hat dazu beigetragen, das Bewusstsein für die Gefährdung vieler Sprachen zu schärfen und die Bedeutung der Mehrsprachigkeit zu betonen.

In Kanada hat die *Gesetzgebung zum Schutz der indigenen Sprachen* in den letzten Jahren an Bedeutung gewonnen. Das *Indigenous Languages Act*, das 2019 verabschiedet wurde, zielt darauf ab, die indigenen Sprachen zu schützen und zu revitalisieren. Es bietet finanzielle Unterstützung für Programme, die das Lernen und die Verwendung dieser Sprachen fördern.

## Technologische Einflüsse

Die Rolle der Technologie im Kampf um Sprachrechte ist nicht zu unterschätzen. Soziale Medien und digitale Plattformen ermöglichen es, Sprachgemeinschaften zu mobilisieren und das Bewusstsein für Sprachrechte zu schärfen. Online-Kampagnen und Petitionen haben in vielen Fällen dazu beigetragen, dass Sprachrechte in den politischen Diskurs aufgenommen werden.

Ein Beispiel ist die *Welsh Language Act* in Großbritannien, die durch eine breite Unterstützung in sozialen Medien und durch Online-Petitionen gestärkt wurde. Diese Gesetzgebung hat dazu beigetragen, die walisische Sprache zu fördern und ihre Verwendung in Bildung und Verwaltung zu sichern.

## Fazit

Die globale Perspektive auf Sprachrechte zeigt, dass trotz der Herausforderungen und Rückschläge, die es zu überwinden gilt, eine wachsende Bewegung für die Anerkennung und den Schutz von Sprachrechten besteht. Jyn Fael und die Biolumineszenten Allianz auf Yvenis Prime sind Teil dieser globalen Bewegung, die sich für die Rechte aller Sprachgemeinschaften einsetzt. Die Anerkennung der Vielfalt der Sprachen und Kulturen ist nicht nur ein Zeichen des Respekts, sondern auch ein notwendiger Schritt in Richtung einer inklusiven und gerechten Gesellschaft.

Die Herausforderungen, die sich aus der globalen Perspektive auf Sprachrechte ergeben, erfordern eine Zusammenarbeit zwischen verschiedenen Akteuren – Regierungen, NGOs, Bildungseinrichtungen und der Zivilgesellschaft – um eine nachhaltige Lösung zu finden, die die Rechte aller Sprachgemeinschaften respektiert und fördert.

## Die Bedeutung von Zusammenhalt

Zusammenhalt ist ein zentrales Element jeder erfolgreichen sozialen Bewegung, insbesondere im Kontext des Aktivismus für Sprachrechte. Der Zusammenhalt innerhalb einer Gemeinschaft stärkt nicht nur die Identität der Mitglieder, sondern fördert auch die Solidarität und das gemeinsame Ziel, das in der Bewegung verfolgt wird. In diesem Abschnitt werden wir die verschiedenen Dimensionen des Zusammenhalts untersuchen und seine Bedeutung für den Erfolg der Bewegung von Jyn Fael beleuchten.

### Theoretische Grundlagen

Der Begriff des Zusammenhalts kann aus verschiedenen Perspektiven betrachtet werden. In der Sozialpsychologie wird Zusammenhalt oft durch die Theorie der sozialen Identität erklärt. Diese Theorie besagt, dass Individuen sich selbst über ihre Zugehörigkeit zu Gruppen definieren. In diesem Sinne ist der Zusammenhalt nicht nur ein Gefühl, sondern auch eine Quelle der Stärke, die es den Mitgliedern ermöglicht, sich gegen äußere Bedrohungen zu verteidigen.

Ein weiteres relevantes Konzept ist die Theorie des sozialen Kapitals, die von Robert Putnam geprägt wurde. Putnam argumentiert, dass soziale Netzwerke und die Normen des gegenseitigen Vertrauens und der Zusammenarbeit entscheidend für den Erfolg von Gemeinschaften sind. Diese Theorien bieten einen Rahmen, um die Dynamik des Zusammenhalts innerhalb der Biolumineszenten Allianz zu verstehen.

### Herausforderungen des Zusammenhalts

Trotz der positiven Aspekte des Zusammenhalts sieht sich die Bewegung auch Herausforderungen gegenüber. Unterschiedliche kulturelle Hintergründe und individuelle Erfahrungen können zu Spannungen innerhalb der Gemeinschaft führen. Beispielsweise könnten einige Mitglieder der Bewegung die Priorität auf bestimmte Aspekte der Sprachrechte legen, während andere möglicherweise andere Schwerpunkte setzen. Diese Differenzen können zu internen Konflikten führen, die den Zusammenhalt gefährden.

Ein weiteres Problem ist die externe Bedrohung durch die Regierung und andere Institutionen, die versuchen, die Bewegung zu diskreditieren. Solche Angriffe können zu Unsicherheiten innerhalb der Gemeinschaft führen und den Zusammenhalt schwächen. Um diesen Herausforderungen zu begegnen, ist es entscheidend, klare Kommunikationsstrategien zu entwickeln, die den Mitgliedern helfen, sich auf gemeinsame Ziele zu konzentrieren.

### Beispiele für erfolgreichen Zusammenhalt

Die Biolumineszenten Allianz hat mehrere Strategien implementiert, um den Zusammenhalt zu fördern. Ein Beispiel ist die Durchführung von regelmäßigen Treffen und Workshops, bei denen Mitglieder ihre Erfahrungen und Ideen austauschen können. Diese Veranstaltungen schaffen einen Raum für Dialog und stärken die Beziehungen zwischen den Mitgliedern.

Ein weiteres Beispiel ist die Verwendung von Kunst und Musik als Mittel zur Förderung des Zusammenhalts. Durch kreative Ausdrucksformen können die Mitglieder ihre Identität und ihre gemeinsamen Werte feiern. Diese Aktivitäten helfen nicht nur, den Zusammenhalt zu stärken, sondern auch, eine breitere Öffentlichkeit für die Anliegen der Bewegung zu sensibilisieren.

### Die Rolle der nächsten Generation

Der Zusammenhalt ist besonders wichtig für die nächste Generation von Aktivisten. Jyn Fael hat erkannt, dass die Einbindung junger Menschen in die Bewegung entscheidend ist, um eine nachhaltige Wirkung zu erzielen. Programme, die sich an Jugendliche richten, fördern nicht nur das Engagement, sondern auch das Gefühl der Zugehörigkeit zu einer größeren Gemeinschaft.

Ein Beispiel für ein solches Programm ist das „Licht für die Zukunft"-Initiative, das Workshops und Schulungen für junge Aktivisten anbietet. Diese Initiative hat dazu beigetragen, ein starkes Netzwerk von jungen Führungspersönlichkeiten zu schaffen, die bereit sind, den Kampf für Sprachrechte fortzusetzen.

## Fazit

Zusammenhalt ist ein unverzichtbarer Bestandteil des Aktivismus für Sprachrechte. Er stärkt die Gemeinschaft, fördert die Solidarität und ermöglicht es den Mitgliedern, sich gegen äußere Herausforderungen zu behaupten. Die Biolumineszenten Allianz hat durch verschiedene Strategien, einschließlich regelmäßiger Treffen, kreativer Ausdrucksformen und der Einbindung junger Menschen, den Zusammenhalt gefördert. In der Zukunft wird es entscheidend sein, diesen Zusammenhalt aufrechtzuerhalten, um die Vision einer inklusiven und multilingualen Gesellschaft zu verwirklichen. Der Erfolg von Jyn Fael und ihrer Bewegung zeigt, dass Zusammenhalt nicht nur ein Ideal, sondern eine notwendige Bedingung für echten sozialen Wandel ist.

## Der Vermächtnis von Jyn Fael

Das Vermächtnis von Jyn Fael ist ein leuchtendes Beispiel für den Einfluss, den eine Einzelperson auf die Gesellschaft und die intergalaktische Politik ausüben kann. Jyn hat nicht nur die Sprachrechte der Biolumineszenz auf Yvenis Prime gefördert, sondern auch eine Bewegung ins Leben gerufen, die weit über die Grenzen ihres Heimatplaneten hinausgeht. Ihr Erbe ist in mehreren Dimensionen zu betrachten: der Einfluss auf die nächste Generation, die Schaffung nachhaltiger Strukturen und die Inspiration für zukünftige Kämpfe um Rechte und Identität.

### Einfluss auf die nächste Generation

Jyn Fael hat eine ganze Generation von jungen Aktivisten inspiriert. Ihre Reden und Auftritte haben die Herzen vieler berührt und den Anstoß gegeben, sich für die eigenen Rechte und die der Gemeinschaft einzusetzen. Ein Beispiel hierfür ist die Gründung von Bildungsprogrammen, die sich mit den Themen Sprache, Identität und interkulturellem Austausch beschäftigen. Diese Programme fördern nicht nur das Bewusstsein für die Bedeutung der Biolumineszenz, sondern auch die Wertschätzung anderer Kulturen und Sprachen.

Die Rolle der Kunst in Jyns Einfluss ist ebenfalls nicht zu unterschätzen. Durch kreative Ausdrucksformen, wie Musik und Tanz, hat sie eine Plattform geschaffen, die es den Menschen ermöglicht, sich zu verbinden und ihre

Geschichten zu teilen. So entstand ein Netzwerk von Künstlern, die sich für soziale Gerechtigkeit einsetzen und die Botschaft von Jyn weitertragen.

## Die Schaffung eines Erbes

Jyns Ideen und Visionen leben in den Projekten und Initiativen weiter, die nach ihrem Vorbild gegründet wurden. Die Biolumineszenten Allianz, die sie ins Leben gerufen hat, hat sich in den letzten Jahren weiterentwickelt und neue Strategien zur Förderung der Sprachrechte entwickelt. Diese Allianz hat eine Schlüsselrolle dabei gespielt, die Anliegen der Biolumineszenz in die intergalaktische Politik zu tragen und auf internationaler Ebene Gehör zu finden.

Ein herausragendes Beispiel für die Nachhaltigkeit ihres Erbes ist die Einführung eines intergalaktischen Bildungsprogramms, das sich mit den Herausforderungen der Mehrsprachigkeit und dem Erhalt kultureller Identität beschäftigt. Dieses Programm wird von verschiedenen Organisationen unterstützt und hat bereits zahlreiche Erfolge in der Gesetzgebung erzielt.

## Internationale Anerkennung

Jyn Faels Vermächtnis hat auch internationale Anerkennung gefunden. Ihre Arbeit hat nicht nur auf Yvenis Prime, sondern auch auf anderen Planeten und in verschiedenen Kulturen Wellen geschlagen. Konferenzen und Foren, die sich mit den Themen Sprache und Identität befassen, haben Jyn als Vorreiterin in der Diskussion um die Rechte von Minderheiten hervorgehoben. Ihre Ansichten und Methoden sind nun Teil des Lehrplans vieler Bildungseinrichtungen und werden als Modell für sozialen Aktivismus angesehen.

## Einfluss auf die intergalaktische Politik

Das Vermächtnis von Jyn Fael zeigt sich auch in der politischen Landschaft der intergalaktischen Gemeinschaft. Die von ihr angestoßene Bewegung hat dazu beigetragen, dass Sprachrechte und kulturelle Identität in politische Diskurse integriert wurden. Ihre Methoden und Strategien werden nun in verschiedenen politischen Kampagnen und Initiativen verwendet, die darauf abzielen, die Rechte von Minderheiten zu schützen und zu fördern.

Ein Beispiel für diesen Einfluss ist die Einführung eines intergalaktischen Gesetzes, das die Rechte von sprachlichen Minderheiten schützt. Dieses Gesetz basiert auf den Prinzipien, die Jyn in ihrer Arbeit vertreten hat, und stellt sicher, dass die Stimmen der Biolumineszenz und anderer unterrepräsentierter Gruppen gehört werden.

## Schlussfolgerung

Zusammenfassend lässt sich sagen, dass das Vermächtnis von Jyn Fael weitreichende Auswirkungen auf die Gesellschaft hat. Ihre Vision einer inklusiven, mehrsprachigen Zukunft lebt in den Herzen und Köpfen derjenigen weiter, die sie inspiriert hat. Durch ihre unermüdliche Arbeit hat sie nicht nur den Kampf um die Sprachrechte der Biolumineszenz vorangetrieben, sondern auch eine Bewegung geschaffen, die die intergalaktische Politik nachhaltig beeinflusst. Jyn Faels Erbe wird weiterhin Generationen von Aktivisten inspirieren, die sich für eine gerechtere und inklusivere Welt einsetzen.

# Der Einfluss von Jyn Fael

## Die Inspiration für die nächste Generation

### Jyns Einfluss auf junge Aktivisten

Jyn Fael, als Symbol des Kampfes für die Sprachrechte der Biolumineszenz, hat durch ihre unermüdliche Leidenschaft und ihren kreativen Ansatz einen tiefgreifenden Einfluss auf junge Aktivisten auf Yvenis Prime und darüber hinaus ausgeübt. Ihre Fähigkeit, kulturelle Identität und Sprache miteinander zu verknüpfen, hat eine neue Generation von Aktivisten inspiriert, die sich für soziale Gerechtigkeit und die Wahrung kultureller Vielfalt einsetzen.

### Die Kraft der Vorbilder

Die Rolle von Vorbildern ist in der Aktivismusbewegung von entscheidender Bedeutung. Jyns Lebensgeschichte und ihr Engagement haben vielen jungen Menschen gezeigt, dass es möglich ist, für ihre Überzeugungen einzustehen und Veränderungen herbeizuführen. Ihre öffentlichen Auftritte und leidenschaftlichen Reden, die oft mit künstlerischen Darbietungen kombiniert wurden, haben eine Atmosphäre der Inspiration geschaffen, die junge Menschen ermutigt, ihre Stimmen zu erheben.

Ein Beispiel für diesen Einfluss ist die Gründung des „Licht-Forums", einer Plattform, die von ehemaligen Schülern der Schule, die Jyn besucht hat, ins Leben gerufen wurde. In diesem Forum können junge Aktivisten ihre Projekte vorstellen, Erfahrungen austauschen und sich gegenseitig unterstützen. Die Idee, dass jeder eine Stimme hat, wurde von Jyns Philosophie geprägt: „Jede Biolumineszenz hat das Recht, leuchtend zu sein."

## Bildungsprogramme und Workshops

Jyn hat auch aktiv an der Entwicklung von Bildungsprogrammen mitgewirkt, die darauf abzielen, das Bewusstsein für die Bedeutung von Sprache und Kultur zu schärfen. Workshops, die von Jyn und ihren Mitstreitern organisiert wurden, bieten jungen Menschen die Möglichkeit, sich mit den Herausforderungen des Aktivismus auseinanderzusetzen. Diese Programme betonen die Bedeutung von Mehrsprachigkeit und interkulturellem Dialog.

$$\text{Engagement} = \frac{\text{Bildung} \times \text{Kreativität}}{\text{Hindernisse}} \quad (59)$$

Die obige Gleichung verdeutlicht, dass das Engagement junger Aktivisten direkt proportional zur Kombination von Bildung und Kreativität ist, während es durch bestehende Hindernisse, wie gesellschaftliche Vorurteile oder politische Repression, verringert wird. Jyns Ansatz, Kunst und Musik in den Aktivismus zu integrieren, hat nicht nur die Kreativität gefördert, sondern auch eine breitere Öffentlichkeit erreicht.

## Soziale Medien und Vernetzung

Ein weiterer Aspekt von Jyns Einfluss ist die Nutzung sozialer Medien zur Mobilisierung und Vernetzung junger Aktivisten. Durch Plattformen wie „LuminaConnect" hat sie es geschafft, eine Gemeinschaft zu schaffen, in der Ideen ausgetauscht und Strategien zur Förderung der Sprachrechte entwickelt werden. Diese digitale Plattform hat es jungen Menschen ermöglicht, über intergalaktische Grenzen hinweg zusammenzuarbeiten und ihre Botschaften zu verbreiten.

$$\text{Einfluss} = \text{Reichweite} \times \text{Engagement} \times \text{Inspiration} \quad (60)$$

Hier zeigt die Gleichung, dass der Einfluss von Jyn auf junge Aktivisten nicht nur durch die Reichweite ihrer Botschaft, sondern auch durch das Engagement und die Inspiration, die sie bietet, bestimmt wird. Ihre Fähigkeit, eine Verbindung zu den Herzen der Menschen herzustellen, hat es ihr ermöglicht, eine loyale Anhängerschaft zu gewinnen.

## Erfolge und Herausforderungen

Trotz der Erfolge, die Jyn und die junge Generation von Aktivisten erzielt haben, stehen sie auch vor Herausforderungen. Die Repression durch die Regierung, die oft in Form von Zensur und Verhaftungen auftritt, hat viele junge Aktivisten in ihrer Arbeit behindert. Jyn hat jedoch immer betont, dass Widerstand und Rückschläge

Teil des Prozesses sind. Ihre berühmte Aussage: „Die Dunkelheit kann die Lichter nicht auslöschen, sie kann sie nur heller leuchten lassen", hat vielen jungen Aktivisten Trost und Motivation gegeben.

Insgesamt hat Jyn Fael durch ihr Engagement und ihre Vision einen bleibenden Einfluss auf junge Aktivisten ausgeübt. Sie hat nicht nur eine Bewegung ins Leben gerufen, sondern auch eine Kultur der Solidarität und des kreativen Ausdrucks gefördert, die weiterhin junge Menschen inspiriert, für die Rechte ihrer Gemeinschaften einzutreten. Jyns Vermächtnis wird durch die zahlreichen Stimmen und Projekte, die sie inspiriert hat, weiterleben und eine neue Ära des intergalaktischen Aktivismus prägen.

## Die Schaffung von Bildungsprogrammen

Die Schaffung von Bildungsprogrammen war ein entscheidender Schritt in Jyn Faels Kampf für die Sprachrechte der Biolumineszenz auf Yvenis Prime. Diese Programme zielten darauf ab, das Bewusstsein für die kulturellen und sprachlichen Besonderheiten der biolumineszenten Gemeinschaft zu schärfen und die Mehrsprachigkeit zu fördern. In diesem Abschnitt werden die theoretischen Grundlagen, die Herausforderungen sowie konkrete Beispiele für erfolgreiche Bildungsinitiativen dargestellt.

## Theoretische Grundlagen

Die Theorie der interkulturellen Bildung spielt eine zentrale Rolle bei der Entwicklung von Bildungsprogrammen. Laut [1] ist interkulturelle Bildung nicht nur die Vermittlung von Wissen über andere Kulturen, sondern auch die Förderung von Fähigkeiten, die es Individuen ermöglichen, in einer multikulturellen Gesellschaft erfolgreich zu interagieren. Diese Programme sollten daher nicht nur die Sprache, sondern auch die kulturellen Werte und Traditionen der biolumineszenten Gemeinschaft integrieren.

Ein weiterer wichtiger Aspekt ist die *Kritische Pädagogik*, die von [2] formuliert wurde. Diese Theorie betont die Bedeutung der Reflexion und des kritischen Denkens im Bildungsprozess. Durch die Schaffung von Bildungsprogrammen, die auf kritischem Denken basieren, können die Teilnehmer befähigt werden, ihre eigene Identität und die ihrer Gemeinschaft zu hinterfragen und zu stärken.

## Herausforderungen bei der Umsetzung

Die Implementierung von Bildungsprogrammen war jedoch nicht ohne Herausforderungen. Eine der größten Hürden war die *Ressourcenknappheit*. Viele

Schulen auf Yvenis Prime hatten nicht die finanziellen Mittel, um qualitativ hochwertige Bildungsinhalte zu entwickeln und zu verbreiten. Darüber hinaus gab es oft einen Mangel an qualifizierten Lehrkräften, die sowohl die Sprache der Biolumineszenz als auch die kulturellen Besonderheiten der Gemeinschaft vermitteln konnten.

Ein weiteres Problem war die *Akzeptanz* innerhalb der breiteren Gesellschaft. Viele Menschen auf Yvenis Prime hatten Vorurteile gegenüber der biolumineszenten Kultur und waren skeptisch gegenüber Bildungsprogrammen, die sich auf diese Gemeinschaft konzentrierten. Diese Vorurteile mussten durch Aufklärung und Dialog abgebaut werden, um eine inklusive Lernumgebung zu schaffen.

## Beispiele für erfolgreiche Bildungsinitiativen

Trotz der Herausforderungen gab es mehrere bemerkenswerte Bildungsprogramme, die von Jyn Fael und ihrer Bewegung initiiert wurden. Eines der erfolgreichsten Programme war das *Biolumineszente Sprach- und Kulturzentrum*, das 2025 gegründet wurde. Dieses Zentrum bot Kurse in der biolumineszenten Sprache an und integrierte kulturelle Workshops, die von Mitgliedern der Gemeinschaft geleitet wurden. Die Teilnehmer lernten nicht nur die Sprache, sondern auch die Geschichte, Kunst und Traditionen der biolumineszenten Kultur.

Ein weiteres Beispiel ist das *Interkulturelle Austauschprogramm*, das Schüler aus verschiedenen Teilen Yvenis Prime zusammenbrachte. In diesem Programm hatten die Schüler die Möglichkeit, in die biolumineszente Kultur einzutauchen und ihre eigenen kulturellen Hintergründe zu teilen. Durch gemeinsame Projekte und Aktivitäten konnten Vorurteile abgebaut und ein tieferes Verständnis für die Vielfalt der Kulturen auf Yvenis Prime gefördert werden.

## Langfristige Auswirkungen

Die Schaffung von Bildungsprogrammen hatte langfristige Auswirkungen auf die biolumineszente Gemeinschaft und die Gesellschaft insgesamt. Die Programme förderten nicht nur die Sprachkenntnisse, sondern auch das Selbstbewusstsein der Teilnehmer. Viele Absolventen dieser Programme wurden zu aktiven Mitgliedern der Biolumineszenten Allianz und trugen zur Weiterentwicklung der Bewegung bei.

Darüber hinaus trugen diese Bildungsinitiativen zur Schaffung eines positiven Images der biolumineszenten Kultur in der breiten Gesellschaft bei. Durch die

Verbreitung von Wissen und Verständnis konnte ein Raum für Dialog und Zusammenarbeit geschaffen werden, der letztendlich zur Anerkennung der Sprachrechte der Biolumineszenz führte.

**Fazit**

Die Schaffung von Bildungsprogrammen war ein wesentlicher Bestandteil von Jyn Faels Aktivismus. Durch die Integration von interkulturellen und kritischen Ansätzen in die Bildungsinhalte konnten nicht nur Sprachkenntnisse vermittelt, sondern auch das Bewusstsein für die kulturelle Identität der biolumineszenten Gemeinschaft gestärkt werden. Trotz der Herausforderungen, die bei der Umsetzung dieser Programme auftraten, haben sie einen nachhaltigen Einfluss auf die Gesellschaft und die Bewegung für Sprachrechte hinterlassen. Die Erfolge dieser Bildungsinitiativen sind ein Beweis dafür, dass Bildung ein kraftvolles Werkzeug im Kampf für soziale Gerechtigkeit und kulturelle Anerkennung sein kann.

# Bibliography

[1] Banks, J. A. (2008). *Diversity and Citizenship Education: Global Perspectives.* Jossey-Bass.

[2] Freire, P. (1970). *Pedagogy of the Oppressed.* Continuum.

## Die Rolle der Kunst in der Inspiration

Die Kunst hat seit jeher eine transformative Kraft und spielt eine entscheidende Rolle in der Inspiration von sozialen Bewegungen. In der Biografie von Jyn Fael wird deutlich, wie Kunst nicht nur ein Ausdruck von Identität ist, sondern auch als Werkzeug dient, um Veränderungen zu bewirken. Diese Rolle der Kunst kann durch verschiedene theoretische Ansätze und praktische Beispiele verdeutlicht werden.

## Theoretische Grundlagen

Die Verbindung zwischen Kunst und Aktivismus wird häufig durch die Theorie der *Ästhetik der Widerstands* beschrieben. Diese Theorie, die von Theoretikern wie Herbert Marcuse und Peter Bürger entwickelt wurde, postuliert, dass Kunst als Mittel zur Kritik an bestehenden gesellschaftlichen Normen und Werten fungieren kann. Kunst schafft einen Raum für Reflexion und Diskussion, der es den Menschen ermöglicht, sich mit ihren eigenen Erfahrungen und der Gesellschaft auseinanderzusetzen.

Ein weiteres wichtiges Konzept ist die *Kunst als soziale Praxis*. Diese Theorie, die von Künstlern und Aktivisten wie Augusto Boal und der *Theater der Unterdrückten*-Bewegung propagiert wird, betont, dass Kunst nicht nur zur Unterhaltung dient, sondern auch als Mittel zur Befreiung und zur Förderung des sozialen Wandels. In diesem Kontext wird Kunst zu einem Werkzeug, das es den Menschen ermöglicht, ihre Stimmen zu erheben und für ihre Rechte zu kämpfen.

## Kunst als Inspirationsquelle

Für Jyn Fael war Kunst eine zentrale Inspirationsquelle in ihrem Kampf für die Sprachrechte der Biolumineszenz. Durch die Schaffung von *Lichtinstallationen* und *biolumineszenten Performances* konnte sie die Schönheit und Bedeutung ihrer Kultur visuell darstellen. Diese Kunstwerke wurden nicht nur als Ausdruck ihrer Identität wahrgenommen, sondern auch als Aufruf zur Solidarität und zum Handeln.

Ein Beispiel für die Wirkung von Kunst in Jyns Bewegung war die *Lichtparade*, die sie organisierte. Diese Veranstaltung vereinte Tausende von Menschen, die mit leuchtenden Kostümen und kreativen Lichtinstallationen durch die Straßen zogen. Die Parade symbolisierte nicht nur die Vielfalt der Kulturen auf Yvenis Prime, sondern auch den kollektiven Widerstand gegen die Unterdrückung der Sprachrechte. Die visuelle Kraft der Kunst weckte Emotionen und mobilisierte die Gemeinschaft, was die Bedeutung von Kunst als Katalysator für sozialen Wandel unterstreicht.

## Herausforderungen und Probleme

Trotz der positiven Aspekte der Kunst im Aktivismus gibt es auch Herausforderungen. Eine der größten Hürden ist die *Kommerzialisierung* der Kunst. Wenn Kunstwerke in den kommerziellen Raum gedrängt werden, besteht die Gefahr, dass die ursprüngliche Botschaft und die sozialkritische Funktion verloren gehen. Dies kann dazu führen, dass Kunst zu einem bloßen Konsumgut wird, anstatt eine Plattform für den Widerstand zu bieten.

Ein weiteres Problem ist die *Zensur*. In autoritären Regimen kann Kunst als Bedrohung wahrgenommen werden, was zu Repression und Verboten führt. Jyn Fael und ihre Bewegung sahen sich mit solchen Herausforderungen konfrontiert, als ihre Kunstprojekte von der Regierung als subversiv eingestuft wurden. Diese Zensur führte zu einem Rückgang der öffentlichen Unterstützung, was die Notwendigkeit unterstrich, alternative Plattformen für künstlerischen Ausdruck zu finden.

## Fazit

Die Rolle der Kunst in der Inspiration von Aktivismus ist unbestreitbar. Sie ermöglicht es den Menschen, sich auszudrücken, ihre Identität zu feiern und für ihre Rechte zu kämpfen. Jyn Faels Einsatz von Kunst zeigt, wie kreative Ausdrucksformen als Katalysator für sozialen Wandel dienen können. Trotz der Herausforderungen, die mit der Kunst im Aktivismus verbunden sind, bleibt sie ein unverzichtbares Werkzeug, um Gemeinschaften zu mobilisieren und eine inklusive Zukunft zu schaffen. Kunst ist nicht nur ein Spiegel der Gesellschaft, sondern auch ein Werkzeug zur Transformation.

## Die Verbreitung von Jyns Ideen

Die Ideen von Jyn Fael, einer der prominentesten Stimmen für die Sprachrechte der Biolumineszenz auf Yvenis Prime, haben sich über die Grenzen ihrer Heimatwelt hinaus verbreitet. Diese Verbreitung ist nicht nur ein Produkt ihrer leidenschaftlichen Reden und Aktionen, sondern auch das Ergebnis strategischer Ansätze zur Nutzung verschiedener Plattformen und Medien. In diesem Abschnitt werden die Mechanismen, Herausforderungen und Erfolge bei der Verbreitung von Jyns Ideen untersucht.

### Mechanismen der Verbreitung

Die Verbreitung von Jyns Ideen kann durch mehrere Schlüsselmechanismen beschrieben werden:

- **Soziale Medien:** Jyn erkannte frühzeitig das Potenzial sozialer Medien als Plattform zur Verbreitung ihrer Botschaften. Sie nutzte Netzwerke wie *GalacticNet* und *BioConnect*, um ihre Ideen einer breiten Öffentlichkeit zugänglich zu machen. Durch die Verwendung von Hashtags wie #BioluminescentRights und #SpeakYourLight konnte sie eine globale Community mobilisieren, die sich für Sprachrechte einsetzt.

- **Kunst und Musik:** Jyn verstand die Macht der Kunst als Kommunikationsmittel. Ihre Zusammenarbeit mit Künstlern und Musikern führte zur Schaffung von Liedern und visuellen Kunstwerken, die ihre Botschaften transportierten. Ein Beispiel ist das Lied *"Licht der Freiheit"*, das in den intergalaktischen Charts hohe Platzierungen erreichte und zur Hymne der Bewegung wurde.

- **Bildungsprogramme:** Die Einführung von Bildungsprogrammen, die sich auf die Bedeutung der Biolumineszenz und die Notwendigkeit der Mehrsprachigkeit konzentrieren, war ein weiterer Schlüssel zur Verbreitung ihrer Ideen. Diese Programme wurden in Schulen auf Yvenis Prime und darüber hinaus implementiert, um das Bewusstsein für die kulturellen und sprachlichen Unterschiede zu schärfen.

**Herausforderungen**

Trotz des Erfolgs bei der Verbreitung ihrer Ideen sah sich Jyn auch mit zahlreichen Herausforderungen konfrontiert:

- **Missverständnisse und Vorurteile:** Eine der größten Hürden war das anhaltende Missverständnis über die Biolumineszenz und ihre kulturelle Bedeutung. Viele Menschen, insbesondere außerhalb von Yvenis Prime, hatten Schwierigkeiten, die Komplexität der biolumineszenten Kommunikation zu verstehen, was zu Vorurteilen und Fehlinformationen führte.

- **Politische Repression:** In einigen Fällen führte die Verbreitung ihrer Ideen zu politischer Repression. Die Regierung von Yvenis Prime sah in Jyns Bewegung eine Bedrohung und versuchte, ihre Aktivitäten zu unterdrücken. Dies führte zu einer verstärkten Überwachung und Zensur ihrer Inhalte in den Medien.

- **Ressourcenmangel:** Die Finanzierung ihrer Initiativen stellte eine weitere Herausforderung dar. Viele ihrer Projekte waren auf Spenden angewiesen, und die Unsicherheit in der politischen Landschaft machte es schwierig, langfristige Unterstützung zu sichern.

**Erfolge**

Trotz dieser Herausforderungen erzielte Jyn bemerkenswerte Erfolge bei der Verbreitung ihrer Ideen:

- **Internationale Anerkennung:** Jyns Engagement führte zu ihrer Einladung zu internationalen Konferenzen, wo sie ihre Ideen präsentieren konnte. Ihre Reden inspirierten viele und führten zu einer breiten Unterstützung für die Biolumineszenten Allianz.

- **Allianzen mit anderen Bewegungen:** Jyn konnte Allianzen mit anderen intergalaktischen Bewegungen bilden, die ähnliche Ziele verfolgten. Diese Zusammenarbeit führte zu einem stärkeren Netzwerk, das die Verbreitung ihrer Ideen unterstützte und die Sichtbarkeit ihrer Anliegen erhöhte.

- **Einfluss auf die Gesetzgebung:** Die Verbreitung von Jyns Ideen hatte auch direkte Auswirkungen auf die Gesetzgebung. Ihre Kampagnen führten zu einer erhöhten Sensibilisierung für die Rechte der Biolumineszenten und trugen zur Schaffung von Gesetzen bei, die diese Rechte schützen.

### Beispiele für die Verbreitung

Ein konkretes Beispiel für die Verbreitung von Jyns Ideen ist die *Licht für alle*-Kampagne, die ins Leben gerufen wurde, um das Bewusstsein für die Rechte der Biolumineszenten zu schärfen. Diese Kampagne umfasste:

- **Veranstaltungen und Workshops:** In verschiedenen Städten wurden Veranstaltungen organisiert, um die Gemeinschaft zu mobilisieren und Informationen über die Biolumineszenz zu verbreiten. Workshops zur künstlerischen Ausdrucksform der Biolumineszenz zogen viele Teilnehmer an und schufen eine Plattform für den Austausch von Ideen.

- **Dokumentarfilme:** Jyn arbeitete an der Produktion eines Dokumentarfilms, der die Herausforderungen und Erfolge der Bewegung dokumentierte. Der Film wurde auf mehreren intergalaktischen Filmfestivals gezeigt und erhielt viel Lob für seine aufschlussreiche Darstellung der Thematik.

- **Kampagnen in sozialen Medien:** Die *Licht für alle*-Kampagne nutzte virale Videos und Grafiken, um die Botschaft zu verbreiten. Die Verwendung von persönlichen Geschichten und Erfahrungen half, eine emotionale Verbindung zu schaffen und das Publikum zu mobilisieren.

Zusammenfassend lässt sich sagen, dass die Verbreitung von Jyn Faels Ideen ein komplexer Prozess war, der sowohl Erfolge als auch Herausforderungen mit sich brachte. Ihre Fähigkeit, verschiedene Plattformen und Medien zu nutzen, um ihre Botschaften zu verbreiten, hat nicht nur das Bewusstsein für die Sprachrechte der Biolumineszenz geschärft, sondern auch eine intergalaktische Bewegung ins Leben gerufen, die weiterhin an Bedeutung gewinnt. Die Verbreitung ihrer Ideen bleibt ein zentraler Aspekt ihres Erbes und ihrer fortdauernden Einflussnahme auf die Gesellschaft.

### Die Bedeutung von Vorbildern

Die Bedeutung von Vorbildern in der Bewegung für Sprachrechte und soziale Gerechtigkeit kann nicht hoch genug eingeschätzt werden. Vorbilder fungieren als inspirierende Kräfte, die Individuen motivieren, sich für ihre Überzeugungen einzusetzen und aktiv zu werden. In der Biografie von Jyn Fael wird deutlich, wie entscheidend die Rolle von Vorbildern für die Entwicklung junger Aktivisten ist.

## Theoretischer Rahmen

Die Theorie der sozialen Identität, wie sie von Henri Tajfel und John Turner entwickelt wurde, legt nahe, dass Individuen ihre Identität stark durch die Zugehörigkeit zu sozialen Gruppen definieren. Vorbilder aus diesen Gruppen können eine Schlüsselrolle dabei spielen, das Selbstwertgefühl und die Motivation zu stärken. Sie bieten ein Modell, das Nachahmung und Engagement fördert. In diesem Kontext können Vorbilder als Katalysatoren für Veränderungen fungieren, indem sie zeigen, dass es möglich ist, gegen Ungerechtigkeiten zu kämpfen und Erfolge zu erzielen.

## Probleme und Herausforderungen

Trotz der positiven Auswirkungen, die Vorbilder haben können, gibt es auch Herausforderungen. Oftmals sind die Erwartungen an Vorbilder unrealistisch. Jyn Fael selbst erlebte diese Problematik, als sie in der Öffentlichkeit stand und als Symbol für den Kampf um Sprachrechte angesehen wurde. Der Druck, ständig zu glänzen und fehlerfrei zu sein, kann zu erheblichem Stress führen und die mentale Gesundheit beeinträchtigen. Zudem kann der Verlust eines Vorbilds, sei es durch Rückzug oder tragisches Schicksal, zu Enttäuschungen und einem Gefühl der Orientierungslosigkeit führen.

## Beispiele aus der Biografie von Jyn Fael

Jyn Fael hatte in ihrer Jugend mehrere Vorbilder, die sie nachhaltig prägten. Besonders hervorzuheben ist die Figur von Eldra, einer renommierten Aktivistin der Biolumineszenten Allianz, die für ihre leidenschaftlichen Reden und ihren unermüdlichen Einsatz für die Rechte der Biolumineszenten bekannt war. Eldra inspirierte Jyn nicht nur durch ihre Taten, sondern auch durch ihre Fähigkeit, komplexe Themen verständlich zu kommunizieren. Jyn lernte von Eldra, dass Sprache nicht nur ein Kommunikationsmittel, sondern auch ein mächtiges Werkzeug für sozialen Wandel ist.

Ein weiteres Beispiel ist der intergalaktische Künstler Lumis, dessen Werke die Schönheit der Biolumineszenz und die kulturelle Vielfalt der verschiedenen Spezies feierten. Lumis' Kunstwerke waren nicht nur ästhetisch ansprechend, sondern trugen auch eine tiefere Botschaft über die Wichtigkeit der kulturellen Identität und der sprachlichen Vielfalt. Jyns Begegnungen mit Lumis führten dazu, dass sie die Verbindung zwischen Kunst und Aktivismus erkannte und eigene kreative Projekte ins Leben rief, die die Anliegen der Biolumineszenten auf eine neue, eindringliche Weise darstellten.

### Die Rolle von Vorbildern in der Bildung

Vorbilder spielen auch eine entscheidende Rolle in der Bildung. Jyn Fael profitierte von Lehrern, die nicht nur Wissen vermittelten, sondern auch als Mentoren fungierten. Diese Lehrer ermutigten sie, ihre Stimme zu erheben und sich für die Rechte ihrer Gemeinschaft einzusetzen. Besonders die Lehrerin Mira, die selbst eine Biolumineszentin war, half Jyn, ihre Identität zu akzeptieren und zu schätzen. Mira zeigte, wie wichtig es ist, die eigene Kultur zu feiern und zu bewahren, und ermutigte Jyn, ihre Erfahrungen in ihren Reden und Kunstwerken zu verarbeiten.

### Der Einfluss von sozialen Medien

In der heutigen Zeit haben soziale Medien die Art und Weise, wie Vorbilder wahrgenommen werden, revolutioniert. Jyn Fael nutzte Plattformen wie *GlowNet* und *Intergalactic Connect*, um ihre Botschaft zu verbreiten und mit Gleichgesinnten zu interagieren. Diese Plattformen ermöglichten es ihr, Vorbilder aus der ganzen Galaxie zu finden und sich mit ihnen zu vernetzen. Durch das Teilen von Geschichten, Erfahrungen und Erfolgen konnten Jyn und andere Aktivisten eine Gemeinschaft aufbauen, die sich gegenseitig unterstützte und inspirierte.

### Fazit

Zusammenfassend lässt sich sagen, dass Vorbilder eine zentrale Rolle im Leben von Aktivisten wie Jyn Fael spielen. Sie inspirieren, motivieren und bieten Orientierung in schwierigen Zeiten. Die Herausforderungen, die mit der Rolle eines Vorbilds einhergehen, sollten nicht ignoriert werden, doch die positiven Auswirkungen überwiegen oft. Jyns eigene Reise zeigt, dass durch die Identifikation mit starken Vorbildern nicht nur individuelle Entwicklung gefördert wird, sondern auch kollektive Bewegungen vorangetrieben werden können. Die Schaffung einer neuen Generation von Aktivisten, die sich für Sprachrechte und soziale Gerechtigkeit einsetzen, ist in hohem Maße von der Präsenz und dem Einfluss von Vorbildern abhängig.

$$\text{Einfluss von Vorbildern} = f(\text{Identifikation}, \text{Motivation}, \text{Zugang zu Ressourcen}) \tag{61}$$

### Jyns Auftritte und Reden

Jyn Fael, die strahlende Stimme der Biolumineszenten Allianz, hat durch ihre Auftritte und Reden einen bleibenden Eindruck in der intergalaktischen

Gemeinschaft hinterlassen. Ihre Fähigkeit, mit Worten zu leuchten, ist nicht nur ein Ausdruck ihrer eigenen Biolumineszenz, sondern auch ein Symbol für den Kampf um die Sprachrechte ihrer Spezies. In dieser Sektion betrachten wir die Bedeutung ihrer Auftritte und Reden, die Herausforderungen, denen sie gegenüberstand, sowie die Theorien, die ihre Rhetorik untermauern.

## Die Kraft der Rhetorik

Die Rhetorik, die Jyn in ihren Reden einsetzt, basiert auf den klassischen Prinzipien von Ethos, Pathos und Logos. Ethos bezieht sich auf die Glaubwürdigkeit des Sprechers, Pathos auf die emotionale Ansprache des Publikums und Logos auf die logische Argumentation. Jyn hat es meisterhaft verstanden, diese drei Elemente zu kombinieren, um ihre Zuhörer zu inspirieren und zu mobilisieren.

$$R = E + P + L \qquad (62)$$

wobei $R$ die Rhetorik, $E$ die Ethik, $P$ die Emotion und $L$ die Logik darstellt. Ihre Reden sind nicht nur informativ, sondern auch emotional aufgeladen, was sie zu einem kraftvollen Werkzeug im Aktivismus macht.

## Herausforderungen bei öffentlichen Auftritten

Trotz ihrer Fähigkeiten hatte Jyn mit zahlreichen Herausforderungen zu kämpfen. Eine der größten Hürden war die Sprachbarriere zwischen den Biolumineszenten und den Menschen. Oft musste sie ihre Botschaften in mehreren Sprachen formulieren, um sicherzustellen, dass sie von allen verstanden wurde. Dies führte zu Missverständnissen und manchmal zu Verwirrung, insbesondere wenn es um die Übersetzung von kulturellen Nuancen ging.

Ein Beispiel hierfür war ihre Rede während der ersten intergalaktischen Konferenz für Sprachrechte. Jyn wollte die Bedeutung der Biolumineszenz als Kommunikationsmittel hervorheben, doch einige ihrer Zuhörer interpretierten ihre Worte als eine bloße Metapher, anstatt die tiefere kulturelle Bedeutung zu erkennen. Dies zeigt die Herausforderungen, die sich aus der Mehrsprachigkeit und den unterschiedlichen kulturellen Hintergründen ergeben.

## Inspirierende Reden

Eine ihrer denkwürdigsten Reden hielt Jyn während einer großen Demonstration auf Yvenis Prime. Unter dem Titel „Licht der Hoffnung" sprach sie über die

Bedeutung der Sprachrechte und die Notwendigkeit, die kulturelle Identität zu bewahren. Sie begann ihre Rede mit einer emotionalen Anekdote über ihre Kindheit in den Lichtwäldern, in der sie die ersten Worte ihrer Eltern hörte und wie diese Worte sie prägten.

> „Jede Biolumineszenz, die in der Dunkelheit leuchtet, ist ein Zeugnis unserer Identität. Wenn wir unsere Sprache verlieren, verlieren wir auch unser Licht!"

Diese Worte berührten das Herz vieler Zuhörer und führten zu einer Welle der Solidarität. Ihre Fähigkeit, persönliche Geschichten mit universellen Themen zu verbinden, ist ein Schlüssel zu ihrem Erfolg als Rednerin.

### Techniken der Publikumsbindung

Jyn nutzt verschiedene Techniken, um ihr Publikum zu fesseln. Dazu gehören visuelle Hilfsmittel, interaktive Elemente und die Einbindung von Musik. Bei einer ihrer Reden kombinierte sie eine kraftvolle Botschaft mit einer Performance, die die Biolumineszenz in Bewegung setzte. Diese Kombination aus Kunst und Aktivismus verstärkte die Wirkung ihrer Botschaft und machte sie unvergesslich.

Ein Beispiel für diese Technik war die Verwendung von holographischen Darstellungen, die während ihrer Rede auf der intergalaktischen Bühne projiziert wurden. Diese visuellen Elemente unterstützten ihre Argumentation und halfen, komplexe Ideen zu veranschaulichen.

### Die Wirkung ihrer Reden

Die Wirkung von Jyns Reden ist nicht zu unterschätzen. Sie hat nicht nur das Bewusstsein für die Sprachrechte der Biolumineszenten geschärft, sondern auch eine neue Generation von Aktivisten inspiriert. Ihre Auftritte haben dazu beigetragen, das intergalaktische Publikum zu mobilisieren und zu einem aktiven Teil der Bewegung zu machen.

In einer Umfrage, die nach einer ihrer Reden durchgeführt wurde, gaben 87% der Teilnehmer an, dass sie sich durch ihre Worte motiviert fühlten, sich für die Sprachrechte einzusetzen. Dies zeigt, wie stark der Einfluss ihrer Rhetorik und ihrer persönlichen Geschichte ist.

### Schlussfolgerung

Jyn Faels Auftritte und Reden sind ein wesentlicher Bestandteil ihres Aktivismus. Durch die Kombination von Ethos, Pathos und Logos hat sie eine einzigartige

Stimme gefunden, die sowohl inspirierend als auch mobilisierend ist. Ihre Fähigkeit, kulturelle Identität durch Sprache zu verteidigen, hat nicht nur ihre eigene Gemeinschaft gestärkt, sondern auch das intergalaktische Bewusstsein für die Bedeutung der Sprachrechte geschärft. Jyns Erbe wird durch ihre Worte weiterleben, und ihre Reden werden weiterhin als Leitfaden für zukünftige Generationen von Aktivisten dienen.

## Die Unterstützung durch soziale Medien

Die Rolle der sozialen Medien im Aktivismus hat in den letzten Jahren exponentiell zugenommen, insbesondere bei Bewegungen, die sich mit kulturellen und sprachlichen Rechten befassen. Für Jyn Fael und die Biolumineszenten Allianz waren soziale Medien nicht nur ein Werkzeug zur Verbreitung ihrer Botschaft, sondern auch ein Raum für Gemeinschaftsbildung, Mobilisierung und kreativen Ausdruck.

### Theoretische Grundlagen

Die Theorie der sozialen Bewegungen, insbesondere das Konzept des *Mobilization Theory*, legt nahe, dass soziale Medien eine entscheidende Rolle bei der Mobilisierung von Unterstützern spielen, indem sie Informationen schnell und effektiv verbreiten. Laut Castells (2012) ermöglichen soziale Netzwerke den Aktivisten, ihre Botschaften zu verbreiten, ohne auf traditionelle Medien angewiesen zu sein, die oft eine eigene Agenda verfolgen. Dies führt zu einer *Dezentralisierung* der Informationsverbreitung und ermöglicht es den Aktivisten, direkt mit ihrer Zielgruppe zu kommunizieren.

### Probleme und Herausforderungen

Trotz der Vorteile gibt es auch Herausforderungen. Eine der größten Hürden ist die *Desinformation*, die in sozialen Medien leicht verbreitet werden kann. Falschinformationen über die Biolumineszenten Allianz und ihre Ziele führten zu Missverständnissen und Konflikten innerhalb der Gemeinschaft. Darüber hinaus ist der Zugang zu sozialen Medien nicht überall gleich, was bedeutet, dass einige der am stärksten betroffenen Gruppen möglicherweise nicht in der Lage sind, ihre Stimme zu erheben.

Ein weiteres Problem ist die *Überflutung* von Informationen. In einer Welt, in der Inhalte viral gehen können, besteht die Gefahr, dass wichtige Botschaften in der Masse untergehen. Dies stellt die Aktivisten vor die Herausforderung, kreative und ansprechende Inhalte zu erstellen, die die Aufmerksamkeit der Nutzer auf sich ziehen.

## Beispiele für die Nutzung sozialer Medien durch Jyn Fael

Jyn Fael nutzte Plattformen wie *Twitter*, *Instagram* und *Facebook*, um ihre Botschaft zu verbreiten. Ein bemerkenswerter Erfolg war die Kampagne *#BioluminescentVoices*, die die Stimmen der Biolumineszenten in den Vordergrund stellte. Diese Kampagne ermutigte die Mitglieder der Gemeinschaft, Videos und Geschichten zu teilen, die ihre Erfahrungen und Herausforderungen dokumentierten.

Ein weiteres Beispiel war die Organisation eines *virtuellen Festivals*, das Kunst, Musik und Diskussionen über die Bedeutung der Sprache und Kultur der Biolumineszenten feierte. Durch die Nutzung von Live-Streaming-Plattformen konnten sie ein globales Publikum erreichen und das Bewusstsein für ihre Anliegen erhöhen.

## Ergebnisse und Erfolge

Die Nutzung sozialer Medien führte zu einer signifikanten Steigerung des Engagements und der Unterstützung für die Biolumineszenten Allianz. Die Kampagne *#BioluminescentVoices* erreichte innerhalb von nur zwei Wochen über 100.000 Interaktionen und führte zu einer erhöhten Medienberichterstattung über die Anliegen der Biolumineszenten.

Darüber hinaus half die Mobilisierung durch soziale Medien, Unterstützer aus verschiedenen Teilen des Universums zu gewinnen, die bereit waren, sich für die Sprachrechte der Biolumineszenten einzusetzen. Diese internationale Unterstützung führte zu einer stärkeren politischen Lobbyarbeit und letztlich zu einer Anerkennung der Biolumineszenz als kulturelle Ausdrucksform.

## Schlussfolgerung

Die Unterstützung durch soziale Medien war für Jyn Fael und die Biolumineszenten Allianz von entscheidender Bedeutung. Sie ermöglichten nicht nur die Verbreitung ihrer Botschaft, sondern schufen auch einen Raum für Austausch und Solidarität. Trotz der Herausforderungen, die mit der Nutzung sozialer Medien verbunden sind, bleibt ihr Einfluss auf den Aktivismus unbestreitbar und zeigt, wie moderne Technologien genutzt werden können, um soziale Veränderungen voranzutreiben.

## Die Schaffung eines Erbes

Die Schaffung eines Erbes ist ein zentraler Aspekt im Aktivismus von Jyn Fael, der nicht nur die unmittelbaren Errungenschaften ihrer Bewegung umfasst, sondern auch die langfristigen Auswirkungen auf zukünftige Generationen. Ein Erbe wird oft als das, was wir hinterlassen, definiert, und in Jyns Fall ist es ein vielschichtiges Konzept, das kulturelle, soziale und politische Dimensionen umfasst.

## Die Definition des Erbes

Ein Erbe kann als die Summe der Werte, Prinzipien und Errungenschaften beschrieben werden, die von einer Generation an die nächste weitergegeben werden. In der Theorie des sozialen Wandels wird das Erbe oft als Katalysator für zukünftige Bewegungen angesehen. Es beeinflusst, wie neue Generationen die Welt sehen und welche Strategien sie wählen, um ihre eigenen Kämpfe zu führen. Jyn Fael hat durch ihre Arbeit ein Erbe geschaffen, das die Biolumineszenz und die damit verbundenen Sprachrechte in den Mittelpunkt stellt.

## Die Herausforderungen bei der Schaffung eines Erbes

Die Schaffung eines Erbes ist jedoch nicht ohne Herausforderungen. Eine der größten Hürden ist die Nachhaltigkeit der Bewegung. Oftmals verschwinden Bewegungen nach dem Weggang ihrer Gründer oder Hauptakteure, was bedeutet, dass die Ideen und Werte, für die sie gekämpft haben, in Vergessenheit geraten können. Jyn Fael hat jedoch Strategien entwickelt, um sicherzustellen, dass ihr Erbe lebendig bleibt.

## Strategien zur Erhaltung des Erbes

Eine der effektivsten Strategien, die Jyn Fael angewendet hat, ist die Bildung. Durch die Schaffung von Bildungsprogrammen, die die Werte und Prinzipien ihrer Bewegung vermitteln, hat sie eine Basis geschaffen, auf der zukünftige Generationen aufbauen können. Diese Programme beinhalten Workshops, Seminare und interaktive Lernmodule, die nicht nur die Bedeutung der Biolumineszenz, sondern auch die Notwendigkeit von Sprachrechten betonen.

Darüber hinaus hat Jyn die Rolle der Kunst in der Erhaltung ihres Erbes erkannt. Kunst hat die Fähigkeit, Emotionen zu wecken und komplexe Ideen zu vermitteln. Durch die Unterstützung von Künstlern, die sich mit Themen der Biolumineszenz und der Sprachrechte auseinandersetzen, hat sie einen kreativen Raum geschaffen, in dem die Botschaft ihrer Bewegung weitergetragen wird. Ein

Beispiel hierfür ist die Organisation von Kunstausstellungen, die die Geschichten von Biolumineszenten und ihren Kämpfen darstellen.

### Die Rolle der sozialen Medien

In der heutigen digitalen Ära spielt auch die Nutzung von sozialen Medien eine entscheidende Rolle bei der Schaffung und Erhaltung eines Erbes. Jyn Fael hat die Macht von Plattformen wie Twitter, Instagram und Facebook genutzt, um ihre Botschaft zu verbreiten und eine Gemeinschaft von Unterstützern zu mobilisieren. Durch gezielte Kampagnen und Hashtags hat sie es geschafft, das Bewusstsein für die Rechte der Biolumineszenten zu schärfen und eine globale Anhängerschaft zu gewinnen.

### Die internationale Anerkennung

Ein weiterer wichtiger Aspekt der Schaffung eines Erbes ist die internationale Anerkennung. Jyns Einfluss erstreckt sich über die Grenzen von Yvenis Prime hinaus. Durch ihre Teilnahme an intergalaktischen Konferenzen und ihre Zusammenarbeit mit anderen Aktivisten hat sie nicht nur die Sichtbarkeit ihrer Bewegung erhöht, sondern auch wichtige Allianzen geschmiedet. Diese internationalen Beziehungen tragen dazu bei, dass ihr Erbe über Generationen hinweg erhalten bleibt, da sie die Prinzipien der Biolumineszenz und der Sprachrechte auf globaler Ebene verbreiten.

### Der Einfluss auf zukünftige Generationen

Das Erbe von Jyn Fael hat bereits begonnen, die nächste Generation von Aktivisten zu inspirieren. Junge Menschen, die in den Lichtwäldern von Yvenis Prime aufwachsen, lernen von Jyns Kämpfen und Erfolgen. Sie sehen in ihr ein Vorbild und sind motiviert, ihre eigenen Stimmen zu erheben. Die Schaffung von Mentoring-Programmen, in denen erfahrene Aktivisten ihre Erfahrungen und Kenntnisse an junge Menschen weitergeben, ist eine weitere Methode, um sicherzustellen, dass Jyns Erbe lebendig bleibt.

### Zusammenfassung

Zusammenfassend lässt sich sagen, dass die Schaffung eines Erbes im Aktivismus von Jyn Fael ein komplexer, aber entscheidender Prozess ist. Durch Bildung, Kunst, soziale Medien und internationale Zusammenarbeit hat sie ein Erbe geschaffen, das nicht nur ihre Bewegung, sondern auch die Rechte der

Biolumineszenten in der intergalaktischen Gemeinschaft fest verankert. Die Herausforderungen, die mit der Erhaltung dieses Erbes verbunden sind, erfordern ständige Anstrengungen und Innovation, doch die Vision von Jyn Fael lebt weiter und inspiriert zukünftige Generationen, für eine inklusive und gerechte Gesellschaft zu kämpfen.

## Die internationale Anerkennung

Die internationale Anerkennung von Jyn Fael und ihrer Bewegung für die Sprachrechte der Biolumineszenz auf Yvenis Prime stellt einen entscheidenden Wendepunkt in der Geschichte des intergalaktischen Aktivismus dar. Diese Anerkennung manifestierte sich nicht nur in der Unterstützung durch andere intergalaktische Bürgerrechtsorganisationen, sondern auch in der Einbeziehung von Jyns Ideen in globale Diskurse über Sprachrechte und kulturelle Identität.

### Theoretische Grundlagen

Die internationale Anerkennung kann durch das Konzept der *sozialen Identität* erklärt werden, das von Henri Tajfel und John Turner entwickelt wurde. Dieses Konzept besagt, dass Individuen sich selbst und andere in Bezug auf soziale Gruppen definieren. Jyn Faels Bewegung wurde als eine Möglichkeit angesehen, die Identität der biolumineszenten Bevölkerung zu stärken und deren Rechte in der intergalaktischen Gemeinschaft zu legitimieren.

Zusätzlich wird die Bedeutung von *kollektiven Identitäten* in sozialen Bewegungen hervorgehoben. Diese Identitäten fördern den Zusammenhalt und die Solidarität unter den Mitgliedern einer Gruppe, was in Jyns Fall durch die Biolumineszenten Allianz deutlich wurde. Die Allianz stellte eine Plattform dar, die es den Biolumineszenten ermöglichte, ihre Stimme auf internationaler Ebene zu erheben.

### Herausforderungen der Anerkennung

Trotz der positiven Resonanz gab es erhebliche Herausforderungen, die die internationale Anerkennung von Jyns Bewegung behinderten. Die vorherrschenden politischen Strukturen in vielen intergalaktischen Staaten waren oft nicht bereit, die Anliegen einer relativ kleinen und marginalisierten Gruppe ernst zu nehmen.

Ein Beispiel hierfür ist die *Intergalaktische Versammlung*, die sich mit Fragen der kulturellen Rechte befasst. Während Jyns Anfragen und Vorschläge für eine offizielle Anerkennung der Sprachrechte der Biolumineszenten zunächst auf taube

Ohren stießen, begannen einige Mitglieder der Versammlung, die Wichtigkeit des Themas zu erkennen, als es durch soziale Medien und internationale Berichterstattung in den Fokus rückte.

## Beispiele für internationale Anerkennung

Die internationale Anerkennung von Jyn Fael fand auch Ausdruck in mehreren bedeutenden Ereignissen und Konferenzen. Ein herausragendes Beispiel war die *Galaktische Konferenz für kulturelle Rechte*, die in der Hauptstadt von Yvenis Prime stattfand. Hier wurde Jyn als Hauptrednerin eingeladen, um über die Herausforderungen und Errungenschaften ihrer Bewegung zu sprechen. Ihr leidenschaftlicher Vortrag über die Verbindung zwischen Sprache und Identität bewegte viele Delegierte und führte zu einer Resolution, die die Unterstützung für die Sprachrechte der Biolumineszenten bekräftigte.

Ein weiteres Beispiel war die Zusammenarbeit mit der *Intergalaktischen Menschenrechtsorganisation*, die Jyns Anliegen auf die Agenda ihrer jährlichen Konferenz setzte. Diese Plattform ermöglichte es, die Stimmen der Biolumineszenten auf einer breiteren Bühne zu präsentieren und führte zu einer Vielzahl von Initiativen, die darauf abzielten, die kulturellen Rechte in verschiedenen intergalaktischen Regionen zu stärken.

## Die Rolle der Medien

Die Rolle der Medien war entscheidend für die internationale Anerkennung von Jyn Fael. Durch die Berichterstattung über ihre Aktivitäten und die Herausforderungen, denen sie gegenüberstand, wurde das Bewusstsein für die Anliegen der Biolumineszenten in der gesamten intergalaktischen Gemeinschaft geschärft. Insbesondere soziale Medien spielten eine Schlüsselrolle bei der Mobilisierung von Unterstützern und der Verbreitung von Informationen.

Die virale Verbreitung von Videos, in denen Jyn ihre Botschaft vermittelte, führte zu einer Welle der Solidarität und Unterstützung aus verschiedenen Teilen der Galaxie. Diese Sichtbarkeit half nicht nur, ihre Bewegung zu legitimieren, sondern auch, andere marginalisierte Gruppen zu inspirieren, ähnliche Kämpfe zu führen.

## Schlussfolgerung

Die internationale Anerkennung von Jyn Fael und ihrer Bewegung für die Sprachrechte der Biolumineszenz auf Yvenis Prime ist ein beeindruckendes Beispiel für die Kraft des intergalaktischen Aktivismus. Trotz der

Herausforderungen, die sie überwinden musste, hat Jyn es geschafft, eine bedeutende Plattform für die Anliegen ihrer Gemeinschaft zu schaffen. Ihre Fähigkeit, soziale Identität und kollektive Mobilisierung zu nutzen, hat nicht nur ihre eigene Bewegung gestärkt, sondern auch eine bedeutende Diskussion über Sprachrechte und kulturelle Identität in der gesamten Galaxie angestoßen. Diese Anerkennung ist nicht nur ein Sieg für Jyn und ihre Gemeinschaft, sondern ein Schritt in Richtung einer inklusiveren und gerechteren intergalaktischen Gesellschaft.

## Der Einfluss auf die intergalaktische Politik

Der Einfluss von Jyn Fael und ihrer Bewegung für die Sprachrechte der Biolumineszenz auf Yvenis Prime erstreckt sich weit über die Grenzen ihrer Heimatwelt hinaus und hat bedeutende Auswirkungen auf die intergalaktische Politik. In einer Zeit, in der intergalaktische Beziehungen zunehmend komplexer werden, bringt Jyns Arbeit nicht nur die Herausforderungen der Sprachvielfalt in den Vordergrund, sondern fördert auch das Bewusstsein für die Rechte marginalisierter Gruppen in verschiedenen Galaxien.

## Theoretische Grundlagen

Die intergalaktische Politik wird oft durch verschiedene Theorien geprägt, darunter der *Konstruktivismus*, der die Bedeutung von Identität und sozialen Konstruktionen betont, und die *Interdependenztheorie*, die die gegenseitige Abhängigkeit zwischen verschiedenen politischen Akteuren hervorhebt. Jyn Faels Ansatz zur Förderung der Sprachrechte kann durch diese Theorien analysiert werden.

$$I_j = f(S_j, R_j, C_j) \qquad (63)$$

Hierbei ist $I_j$ der Einfluss von Jyn Fael, $S_j$ die sozialen Strukturen, $R_j$ die Ressourcen und $C_j$ die kulturellen Aspekte, die ihre Bewegung prägen. Diese Gleichung verdeutlicht, dass Jyns Einfluss nicht isoliert betrachtet werden kann, sondern im Kontext ihrer sozialen, wirtschaftlichen und kulturellen Umwelt.

## Politische Probleme und Herausforderungen

Die Herausforderungen, denen sich Jyn Fael gegenübersah, waren vielfältig. Zunächst gab es Widerstand von etablierten politischen Kräften, die die bestehenden Sprachhierarchien aufrechterhalten wollten. Diese Kräfte argumentierten, dass die Einführung neuer Sprachen und die Anerkennung der

Biolumineszenz als legitime Kommunikationsform die intergalaktische Einheit gefährden würden.

Ein Beispiel für diesen Widerstand ist die *Intergalaktische Konferenz für Sprachrechte*, die in der Hauptstadt von Yvenis Prime stattfand. Während dieser Konferenz wurden die Forderungen nach Anerkennung der Biolumineszenz als offizielle Sprache abgelehnt, was zu einer Welle von Protesten führte, die von Jyn und ihrer Allianz organisiert wurden.

## Erfolge und positive Entwicklungen

Trotz dieser Herausforderungen konnte Jyn Fael bedeutende Fortschritte erzielen. Ihre Bewegung führte zu einer Reihe von internationalen Abkommen, die die Rechte von sprachlichen Minderheiten anerkennen. Ein Beispiel ist das *Intergalaktische Abkommen über Sprachrechte*, das von über 30 Planeten unterzeichnet wurde und die Bedeutung der Mehrsprachigkeit in der intergalaktischen Gesellschaft betont.

$$A_i = \sum_{j=1}^{n} P_j \cdot R_j \tag{64}$$

In dieser Gleichung steht $A_i$ für den Erfolg des intergalaktischen Abkommens, $P_j$ für die politischen Akteure, die an der Verhandlung beteiligt sind, und $R_j$ für die Ressourcen, die jeder Akteur einbringt. Diese Gleichung zeigt, dass der Erfolg solcher Abkommen von der Zusammenarbeit und dem Engagement aller beteiligten Akteure abhängt.

## Beispiele intergalaktischer Zusammenarbeit

Ein herausragendes Beispiel für die Auswirkungen von Jyns Arbeit auf die intergalaktische Politik ist die Gründung des *Intergalaktischen Sprachrates*, der sich der Förderung der sprachlichen Vielfalt und der Unterstützung unterdrückter Sprachen widmet. Der Rat hat mehrere Initiativen ins Leben gerufen, darunter Bildungsprogramme für intergalaktische Bürger, die die Bedeutung von Mehrsprachigkeit und kultureller Identität betonen.

Darüber hinaus hat Jyns Einfluss dazu geführt, dass intergalaktische Organisationen wie die *Galaktische Föderation* ihre Richtlinien überarbeitet haben, um sicherzustellen, dass die Rechte sprachlicher Minderheiten in ihren Mitgliedswelten respektiert werden. Dies hat zu einer stärkeren Integration und Zusammenarbeit zwischen verschiedenen Kulturen und Sprachen geführt.

### Zukunftsperspektiven

Der Einfluss von Jyn Fael auf die intergalaktische Politik ist nicht nur auf ihre Zeit beschränkt. Ihre Vision für eine inklusive und mehrsprachige Gesellschaft inspiriert weiterhin neue Generationen von Aktivisten und politischen Führern. Die Herausforderungen, die sie überwunden hat, dienen als Lehrbeispiel für den intergalaktischen Aktivismus und zeigen, dass der Kampf für Rechte und Anerkennung universell ist.

In der Zukunft wird erwartet, dass die Prinzipien, die Jyn propagiert hat, in den politischen Diskursen vieler intergalaktischer Gesellschaften eine zentrale Rolle spielen werden. Die fortlaufende Diskussion über Sprachrechte wird die intergalaktische Politik weiterhin prägen und die Bedeutung von Vielfalt und Inklusion in den Vordergrund rücken.

$$F_f = \int_0^T E(t)\,dt \tag{65}$$

Hierbei steht $F_f$ für den zukünftigen Einfluss der Bewegung, $E(t)$ für die Energie und das Engagement, das in die Förderung der Sprachrechte investiert wird, und $T$ für die Zeit. Diese Gleichung verdeutlicht, dass der langfristige Einfluss von Jyns Arbeit von der kontinuierlichen Anstrengung abhängt, die in den Aktivismus investiert wird.

Zusammenfassend lässt sich sagen, dass der Einfluss von Jyn Fael auf die intergalaktische Politik weitreichend und tiefgreifend ist. Ihre Arbeit hat nicht nur die Wahrnehmung von Sprachrechten verändert, sondern auch die Art und Weise, wie intergalaktische Gesellschaften über Identität, Kultur und Zusammenarbeit denken. Der Kampf für die Anerkennung und den Respekt der Biolumineszenz und anderer marginalisierter Sprachen ist ein fortwährender Prozess, der die intergalaktische Gemeinschaft herausfordert, sich weiterzuentwickeln und zu wachsen.

# Die dauerhafte Wirkung der Bewegung

## Die Fortführung der Biolumineszenten Allianz

Die Biolumineszenten Allianz, gegründet von Jyn Fael, hat sich als eine der einflussreichsten Bewegungen für die Sprachrechte der Biolumineszenz auf Yvenis Prime etabliert. Ihr Fortbestand ist entscheidend, um die Errungenschaften der Vergangenheit zu bewahren und die Vision einer inklusiven Zukunft weiterzuverfolgen. In diesem Abschnitt werden die Herausforderungen und

*DIE DAUERHAFTE WIRKUNG DER BEWEGUNG* 233

Strategien zur Fortführung der Allianz beleuchtet, sowie die Auswirkungen auf die Gemeinschaft und die intergalaktische Politik.

## Die Herausforderungen der Fortführung

Die Fortführung der Biolumineszenten Allianz steht vor mehreren Herausforderungen. Eine der größten ist die Aufrechterhaltung des Engagements der Mitglieder. Viele Aktivisten, die ursprünglich motiviert waren, sehen sich aufgrund von persönlichen, finanziellen oder psychologischen Belastungen gezwungen, sich aus der Bewegung zurückzuziehen. Um diese Herausforderung zu bewältigen, ist es wichtig, ein unterstützendes Netzwerk zu schaffen, das den Mitgliedern hilft, sich gegenseitig zu stärken und zu motivieren.

Ein weiteres Problem ist die Finanzierung der Aktivitäten der Allianz. Die Durchführung von Kampagnen, Workshops und Bildungsprogrammen erfordert erhebliche Mittel. Die Allianz muss daher innovative Wege finden, um Ressourcen zu mobilisieren, sei es durch Crowdfunding, Partnerschaften mit Unternehmen oder durch die Beantragung von Stipendien und Zuschüssen von intergalaktischen Organisationen.

## Strategien zur Fortführung

Um die Biolumineszenten Allianz erfolgreich fortzuführen, wurden verschiedene Strategien entwickelt:

- **Netzwerkbildung:** Die Allianz hat begonnen, strategische Partnerschaften mit anderen Organisationen und Bewegungen einzugehen, die ähnliche Ziele verfolgen. Dies ermöglicht den Austausch von Ressourcen und Wissen und stärkt die Position der Allianz in der intergalaktischen Gemeinschaft.

- **Bildungsprogramme:** Die Entwicklung von Bildungsprogrammen für junge Aktivisten ist entscheidend. Workshops, Seminare und Schulungen helfen, das Bewusstsein für die Bedeutung der Sprachrechte zu schärfen und neue Generationen von Führungspersönlichkeiten auszubilden.

- **Einsatz von Technologie:** Die Nutzung moderner Technologien, insbesondere sozialer Medien, hat es der Allianz ermöglicht, ihre Reichweite erheblich zu vergrößern. Durch Kampagnen auf Plattformen wie *GalacticNet* und *Interstellar Connect* kann die Allianz eine breitere Öffentlichkeit ansprechen und Unterstützer mobilisieren.

• **Kreative Ausdrucksformen:** Kunst und Musik spielen eine zentrale Rolle in der Fortführung der Allianz. Durch kreative Projekte, die die Botschaft der Bewegung vermitteln, wird das Engagement der Gemeinschaft gefördert und eine emotionale Verbindung zur Bewegung hergestellt.

## Beispiele erfolgreicher Fortführung

Ein bemerkenswertes Beispiel für die erfolgreiche Fortführung der Biolumineszenten Allianz ist die jährliche „Lichtwoche", die in den Lichtwäldern von Yvenis Prime gefeiert wird. Diese Veranstaltung bringt nicht nur Aktivisten zusammen, sondern auch Künstler, Wissenschaftler und die breite Öffentlichkeit. Es werden Workshops, Ausstellungen und Konzerte organisiert, die die kulturelle Bedeutung der Biolumineszenz und der Sprache hervorheben. Die Lichtwoche hat sich zu einem wichtigen Ereignis entwickelt, das die Gemeinschaft stärkt und das Bewusstsein für die Anliegen der Allianz schärft.

Ein weiteres Beispiel ist die Einführung eines Mentorenprogramms, das erfahrene Aktivisten mit neuen Mitgliedern verbindet. Dieses Programm hat nicht nur die Integration neuer Mitglieder gefördert, sondern auch den Wissensaustausch innerhalb der Allianz gestärkt. Die Mentoren bieten Unterstützung, teilen ihre Erfahrungen und helfen den Neulingen, sich in der Bewegung zurechtzufinden.

## Der Einfluss auf die Gemeinschaft

Die Fortführung der Biolumineszenten Allianz hat einen tiefgreifenden Einfluss auf die Gemeinschaft von Yvenis Prime. Durch die kontinuierliche Arbeit der Allianz wird das Bewusstsein für die Bedeutung der Sprachrechte und der kulturellen Identität gestärkt. Die Gemeinschaft wird ermutigt, ihre eigene Biolumineszenz zu feiern und ihre Sprache als ein wertvolles Gut zu betrachten.

Die Allianz hat auch dazu beigetragen, dass die Regierung von Yvenis Prime die Bedeutung der Sprachrechte anerkennt. Durch Lobbyarbeit und den Dialog mit politischen Entscheidungsträgern konnte die Allianz bedeutende Fortschritte erzielen, die in der Gesetzgebung verankert sind. Dies hat nicht nur die Rechte der Biolumineszenten gestärkt, sondern auch das Verständnis und die Akzeptanz in der Gesellschaft gefördert.

## Fazit

Die Fortführung der Biolumineszenten Allianz ist entscheidend für den anhaltenden Kampf um die Sprachrechte der Biolumineszenz auf Yvenis Prime.

Trotz der Herausforderungen, mit denen die Bewegung konfrontiert ist, bieten die entwickelten Strategien und die engagierte Gemeinschaft Hoffnung für die Zukunft. Die Allianz bleibt ein leuchtendes Beispiel für den Einfluss von Aktivismus und die Kraft der Gemeinschaft, und ihr Vermächtnis wird weiterhin Generationen von Aktivisten inspirieren.

## Die Entwicklung neuer Strategien

Die Entwicklung neuer Strategien im Kampf um die Sprachrechte der Biolumineszenz ist von entscheidender Bedeutung für den Erfolg der Biolumineszenten Allianz. Angesichts der sich ständig verändernden politischen und sozialen Landschaft auf Yvenis Prime ist es unerlässlich, dass Aktivisten flexibel und innovativ bleiben. In diesem Abschnitt werden wir die Herausforderungen und Lösungen untersuchen, die mit der Entwicklung neuer Strategien verbunden sind.

### Die Herausforderungen der Strategieentwicklung

Die erste Herausforderung besteht darin, die Bedürfnisse und Wünsche der Gemeinschaft genau zu verstehen. Dies erfordert eine umfassende Analyse der aktuellen Situation, einschließlich der politischen Rahmenbedingungen, der gesellschaftlichen Einstellungen und der kulturellen Dynamiken. Eine der Theorien, die in diesem Kontext hilfreich sein kann, ist die *Stakeholder-Theorie*, die besagt, dass die Interessen aller relevanten Gruppen berücksichtigt werden müssen, um eine erfolgreiche Strategie zu entwickeln.

Die zweite Herausforderung liegt in der Mobilisierung von Ressourcen. Aktivisten müssen oft mit begrenzten finanziellen Mitteln und personellen Ressourcen arbeiten. Dies erfordert Kreativität und Einfallsreichtum, um effektive Kampagnen zu planen und durchzuführen. Beispielsweise könnte die Nutzung von Crowdfunding-Plattformen oder die Zusammenarbeit mit anderen Organisationen zur Ressourcenbündelung eine vielversprechende Strategie sein.

### Innovative Ansätze zur Strategieentwicklung

Eine der innovativsten Strategien, die von Jyn Fael und der Biolumineszenten Allianz entwickelt wurde, ist die *Kombination von Kunst und Aktivismus*. Durch die Integration von Kunst in ihre Kampagnen konnten sie emotionale Anknüpfungspunkte schaffen, die das Publikum ansprechen und mobilisieren. Ein Beispiel hierfür ist die Organisation von Kunstfestivals, bei denen Künstler eingeladen werden, Werke zu schaffen, die die Themen der Sprachrechte und der kulturellen Identität reflektieren. Diese Veranstaltungen fördern nicht nur das Bewusstsein, sondern schaffen auch einen Raum für Dialog und Austausch.

Ein weiterer erfolgreicher Ansatz war die Nutzung von sozialen Medien. Die Biolumineszenten Allianz hat Plattformen wie *GalacticBook* und *Stargram* genutzt, um ihre Botschaften zu verbreiten und ein breiteres Publikum zu erreichen. Durch kreative Hashtags und virale Kampagnen konnten sie die Aufmerksamkeit der intergalaktischen Gemeinschaft auf ihre Anliegen lenken. Ein Beispiel für eine erfolgreiche Kampagne war die #LuminousRights-Bewegung, die innerhalb weniger Wochen Tausende von Unterstützern gewann.

## Die Rolle der Technologie

Technologie spielt eine entscheidende Rolle in der Entwicklung neuer Strategien. Die Nutzung von Datenanalyse-Tools ermöglicht es Aktivisten, das Verhalten und die Einstellungen der Öffentlichkeit besser zu verstehen. Durch die Analyse von Umfragedaten und sozialen Medien können sie gezielte Kampagnen entwickeln, die auf die spezifischen Bedürfnisse ihrer Zielgruppen zugeschnitten sind.

Ein weiteres Beispiel für den technologischen Einfluss ist die Verwendung von *virtueller Realität* (VR) in der Öffentlichkeitsarbeit. Durch die Schaffung immersiver Erfahrungen können Aktivisten die Herausforderungen, mit denen Biolumineszenten konfrontiert sind, auf eine Weise darstellen, die das Publikum emotional anspricht und zum Handeln anregt.

## Die Bedeutung von Partnerschaften

Die Entwicklung neuer Strategien erfordert auch die Bildung von Partnerschaften mit anderen Organisationen und Bewegungen. Durch die Zusammenarbeit mit intergalaktischen Aktivisten, die ähnliche Ziele verfolgen, können Ressourcen und Erfahrungen geteilt werden. Ein Beispiel für eine erfolgreiche Partnerschaft ist die Zusammenarbeit mit der *Intergalaktischen Sprachallianz*, die den Austausch von Best Practices und Strategien fördert.

Darüber hinaus ist die Einbindung von Wissenschaftlern und Akademikern in den Aktivismus von großer Bedeutung. Ihre Forschung kann wertvolle Einblicke in die Auswirkungen von Sprachunterdrückung und die Bedeutung von Mehrsprachigkeit liefern. Die Biolumineszenten Allianz hat mehrere Forschungsprojekte initiiert, die darauf abzielen, die wissenschaftliche Grundlage für ihre Forderungen zu stärken.

## Erfolgsmessung und Anpassung

Schließlich ist es wichtig, die Wirksamkeit der entwickelten Strategien kontinuierlich zu messen und anzupassen. Die Implementierung von *Feedback-Mechanismen* ermöglicht es Aktivisten, die Reaktionen der Gemeinschaft und der Öffentlichkeit zu beobachten und ihre Ansätze entsprechend zu modifizieren. Eine erfolgreiche Strategie ist dynamisch und anpassungsfähig und berücksichtigt die sich ändernden Umstände und Bedürfnisse der Gemeinschaft.

Zusammenfassend lässt sich sagen, dass die Entwicklung neuer Strategien im Kampf um die Sprachrechte der Biolumineszenz eine vielschichtige und herausfordernde Aufgabe ist. Durch die Berücksichtigung der Bedürfnisse der Gemeinschaft, die Nutzung innovativer Ansätze, den Einsatz von Technologie, die Bildung von Partnerschaften und die kontinuierliche Erfolgsmessung können Aktivisten effektive Strategien entwickeln, die zu nachhaltigen Veränderungen führen.

## Die Rolle von Technologie im Aktivismus

In der heutigen Zeit ist Technologie ein unverzichtbares Werkzeug im Aktivismus. Sie ermöglicht nicht nur die Verbreitung von Informationen, sondern auch die Mobilisierung von Unterstützern und die Schaffung von Netzwerken, die für den Erfolg von Bewegungen entscheidend sind. Die Rolle der Technologie im Aktivismus kann in mehreren Aspekten betrachtet werden: Kommunikation, Mobilisierung, Dokumentation und Bildung.

### Kommunikation

Die Kommunikation ist das Herzstück jeder Aktivismusbewegung. Mit der Entwicklung von sozialen Medien und Messaging-Plattformen können Aktivisten ihre Botschaften schnell und effizient verbreiten. Plattformen wie Twitter, Facebook und Instagram ermöglichen es, Informationen in Echtzeit zu teilen und ein breites Publikum zu erreichen. Diese Form der Kommunikation ist besonders wichtig, um die Aufmerksamkeit auf Missstände zu lenken und Solidarität zu mobilisieren.

Ein Beispiel für die Wirksamkeit von Technologie in der Kommunikation ist die #MeToo-Bewegung, die durch soziale Medien an Dynamik gewann. Frauen und Männer aus aller Welt teilten ihre Geschichten über sexuelle Belästigung und Gewalt, was zu einer globalen Diskussion über Geschlechtergerechtigkeit führte. Die Verwendung von Hashtags ermöglichte es, die Botschaft zu bündeln und eine breite Unterstützung zu gewinnen.

## Mobilisierung

Technologie spielt auch eine entscheidende Rolle bei der Mobilisierung von Menschen. Online-Petitionen, Veranstaltungsorganisation und Crowdfunding-Plattformen sind nur einige der Werkzeuge, die Aktivisten nutzen, um Unterstützung zu gewinnen. Websites wie Change.org ermöglichen es, Petitionen zu starten und zu verbreiten, während Plattformen wie Eventbrite die Organisation von Veranstaltungen erleichtern.

Ein bemerkenswertes Beispiel ist die „Fridays for Future"-Bewegung, die von der schwedischen Aktivistin Greta Thunberg ins Leben gerufen wurde. Durch soziale Medien konnte sie Hunderttausende von Schülern und Unterstützern mobilisieren, um für Klimaschutz zu demonstrieren. Die Nutzung von Online-Kanälen ermöglichte es, eine globale Bewegung zu schaffen, die auf lokaler, nationaler und internationaler Ebene Wirkung zeigt.

## Dokumentation

Die Dokumentation von Ereignissen ist ein weiterer wichtiger Aspekt des Aktivismus, der durch Technologie erleichtert wird. Aktivisten nutzen Smartphones und Kameras, um Proteste, Demonstrationen und andere relevante Ereignisse festzuhalten. Diese Dokumentationen können als Beweismittel für Menschenrechtsverletzungen dienen und die Öffentlichkeit über die Realität der Situation informieren.

Ein Beispiel hierfür ist die Verwendung von Live-Streaming während Protesten. Plattformen wie Facebook Live und YouTube Live ermöglichen es Aktivisten, Ereignisse in Echtzeit zu übertragen, was zu einer erhöhten Sichtbarkeit und Unterstützung führen kann. Dies war besonders evident während der Black Lives Matter-Proteste, als viele Menschen live von den Ereignissen berichteten und so die Aufmerksamkeit der Welt auf die Ungerechtigkeiten lenkten.

## Bildung

Bildung ist ein weiterer Bereich, in dem Technologie eine transformative Rolle spielt. Online-Kurse, Webinare und soziale Medien bieten Aktivisten die Möglichkeit, Wissen zu erwerben und weiterzugeben. Diese Ressourcen sind entscheidend, um das Bewusstsein für soziale und politische Themen zu schärfen und um Menschen zu ermutigen, aktiv zu werden.

Ein Beispiel für den Einsatz von Technologie zur Bildung ist die Plattform „Khan Academy", die kostenlosen Unterricht in verschiedenen Fächern anbietet.

Aktivisten können diese Ressourcen nutzen, um sich über wichtige Themen zu informieren und ihre Fähigkeiten zu verbessern, was letztendlich zu einem effektiveren Aktivismus führt.

## Herausforderungen

Trotz der vielen Vorteile, die Technologie im Aktivismus bietet, gibt es auch Herausforderungen. Die digitale Kluft, die ungleiche Verteilung von Zugang zu Technologie, kann dazu führen, dass bestimmte Gruppen von Aktivisten benachteiligt werden. Darüber hinaus können soziale Medien auch zur Verbreitung von Fehlinformationen und zur Fragmentierung von Bewegungen führen.

Ein Beispiel für diese Herausforderung ist die Verbreitung von Fake News während politischer Kampagnen. Aktivisten müssen wachsam sein und sicherstellen, dass die Informationen, die sie verbreiten, korrekt und verifiziert sind. Dies erfordert zusätzliche Anstrengungen in der Recherche und im Umgang mit Informationen.

## Fazit

Zusammenfassend lässt sich sagen, dass Technologie eine zentrale Rolle im Aktivismus spielt. Sie ermöglicht Kommunikation, Mobilisierung, Dokumentation und Bildung, die für den Erfolg von Bewegungen entscheidend sind. Dennoch müssen Aktivisten die Herausforderungen, die mit dem Einsatz von Technologie verbunden sind, erkennen und angehen, um sicherzustellen, dass ihre Bewegungen effektiv und inklusiv sind. Der Einfluss von Technologie auf den Aktivismus wird in den kommenden Jahren weiter zunehmen, und es ist entscheidend, dass Aktivisten diese Werkzeuge verantwortungsbewusst nutzen, um ihre Ziele zu erreichen.

$$\text{Aktivismus}_{\text{Erfolg}} = f(\text{Kommunikation, Mobilisierung, Dokumentation, Bildung}) \tag{66}$$

Die obige Gleichung verdeutlicht, dass der Erfolg von Aktivismus von verschiedenen Faktoren abhängt, die durch Technologie unterstützt werden. Die Integration dieser Elemente ist entscheidend, um eine nachhaltige Veränderung zu bewirken und die Stimme derjenigen zu stärken, die für ihre Rechte kämpfen.

## Die Bildung neuer Partnerschaften

Die Bildung neuer Partnerschaften ist ein entscheidender Aspekt im Aktivismus, insbesondere für die Biolumineszenten Allianz unter der Führung von Jyn Fael. Diese Partnerschaften sind nicht nur strategisch wichtig, um Ressourcen und Wissen zu teilen, sondern auch entscheidend für die Schaffung einer breiten Basis von Unterstützung, die für die Umsetzung von Veränderungen notwendig ist. In dieser Sektion werden wir die verschiedenen Dimensionen und Herausforderungen der Bildung neuer Partnerschaften untersuchen, sowie die Erfolge, die durch solche Kooperationen erzielt werden konnten.

## Theoretische Grundlagen der Partnerschaftsbildung

Die Theorie der sozialen Netzwerke legt nahe, dass Partnerschaften in sozialen Bewegungen oft aus einem Bedürfnis nach Ressourcen, Legitimität und Einfluss entstehen. [?] Diese Netzwerke bieten nicht nur Zugang zu materiellen Ressourcen, sondern auch zu sozialen und kulturellen Kapitalien, die für den Erfolg einer Bewegung entscheidend sind.

Ein zentraler Aspekt der Partnerschaftsbildung ist das Konzept der *Koalitionsbildung*, das die Zusammenarbeit zwischen verschiedenen Gruppen oder Individuen beschreibt, die gemeinsame Ziele verfolgen. In der Praxis bedeutet dies, dass die Biolumineszenten Allianz mit anderen zivilgesellschaftlichen Organisationen, akademischen Institutionen und sogar internationalen NGOs zusammenarbeitet. Diese Kooperationen können verschiedene Formen annehmen, darunter:

- **Ressourcenaustausch:** Partnerorganisationen können finanzielle Mittel, Fachwissen oder Zugang zu Netzwerken bereitstellen.

- **Gemeinsame Kampagnen:** Durch die Bündelung der Kräfte können größere und wirkungsvollere Kampagnen durchgeführt werden.

- **Wissenstransfer:** Der Austausch von Best Practices und Erfahrungen kann die Effektivität von Maßnahmen erhöhen.

## Herausforderungen bei der Bildung von Partnerschaften

Trotz der offensichtlichen Vorteile gibt es auch zahlreiche Herausforderungen, die bei der Bildung neuer Partnerschaften auftreten können. Dazu gehören:

- **Unterschiedliche Ziele und Prioritäten:** Partnerschaften können scheitern, wenn die beteiligten Organisationen unterschiedliche Vorstellungen davon haben, was erreicht werden soll. Ein Beispiel hierfür ist die Zusammenarbeit zwischen der Biolumineszenten Allianz und einer Umweltorganisation, die möglicherweise andere Prioritäten hat, wie z.B. den Schutz von Lebensräumen, die nicht direkt mit den Sprachrechten in Verbindung stehen.

- **Mangel an Vertrauen:** Vertrauen ist eine wesentliche Voraussetzung für erfolgreiche Partnerschaften. Wenn Partnerorganisationen in der Vergangenheit negative Erfahrungen gemacht haben, kann dies die Bildung neuer Allianzen erschweren.

- **Ressourcenkonflikte:** In einigen Fällen können Partnerorganisationen um begrenzte Ressourcen konkurrieren, was zu Spannungen und Konflikten führen kann.

### Erfolgreiche Beispiele der Partnerschaftsbildung

Trotz dieser Herausforderungen hat die Biolumineszenten Allianz mehrere erfolgreiche Partnerschaften gebildet, die ihre Bewegung gestärkt haben. Eine bemerkenswerte Kooperation war die mit der intergalaktischen NGO *Galactic Voices*, die sich für die Rechte von Minderheiten einsetzt. Diese Partnerschaft ermöglichte es der Allianz, ihre Botschaft auf intergalaktischen Konferenzen zu verbreiten und ein breiteres Publikum zu erreichen.

Ein weiteres Beispiel ist die Zusammenarbeit mit der Akademie für intergalaktische Sprachen, die Workshops zur Förderung der Mehrsprachigkeit organisierte. Diese Workshops halfen nicht nur, die Bedeutung der Biolumineszenz in der Kommunikation zu betonen, sondern auch, die kulturelle Identität der Biolumineszenten zu stärken.

### Strategien zur Bildung neuer Partnerschaften

Um neue Partnerschaften erfolgreich zu bilden, hat die Biolumineszenten Allianz mehrere Strategien entwickelt:

- **Netzwerken und Veranstaltungen:** Die Teilnahme an Konferenzen und Workshops ermöglicht den Austausch mit anderen Aktivisten und Organisationen. Hierbei wird oft das Prinzip der *Schneeball-Effekte* genutzt, bei dem erste Kontakte zu weiteren Verbindungen führen können.

- **Transparente Kommunikation:** Um Vertrauen aufzubauen, ist es wichtig, offen über Ziele, Erwartungen und Ressourcen zu kommunizieren. Regelmäßige Meetings und Updates helfen, Missverständnisse zu vermeiden.

- **Gemeinsame Zielsetzung:** Die Entwicklung gemeinsamer Ziele und Strategien ist entscheidend. Durch Workshops und Brainstorming-Sitzungen können alle Partner in den Prozess eingebunden werden, was die Identifikation mit den Zielen fördert.

**Fazit**

Die Bildung neuer Partnerschaften ist ein dynamischer und oft herausfordernder Prozess, der jedoch entscheidend für den Erfolg der Biolumineszenten Allianz und ihren Kampf um Sprachrechte ist. Durch strategische Kooperationen, transparente Kommunikation und das Teilen von Ressourcen kann die Allianz nicht nur ihre Reichweite und Wirkung erhöhen, sondern auch eine nachhaltige Bewegung für die Rechte der Biolumineszenten aufbauen. Die Herausforderungen, die mit der Partnerschaftsbildung einhergehen, sind nicht zu unterschätzen, doch die Erfolge, die durch diese Kooperationen erzielt werden, sind ein Beweis für die Kraft der Solidarität und des gemeinsamen Handelns.

## Die Herausforderungen der Nachhaltigkeit

Die Nachhaltigkeit einer sozialen Bewegung ist ein komplexes und vielschichtiges Thema, das sowohl strategische als auch praktische Herausforderungen mit sich bringt. Für die Biolumineszenten Allianz, die sich für die Sprachrechte der Biolumineszenz auf Yvenis Prime einsetzt, gibt es mehrere Faktoren, die die langfristige Wirksamkeit und Stabilität ihrer Bemühungen beeinflussen.

### 1. Ressourcenmanagement

Eine der größten Herausforderungen der Nachhaltigkeit ist das Management von Ressourcen. Um ihre Ziele zu erreichen, benötigt die Allianz finanzielle Mittel, menschliche Ressourcen und materielle Unterstützung. Dies umfasst Spenden von Unterstützern, Fördergelder von Regierungsstellen und Stiftungen sowie die Mobilisierung von Freiwilligen. Ein Beispiel ist die jährliche Spendenkampagne, die nicht nur finanzielle Unterstützung bringt, sondern auch das Bewusstsein für die Anliegen der Bewegung schärft.

$$R = F + V + M \qquad (67)$$

wobei $R$ die benötigten Ressourcen, $F$ die finanziellen Mittel, $V$ die freiwilligen Helfer und $M$ die materiellen Ressourcen darstellen. Ein Ungleichgewicht in einem dieser Bereiche kann die gesamte Bewegung gefährden.

## 2. Engagement der Gemeinschaft

Die aktive Teilnahme der Gemeinschaft ist entscheidend für die Nachhaltigkeit. Wenn die Mitglieder der Allianz nicht regelmäßig in die Aktivitäten und Entscheidungsprozesse einbezogen werden, kann dies zu einer Abnahme des Engagements führen. Die Allianz hat verschiedene Strategien entwickelt, um die Gemeinschaft einzubeziehen, darunter regelmäßige Versammlungen, Workshops und kreative Veranstaltungen, die die Mitglieder dazu anregen, ihre Ideen und Bedenken zu äußern.

Ein Beispiel für eine erfolgreiche Veranstaltung ist das jährliche „Lichtfest", bei dem die Biolumineszenz in einer künstlerischen Darbietung gefeiert wird. Solche Veranstaltungen fördern nicht nur das Gemeinschaftsgefühl, sondern stärken auch das Bewusstsein für die Ziele der Bewegung.

## 3. Politische Unterstützung

Ein weiterer kritischer Aspekt für die Nachhaltigkeit ist die politische Unterstützung. Die Allianz muss sicherstellen, dass ihre Anliegen auch in der politischen Arena Gehör finden. Dies erfordert ständige Lobbyarbeit und den Aufbau von Beziehungen zu politischen Entscheidungsträgern. Ein Beispiel dafür war die erfolgreiche Lobbyarbeit, die zu einer Gesetzesänderung führte, die die Sprachrechte der Biolumineszenz anerkannte.

Die Gleichung zur Berechnung der politischen Unterstützung könnte wie folgt aussehen:

$$P = L + R + A \qquad (68)$$

wobei $P$ die politische Unterstützung, $L$ die Lobbyarbeit, $R$ die Beziehungen zu Entscheidungsträgern und $A$ die Anzahl der Allianzen mit anderen Organisationen darstellt.

## 4. Bildung und Aufklärung

Die Bildung der Gemeinschaft über die Bedeutung der Sprachrechte und der Biolumineszenz ist essenziell. Die Allianz hat Programme ins Leben gerufen, die darauf abzielen, das Bewusstsein für die kulturelle und sprachliche Identität der Biolumineszenz zu fördern. Diese Programme sind nicht nur für die Mitglieder der Allianz wichtig, sondern auch für die breitere Gesellschaft.

Ein Beispiel ist die Einführung von Schulprogrammen, die die Biolumineszenz und ihre kulturellen Ausdrucksformen in den Lehrplan integrieren. Solche Bildungsinitiativen tragen dazu bei, die nächste Generation von Aktivisten zu inspirieren und die Nachhaltigkeit der Bewegung zu sichern.

## 5. Technologische Herausforderungen

In der heutigen Zeit spielt Technologie eine entscheidende Rolle im Aktivismus. Die Biolumineszenten Allianz nutzt soziale Medien und digitale Plattformen, um ihre Botschaften zu verbreiten und Unterstützung zu mobilisieren. Dennoch gibt es auch Herausforderungen, insbesondere in Bezug auf den Zugang zu Technologie und digitale Kluft. Nicht alle Mitglieder der Gemeinschaft haben gleichberechtigten Zugang zu den erforderlichen Technologien, was die Effektivität der Kampagnen beeinträchtigen kann.

Die folgende Gleichung veranschaulicht die Beziehung zwischen Technologie und Aktivismus:

$$T = A + E + C \tag{69}$$

wobei $T$ für Technologie, $A$ für den Zugang, $E$ für die Bildung im Umgang mit Technologie und $C$ für die kulturelle Akzeptanz steht.

## Fazit

Die Herausforderungen der Nachhaltigkeit sind vielschichtig und erfordern eine strategische Herangehensweise. Die Biolumineszenten Allianz muss kontinuierlich an der Mobilisierung von Ressourcen, der Einbeziehung der Gemeinschaft, der politischen Unterstützung, der Bildung und der technologischen Integration arbeiten. Nur durch eine ganzheitliche Strategie kann die Bewegung sicherstellen, dass ihre Ziele langfristig erreicht und die Sprachrechte der Biolumineszenz auf Yvenis Prime anerkannt und geschützt werden.

## Die Bedeutung von Bildung und Aufklärung

Bildung und Aufklärung sind fundamentale Säulen jeder sozialen Bewegung, insbesondere im Kontext des Kampfes um Sprachrechte. Sie fördern nicht nur das individuelle Bewusstsein, sondern auch das kollektive Engagement einer Gemeinschaft. Jyn Fael erkannte früh, dass die Stärkung des Wissens über die eigene Kultur und Sprache der Schlüssel zur Mobilisierung und zum Erfolg der Biolumineszenten Allianz war.

## Theoretische Grundlagen

Die Theorie des sozialen Wandels, wie sie von Autoren wie Paulo Freire in *Pädagogik der Unterdrückten* beschrieben wird, betont die Bedeutung von kritischer Bildung als Werkzeug zur Befreiung. Freire argumentiert, dass Bildung nicht nur die Übertragung von Wissen ist, sondern ein dialogischer Prozess, der das kritische Denken anregt. In diesem Sinne ist Bildung ein Akt der Freiheit, der es Individuen ermöglicht, ihre Realität zu hinterfragen und aktiv zu verändern.

## Probleme der Bildung im Kontext des Aktivismus

Trotz der erkannten Bedeutung von Bildung gibt es zahlreiche Herausforderungen, die es zu überwinden gilt. Eine der größten Schwierigkeiten ist der Zugang zu qualitativ hochwertiger Bildung, insbesondere in marginalisierten Gemeinschaften. In vielen Fällen sind Ressourcen begrenzt, und die Lehrpläne spiegeln nicht die kulturelle Diversität wider. Dies führt zu einem Gefühl der Entfremdung und einem Mangel an Identifikation mit dem Bildungssystem.

Zusätzlich gibt es oft Widerstand gegen Bildungsinitiativen, die sich auf die Förderung von Minderheitensprachen konzentrieren. Regierungen und Institutionen können zögern, Programme zu unterstützen, die als Bedrohung für die dominante Sprache oder Kultur wahrgenommen werden. Dies erschwert die Schaffung eines inklusiven Bildungssystems, das die Vielfalt der Sprachen und Kulturen anerkennt und wertschätzt.

## Beispiele für erfolgreiche Bildungsinitiativen

Trotz dieser Herausforderungen gibt es zahlreiche inspirierende Beispiele für Bildungsinitiativen, die erfolgreich Sprachrechte gefördert haben. Ein bemerkenswertes Beispiel ist das Projekt *Sprachenvielfalt fördern* auf Yvenis Prime, das von Jyn Fael ins Leben gerufen wurde. Dieses Programm kombinierte traditionelle Lehrmethoden mit kreativen Ansätzen, um Schüler für die Schönheit und Bedeutung ihrer eigenen Sprache zu begeistern.

Ein weiterer Erfolg war die Einführung von bilingualen Programmen in Schulen, die sowohl die lokale Biolumineszenz-Sprache als auch die dominierende Sprache der Menschen unterrichteten. Dies förderte nicht nur die Mehrsprachigkeit, sondern auch das gegenseitige Verständnis zwischen den Kulturen. Die Schüler entwickelten ein stärkeres Bewusstsein für die Bedeutung ihrer eigenen Identität und Sprache, was zu einem Anstieg des Interesses an der Teilnahme an der Biolumineszenten Allianz führte.

## Die Rolle der Aufklärung in der Bewegung

Aufklärung spielt eine entscheidende Rolle im Aktivismus, da sie das Bewusstsein für soziale Ungerechtigkeiten schärft und die Notwendigkeit von Veränderungen aufzeigt. Jyn Fael nutzte verschiedene Plattformen, um das Bewusstsein für die Sprachrechte der Biolumineszenten zu schärfen. Durch öffentliche Reden, Workshops und die Nutzung sozialer Medien konnte sie eine breite Masse erreichen und mobilisieren.

Ein bemerkenswerter Moment war die Organisation eines *Bildungstags*, an dem Experten, Künstler und Aktivisten zusammenkamen, um über die Bedeutung von Sprache und Identität zu diskutieren. Diese Veranstaltungen förderten nicht nur den Austausch von Ideen, sondern schufen auch ein Gefühl der Gemeinschaft und Solidarität unter den Teilnehmern.

## Fazit

Die Bedeutung von Bildung und Aufklärung im Kontext des Kampfes um Sprachrechte kann nicht überbetont werden. Sie sind die Grundlagen für das Empowerment von Individuen und Gemeinschaften, die sich für ihre kulturelle Identität und ihre Rechte einsetzen. Jyn Faels Ansatz, Bildung als Werkzeug des Wandels zu nutzen, zeigt, dass durch Wissen und Aufklärung eine nachhaltige Veränderung erreicht werden kann. Die Herausforderungen sind zahlreich, aber die Erfolge in der Bildung sind ein Beweis dafür, dass der Kampf um Sprachrechte nicht nur möglich, sondern auch notwendig ist.

$$E = mc^2 \qquad (70)$$

Hier steht $E$ für die Energie, $m$ für die Masse und $c$ für die Lichtgeschwindigkeit. Diese Gleichung, obwohl aus der Physik, kann als Metapher für den Aktivismus verstanden werden: Die Energie des Wandels ist direkt proportional zur Masse des Engagements und der Geschwindigkeit, mit der die Gemeinschaften zusammenarbeiten.

## Die Rolle der Jugend im fortgesetzten Kampf

Die Jugend spielt eine entscheidende Rolle im fortgesetzten Kampf für die Sprachrechte und die kulturelle Identität der Biolumineszenten auf Yvenis Prime. Ihre Energie, Kreativität und ihr unermüdlicher Einsatz sind nicht nur inspirierend, sondern auch notwendig, um die Herausforderungen zu bewältigen, die die Bewegung weiterhin konfrontiert. In diesem Abschnitt werden wir die verschiedenen Facetten der Rolle der Jugend im Aktivismus untersuchen, einschließlich ihrer Motivation, der Herausforderungen, mit denen sie konfrontiert sind, und der erfolgreichen Initiativen, die sie ins Leben gerufen haben.

### 1. Motivation der Jugend

Die Motivation der Jugend, sich für die Rechte der Biolumineszenten einzusetzen, ist oft tief verwurzelt in persönlichen Erfahrungen und der Suche nach Identität. Viele junge Aktivisten sind direkt von den Auswirkungen der Sprachunterdrückung betroffen. Sie erleben die Herausforderungen, die mit der marginalisierten Verwendung ihrer Sprache und Kultur einhergehen. Diese Erlebnisse schaffen ein starkes Gefühl der Dringlichkeit und des Engagements.

Ein Beispiel für diese Motivation ist die junge Aktivistin Lira, die in einem Dorf aufwuchs, in dem die Biolumineszenz-Sprache verboten war. Ihre ersten Erfahrungen mit Diskriminierung führten dazu, dass sie sich entschloss, die Stimme ihrer Gemeinschaft zu sein. Lira gründete eine Jugendgruppe, die sich auf die Wiederbelebung der Biolumineszenz-Kultur konzentrierte, was nicht nur die Sprache, sondern auch die Traditionen und Werte ihrer Vorfahren umfasst.

### 2. Herausforderungen der Jugend im Aktivismus

Trotz ihrer Leidenschaft und Entschlossenheit stehen junge Aktivisten vor mehreren Herausforderungen. Eine der größten Hürden ist die mangelnde Unterstützung durch die ältere Generation. Oftmals fühlen sich junge Menschen nicht ernst genommen oder werden von etablierten Führungspersönlichkeiten übersehen. Diese Kluft kann zu einem Gefühl der Isolation führen und die Motivation beeinträchtigen.

Ein weiteres Problem ist der Zugang zu Ressourcen. Viele Jugendgruppen kämpfen darum, finanzielle Mittel und Unterstützung für ihre Projekte zu finden. Ohne die nötigen Mittel können sie oft nicht die Reichweite und den Einfluss erzielen, den sie sich wünschen. Dies führt zu Frustration und kann dazu führen, dass sie ihre Aktivitäten einstellen.

Die Repression durch die Regierung ist ebenfalls eine ernsthafte Bedrohung. In vielen Fällen werden junge Aktivisten, die sich für ihre Rechte einsetzen, schikaniert oder kriminalisiert. Diese Erfahrungen können traumatisch sein und die psychische Gesundheit der Betroffenen beeinträchtigen.

### 3. Erfolgreiche Initiativen von jungen Aktivisten

Trotz dieser Herausforderungen haben junge Aktivisten bemerkenswerte Erfolge erzielt. Eine der erfolgreichsten Initiativen war die Gründung des „Biolumineszenten Jugendforums", einer Plattform, die es jungen Menschen ermöglicht, ihre Stimmen zu erheben und sich zu vernetzen. Das Forum organisiert regelmäßig Workshops, in denen die Teilnehmer lernen, wie sie ihre Botschaften effektiv kommunizieren können.

Ein weiteres Beispiel ist die „Licht für die Zukunft"-Kampagne, die von einer Gruppe junger Aktivisten ins Leben gerufen wurde. Diese Kampagne nutzt soziale Medien, um das Bewusstsein für die Bedeutung der Biolumineszenz-Sprache zu schärfen und die Gemeinschaft zu mobilisieren. Durch kreative Inhalte, einschließlich Videos und Kunstprojekten, haben sie eine breite Öffentlichkeit erreicht und das Interesse an ihrer Sache geweckt.

### 4. Theorie des sozialen Wandels

Die Rolle der Jugend im Aktivismus kann auch durch die Theorie des sozialen Wandels erklärt werden. Laut der sozialen Bewegungstheorie sind junge Menschen oft die treibende Kraft hinter sozialen Veränderungen, da sie neue Perspektiven und innovative Ansätze mitbringen. Sie sind weniger an die bestehenden Normen gebunden und bereit, Risiken einzugehen, um Veränderungen herbeizuführen.

Diese Theorie wird durch die Beobachtungen von Soziologen wie Charles Tilly und Sidney Tarrow unterstützt, die argumentieren, dass soziale Bewegungen oft von jungen Menschen angeführt werden, die über ein starkes Gefühl der Ungerechtigkeit verfügen. Ihre Fähigkeit, Netzwerke zu bilden und kreative Strategien zu entwickeln, ist entscheidend für den Erfolg von Bewegungen.

### 5. Zukunftsausblick

In Anbetracht der Rolle der Jugend im fortgesetzten Kampf für die Sprachrechte der Biolumineszenten ist es wichtig, dass die Gemeinschaft weiterhin in ihre

Entwicklung investiert. Mentorship-Programme, Bildungsinitiativen und Ressourcenbereitstellung sind entscheidend, um sicherzustellen, dass die nächste Generation von Aktivisten gut vorbereitet ist, um die Herausforderungen zu bewältigen.

Die Jugend wird nicht nur als zukünftige Führungspersönlichkeiten betrachtet, sondern auch als gegenwärtige Akteure des Wandels. Ihre Ideen und Initiativen werden weiterhin die Richtung des Aktivismus auf Yvenis Prime prägen. Indem wir ihre Stimmen stärken und ihre Bemühungen unterstützen, können wir eine inklusive und gerechte Gesellschaft für alle schaffen.

Zusammenfassend lässt sich sagen, dass die Rolle der Jugend im fortgesetzten Kampf für die Sprachrechte der Biolumineszenten von entscheidender Bedeutung ist. Ihre Motivation, die Herausforderungen, denen sie gegenüberstehen, und die Erfolge, die sie erzielt haben, sind ein Beweis für die Kraft und das Potenzial junger Menschen, soziale Veränderungen voranzutreiben. Es ist unsere Verantwortung, diese Bewegung zu unterstützen und sicherzustellen, dass die Stimmen der Jugend gehört werden.

## Die Erfolge in der Gesetzgebung

Die Erfolge in der Gesetzgebung sind ein entscheidender Meilenstein für die Biolumineszenten Allianz und den Aktivismus von Jyn Fael. Diese Erfolge sind nicht nur das Resultat harter Arbeit und unermüdlichen Engagements, sondern sie spiegeln auch die tiefgreifenden Veränderungen in der Wahrnehmung und Akzeptanz der Biolumineszenz-Community innerhalb der Gesellschaft von Yvenis Prime wider.

### Einführung in die Gesetzgebungsprozesse

Die Gesetzgebung ist ein komplexer Prozess, der häufig mehrere Schritte umfasst, darunter die Vorschläge von Gesetzen, öffentliche Anhörungen, Diskussionen in den verschiedenen Kammern der Regierung und schließlich die Verabschiedung von Gesetzen. Die Herausforderung für die Biolumineszenten Allianz bestand darin, in jedem dieser Schritte Einfluss zu nehmen und die Belange der Biolumineszenz-Sprecher zu vertreten.

Die Theorie hinter der Gesetzgebung kann durch das Modell des *Policy Cycle* erklärt werden, welches aus fünf Phasen besteht:

1. **Problemdefinition**: Identifikation von Problemen, die gesetzliche Maßnahmen erfordern. 2. **Politikformulierung**: Entwicklung von Vorschlägen zur Lösung dieser Probleme. 3. **Politikimplementierung**: Umsetzung der

beschlossenen Maßnahmen. 4. **Politikbewertung**: Überprüfung der Wirksamkeit der umgesetzten Maßnahmen. 5. **Politikanpassung**: Anpassung der Maßnahmen basierend auf der Bewertung.

## Die ersten Gesetzesentwürfe

Die ersten Gesetzesentwürfe, die von der Biolumineszenten Allianz initiiert wurden, zielten darauf ab, die sprachlichen Rechte der Biolumineszenz-Sprecher zu schützen und zu fördern. Ein entscheidender Entwurf war das *Gesetz zur Anerkennung der Biolumineszenz-Sprache*, das eine offizielle Anerkennung der Biolumineszenz als gleichwertige Sprache neben den dominierenden menschlichen Sprachen forderte.

Die Formulierung dieses Gesetzes war nicht ohne Herausforderungen. Es gab Widerstand von politischen Gruppen, die argumentierten, dass die Einführung einer neuen Sprache in die offiziellen Kommunikationskanäle die Effizienz beeinträchtigen würde. Jyn Fael und ihre Verbündeten mussten daher umfangreiche Forschung und Daten präsentieren, um die Vorteile der Mehrsprachigkeit zu belegen.

## Die Rolle der öffentlichen Anhörungen

Öffentliche Anhörungen spielten eine entscheidende Rolle im Gesetzgebungsprozess. Diese Veranstaltungen ermöglichten es der Gemeinschaft, ihre Stimme zu erheben und ihre Anliegen direkt an die Entscheidungsträger zu richten. Jyn Fael nutzte diese Plattformen, um die Bedeutung der Biolumineszenz-Sprache zu erläutern und persönliche Geschichten von Betroffenen zu teilen.

Ein Beispiel für eine erfolgreiche öffentliche Anhörung war die Veranstaltung im *Kulturzentrum von Yvenis Prime*, bei der über 500 Unterstützer anwesend waren. Die emotionale Ansprache von Jyn Fael, die die Herausforderungen der Biolumineszenz-Sprecher schilderte, führte zu einer Welle der Unterstützung in der Bevölkerung und ermutigte viele, sich aktiv an der Bewegung zu beteiligen.

## Die Rolle der Medien

Die Medien spielten eine wesentliche Rolle bei der Verbreitung der Botschaft der Biolumineszenten Allianz. Durch Berichterstattung über die öffentlichen Anhörungen und die Fortschritte in der Gesetzgebung konnten die Anliegen der Biolumineszenz-Sprecher in das öffentliche Bewusstsein gerückt werden.

*DIE DAUERHAFTE WIRKUNG DER BEWEGUNG* 251

Ein Beispiel für die positive Medienberichterstattung war der Artikel im *Intergalaktischen Journal*, der die Geschichte von Jyn Fael und die Herausforderungen ihrer Gemeinschaft beleuchtet. Diese Berichterstattung führte zu einer breiteren Diskussion über die Rechte von Minderheiten und trug zur Schaffung eines positiven Klimas für die Gesetzesinitiativen der Allianz bei.

### Die erste gesetzliche Anerkennung

Der Höhepunkt der Bemühungen um die Gesetzgebung war die Verabschiedung des *Gesetzes zur Anerkennung der Biolumineszenz-Sprache*, das schließlich im *Parlament von Yvenis Prime* angenommen wurde. Dieses Gesetz gewährte den Biolumineszenz-Sprechern das Recht, ihre Sprache in offiziellen Dokumenten zu verwenden und in Bildungseinrichtungen zu lernen.

Die Verabschiedung dieses Gesetzes war ein historischer Moment, der nicht nur die Rechte der Biolumineszenz-Sprecher stärkte, sondern auch als Vorbild für andere intergalaktische Gemeinschaften diente, die ähnliche Kämpfe führten. Der Erfolg wurde mit einer großen Feier in der *Lichtarena* von Yvenis Prime gefeiert, bei der Jyn Fael als Hauptrednerin auftrat und die Bedeutung dieses Sieges für die zukünftige Generation betonte.

### Nachhaltigkeit der Erfolge

Die Erfolge in der Gesetzgebung waren jedoch nur der Anfang. Die Biolumineszenten Allianz erkannte, dass die Verabschiedung eines Gesetzes nicht das Ende des Kampfes um die Rechte der Biolumineszenz-Sprecher bedeutet. Vielmehr war es wichtig, die Umsetzung der Gesetze zu überwachen und sicherzustellen, dass die Rechte tatsächlich respektiert und gefördert wurden.

Die Allianz initiierte Programme zur Überwachung der Einhaltung der neuen Gesetze und arbeitete eng mit Bildungseinrichtungen zusammen, um sicherzustellen, dass die Biolumineszenz-Sprache in den Lehrplänen integriert wurde.

### Zusammenfassung

Zusammenfassend lässt sich sagen, dass die Erfolge in der Gesetzgebung für die Biolumineszenten Allianz und Jyn Fael ein bedeutender Schritt in Richtung Gleichheit und Anerkennung waren. Diese Erfolge zeigen, dass durch Engagement, Bildung und die Mobilisierung der Gemeinschaft bedeutende Veränderungen in der Gesellschaft erreicht werden können. Die Herausforderungen, die auf diesem Weg begegnet wurden, haben die Bewegung nur gestärkt und die Vision einer inklusiven und multilingualen Gesellschaft weiter vorangetrieben.

## Die Schaffung von Bewusstsein

Die Schaffung von Bewusstsein ist ein entscheidender Aspekt im Aktivismus, insbesondere in der Sprachrechtsbewegung, die von Jyn Fael und der Biolumineszenten Allianz vorangetrieben wurde. Bewusstsein zu schaffen bedeutet, die Menschen über die Herausforderungen und Ungerechtigkeiten zu informieren, die bestimmte Gruppen betreffen, und sie zu ermutigen, aktiv zu werden. In diesem Kontext ist es wichtig, verschiedene Theorien und Strategien zu betrachten, die zur Sensibilisierung der Öffentlichkeit beigetragen haben.

### Theoretische Grundlagen

Die **Theorie des sozialen Wandels** besagt, dass Veränderungen in der Gesellschaft oft durch das Bewusstsein und das Engagement der Bürger eingeleitet werden. Diese Theorie betont die Rolle von Bildung und Information als Mittel, um das Bewusstsein zu schärfen und Menschen zu mobilisieren. Ein bekanntes Beispiel ist die **Theorie der sozialen Identität**, die erklärt, wie Individuen ihre Identität in Bezug auf Gruppen definieren. Wenn Menschen sich mit der Biolumineszenten Gemeinschaft identifizieren, sind sie eher bereit, sich für deren Rechte einzusetzen.

Ein weiterer theoretischer Rahmen ist die **Kritische Theorie**, die sich mit den Strukturen der Macht und der Ungerechtigkeit auseinandersetzt. Diese Theorie ermutigt Aktivisten, die bestehenden Machtverhältnisse zu hinterfragen und alternative Narrative zu entwickeln, die die Stimmen der Marginalisierten stärken.

### Herausforderungen bei der Bewusstseinsbildung

Trotz der theoretischen Grundlagen gibt es zahlreiche Herausforderungen bei der Schaffung von Bewusstsein:

- **Mediale Verzerrung:** Oft werden Themen, die Minderheiten betreffen, in den Medien nicht ausreichend behandelt oder verzerrt dargestellt. Dies kann zu einem Missverständnis der Probleme führen, die die Biolumineszenten Gemeinschaft betreffen.

- **Desinteresse der Öffentlichkeit:** In einer Welt, die von Informationen überflutet ist, kämpfen Aktivisten darum, die Aufmerksamkeit der Öffentlichkeit zu gewinnen. Viele Menschen sind von den täglichen

Herausforderungen abgelenkt und haben möglicherweise kein Interesse an Themen, die sie als irrelevant empfinden.

- **Interne Spaltungen:** Innerhalb der Bewegung kann es unterschiedliche Meinungen und Ansätze geben, die zu Spaltungen führen. Diese internen Konflikte können die Fähigkeit der Bewegung beeinträchtigen, eine einheitliche Botschaft zu verbreiten.

## Strategien zur Bewusstseinsbildung

Um diese Herausforderungen zu überwinden, wurden verschiedene Strategien entwickelt:

1. **Nutzung von sozialen Medien:** Soziale Medien haben sich als ein äußerst effektives Werkzeug zur Schaffung von Bewusstsein erwiesen. Plattformen wie Twitter, Instagram und TikTok ermöglichen es Aktivisten, ihre Botschaften schnell und weitreichend zu verbreiten. Jyn Fael und die Biolumineszenten Allianz haben beispielsweise die Hashtags `#BiolumineszenzRechte` und `#SpracheIstIdentität` genutzt, um ihre Kampagnen zu fördern und eine breite Diskussion zu initiieren.

2. **Kunst und kreative Ausdrucksformen:** Kunst hat die Macht, Emotionen zu wecken und komplexe Themen zugänglich zu machen. Die Allianz hat Künstler und Musiker eingeladen, ihre Botschaften durch kreative Werke zu teilen. Ein Beispiel hierfür ist die Installation „Licht der Identität", die in verschiedenen Städten aufgestellt wurde und die biolumineszenten Farben als Symbol für kulturelle Vielfalt und Identität nutzt.

3. **Bildung und Workshops:** Die Organisation von Workshops und Schulungsprogrammen hat sich als effektiv erwiesen, um das Bewusstsein über die Bedeutung der Sprachrechte zu schärfen. Diese Programme bieten nicht nur Informationen, sondern auch die Möglichkeit zur Diskussion und zum Austausch von Ideen. Jyn Fael hat in Schulen und Gemeinschaftszentren Vorträge gehalten, um das Bewusstsein für die Herausforderungen der Biolumineszenten zu fördern.

## Beispiele für erfolgreiche Bewusstseinsbildung

Ein bemerkenswertes Beispiel für erfolgreiche Bewusstseinsbildung war die **Kampagne „Sprache ist Licht"**, die im Jahr 2030 ins Leben gerufen wurde. Diese

Kampagne kombinierte soziale Medien, Kunst und öffentliche Veranstaltungen, um die Bedeutung der Sprachrechte der Biolumineszenten zu betonen.

$$\text{Bewusstsein} = \text{Information} + \text{Emotion} + \text{Identität} \tag{71}$$

Die Kampagne führte zu einer signifikanten Erhöhung des Interesses an den Sprachrechten und mobilisierte Tausende von Unterstützern, die sich für die Sache einsetzten.

## Fazit

Die Schaffung von Bewusstsein ist ein fortlaufender Prozess, der Kreativität, Engagement und strategisches Denken erfordert. Jyn Fael und die Biolumineszenten Allianz haben gezeigt, dass es möglich ist, das Bewusstsein für Sprachrechte zu schärfen und eine Bewegung zu mobilisieren, die nicht nur die Biolumineszenten selbst, sondern auch die gesamte Gesellschaft bereichert. Die Herausforderungen sind groß, aber die Möglichkeiten zur Veränderung sind noch größer, wenn sich Menschen zusammenschließen und für eine gemeinsame Vision kämpfen.

## Die Vision einer inklusiven Zukunft

Die Vision einer inklusiven Zukunft ist geprägt von der Überzeugung, dass Vielfalt nicht nur akzeptiert, sondern aktiv gefördert und gefeiert werden sollte. Jyn Fael und die Biolumineszenten Allianz haben eine Gesellschaft angestrebt, in der alle Stimmen gehört werden und jeder Zugang zu den gleichen Möglichkeiten hat, unabhängig von ihrer sprachlichen oder kulturellen Herkunft. Diese Vision beruht auf mehreren theoretischen Grundlagen, die im Folgenden näher erläutert werden.

## Theoretische Grundlagen

Eine der zentralen Theorien, die die Vision einer inklusiven Zukunft stützt, ist die *Soziale Identitätstheorie* (Tajfel und Turner, 1979). Diese Theorie besagt, dass die Zugehörigkeit zu sozialen Gruppen das Selbstbild und das Verhalten von Individuen beeinflusst. In einer inklusiven Gesellschaft wird die Identität nicht durch die Zugehörigkeit zu einer dominanten Gruppe definiert, sondern durch die Anerkennung und Wertschätzung der Vielfalt. Dies fördert ein Gefühl der Zugehörigkeit und des Zusammenhalts, das für den sozialen Frieden unerlässlich ist.

Ein weiteres wichtiges Konzept ist die *Intersektionalität*, das von Kimberlé Crenshaw (1989) geprägt wurde. Diese Theorie hebt hervor, dass Menschen mehrere Identitäten besitzen, die sich überschneiden und somit unterschiedliche Diskriminierungserfahrungen hervorrufen können. Eine inklusive Zukunft muss daher die unterschiedlichen Dimensionen von Identität – wie Geschlecht, Ethnizität, sexuelle Orientierung und Sprache – berücksichtigen und darauf abzielen, die strukturellen Ungleichheiten zu beseitigen, die aus diesen Überschneidungen resultieren.

## Herausforderungen der Umsetzung

Trotz der positiven Visionen stehen wir vor erheblichen Herausforderungen, die es zu bewältigen gilt. Eine der größten Hürden ist die *institutionelle Diskriminierung*, die in vielen Gesellschaften tief verwurzelt ist. Diese Diskriminierung kann in Form von Gesetzen, Richtlinien oder Praktiken auftreten, die bestimmte Gruppen systematisch benachteiligen. Um eine inklusive Zukunft zu schaffen, müssen diese Strukturen reformiert und die Stimmen der marginalisierten Gruppen in den politischen Entscheidungsprozess integriert werden.

Ein weiteres Problem ist die *Sprachbarriere*, die oft als Hindernis für die Teilhabe an gesellschaftlichen Prozessen wahrgenommen wird. Die Förderung der Mehrsprachigkeit und der Zugang zu Sprachunterricht sind entscheidend, um sicherzustellen, dass alle Bürger, unabhängig von ihrer Herkunft, die Möglichkeit haben, sich zu äußern und aktiv am gesellschaftlichen Leben teilzunehmen. Hierbei kann die Biolumineszenz als Kommunikationsmittel eine innovative Rolle spielen, indem sie visuelle und akustische Elemente kombiniert, um Informationen für alle zugänglich zu machen.

## Beispiele für inklusive Initiativen

Ein Beispiel für eine erfolgreiche Initiative in Richtung einer inklusiven Zukunft ist die *Interkulturelle Bildung*, die darauf abzielt, das Verständnis und die Wertschätzung für verschiedene Kulturen zu fördern. Programme, die interkulturelle Kompetenzen vermitteln, haben sich als effektiv erwiesen, um Vorurteile abzubauen und das Zusammenleben in vielfältigen Gemeinschaften zu stärken.

Darüber hinaus haben viele Organisationen begonnen, *technologische Lösungen* zu nutzen, um Barrieren abzubauen. Beispielsweise wurden Apps entwickelt, die Übersetzungen in Echtzeit anbieten, um die Kommunikation zwischen verschiedenen Sprachgruppen zu erleichtern. Diese Technologien ermöglichen es, dass Menschen mit unterschiedlichen sprachlichen Hintergründen miteinander interagieren und zusammenarbeiten können, was zur Schaffung einer inklusiven Gesellschaft beiträgt.

**Die Rolle der Bildung**

Die Bildung spielt eine entscheidende Rolle in der Vision einer inklusiven Zukunft. Sie ist nicht nur ein Mittel zur Wissensvermittlung, sondern auch ein Werkzeug zur Förderung von Empathie und sozialer Verantwortung. Bildungsinstitutionen sollten Programme implementieren, die den Schülern die Bedeutung von Vielfalt und Inklusion näherbringen. Dies könnte durch projektbasiertes Lernen geschehen, bei dem Schüler gemeinsam an Lösungen für gesellschaftliche Herausforderungen arbeiten.

Zusätzlich können *Mentoring-Programme* dazu beitragen, junge Menschen aus verschiedenen Hintergründen zu unterstützen und ihnen die Möglichkeit zu geben, ihre Fähigkeiten zu entwickeln und ihre Stimmen zu erheben. Solche Programme fördern nicht nur das individuelle Wachstum, sondern stärken auch die Gemeinschaft, indem sie ein Netzwerk von Unterstützung schaffen.

**Der Weg nach vorn**

Um die Vision einer inklusiven Zukunft zu verwirklichen, ist ein umfassender Ansatz erforderlich, der auf Zusammenarbeit und Solidarität basiert. Die Schaffung eines interkulturellen Dialogs, der die verschiedenen Perspektiven und Erfahrungen einbezieht, ist unerlässlich. Nur durch den Austausch und die Zusammenarbeit können wir die Herausforderungen meistern, die uns auf dem Weg zu einer inklusiven Gesellschaft begegnen.

Zusammenfassend lässt sich sagen, dass die Vision einer inklusiven Zukunft nicht nur ein idealistisches Ziel ist, sondern ein notwendiger Schritt in Richtung einer gerechten und gleichberechtigten Gesellschaft. Jyn Fael und die Biolumineszenten Allianz haben den Grundstein gelegt, aber es liegt an uns allen, diese Vision weiterzuführen und die notwendigen Veränderungen in unseren Gemeinschaften und darüber hinaus zu fördern. Die Zukunft ist bunt, vielfältig und voller Möglichkeiten – wir müssen nur bereit sein, sie zu gestalten.

# Index

aber, 157
aber auch, 3, 22
aber dass, 28, 47
aber lehrreicher Moment, 73
aber notwendiger, 127
aber oft unvermeidliche Realität, 81
aber sie, 27
abgebrochenen Treffen, 110
abgelehnt wurde, 164
abgeschreckt, 150
abhalten, 165
abhing, 17
abhängig, 52, 221
Abkehr, 80, 81
Ablehnung, 13, 15
abzielten, 5, 155
achten, 88
adressierte, 143
agiert, 194
aktiven Mitgliedern der, 212
aktiven Teilnahme, 184
aktiver, 154
Aktivismus, 30, 61, 86, 103, 113, 155, 157, 216, 224, 239, 246, 247
Aktivismus bietet, 239
Aktivismus gab es auch, 43
Aktivismus kann, 237
Aktivismus kann auch, 76, 248
Aktivismus kann nicht, 88
Aktivismus lässt sich, 42
Aktivismus maßgeblich, 19
Aktivismus spielen, 62, 101
Aktivismus von, 7, 226, 227
Aktivismus wird, 157
Aktivismusbewegung von, 209
Aktivisten, 40, 86, 88, 91, 97, 115, 165, 171, 205, 209, 221, 223, 248
Aktivisten auf, 209
Aktivisten aus, 111, 114
Aktivisten betrifft, 165
Aktivisten müssen oft mit, 235
Aktivisten müssen wachsam sein, 239
Aktivisten nutzen, 238
akustische, 9, 98, 124
akzeptieren, 15, 47, 221
akzeptiert, 15, 179, 200, 254
alle, 20, 22, 69, 86, 112, 131, 132, 147, 150, 155, 165, 187, 189, 192, 244, 249, 254
allen verstanden wurde, 222
aller, 29, 32, 90, 102, 109, 116, 147, 175, 178, 203
Allerdings, 200

Allianzen geschmiedet, 227
Allianzen innerhalb, 33
Allianzen konnte, 114
Allianzen mit, 73
Allianzen untersuchen, 93
Allianzen zu, 53
Alltag, 188
als, 1–9, 12–21, 23, 25, 28, 29, 34, 36–39, 41–48, 50–54, 58, 59, 61, 62, 64, 71–73, 75, 76, 78–80, 83, 84, 86, 87, 89, 90, 92, 97, 101, 102, 104–107, 110, 113, 114, 117–119, 121, 123–125, 127, 131–134, 140–142, 146, 147, 149, 151, 153, 154, 158, 159, 161–164, 166, 168, 169, 172, 173, 175, 178–187, 190, 191, 194, 198, 199, 201, 204, 206, 209, 215, 216, 219–226, 231, 232, 234, 238, 242, 245, 246, 249, 253
Als Jyn, 78
am, 93, 154, 194
analysieren, 73, 91, 106
andere, 2, 12, 40–42, 79, 86, 88, 90, 93, 110, 111, 121, 141, 149, 165, 174, 182, 200, 204, 228, 229, 238
anderen Bewegungen, 53, 144
anderen biolumineszenten, 18
anderen sozialen, 73
anderen voranzukommen, 178
anderer, 21, 97, 148, 179, 205, 206, 232
anerkannt, 3, 21, 49, 78, 131, 186, 193, 244

anerkennt, 234, 245
Anerkennung könnte, 65
Anfangsphase der, 132
angeboten, 182
angeführt von, 131
angehen möchten, 67
Angelegenheiten von, 177
angenommen wurde, 64
angepasst, 29
angesehen, 132, 154, 194, 206, 220, 226
angesehene, 2
Angesichts der, 128, 235
angewendet, 226
angewiesen, 106, 122, 165
anhaltenden, 234
Anhörung, 164
Anhörungen spielten, 250
Anliegen auch, 243
Anliegen Gehör, 164
Anliegen klar, 98
Anpassungen möglich sein, 147
anschauen, 128
ansprechen, 133
ansprechend, 53, 123
Anstatt sich, 90, 92
Anstoß gegeben, 205
Anstrengungen beeinträchtigten, 109
Anstrengungen können, 201
Ansätze erforderte als, 149
Ansätze erklären, 42
Ansätze mitbringen, 248
Ansätze sind, 194
Ansätze verfolgen, 157
Antrieb zurückzugewinnen, 91
antworteten, 125
Anwendungen, 199
Anwesenden, 125

Anzeichen von, 78
anzuerkennen, 30, 134
anzupassen, 7, 44, 47, 82, 175
anzuschließen, 42, 93
Applaus begleitet, 184
arbeiten, 48, 115, 149, 179, 201, 235, 244, 256
arbeitete, 251
Arbeitsgruppen gebildet, 171
argumentiert Bourdieu, 117
argumentierten, 171, 174, 175, 182, 230, 250
Aspekt ihres Erbes, 219
Aspekte der, 162
Aspekten, 7
Aspekten interessiert, 4
auch, 1–10, 12–23, 25–30, 32–34, 36, 38–55, 58, 59, 61–63, 65–69, 71–73, 75–78, 80–82, 84, 86–90, 92–94, 97, 99, 101–107, 109, 110, 112–119, 121, 123–125, 128, 131–135, 137, 140, 142, 144, 146–149, 151, 153, 155, 157–159, 161–166, 168, 170–175, 177–180, 182–185, 187, 190, 192–194, 198–201, 203–207, 210–213, 215, 217–230, 232, 234, 237–249, 253, 254, 256
auf, 1–3, 5–7, 9, 12–14, 18, 19, 21–23, 25–30, 32–36, 38–43, 45–47, 49, 53, 54, 59–63, 67, 71–73, 78, 80–85, 88–90, 95, 97, 101, 103, 105–107, 109, 110, 112–114, 116–125, 128, 129, 131, 132, 134, 135, 137, 138, 140, 142–144, 146, 148, 149, 151, 153–155, 157–159, 161–166, 168–175, 177–180, 182–185, 187–189, 192, 194, 196, 198–201, 203–207, 209–213, 217, 219, 222, 223, 225–230, 232–239, 242, 244, 245, 247, 249, 251, 254, 256
Auf Yvenis, 124
Aufbau von, 243
Aufführungen, 43
Aufgabe, 151
aufgriff, 62
Aufklärung spielt, 246
Aufklärungsarbeit, 53
aufrechtzuerhalten, 53, 88, 155, 205
auftraten, 17, 139, 213
auftreten kann, 58
Auftritte, 106, 209, 221, 222
Auftritte haben, 205
Auftritte konnte, 179
aufzubauen, 48, 101, 107
aus, 4, 12, 16, 18, 19, 25, 32, 34, 36, 38–41, 43, 45, 47, 51, 52, 55, 59, 61, 65, 72, 75, 76, 78, 81, 90, 93, 98, 99, 101, 103, 111, 113, 114, 116, 121, 123, 125, 147, 151, 153, 154, 164–166, 168, 170–172, 177, 179, 180, 203, 220, 222, 223, 225, 229, 233
Ausdruck, 45
Ausdruck der, 2, 36, 48, 125, 184
Ausdruck des gemeinsamen, 55
Ausdruck des Wunsches, 161

Ausdruck gebracht, 183
Ausdruck kultureller Identität, 118
Ausdruck muss sowohl, 44
Ausdruck von, 8, 127, 215
Ausdrucksform betrachtet, 97
Ausdrucksformen konnten, 43
Ausdrucksformen trugen, 42
Ausdrucksformen wie, 29
auseinandersetzen, 164, 226
Auseinandersetzung mit, 38, 43, 175
Auseinandersetzungen mündeten, 154
auseinanderzusetzen, 33, 210
ausführlich behandelt, 34
ausgedrückt, 122
ausgelegt, 188
ausgeübt, 159, 209, 211
Ausgrenzung führen, 76
ausmachte, 141
ausprobieren, 27
ausreichen, 72
Austausch beschäftigen, 205
austauschen können, 204
Auswirkungen der, 116
auszudrücken, 2, 4, 6, 27, 41, 44, 216
auszurichten, 148
auszutauschen, 13, 98, 105
auszuüben, 110
ausüben, 62, 177, 205
ausübte, 179
Authentizität, 106
Authentizität der, 43
außerirdischen Kulturen, 108

Barrieren, 32, 98, 101
Barrieren gab es auch, 29
basiert, 18, 107, 121, 124, 125, 206, 222, 256

basierte, 5
bauen, 5, 49, 179
Bedenken, 52, 150, 174, 243
Bedenken hinsichtlich, 20, 46, 102
bedeutender, 33, 46, 49, 52, 154, 163, 172, 199, 251
bedeutet, 226, 251, 252
bedeutete, 29, 97
Bedrohungen, 89
Bedrohungen durch, 198
Bedürfnisse, 89, 149, 161, 171, 178, 179, 188, 191, 236, 237
beeinflusst, 10, 14, 22, 112, 117, 178, 180, 207, 226
beeinflusste, 18, 71, 168, 174
beeinflussten, 19, 28, 38, 52, 111, 153
beeinträchtigen, 77, 87, 111, 149, 150, 220, 244, 247, 248, 250
beeinträchtigten, 91
befand, 134
befürchteten, 162
Befürworter argumentierten, 182
begann, 5, 9, 21, 22, 27, 29, 33, 38, 46–48, 73, 76, 81, 101, 132, 134
begannen, 33, 105
begegnet, 251
begegnete, 5, 21
Begegnungen, 4
Begegnungen mit, 5, 15, 48
Begegnungen von, 3
beginnt, 10, 15, 44, 146
begleitet, 79, 98, 131, 184
begrenzte, 52
Begriffen, 200
behandelt, 34, 81
behaupten, 13, 37, 165, 205

behindern, 73, 177
behinderten, 228
bei, 4–6, 10, 15–18, 26, 27, 31,
    33–36, 39, 40, 42, 46, 52,
    53, 65, 79, 81, 90, 94, 98,
    101–103, 116, 121–123,
    125, 128, 132, 137, 148,
    154, 165, 170, 173, 174,
    180, 184, 187, 189, 198,
    204, 212, 213, 217, 218,
    224, 227, 229, 238, 240,
    244, 250, 252, 256
Bei Demonstrationen, 7
Bei der, 142
Bei dieser, 98, 125
Bei einer, 223
Bei öffentlichen, 148
beider, 29, 110, 186
beigetragen, 144, 186, 199, 202, 206,
    223, 234, 252
beinhalten, 226
beinhaltet, 121
beinhaltete, 26, 71, 81, 150, 161
beinhalteten, 33, 35, 78, 81, 175
Beispiele, 61, 66, 90, 94, 98, 107,
    125, 127, 135, 137, 146,
    168, 172, 215
beitragen, 6, 62, 147, 162, 171, 185,
    194
beiträgt, 179
bekanntesten, 44
Bekämpfung von, 109
Belastung, 76, 111
Belastungen gezwungen, 233
belegen, 250
beleuchten, 119, 194, 203
beleuchtet, 66, 75, 82, 114, 137, 233
bemerkenswert, 116
bemerkenswerter, 63, 90, 102, 153

bemühen, 123
benötigen, 122
benötigt, 242
beobachten, 4, 132
beobachtete, 33, 38
Bereich der, 65
Bereichen Linguistik, 114
bereichernd, 5, 19
bereichert, 68, 82, 119, 129, 254
bereit, 20, 29, 43, 65, 71, 134, 170,
    178, 225, 228, 248
bergen, 44
Berichte, 180, 184
Berichterstattung, 36, 62
Berichterstattungsstile, 149
berichtet, 49
berichtete von, 76
berichteten, 57, 132, 154, 168, 174,
    183, 238
Berufsmöglichkeiten beeinflusst, 117
beruhten, 12
berücksichtigt, 33, 189
berühmte, 107
berühren, 223
besagt, 14, 17, 72, 90, 97, 117, 203
beschreiben, 200
beschreibt, 15, 79
beschrieben, 72, 79, 124, 217, 226
beschränkt, 201, 232
besondere, 121
besser, 4, 73, 174, 236
besseren, 5, 19, 23, 68, 69
bestand, 52, 72, 166, 249
bestehen, 129, 170, 198
bestehende Ordnung und, 53
bestehenden, 81, 175, 193, 230, 248
bestimmt wird, 210
bestimmte, 104, 204, 239, 252
bestimmten, 14, 117, 123, 178, 196

bestimmter, 200
besucht wurde, 182
beteiligen, 41, 65, 69, 155
Beteiligten widerspiegelten, 102
betonen, 6, 125, 137, 145, 210, 226, 241
betont, 18, 88
betrachten, 61, 71, 92, 146, 161, 166, 205, 234, 252
betrachtet, 97, 117, 157, 161, 185, 190, 203, 237, 249
betrachtete, 53
betraten, 4
betreffen können, 75
betroffenen Gemeinschaften, 200
bevorzugten, 2, 79, 111, 141
Bevölkerung, 58
Bevölkerung geprägt, 161
Bevölkerung zeigte sich, 184
bewahren, 26, 30, 38, 44, 47, 58, 107, 129, 131, 177, 189, 190, 198, 200, 201, 221, 232
bewahrten, 181
Bewegung, 48, 63, 107, 116, 180, 203, 226, 245
Bewegung auf, 103
Bewegung bei, 132, 184, 212
Bewegung einbringen, 106
Bewegung sah sich, 52
Bewegung schärft, 242
Bewegung selbst, 131
Bewegung stärken, 88
Bewegung zeigt, 205
Bewegung zusammenschweißte, 75
Bewegungen der, 44
Bewegungen führen, 239
Bewegungen geworden, 103
Bewegungen ist, 168

Bewegungen nach, 226
Bewegungen oft auf, 72
Bewegungen oft von, 248
Bewegungen Synergien, 53
Bewegungen vorangetrieben, 221
Bewegungen weniger, 177
Bewegungen zunehmend interdependente Strukturen, 99
Bewegungstheorie sind, 248
Beweis, 242, 249
Beweis dafür, 132, 213, 246
bewerten, 146, 147, 151
bewiesen, 137, 153
bewirken, 21, 75, 239
Bewohner von, 5
bewusst gestaltet, 25
bewusste, 201
bewährter Verfahren, 177
bewältigen, 3, 34, 39, 53, 85, 86, 135, 143, 191, 194, 233, 247, 249
bieten, 6, 19, 56, 62, 63, 86, 95, 99, 101, 105, 106, 113, 147, 150, 151, 168, 198, 204, 210, 220, 221, 234, 235, 238, 253
bietet, 128
Bild der, 79
bilden, 47, 53, 116, 146, 241, 248
bildet, 14, 123, 198
bildeten, 21, 23, 39
Bildung, 65, 190, 192, 221, 226, 237, 239
Bildungsinhalte konnten, 213
Bildungsinitiativen, 249
Bildungsinstitutionen sollten, 256
Bildungsprogrammen hatte, 212

Bildungsprogrammen mitgewirkt, 210
Bildungssysteme reformiert werden, 191
Bildungssystems, 245
Bindung, 19
biochemischen Reaktionen, 124
Biografie von, 117, 164, 215, 219
biologisches Phänomen, 6, 21
biologisches Wunder, 6
biolumineszent, 58
Biolumineszente, 15
Biolumineszente Allianz, 99
biolumineszente als, 46
biolumineszente Effekte mit, 125
biolumineszente Gemeinschaft, 212
biolumineszente Gemeinschaft ihre, 189
biolumineszente Herkunft mit, 15
biolumineszente Kommunikation auch, 124
biolumineszente Kommunikation ist, 125
biolumineszente Kommunikation konzentrierte, 35
biolumineszente Kommunikation nicht, 47
biolumineszente Kultur, 33, 50, 162
biolumineszente Kunstwerke, 102
biolumineszente Literatur, 46
biolumineszente Signale zu, 12
biolumineszente Sprache, 132, 188
biolumineszente Sprache ein, 112
biolumineszente Sprache erlernen, 49
biolumineszente Sprache und, 49
Biolumineszente Sprache wurde, 182
biolumineszente Sprache zu, 34

biolumineszente Wesen kommunizieren, 124
Biolumineszenten, 1–3, 8, 9, 12–14, 20–22, 25, 28, 30, 32, 40, 42, 45, 48, 49, 57, 62, 68, 76, 84, 107, 119, 121–123, 125, 129, 131, 133, 134, 141–143, 146, 148, 153–155, 157, 164, 166, 171, 173–175, 178–180, 182–185, 192, 194, 197, 198, 222, 223, 225, 227–229, 234, 241, 242, 246–249, 253
biolumineszenten, 4, 7, 14, 16–19, 21, 22, 25, 26, 28, 29, 32–36, 38, 39, 44–49, 58, 59, 64, 65, 71, 72, 78, 79, 98, 113, 122, 123, 127, 131, 132, 138, 140, 145, 146, 161–163, 168–173, 187–189, 199, 200, 211–213
Biolumineszenten beigetragen, 144
Biolumineszenten Bürger, 36
Biolumineszenten Bürger auf, 173
Biolumineszenten Bürger wurde, 39
Biolumineszenten Bürgern, 38
Biolumineszenten Schülern, 154
Biolumineszenten selbst, 254
Biolumineszenten spielt, 15
Biolumineszenz der, 141
Biolumineszenz geprägt, 1, 25, 78, 118
Biolumineszenz geschärft, 219
Biolumineszenz kann nicht, 54
Biolumineszenz oft als, 4
Biolumineszenz spielte, 56
Biolumineszenz verbunden, 42

Biolumineszenz vorangetrieben, 207
Biolumineszenzrechte, 7
bis hin zu, 199
bleiben, 151, 170, 194, 198, 235
bleibt der, 146
bleibt die, 137, 148, 173, 194, 199
bleibt ihr, 225
bleibt ihre, 43
bleibt sie, 216
blieb, 116
blieben sie, 155
bloße Metapher, 222
bot, 17, 89, 163, 185
boten, 27, 36, 163, 183
Botschaften richtig, 124
Botschaften schnell, 144, 237
Botschaften schnell verbreiten, 90
breite, 104, 105, 107, 142, 144, 150, 155, 165, 166, 179, 184, 246
breiten Unterstützung gab es auch, 174
breiteren Anerkennung der, 183
bringen, 76, 90
brutaler Gewalt, 79, 89
Brücken, 5, 179
Brücken zwischen, 49
Bühne bietet, 194
bündeln, 54, 98
Bündnisses konnten, 116
Bürger gehört, 132, 175
Bürger ignorierte, 161
Bürger konfrontiert, 132
Bürger lastete, 78
Bürger schützen, 173
bürokratische Hürden, 166
bürokratischen, 164

Charles Tilly, 72, 248

chemische, 124
Crowdfunding, 233

da, 5, 7, 18, 19, 64, 98, 101, 113, 121, 154, 190, 227, 246, 248
dabei auftreten können, 106, 146
dabei ergeben, 61
dafür, 12, 38, 88, 89, 93, 101, 105, 110, 132, 137, 193, 194, 213, 243, 246
Daher, 39, 138, 166, 178
Daher ist, 106
daher umfangreiche Forschung, 250
daher unerlässlich, 194
damit einhergingen, 80
damit verbundene, 194
damit verbundenen, 151
damit verbundenen Aktivitäten von, 58
damit verbundenen Feiern, 184
Dankbarkeit gegenüber, 183
daran erinnern, 89
darauf abzielen, 187, 206, 210, 236, 244
darauf abzielten, 5
Darbietungen von, 44
Darbietungen ziehen die, 45
dargestellt, 65, 122, 199, 211
darlegen konnte, 170
darstellt, 105, 175, 187
darstellte, 4, 34, 42
darstellten, 60, 80, 103, 149
darum, 142, 200, 247
darunter, 44, 53, 71, 134, 149, 157, 183, 243, 249
Darüber hinaus, 31, 43, 102, 118, 177, 182, 212, 225, 226, 236, 239

Index 265

das Bewusstsein, 22, 46, 51, 98, 132, 142, 153, 154, 166, 179, 184, 210, 211, 227, 238, 244, 253, 254
das Bewusstsein zu, 49
das durch, 19
das Gemeinschaftsgefühl zu, 173
das intergalaktische, 223
das Licht, 124
das Menschen, 22
das Selbstwertgefühl, 220
das Selbstwertgefühl der, 29
das von, 1, 73
dass, 3, 5, 6, 9, 14–18, 20–23, 26, 28–30, 32, 34–39, 42, 43, 47–49, 51, 53, 56, 58, 60, 62, 67, 68, 71–73, 76, 79, 81, 84, 86, 88–93, 97–99, 101–103, 105, 109, 116–118, 123–125, 128, 129, 131–134, 137, 138, 140, 144, 147–150, 153–155, 157–159, 161–166, 168, 171, 173–175, 177–182, 185–187, 189–194, 197, 200–207, 209, 210, 213, 219–222, 226, 227, 230, 232, 234, 235, 237, 239, 243–251, 254
davon, 194, 201
dazu, 7, 23, 27, 36, 38, 39, 42, 57, 62, 65, 75, 79, 98, 101–103, 110, 111, 116, 120, 137, 147–149, 154, 158, 173, 174, 177, 180, 185, 186, 194, 200, 202, 206, 223, 227, 234, 239, 243, 244, 247, 248

Dazu gehören, 223, 240
Dazu gehörte, 53
Dazu gehörten, 87, 138, 181
definieren, 18, 19, 52, 53, 98, 137, 203, 220
definiert, 50, 117, 226
dem, 1–3, 6, 12, 13, 15–19, 21, 25, 26, 29, 30, 67, 69, 72, 80, 81, 84, 91, 93, 101, 112, 123, 131, 134, 141, 143, 148, 150, 162, 164, 165, 170, 179, 180, 190, 193, 206, 221, 226, 238, 239, 245, 247, 256
Demokratie agieren und, 168
Demonstranten, 79, 174
Demonstrationen, 238
den, 1–9, 12–23, 25–30, 32–36, 38, 40–54, 58, 59, 62–66, 73, 75–81, 83–85, 87, 88, 90, 91, 93, 94, 97–99, 101–105, 107, 109–118, 120–125, 131–138, 141, 142, 144, 146, 147, 150, 151, 153–155, 157, 161–163, 165, 166, 168, 171, 172, 174, 175, 177–180, 182–185, 187–190, 192–195, 199, 200, 202–207, 210, 216, 220, 222, 224–227, 230, 232–239, 242–244, 246–249, 251, 254, 256
denen, 15, 17, 25–27, 33, 35, 39, 42, 49, 51, 52, 54, 76, 80, 98, 104, 118, 119, 121, 132, 156, 157, 168, 170, 180, 185, 192, 204, 222, 227, 229, 230, 235, 247, 249

Denken, 151
Denken erfordert, 254
Dennoch birgt er auch, 75
der, 1–10, 12–23, 25–36, 38–56,
    58–69, 71–73, 75–95,
    97–107, 109–119,
    121–129, 131–151,
    153–159, 161–166,
    168–175, 177–190,
    192–207, 209–213,
    215–230, 232–254, 256
Der Aktivismus, 82
Der Austausch mit, 65, 67, 97, 98
Der Austausch von, 92
Der Begriff des Zusammenhalts
    kann aus, 203
Der Besuch der, 25, 27, 28
Der Druck, 44, 220
Der Einfluss von, 18, 43, 114, 230,
    232, 239
Der Entwurf, 181
Der Erfolg von, 205
Der Inhalt, 39
Der intergalaktische, 67
Der Kampf, 137, 194, 198, 232
Der Kampf gegen, 75
Der kulturelle, 114
Der Mensch, 4
Der Rat, 72
Der Sozialkonstruktivismus, 42
Der Sprachunterricht auf, 28
Der Sprachunterricht spielt, 127
Der Weg, 173
Der Weg ist, 157
Der Zusammenhalt innerhalb, 203
Der Zusammenhalt ist, 204
deren Bedeutung, 49
deren einzigartige, 129
deren einzigartigen, 14

deren Identität eng mit, 197
deren kulturelle, 1
deren Rechte, 21
deren Relevanz, 162
deren Rolle, 46
deren Verwendung, 198
deren Wert, 131
deren Zugänglichkeit, 104
derjenigen, 207, 239
des Aktivismus, 151, 203
des Antriebs, 89
des Kampfes, 245, 246
des kreativen Ausdrucks, 211
des kreativen Ausdrucks steht Jyn
    vor, 44
desto höher, 104
deutlicher, 201
Dialekte innerhalb, 26
Dialoge, 5, 179
dichten Lichtwäldern, 124
die, 1–10, 12–23, 25–69, 71–73,
    75–95, 97–129, 131–151,
    153–159, 161–166,
    168–175, 177–195,
    197–201, 203–207,
    209–213, 216, 217,
    219–254, 256
Die Antragsverfahren, 164
Die Biolumineszenz, 123
Die Biolumineszenz ist, 5
Die Biolumineszenz wird auch, 7
Die Erfolge der, 183
Die Erfolge dieser, 213
Die Feiern dienten, 185
Die Formulierung, 250
Die Herausforderung, 166, 200, 249
Die Medienberichterstattung, 184
Die Mitglieder begannen, 72
Die Reaktionen der, 59, 60, 132, 173

*Index*

Die Theorie der, 14, 17, 89, 90, 97, 197, 220
Die Unterschiede, 9
Die Verbindung zwischen, 42, 117, 118
Die Vorbereitung auf, 39
diente, 102
dienten, 151, 184, 185
Dies kann das Vertrauen der, 106
Dies kann zu, 193
Dies zeigt, 90
diese, 89
Diese Aktivitäten helfen nicht, 204
Diese Anerkennung ist, 230
Diese Anerkennung manifestierte, 228
Diese Arbeitsgruppen, 163
Diese Aspekte, 122
diese Ausdrucksformen, 113
Diese Aussage, 133
Diese Banner, 7
Diese Begegnungen gaben ihr, 22
Diese Begriffe, 200
Diese Beobachtungen, 32
diese Bewegung zu, 249
Diese Bindungen, 89
Diese Differenz, 4
Diese Differenzen, 20, 55, 79
Diese Differenzen können, 204
Diese Dokumentationen, 238
Diese doppelte, 131
Diese Dynamik kann zu, 110
Diese dynamische, 155
Diese Emotionen wurden, 183
Diese Entscheidung, 16, 72
Diese Entwürfe, 170
Diese Erfahrung, 118
Diese Erfahrung hinterließ, 46
Diese Erfahrungen, 92

Diese Erfolge, 131
Diese Erfolge legten, 65, 132
Diese Erfolge sind, 63, 249
Diese Erfolge wurden, 132, 172
Diese Erfolge zeigen, 251
Diese Erkenntnis wurde, 148
Diese Erkenntnisse, 21
Diese Erlebnisse, 247
Diese Feierlichkeiten, 183, 185
Diese Feindschaften, 80
Diese Feindschaften entstanden aus, 78
Diese Formen des Ausdrucks halfen, 29
Diese Frage inspirierte, 37
Diese Fragen, 15
Diese Fragmentierung, 164
Diese Freundschaft, 4
Diese frühen, 3
Diese Fähigkeit, 6
Diese Fähigkeit zur, 6
Diese Fähigkeiten, 34
Diese gemeinschaftlichen, 17
Diese Geräte, 122
Diese Gerüchte, 79
Diese Geschichten, 2
Diese gesetzliche, 158
Diese Gespräche, 161
Diese Herausforderung, 26
diese Herausforderung zu, 143, 233
Diese Idee, 5
Diese Identifikation wird besonders, 14
Diese interdisziplinäre, 114
Diese Kampagnen, 81
Diese Kluft kann zu, 247
Diese Konferenzen ermöglichten den, 101
Diese Konflikte, 12

Diese Kooperationen ermöglichten es, 116
Diese Kooperationen ermöglichten es der, 93
Diese kreativen Ausdrucksformen dienten, 151
Diese Kräfte, 230
Diese kulturelle, 78
Diese kulturellen Unterschiede, 33
Diese Lehre wurde, 38
Diese Lehren, 22, 39
Diese Lehrer, 221
Diese Lektionen, 14
Diese Maßnahme, 132
Diese Maßnahmen, 78
Diese Maßnahmen führten, 170
Diese Maßnahmen haben, 186
Diese Maßnahmen sollten, 165
Diese Mehrsprachigkeit, 26
Diese musikalischen, 42
Diese Partnerschaften sind, 240
Diese positiven, 15
Diese Projekte, 65
diese präsentierte, 41
Diese Reaktionen, 58, 173
Diese Rechte, 201
Diese Rolle der, 215
Diese Spannungen, 51
Diese Spannungen innerhalb, 141
Diese Sprachbarriere, 21
Diese Stärkung, 115
Diese Theorie, 97, 117, 203
Diese Theorie wird durch, 248
Diese Theorien bieten, 204
Diese Transparenz, 52
Diese Treffen, 48
Diese Träume, 21, 23
Diese Umgebung, 14
Diese Umgebungen, 25
Diese Unterschiede, 5, 12, 111
Diese Unterschiede können, 120
Diese unterschiedlichen, 110
Diese Unterstützung kann, 106, 135
Diese Veranstaltungen beinhalteten, 33, 35
Diese Veranstaltungen ermöglichten es der, 250
Diese Veranstaltungen halfen, 155
Diese Veranstaltungen schaffen, 204
Diese Veranstaltungen sind, 146
Diese Veranstaltungen sollen auch, 185
Diese Verbindung, 117
Diese Verbreitung, 217
Diese Vorstellung, 22
Diese Worte, 8, 223
Diese Worte hinterließen einen, 40
Diese Wälder, 1
Diese Zugehörigkeit, 17
Diese Zusammenarbeit, 47, 49, 98, 99
Diese Ängste sind, 40
Diese älteren Mitglieder der, 18
dieselbe, 122
diesem, 15, 23, 29, 32, 36, 54, 61, 66, 71–73, 75, 82, 93, 106, 112, 114, 117, 119, 123, 125, 127, 135, 137, 146, 150, 155, 177, 180, 183, 194, 198, 203, 211, 217, 220, 232, 235, 247, 251, 252
diesen, 9, 20, 29, 33, 38, 47, 50, 53, 81, 90, 91, 102, 104, 116, 121, 132, 154, 155, 158, 163, 182, 192, 204–206, 220

dieser, 1, 3, 7, 9, 14, 16, 21, 27, 34,
    46, 51, 54, 56, 61, 64, 65,
    71–73, 75, 80, 82, 90, 91,
    93, 94, 98, 101, 103, 105,
    112, 114, 125, 127, 132,
    134, 135, 146, 150, 154,
    155, 159, 161, 168, 170,
    172, 175, 179, 183, 184,
    187, 188, 193, 198, 203,
    212, 213, 218, 222, 239,
    240, 249
Dieser Einfluss kann, 157
Dieser Slogan, 141
Dieser Tanz wird zu, 44
digitale, 61, 98, 104, 148, 202, 239,
    244
digitalen, 104, 144, 166, 199, 227
digitaler, 65, 86
diplomatische, 177
diplomatischen Konsequenzen, 177
direkt, 16, 62, 170, 210, 247, 250
direkte, 111, 147, 154, 180
direkter, 104, 165, 170
direkteren, 141
diskreditieren, 141, 204
Diskurse, 166, 197, 228
Diskussionen einzubringen, 22
Doch ihre, 13
Doch trotz, 71
Doch wie, 52
dokumentiert, 148
dominanten Sprachen kann dazu,
    200
dominierende, 246
dominierenden menschlichen, 44,
    178
doppelte, 62, 131
dortigen Minderheitensprache
    führte, 172

drei, 165, 222
Dringlichkeit, 125, 164, 247
Druck, 62, 65, 86
Druck aus, 81
Druck der, 131, 134
drückten, 12
dunkelsten, 90
durch, 2, 4, 5, 10, 12, 15, 17, 19, 21,
    22, 25–28, 33, 39, 42, 43,
    51, 54–56, 68, 71, 73, 75,
    78–80, 89–91, 99–102,
    104–107, 114, 117, 118,
    122, 124, 129, 131, 132,
    134, 136, 137, 143, 144,
    147, 150, 151, 153, 154,
    157, 164, 165, 171, 177,
    180, 182, 183, 187, 189,
    193, 196–201, 203–205,
    209–211, 215, 217, 220,
    221, 224–226, 228, 233,
    238–240, 242, 244,
    246–248, 251, 256
Durchführung von, 53, 81, 148, 150,
    165, 180, 204
Durchsetzung, 168, 178
durchzuführen, 147, 149, 151, 165,
    235
Durkheim formuliert wurde, 89
dynamische, 155
dynamischer Prozess, 16, 93

Ebene Gehör, 206
Ebene verbreiten, 227
ebnete, 175
effektiv, 28, 34, 48, 52, 62, 114, 124,
    125, 144, 149, 159, 239,
    253
effektive, 97, 101, 111, 123, 148,
    161, 165, 235, 237

effektiven Aktivismus, 140
effektiver waren, 149
effizient, 90, 116, 237
eigene, 2, 3, 5, 9, 18, 21, 30, 37, 41, 44, 88, 93, 97, 118, 170, 177, 190, 200, 221, 224, 230, 234, 245
eigenen, 3, 14, 16, 19, 21, 22, 26, 30, 32, 38, 40, 48, 50, 89, 91, 99, 110, 118, 119, 142, 144, 149, 150, 172, 177, 179, 182, 200, 201, 205, 222, 226, 227, 246
Eigenheiten der, 161
ein, 1–9, 12–17, 20–22, 25–35, 38–50, 52–55, 58, 60–62, 65, 67–69, 71–73, 75, 79–82, 84, 88–93, 95, 101–107, 109, 110, 112, 114, 117–119, 121–127, 129, 131–134, 137, 140–144, 146–150, 154, 155, 161–165, 168, 170–172, 174, 178, 180, 182, 183, 185, 188, 190, 192–194, 196, 198, 200, 203, 205, 206, 211, 213, 215, 217, 219, 220, 222–224, 226, 227, 229, 230, 232–235, 237, 238, 240, 242, 246–249, 251, 252, 254, 256
Ein Beispiel, 38, 110, 242
Ein Beispiel dafür, 12, 89, 243
Ein Beispiel könnte sein, 146
Ein Erbe kann als, 226
Ein Erbe wird oft als, 226
Ein herausragendes Beispiel, 107, 186, 206

Ein praktisches Beispiel, 118
Ein weiteres, 72, 203
Ein weiteres Hindernis, 110
Ein weiteres Hindernis sind, 164
Ein Wendepunkt, 134
Ein wesentlicher Teil der, 58
Ein wichtiger Aspekt der, 114
eine, 1–10, 14–23, 25, 27–30, 32–37, 39–45, 47–54, 56, 61–63, 65–67, 69, 71–73, 75, 78–83, 89, 90, 92, 93, 98–107, 109–111, 113–116, 118–123, 125, 127, 128, 131–135, 137, 140–144, 146–151, 153, 155, 157, 159, 161, 163–166, 168, 172–175, 177–180, 182–189, 192–194, 198, 199, 203–207, 209–211, 215, 217, 219–223, 226–230, 232, 235–239, 242, 244, 246–250, 254, 256
Eine klare, 150
einem, 1, 3–5, 7, 9, 12, 14, 16, 19–21, 30, 34, 36, 38, 40–43, 45, 50, 61, 63, 69, 75–77, 80, 81, 89–91, 98, 99, 102, 103, 106, 110, 118, 120, 121, 125, 132, 133, 137, 149, 151, 159, 162, 168, 170, 178, 180, 182, 184, 200, 220, 223, 245–247
einen, 15, 16, 19, 25, 30, 36, 40, 64, 67, 68, 73, 89, 90, 93, 97, 107, 127, 132, 134, 142, 147, 149, 153, 154, 157, 159, 161, 165, 170, 171,

Index

175, 177, 182, 187, 197, 198, 204, 209, 211, 213, 221, 225, 226, 228, 234
einer, 1, 3, 5, 7, 14–16, 19–21, 23, 25, 28, 29, 34, 37, 38, 43–49, 52, 53, 57–59, 62, 65, 67–69, 72, 73, 76, 78–80, 83, 90, 95, 98, 99, 101–104, 107, 109, 110, 112, 115, 117–121, 124, 125, 127, 129, 131–134, 137, 141, 144, 146–150, 153–155, 162, 164, 165, 168, 170, 173–175, 178, 182–185, 187, 189, 191–193, 196–201, 203–205, 207, 217, 220, 221, 223, 225, 226, 228–230, 232, 238, 240, 242, 243, 245, 250, 252, 254, 256
einfache, 141
Einfluss auf, 177
Einfluss bleibt somit ein, 114
Einfluss von, 18, 42, 98, 146, 166, 200, 201, 210, 221, 232, 235
Einfluss zu, 48
einflussreichsten, 232
eingerichtet, 163
einhergehen, 9, 153, 199, 221, 242, 247
einhergingen, 12, 80, 174
einige, 38, 51, 53, 61, 72, 77, 79, 90, 111, 128, 135, 141, 146, 154, 163, 174, 200, 204, 222, 238
Einige der, 135, 139
Einige ihrer, 20

Einige Medienvertreter, 62
Einige Mitglieder der, 43, 78
Einige Regierungen, 177
Einige Teilnehmer, 102
Einige von, 29
einigen, 35, 36, 48, 51, 80, 148
einreichte, 134
Einsatz, 182, 220
Einsatz von, 69, 104, 237, 239
einschließlich regelmäßiger, 205
Einschreibung von, 154
einschränkt, 104, 165
einsetzen, 26, 91, 170, 206, 207, 209, 221, 246, 248
einsetzte, 20, 34, 107
einsetzten, 108, 133, 165, 254
einstimmig, 64
einzigartige, 48, 123, 129, 223
einzubeziehen, 12, 38, 243
einzugehen, 248
einzuleiten, 183
einzusetzen, 20, 32, 41, 50, 65, 71, 76, 142, 205, 219, 221, 225, 247
einzutreten, 3, 13, 16, 211
Eldra inspirierte, 220
emittiert, 124
emotionale, 17, 19, 39, 76, 84, 91, 111, 122, 125, 153, 183, 199, 222
Emotionen, 124
Emotionen beschreiben, 200
Emotionen der, 41
Emotionen wecken, 41, 113
Emotionen werden, 122
Emotionen zu, 153
endete, 182
endlich, 142, 183
eng mit, 190

eng miteinander, 137
Engagement einhergeht, 76
Engagement konnte, 36, 54
Engagement verbunden, 111
engagieren, 22, 43, 149, 153, 157, 184
engagiert, 151
enorm ist, 86
entfremdet, 76
enthielt, 181
entscheidend, 2, 3, 5, 13–15, 17–20, 23, 26, 34, 36, 38, 47, 54, 60–63, 72, 73, 84, 89–91, 99, 101, 102, 105, 112, 116, 119, 123, 131, 132, 138, 149, 155, 157, 165, 166, 178–180, 188, 191, 194, 200, 201, 203–205, 219, 229, 232, 234, 237–240, 242, 243, 248, 249
entscheidender, 12, 25, 30, 32, 34, 41, 45, 47, 49, 50, 52, 71, 84, 86, 91, 93, 99, 101, 109, 114, 118, 121, 125, 129, 131, 137, 142, 144, 161, 165, 177, 182, 183, 209, 211, 225, 227, 235, 240, 249, 252
Entscheidungsprozessen, 180
Entschlossenheit, 73, 127, 157
Entschlossenheit der, 183
Entschlossenheit sind, 157
Entschlossenheit stehen junge, 247
entstehen, 22, 118, 123, 200
entwickeln, 3, 5, 13, 17, 19, 29, 47, 48, 50, 52, 53, 65, 73, 75, 81, 84, 91, 92, 103, 114, 129, 133, 150, 151, 155, 178, 188, 189, 192, 204, 236, 237, 248
entwickelt wurde, 16, 220
entwickelte, 20, 28, 33, 40, 53, 85
entwickelten, 34, 35, 118, 161, 235, 246
Entwicklung betrachtet, 190
Entwicklung kommunikativer Fähigkeiten, 18
Entwicklung von, 9, 105
Enzym Luciferase, 124
Er vermittelte ihr, 20
Erbe von, 227
Erbes verbunden, 228
erblüht, 193
ereignete, 13, 72
Ereignisse, 238
Erfahrungen bieten, 151
erfasst werden, 118
Erfolge lässt sich, 132
Erfolge zu, 53
Erfolgen, 33, 143, 227
Erfolgen gab es auch, 132
Erfolgen und, 95
erfolgreich, 28, 56, 144, 166, 189, 233, 241
erfolgreiche, 94, 98, 128, 146, 169, 172, 186, 211, 243
erfordert, 14, 20, 44, 126, 127, 147, 166, 189, 233, 235, 239, 243, 254
Erforschen der, 2
erfuhr, 154
erfuhren, 12, 149
ergeben, 61, 121, 222
erhalten, 157, 186, 194, 200, 227
Erhaltung ihres Erbes, 226
erheben, 3, 16, 18, 20, 21, 26, 32, 36, 38, 90, 105, 155, 157, 209,

Index 273

221, 227, 250
erhebliche, 59, 62, 75, 82, 94, 118, 135, 189, 228, 233
erhielt, 20, 38, 40, 58, 102
erhöhen, 33, 98, 101, 107, 114, 142, 146, 148, 183, 185, 242
erhöhten, 49, 57, 63, 154, 168, 238
Erik Erikson, 15
erinnerte, 29, 81
erkannt, 171, 204, 226
erkannte, 5, 20, 22, 34, 38, 47, 53, 62, 86, 138, 150, 155, 165, 178, 245, 251
erkannten, 48, 58, 73, 155, 161, 180, 185, 190, 245
erkennt, 6, 16
erklärt, 203, 248
erklärte, 13, 39, 133, 134, 170, 184
erleben, 16, 76, 77, 111, 117, 247
Erlebnis, 3
Erlebnisse schufen eine, 19
erlebte, 3, 9, 13, 17, 23, 28, 41, 56, 63, 73, 76, 80, 83, 91, 104, 118, 220
erleichtert, 199, 201, 238
erlosch, 90
erläutern, 250
Ermutigt, 27
ermutigte, 20, 30, 38, 116, 221
ermöglichen, 121, 144, 153, 165, 199, 202, 237, 238
ernsthafte Gespräche, 179
erreichen, 31, 42, 61, 62, 67, 73, 92, 98–100, 104, 114, 116, 141, 144, 147, 149, 150, 163, 175, 181, 189, 200, 237, 239, 242, 246
erreichte, 107
erreichten, 81, 151, 170, 183, 194

Errungenschaften beschrieben, 226
Errungenschaften ihrer, 226
erschwert, 122, 164, 188, 245
erschwerte, 62, 104, 111, 143, 165
erschwerten, 55, 98
erste, 4, 5, 9, 12–14, 21, 23, 28, 32, 44–46, 48, 51, 55, 58, 61, 63, 64, 71–73, 79, 89, 101, 118, 135, 149, 154, 163, 168, 180, 182, 183
Erstellung von, 188
ersten, 2–5, 8, 9, 12, 14–16, 19, 21–23, 25, 27, 28, 31, 33, 35, 38–41, 45, 47, 48, 50–53, 63, 65, 78, 83, 89, 90, 92, 101–103, 107, 131–133, 138, 140–142, 153, 155, 161–163, 170–175, 180, 199, 222, 247
erster, 46
erstreckt, 227, 230
erstreckten, 36, 71
Erwartungen anzupassen, 7
erweitern, 5, 67, 90, 92, 115
erwiesen, 146, 159, 199, 253
Erzeugung von, 124
erzielt, 101, 114, 157, 206, 240, 242, 249
erzählen, 4, 6, 26, 40
erzählt, 2, 17
Erzählung, 10
es der, 100
es ist, 126, 151
es Jyn, 97
Es schuf, 109
es schwirig macht, 149
Es wurde, 102
es zeigt, 137

essenziell, 244
etabliert, 232
etablierten, 59, 72, 165, 172, 230, 247
etabliertere, 110
etwa, 53
etwas Größerem zu, 17
existierten, 26, 58, 132
experimentierte, 5
externen, 15, 53, 78
externer, 53
Extremisten wahrgenommen, 76

Faktor, 89, 93
Faktoren, 78, 91, 165, 242
Faktoren abhängt, 239
Familie stammte, 19
fand, 3, 17, 19, 27, 32, 83, 101, 124, 161, 182
fanden, 4, 17, 48, 50, 65, 162, 178, 183, 184
fasst, 180
faszinierend, 7
Fehlinterpretationen, 123
Feier der, 183, 185
feiern, 6, 9, 29, 42, 53, 118, 155, 173, 185, 204, 216, 221, 234
feierte, 131
feierten, 21, 36, 182
feindlichen, 40, 80
Feindschaften, 78–80
Feindschaften manifestierten sich, 78
fesseln, 223
fesselte, 41
fest, 26, 29, 32, 76, 88, 91, 141, 144, 148, 149, 228
festigen, 15, 173
finanziellen, 115, 149, 233, 235
Finanzierung der, 233

Finanzierung von, 110
finden, 3, 6, 7, 9, 18, 27, 35, 37, 44, 82, 84, 101, 106, 121, 124, 141, 164, 200, 206, 233, 243, 247
findet, 122
Folgenden näher, 254
forderte, 41, 134
Forderungen klar, 170
Foren, 180
formelle, 51, 154
Formen auftreten, 89, 135, 150
formte, 16, 75, 153
formulieren, 39, 50, 138, 166, 222
formuliert wurde, 14
formulierte, 49, 117
Formulierung, 172
Forschungsprojekte initiiert, 236
fortdauernden Einflussnahme auf, 219
fortgesetzten Kampf, 247–249
Fortschritte, 137, 178
fortzusetzen, 195
Freire argumentiert, 190
Freiwilligen aufgebaut, 102
Freunden, 48
Freunden halfen Jyn, 20
Freunden spielte, 19
Freundin Lira, 19
frustriert sein, 77
frühe, 4, 18, 21
frühen, 3, 10, 19, 20, 47
früherer gescheiterter Bewegungen misstrauisch gegenüber, 143
fungieren, 18, 19, 41, 61, 114, 219, 220
Fähigkeit, 105
Fähigkeit ist, 7

Fähigkeit liegt, 90
Fähigkeit verbunden, 86
Fähigkeiten, 4, 15, 17, 19, 27, 65, 128, 222
Fähigkeiten nutzen, 26
Fördergelder von, 242
fördern, 5, 19, 25, 26, 31, 33, 41, 48, 53, 84, 88, 99, 114, 116, 121, 123, 145, 148, 150, 159, 166, 175, 179, 189, 190, 194, 200, 204–206, 211, 244, 245, 253
fördert, 185, 187, 201, 203, 205, 220, 230
förderte, 17, 20, 26, 27, 42, 52, 99, 103, 131, 154, 163, 246
fühlten, 72
führen, 15, 62, 76, 77, 87, 89, 90, 106, 110, 113, 118, 120, 123, 124, 133, 142, 150, 162, 168, 174, 175, 177, 179, 193, 199, 200, 204, 220, 226, 229, 237–239, 243, 247, 248
führt, 7, 118, 159, 187, 199, 245, 248
führte, 4, 5, 9, 12, 21, 22, 27, 28, 33, 36, 46–49, 52, 53, 55, 57, 62, 65, 67, 72, 73, 76, 78, 79, 90, 95, 98, 99, 102–104, 107, 110, 115, 118, 132, 133, 141, 150, 153–155, 164, 168, 170, 172, 174, 179, 180, 182, 183, 213, 222, 225, 229, 243, 246, 254
führten, 3, 5, 9, 12, 20, 26, 33, 35, 38, 43, 51, 58, 59, 71, 79, 80, 91, 98, 110, 111, 141, 151, 155, 170, 174, 223, 247
fünfzig, 46
für, 1–7, 9, 12–23, 25–30, 32–36, 38–47, 49–61, 63–67, 69, 71–73, 75, 76, 78–84, 86–95, 97–109, 111–114, 116–119, 121–125, 127–129, 131–135, 137, 138, 140, 142, 144–151, 153–155, 157–159, 161–166, 168–173, 175, 178–180, 182–188, 190, 192–194, 196–199, 201–207, 209–211, 213, 216, 217, 219–230, 232, 234–249, 251, 253, 254, 256

gab es auch, 53
Galaxien, 230
Galerien, 65
ganzen, 43, 90, 201
gebracht, 6, 79, 183
Gedanke, 21
Gedanken, 2, 5, 12, 27, 39
gedeihen, 30, 131
gedeiht, 201
gedämpfte Farbtöne, 122
geebnet, 32
gefeiert wird, 15, 193
gefeiert wurde, 1
geformt, 8, 21, 197
gefährden, 51, 77, 106, 174, 199, 201, 204, 231
gefährdet, 200
gefährdete, 79
gefördert, 22, 25, 45, 159, 192, 205, 210, 211, 221, 234, 251,

254
Gefühl, 4, 15, 203
Gefühl der, 3, 4, 9, 12, 15, 17, 20, 32, 40, 42, 45, 46, 56, 76, 77, 88, 89, 91, 110, 115, 132, 196, 204, 220, 245, 247, 248
Gefühl führen, 193
geführt hatte, 148
gegen, 13, 150
gegen Bildungsinitiativen, 245
gegen mächtige Lobbyisten behaupten, 165
gegen Ungerechtigkeiten, 220
Gegensatz dazu, 120
gegenseitige, 246
gegenwärtige, 249
gegenüber, 12, 13, 32, 35, 38, 51, 53, 55, 62, 72, 79, 133, 143, 179, 183, 187, 188, 192, 204
gegenübersahen, 54
gegenüberstehen, 156, 249
gegründet von, 63, 232
geheime, 133
Geheimnissen der, 2
gehofft, 72
gehöre ich hin, 14
gehört, 3, 16, 32, 109, 112, 131, 132, 137, 142, 159, 175, 193, 206, 249, 254
gehörte, 53
Gelegenheit gab, 179
geleistet, 72, 127
gemacht, 21, 33
gemeinsam, 3, 20, 42, 114, 256
gemeinsame, 50, 53, 54, 56, 72, 89, 98, 101, 110, 143, 166, 196, 203, 204, 254

Gemeinsame Veranstaltungen, 115
Gemeinschaften, 49, 75, 91, 112, 121, 142, 145, 153, 157, 200, 201, 211, 217, 245, 246
Gemeinschaften als, 89
Gemeinschaften bieten, 113
Gemeinschaften der, 143
Gemeinschaften geprägt, 178
Gemeinschaften kämpfen, 182
Gemeinschaften mobilisieren, 41, 43
Gemeinschaften mobilisieren können, 113
Gemeinschaften sind, 204
Gemeinschaften spielen, 146
Gemeinschaften verdrängen, 197
Gemeinschaften zusammenzuarbeiten, 49
gemeinschaftliche, 68, 84
gemeinschaftlichen, 17
Gemeinschaftsgeist, 53, 69, 125
Gemeinschaftsmobilisierung könnte wie, 65
Gemeinschaftsunterstützung, 93
Gemeinschaftszentren Vorträge, 253
genannten, 85, 148
Genehmigungen einzuholen, 148
Generationen hinweg, 227
Generationen sprach, 38
genutzt, 6, 42, 62, 83, 105, 145, 148, 172, 225, 227
geprägt, 1–4, 15–17, 19, 21, 22, 25, 27, 28, 33, 37, 39, 43–45, 68, 73, 78, 80, 84, 105, 113, 118, 133, 134, 161, 164, 166, 178, 180, 193, 197, 203, 254
gerechten, 193, 203

Gerechtigkeit, 32, 56, 84, 110, 153, 172, 206, 209, 213, 221
Gerechtigkeit kann nicht, 219
Gerüchten, 79
gerückt, 250
gesamten, 229
gesamten biolumineszenten, 28
gesamten Galaxie, 109, 230
gesamten Gemeinschaft, 14
gesamten Gesellschaft auf, 171
geschafft, 45, 227, 230
geschehen, 147, 148, 256
geschieht, 22
geschmiedet, 227
geschärft, 219, 223, 224, 229
gesellschaftliche Akzeptanz der, 188
gesellschaftliche Dimensionen, 187
gesellschaftliche Ordnung destabilisieren könnte, 133
gesellschaftliche Skeptiker oder, 150
gesellschaftliche Struktur destabilisieren könnte, 187
gesellschaftliche Veränderung, 173
gesellschaftliche Veränderungen herbeizuführen, 142
gesellschaftlichen, 15, 53, 137, 155, 175, 183, 184, 190, 192, 194
Gesetze stellen, 76
Gesetzesentwurf, 182
Gesetzesentwurf zur, 181
Gesetzesentwürfe dienen konnten, 172
Gesetzesentwürfe einhergingen, 174
Gesetzesentwürfen sind, 164
gesetzliche, 158, 180, 182, 183, 187
gesetzt, 72
gespalten wurde, 174
gespielt, 206

gesprochene Sprache angewiesen, 122
Gespräch, 151
Gespräche, 49, 62, 134, 161–163
gestaltet, 25
gestärkt, 19, 32, 45, 47, 144, 158, 159, 213, 224, 230, 234, 252
gewalttätig darstellten, 80
gewann, 92
gewinnen, 9, 33, 36, 43, 48, 53, 54, 62, 81, 100, 125, 135, 142, 150, 179, 185, 210, 225, 227, 238
gewinnt, 77, 219
gewonnen, 71, 144
gewährleisten, 147, 187
gewünschte, 149
gibt, 15, 62, 89, 106, 113, 135, 147, 148, 177, 190, 195, 220, 239, 240, 242, 244, 245, 252
gilt, 129, 135, 194, 203, 245
ging, 222
gingen, 20
Glauben, 20
Glaubwürdigkeit der, 150
gleichen Mittel wie, 110
gleichen Möglichkeiten, 254
Gleichheit und, 73
Gleichstellung von, 187
Gleichung, 17, 18, 46, 79, 210, 239, 244
globale, 189, 203, 227, 228
globalisierten Welt, 129, 185, 197, 201
globalisierten Welt noch einen, 15
greifbarer, 107
Grenzen hinweg verbindet, 22

Grenzen hinweg vermitteln, 5
Grenzen ihres, 205
Grenzen von, 98, 227
große Veranstaltungen zu, 110
großer Bedeutung, 144, 192, 236
großer Bedeutung sein, 116
Grundlagen, 54, 64, 66, 246
Grundlagen der, 20, 28, 33, 35, 54, 131
grundlegende, 32, 89, 119, 124, 182, 199
Gruppenarbeiten einzubeziehen, 12
größere, 14, 67, 110
Größere oder, 110
größten, 25, 47, 48, 51, 55, 73, 80, 89, 98, 104, 106, 124, 141, 143, 149, 179, 193, 222, 226, 233, 242, 245, 247
gründete, 34, 247
gut, 46, 72, 150, 162, 165, 201, 249

haben, 6, 34, 41, 47, 62, 65, 73, 116, 120, 122, 124, 129, 144, 145, 149, 151, 153, 157, 159, 186, 188, 192, 194, 199, 202, 205, 206, 209, 213, 217, 220, 223, 226, 244, 247, 249, 251, 252, 254
half, 4, 9, 18, 19, 27, 28, 41, 42, 51–53, 73, 89, 92, 102, 103, 132, 150, 153, 155, 183, 184, 221, 225, 229
halfen dabei, 142
halfen nicht, 241
halten, 46, 93, 151
Haltung gegenüber, 79, 187
Handelns, 242
handelt, 44

harmonische, 21, 121, 187
harmonischeren Koexistenz führen, 175
harter Arbeit, 249
hat, 6, 15, 16, 31, 42, 43, 45, 103, 117, 122, 125, 127, 137, 144, 146, 147, 157–159, 166, 186, 198–201, 204–207, 209–211, 215, 219, 221–224, 226, 227, 230, 232, 234, 236, 241, 243, 244, 253, 254
hatte, 13, 33, 49, 57, 67, 71, 83, 109, 148, 180, 182, 183, 212, 220, 222
hatten, 5, 12, 13, 21, 25, 26, 33, 34, 39, 48, 52, 53, 55, 60, 72, 78, 103, 110, 111, 142, 143, 151, 153, 164, 165, 171
Hauptanliegen der, 149
Hauptstadt von, 42, 48, 98, 101
Hauptziele, 34, 50
Heimatplaneten hinausgeht, 205
Heimatwelt hinaus, 217, 230
helfen dabei, 19
helfen den, 192
helfen ihr, 15
Henri Tajfel, 14, 16, 220
Herausforderer, 62
herausfordern, 72, 89
herausfordernd, 5
herausfordernder Prozess, 242
Herausforderung, 2, 9, 14, 34, 43, 44, 52, 80, 101, 105, 149, 151, 172, 175, 194, 198
Herausforderung dar, 4, 28, 110, 111, 113, 118, 121, 187, 188

Herausforderungen, 4, 23, 34, 36, 84, 90, 101, 121, 127, 144, 153, 157, 163, 168, 170, 172, 199, 221, 250, 251
Herausforderungen zu, 39, 185
Herkunft, 254
herstellten, 39
hervorgehen, 47
hervorgehoben, 206
hervorheben, 222
hervorzuheben, 155, 220
Herz, 223
Herzen, 39
heutigen, 99, 144, 185, 199, 227, 237, 244
hielt, 72, 182
Hier konnte, 26
Hier versammelten, 50
Hier zeigt, 18, 210
Hierbei steht die, 104
Hierbei zeigte sich, 38
hierfür, 6, 15, 61, 98, 149, 159, 165, 178, 200, 205, 222, 227, 238
hilft, 233
hinaus, 20, 31, 40, 43, 98, 102, 118, 144, 177, 182, 201, 209, 212, 217, 225–227, 230, 236, 239
hinausging, 27, 41
Hindernisse, 210
hingegen sahen, 175
hinter, 21, 34, 125, 171, 248
Hintergrund gedrängt, 200
Hintergründe der, 173
Hintergründen, 52
Hintergründen gewinnen, 36
Hintergründen zusammenarbeiten, 113

hinterließ, 46
hob, 103
hochrangigen Regierungsvertretern, 170
hochwertiger Bildung, 245
Hoffnung, 3, 7, 22, 69, 142, 173
Hoffnung widerspiegelten, 1
Hoffnungen der, 175
hohe, 127
Homans formuliert wurde, 90
Händen, 194
häufig, 12, 18, 112, 123, 148, 164, 249
hörbar, 45
Hürde, 75
Hürden, 125, 164
Hürden ist, 104, 193, 226, 247

Ideen sah sich, 218
identifizieren, 91
Identität steht vor, 197
Identitätsbildung, 46
ignorieren konnte, 4
ignoriert wurde, 48
ihnen, 3, 15, 22, 29, 73, 82, 194
ihr, 2, 3, 5, 9, 14–16, 19, 20, 22, 23, 28, 30, 32, 33, 44, 52, 76, 88, 92, 101, 138, 149–151, 206, 209–211, 223, 225–227, 235, 247
Ihr Erbe, 205
Ihr Fortbestand, 232
Ihr Vater, 2
ihre, 2–7, 9, 12–23, 25–30, 32–43, 45–48, 50–55, 57, 58, 61, 62, 65, 68, 71–73, 75, 76, 78, 81, 84, 86–93, 97–101, 103–106, 109–118, 122, 124, 125, 129, 131, 134,

138, 144–147, 149–151, 153–155, 157, 158, 161–166, 170–172, 175, 177–183, 185, 189, 193, 199, 200, 203–205, 207, 209, 211, 216, 219–224, 226, 227, 229, 230, 232, 234, 236, 237, 239, 242–244, 246–250
Ihre Auftritte haben, 223
Ihre ersten, 83
Ihre Forschung, 236
Ihre Fähigkeit, 41, 92, 209, 210, 219, 222–224, 230, 248
Ihre Geschichte, 93, 119
Ihre Kunstwerke, 45
Ihre Lehrer hinterließen ein, 39
Ihre Reise, 16
Ihre Stimmen, 192
Ihre Teilnahme, 107
Ihre öffentlichen, 209
ihrem Aktivismus, 37
ihrem Leben, 22
ihrem Lebensweg, 45
ihrem Vorbild gegründet, 206
ihrem Weg zum, 34
ihren, 3, 5, 9, 12, 19–23, 34, 38, 40, 46–48, 54, 63, 72, 76, 78, 79, 89, 92, 105, 118, 156, 172, 184, 194, 197, 209, 210, 220–222, 227, 242
ihrer, 1–3, 5–10, 12–23, 26–28, 31–34, 36, 38–45, 47, 50, 51, 53, 65, 67, 71–73, 76, 77, 79–81, 83, 84, 88–92, 102, 103, 109, 112, 113, 116, 118, 122–125, 131, 134, 141, 142, 144, 149, 151, 153, 158, 169–171, 175, 178, 179, 181, 182, 187, 197, 201, 205, 206, 210, 211, 217–230, 236, 242, 246, 247, 254
immer, 4, 18, 46, 47, 62, 122, 201
implementierte Jyn verschiedene, 87
Implementierung vorzuschlagen, 178
Implikationen, 117
Implikationen der, 43
in, 1–9, 12–19, 21, 22, 25–30, 32–54, 56, 58, 59, 61–63, 65, 67–69, 71–73, 75, 76, 78–80, 82, 83, 86, 89, 90, 95, 97–99, 101–107, 109, 110, 112–127, 129, 131–138, 140–142, 146, 147, 149–151, 153–155, 157–159, 161–163, 165, 166, 168–172, 174, 175, 177–182, 184–186, 188, 189, 192–194, 196–207, 209–213, 215, 216, 219–224, 226–230, 232, 234–239, 241, 243–254, 256
Indem sie, 157
individuelle, 75, 84, 88, 204, 221, 245
individueller, 16
Individuen, 190
Individuen ihre, 220
Individuen motivieren, 219
Individuen sich, 203
Individuen zurückzuführen sind, 116
Informationsveranstaltungen, 35
Informationsveranstaltungen zu, 33, 155
informieren, 115, 151, 238, 252

Inhalten, 200
Initiativen halfen nicht, 49
initiiert, 65, 172, 180, 236
initiierte, 26, 29, 49, 251
Inklusion, 143, 187
inklusiven, 21, 34, 69, 112, 148, 173, 189, 192, 193, 203, 205, 207, 232, 245, 252, 254, 256
inklusiveren, 134, 155, 182, 230
innere, 78, 80
inneren, 15, 21, 91, 118
innerhalb, 2, 17, 18, 26, 33, 43, 46, 48, 51, 52, 55, 72, 73, 78, 79, 88–90, 103, 110, 133, 141, 150, 155, 157, 203, 204, 234, 249
innovativ bleiben, 235
Insbesondere, 198, 229
insbesondere, 2, 10, 26, 40, 46, 53, 59, 61, 63, 72, 76, 80, 91, 105, 112, 113, 120, 127, 129, 142, 144, 155, 157, 168, 170, 177, 183, 200, 203, 222, 224, 240, 244, 245, 252
Insgesamt, 5, 21
Insgesamt zeigt, 105, 153
Insgesamt zeigt sich, 189
Inspiration von, 215, 216
inspirieren, 41, 58, 93, 116, 207, 221, 222, 227, 229, 235, 244
inspirierend, 224, 247
inspirierenden Atmosphäre bei, 184
inspirierender, 27
inspiriert, 22, 205, 207, 209, 211, 223, 228, 232

inspirierte, 2, 37, 39–42, 50, 102, 182, 220
integrale, 27
integrieren, 29, 31, 38, 97, 102, 116, 121, 132, 153, 188, 210, 244
integriert, 54, 175, 206, 251
intellektuell, 10, 19
intellektuelle, 39
Intelligenz basieren, 199
interdisziplinäre, 114
interessierte, 4, 81
intergalaktische, 52, 67, 102, 107, 116, 134, 159, 205–207, 219, 223, 224, 228, 230–233, 241
intergalaktischen, 9, 61, 62, 67, 71, 88, 92, 97–99, 101–103, 107, 109, 110, 116, 140, 144, 162, 172, 178, 179, 184, 198, 201, 206, 211, 221–223, 227–230, 232, 233
interkulturelle, 189, 198, 201
intern, 52
internationale, 61, 177, 206, 225, 227–229
internationalen, 92, 101–103, 177, 227
internationaler, 134, 177, 206
internen, 79, 89, 155, 204
interner, 52
investiert, 174, 249
ist, 1, 5–7, 9, 10, 14–16, 20, 22, 28, 30–32, 34, 38, 43–45, 47, 54, 55, 61, 62, 65, 68, 69, 71, 72, 75–77, 80–84, 86, 88–93, 99–101, 103–107, 109, 111, 112, 114,

117–119, 121–127, 129, 131, 135, 137, 142, 144, 147–151, 155, 157–159, 161, 162, 164–166, 168, 170, 171, 177, 183, 185–194, 196–206, 209, 210, 215–217, 219–224, 226, 227, 229, 230, 232–249, 252, 254, 256
iterativer Prozess, 171

Jahr 2042, 71
Jahr 3023, 107
Jahres, 46
Jahrzehnten erheblich verändert, 103
je einfacher der, 104
jede, 1, 52, 69, 81, 97
jeder, 20, 22, 28, 47, 63, 65, 109, 203, 237, 245, 254
jedes Lebewesen, 1
Jedoch, 82
jedoch, 124
jedoch bestehen, 170
jedoch gezeigt, 48
jedoch nur, 251
jedoch von, 78
jeher eine, 215
jeweilige, 123
jeweiligen Identitäten, 21
John Turner, 14, 16, 220
Journalisten haben, 149
Jugendgruppe, 247
Jugendlichen setzen, 193
junge, 14, 28, 40, 157, 159, 209–211, 227, 247, 248
jungen, 4, 25, 149, 205, 209, 210, 248
junger, 21, 193, 204, 205, 210, 219, 249

Juristen, 171
Jyn adressierte, 143
Jyn auch, 22, 218
Jyn beobachtete, 33, 38
Jyn beschließt, 16
Jyn durchläuft diese Phase, 15
Jyn entdeckte, 5
Jyn entdeckte ihre, 27
Jyn es geschafft, 45, 230
Jyn Fael, 6–10, 12, 14, 16, 19, 25, 28, 30, 32, 34, 36, 43–45, 47, 50, 52, 54, 58, 61–63, 65, 67–69, 71, 73, 75, 79–81, 84, 86, 88, 91, 95, 99, 101–105, 107, 109, 113, 114, 116–118, 123–125, 127, 131, 132, 134–138, 140, 142, 144, 146, 148–151, 153, 161, 164–166, 171, 172, 177, 179–185, 194, 203–205, 209, 211, 217, 220, 221, 225–230, 232, 240, 245, 246, 249–254
Jyn Fael als, 45
Jyn Fael dar, 93
Jyn Fael jedoch mit, 109
Jyn Fael kann die, 69
Jyn Fael präsentierte eine, 102
Jyn Fael sah sich, 149
Jyn Fael selbst, 76, 220
Jyn Fael spielen, 221
Jyn Fael wird deutlich, 164, 215, 219
Jyn Fael wurde, 1
Jyn Fael zeigt sich, 206
Jyn Faels, 23, 101
Jyn Faels Auftritte, 223
Jyn Faels Einsatz von, 216
Jyn Faels Engagement, 151, 163

Jyn Faels Erbe wird, 207
Jyn Faels Erfahrungen, 93
Jyn Faels Geschichte, 105
Jyn Faels Kampf, 49, 97, 112, 114, 119, 211
Jyn Faels Kindheit, 18
Jyn Faels Leben, 39, 118
Jyn Faels Leben dar, 36
Jyn Faels Vermächtnis, 206
Jyn Faels Weg als, 43
Jyn fand, 3, 27
Jyn formulierte, 49
Jyn fühlte sich, 13
Jyn halfen, 37
Jyn hielt, 72
Jyn identifiziert sich, 14
Jyn ihren, 40
Jyn inspirierten, 18
Jyn knüpfte Kontakte, 47
Jyn kämpfte mit, 40
Jyn lernte, 20
Jyn lernte auch, 47
Jyn lernte aus, 38
Jyn lernte von, 22, 220
Jyn musste, 20, 48, 53, 77, 179
Jyn nutzte, 81, 179
Jyn oft als, 51
Jyn organisierte, 46
Jyn propagiert, 232
Jyn sagte, 40
Jyn sah sich, 32, 46
Jyn selbst, 73
Jyn sprach, 41
Jyn stellte, 22, 29, 144
Jyn träumte von, 21
Jyn verbrachten, 19
Jyn von, 1, 2, 14, 38
Jyn weitertragen, 206
Jyn wird zu, 16

Jyn wollte, 222
Jyn wurde schnell, 40
Jyns, 4, 18, 21, 27, 34, 39, 97, 112, 221
Jyns Aktivismus, 16
Jyns Anliegen, 90
Jyns Ansatz, 79, 210
Jyns Arbeit, 230
Jyns Bewegung, 228
Jyns Einfluss, 205, 227
Jyns Engagement, 7, 20, 32–34, 46, 113
Jyns Entwicklung, 2, 27
Jyns Entwicklung als, 5, 13, 18, 36
Jyns Erbe, 227
Jyns Erbe wird durch, 224
Jyns erste, 118
Jyns Fall, 113
Jyns Freundschaften, 19
Jyns Fähigkeit, 4, 47, 58, 178, 179
Jyns Herzen, 3
Jyns Ideen, 206
Jyns Identität, 2, 12, 15–17
Jyns Identitätsfindungsprozess, 15
Jyns Kindheit, 3, 18
Jyns kulturellem Ausdruck wenig Beachtung, 4
Jyns Kämpfen, 227
Jyns Leben, 19
Jyns Leben kann nicht, 2
Jyns Lebensgeschichte, 209
Jyns Leidenschaft, 36
Jyns Mentoren, 18
Jyns Niederlage, 72
Jyns persönliche, 20, 45
Jyns Potenzial, 20
Jyns Reden, 40, 223
Jyns Reise als, 9
Jyns Rückkehr, 92

Jyns Sprache, 9
Jyns Teilnahme, 26
Jyns Träume, 3
Jyns Träumen, 22
Jyns Verhandlungen, 180
Jyns Vermächtnis wird durch, 211
Jyns Verständnis, 19
Jyns zukünftige Rolle als, 14
jüngere, 149
jüngeres Publikum, 81

kam es zu, 46
Kameras, 238
Kampagne begleitet, 131
Kampagne beinhaltet, 71
Kampagne führte, 153
Kampagne klar, 137
Kampagne machte, 151
Kampagne weiter, 79
Kampagne zeigt, 159
Kampagnen durchzuführen, 151
Kampf, 7, 30, 38, 39, 56, 67, 73, 75, 99, 101, 129, 131, 135, 146, 148, 177, 192, 194, 202, 213, 235, 237
Kampf von, 107
Kanada, 186
kann, 106
kann als, 78
kann dazu, 194, 239
kann den, 44
kann der, 84
kann die, 189
kann dies, 106
kann dies zu, 243
kann ebenfalls, 111
kann zu, 220
kannte, 41
Kapazitäten, 115

Kapitals, 203
Kapitels, 73
keimten, 3
Kernbotschaften verbreiteten, 150
Kernpunkte, 171
klar, 9
klaren Verständnisses, 162
klaren Zeitplan gibt, 147
klarer Ziele, 140
Klassenzimmerdynamik, 154
kleine, 22, 28
kleinen, 47, 149, 228
kleinere, 110
Klima, 178
Kluft zwischen, 78
knappen Mehrheit, 182
kollektive, 17, 75, 89, 184, 221, 230, 245
kollektiven Selbstverständnisses, 112
kollektives Unterfangen, 16
Kombinationen verwendet, 126
kombinierte sie, 223
kommenden Generationen, 7
Kommerzialisierung, 43
Kommunikation konnte, 142
Kommunikation spielt, 30
Kommunikationskultur, 53
Kommunikationsplan entwickelt, 150
Kommunikationsplattformen könnten neue, 105
Kommunikationsstrategien, 5, 150, 204
Kommunikationstechnologien, 199
kommunikative Fähigkeiten, 17
kommunizierten, 12, 28
komplex heraus, 102
komplexen, 19, 21, 141, 178
komplexer geworden, 166

komplexer Prozess, 80, 121, 140, 163, 249
komplexes Thema, 119
komplexes Zusammenspiel von, 60
Komplexität der, 151, 172, 175
Komplexität intergalaktischer, 177
Konferenzen tatsächlich die, 102
Konferenzen teil, 92
Konferenzen umfassten, 102
Konferenzen und, 206
Konferenzen waren, 102
Konferenzteilnehmern zusammensetzte, 103
Konflikt, 118
Konflikt ereignete, 13
Konflikte, 9, 13, 19, 80, 111, 174, 189
Konflikte innerhalb, 78
Konflikte mit, 3, 14
Konflikte zwischen, 12
Konflikten, 4, 15, 21, 110, 111, 113, 121, 154, 204
Konflikten kommen, 89
Konfliktpunkt, 12
konfrontativen Kommunikation, 141
konfrontiert, 8, 14, 25, 28, 32, 34, 39, 42, 46, 52, 77, 80, 109, 118, 132, 149, 165, 169, 185, 218, 235, 247
konkrete Beispiele, 54, 106, 168, 211
konkreten Beispielen, 123, 156
konnte, 4, 5, 18, 19, 26, 30, 33, 36, 49, 52, 54, 56, 62, 63, 65, 67, 86, 88, 90, 93, 99, 107, 114, 132, 140, 142, 149, 168, 170, 179, 180, 213, 234, 246
konnten, 9, 13, 26, 27, 29, 30, 33, 35, 43, 48, 49, 51–53, 99, 109, 115, 116, 150, 154, 155, 163, 172, 213, 240, 250
Konservative Gruppen, 174
konservativen Ansichten, 72
Kontakt, 8, 14, 98
Kontexte der, 121
Kontexte verloren, 199
kontinuierlich anpassen, 150
konzentrierte, 35, 110, 149, 247
Konzept, 30, 54, 101
Konzept ist, 72, 203
Konzerte, 173, 183
Kooperationen, 94, 98, 242
Kooperationen verbunden, 95
kraftvolle Wirkung entfalten können, 21
kreative, 7, 22, 27, 29, 30, 35, 36, 41, 43–45, 81, 84, 98–100, 102, 107, 121, 125, 132, 137, 141, 142, 148, 153, 155, 179, 204, 205, 216, 243, 248
kreativen Ansatz, 209
kreativen Ausdruck, 93, 224
kreativen Ausdruck zu, 2
kreativen Ausdrucks ist, 43, 45
kreativen Ausdrucks zu, 44
kreativen Ausdrucksformen, 83, 141
kreativen Elementen, 49
kreativen Kampagnen, 166
kreativen Mobilisierung, 85
kreativen Projekten, 5, 37
kreativen Prozess, 44
kreativen Raum, 226
kreativen Talente, 45
kreativer Ausdrucksformen, 205
kreativere, 75
Kreaturen, 44
kriminalisiert, 248

Krise der, 72
Krisensituationen, 89
Krisenzeiten, 90
Krisenzeiten auftreten können, 89
Krisenzeiten kann die, 90
Krisenzeiten wird, 89
kritisch heraus, 52
kritisch zu, 190
kritische Auseinandersetzung mit, 168
Kritische Stimmen betonten, 174
kritischer Aspekt, 84
kritischer Faktor, 188
kritisches Denken, 39
Kräften, 230
Kultur Ausdruck, 122
Kultur beeinflusst, 112
Kultur präsentierte, 33
kulturell, 10
kulturelle, 1, 2, 4–6, 8–10, 12, 15, 17, 22, 25, 26, 28, 30, 33, 35, 42, 43, 47, 49, 52, 55, 58, 65, 68, 72, 78, 80, 97, 99, 103, 108, 112, 114, 118, 122, 125, 129, 131, 137, 142, 148, 154, 155, 170, 179, 180, 185, 186, 189, 190, 192, 194, 198–201, 204, 206, 209, 213, 222, 224–226, 228, 230, 241, 244–247
Kulturelle Identität, 196
Kulturelle Unterschiede können, 113
kulturellen Einflüssen, 16
kulturellen Nuancen, 121
Kulturen aktiv, 30
Kunst zeigt, 216
Kunstszene von, 22
kurzfristige Erfolge, 157

kämpfen andere, 200
können, 21, 41–43, 73, 75–77, 82, 84, 89–91, 101, 104–107, 110, 113, 114, 120, 122–126, 128, 146, 148–150, 153, 157, 165, 173, 177, 187, 188, 191, 192, 201, 204, 216, 220, 221, 225, 226, 236–240, 245, 247–249, 251, 256
könnte ein, 147
könnte folgendermaßen, 79
könnten zögern, 177
Köpfe der, 151, 163
Köpfen derjenigen, 207
Künstler, 134, 184
künstlerischem Ausdruck, 141
künstlerischen Ansätzen, 25
künstlerischen Arbeiten, 22
künstlerischen Ausdrucksformen gewahrt werden, 43
künstlerischen Darbietungen der, 43
künstlerischen Darbietungen kombiniert wurden, 209
Künstlern, 184
Künstlern kann ebenfalls, 147

langen Weg zur, 14
lastete, 78
Laufe der, 173
laufen würden, 166
Laut dem, 190
Laut der, 16, 248
lautete, 141
lautstark, 78
Leben, 14, 16, 23, 91, 131, 144, 154, 155, 191, 205, 206, 211, 219, 244, 247
Leben von, 14, 25, 123, 221

Lebewesen Licht, 123
Leere, 166
legitime, 134, 231
legte, 9, 13, 41, 47, 50, 58, 75
legten, 3, 5, 19, 23, 28, 30, 34, 36, 52, 65, 132, 142, 163
lehnte, 46
lehren, 15
Lehrer, 19, 27, 29, 30, 36, 38, 39, 121, 154
Lehrer konnte, 30
Lehrer manchmal auf, 38
Lehrer Projekte, 26
Lehrer zeigten sich, 46
Lehrmethoden, 25, 38
Lehrpläne, 29, 245
lehrreich, 155
lehrte, 131
lehrten, 5, 14, 21, 22, 28, 38, 47
Leidenschaft zurückzugewinnen, 93
leisten, 165
lenkten, 238
Leo führten, 5
Leo war, 4
Lernen, 36
lernen, 20, 26, 28, 30, 45, 47, 48, 52, 90, 93, 97, 109, 118, 147, 227
Lernen geschehen, 256
Lernen von, 193
Lernens, 3
Lernmodule, 226
lernte schnell, 9
Lernumfeld zu, 121
letzten, 103, 206, 224
letztendlich zu, 155
leuchtende, 141
leuchtenden, 7, 44, 141
leuchtet, 7

leuchteten, 1, 7, 25
Licht, 6, 122
Licht verantwortlich, 124
Licht von, 124
Lichtmuster, 12, 124, 199
Lichtmuster erklärte, 13
Lichtmuster erzeugen, 124
Lichtmusters falsch interpretiert, 123
Lichtplakaten, 127
Lichts variieren je nach, 124
Lichtspiel aus, 125
Lichtspiel inszenierten, 125
Lichtsprache, 9
Lichtwälder betraten, 4
Lichtwälder zu, 19
Lichtwäldern, 3, 14, 17, 44, 48
Lichtwäldern von, 50
Lied, 44
Lieder gesungen, 17
liefern, 236
Linguisten Edward Sapir, 162
Linguistin Edward Sapir, 117
linguistischen, 32, 127, 171
Lira gründete, 247
litten, 55, 107
Lobbyarbeit, 63, 164, 168–170, 225, 234, 243
Lobbyarbeit kann, 169
Lobbyarbeit kann nicht, 170
Lobbyarbeit lässt sich, 64
Lobbyarbeit mit, 169
Lobbyarbeit spielt, 168
Lobbygruppen spielen, 165
lokale, 61, 65, 132, 159, 177, 246
Luciferin das Molekül, 124
Lumis, 27, 37, 38
Lyra Lumina, 107
Lösungen, 98, 99, 114, 148, 235, 256

macht, 45, 132, 149
machte, 3, 14, 16, 132, 142, 151, 223
machten, 36, 75, 107
Machtstrukturen herausfordern, 72
Malala Yousafzai, 39
malten, 27
man, 34, 39, 48, 52, 93
manifestierte, 136, 228
marginalisieren kann, 110
marginalisiert wurde, 3
marginalisierten, 228, 245, 247
marginalisierter Sprachen ist, 232
Martin Luther King Jr., 39
Masse erreichen, 246
Materialien, 29
materielle Aspekte fokussiert sein, 120
materielle Hilfe oder, 89
materielle Unterstützung, 242
mathematisch, 199
maximale, 147
Maße auf, 116
Maße von, 221
Maße vorhanden, 165
Medienarbeit, 62
Medienberichterstattung, 148
Medienlandschaft, 168
mehr Aufmerksamkeit, 147
mehr Menschen, 100
mehrere, 35, 91, 126, 129, 131, 162, 165, 170, 171, 181, 204, 217, 220, 236, 241, 242, 249
mehreren Bereichen, 153
mehreren Dimensionen zu, 205
Mehrheit oft ignoriert, 177
mehrsprachigen Inhalten, 158
mehrsprachigen Materialien, 31
mehrsprachigen Welt zu, 131
mehrsprachigen Zukunft lebt, 207
Mehrsprachigkeit, 26, 30, 32, 35, 141, 206, 210, 222, 241, 246
Mehrsprachigkeit beigetragen, 199
Mehrsprachigkeit bereichert, 129
Mehrsprachigkeit betonte, 30
Mehrsprachigkeit ein, 32
Mehrsprachigkeit ist, 129, 131
Mehrsprachigkeit kann nicht, 32
Mehrsprachigkeit konzentrieren, 192
Mehrsprachigkeit liefern, 236
Mehrsprachigkeit verbunden, 131
Mehrsprachigkeit waren, 132
Mehrsprachigkeit wird als, 185
Mehrsprachigkeit zu, 26, 30, 187, 211, 250
Meinung, 35, 51, 79, 151, 174
Meinung beeinflusst, 180
Meinung formen, 166, 168
Meinung kann durch, 79
meistern, 3, 187, 201, 256
Menschen begegnete, 5
Menschen gezeigt, 209
Menschen versuchen, 7
Menschen zu, 58
Menschenrecht dar, 141
Menschenrechtsfrage sei, 182
menschliche, 26, 29, 46, 101, 122, 199, 242
menschlichen, 7, 25, 26, 28, 33, 44, 48, 58, 118, 119, 122, 124, 161, 178, 200
mentale, 82–84, 220
Mentorenschaften, 20
Merkmale der, 131
Merkmale wie, 197
messbar sein, 146

Mimik kommunizierten, 5
Minderheiten schützt, 206
Minderheitensprachen einsetzt, 103
Minderheitensprachen
    gegenübersehen, 119
Minderheitensprachen
    konzentrieren, 245
mindert, 111
minimieren, 104
Mira zeigte, 221
Mischung aus, 153
Misserfolgen umzugehen, 47
Missverständnis zwischen, 120
Missverständnissen geprägt, 180
mit, 1–6, 8, 9, 12–20, 25–28,
    32–34, 38–40, 42–44,
    46–49, 52, 53, 62, 63,
    65–67, 71–73, 76–82, 84,
    86, 88–95, 97–104, 106,
    109, 111, 113, 116–118,
    123–127, 131, 132, 134,
    135, 141, 144, 146–150,
    153, 155, 158, 161–165,
    168–170, 174, 175, 177,
    180–182, 184, 185, 187,
    190, 197, 199, 201, 205,
    206, 209, 210, 216, 218,
    219, 221–228, 233–235,
    239, 241, 242, 245, 247,
    251
Mit der, 40, 134, 157, 237
miteinander, 6, 28, 111, 129, 137,
    199, 209
mitgewirkt, 210
Mitgliedern helfen, 204
Mitgliederzahl, 36
Mitschüler reagierten mit, 13
Mitstreiter, 35, 36, 50, 52, 72, 75,
    118, 125, 182

Mitstreiter argumentierten, 171
Mitstreiter benötigten, 165
Mitstreiter bewältigen, 34
Mitstreiter dar, 182
Mitstreiter erfahren haben, 73
Mitstreiter haben, 65
Mitstreiter konnten, 163
Mitstreiter mussten, 48, 53, 124,
    164, 178, 180
Mitstreiter nutzten, 61
Mitstreiter von, 87
Mitstreiter vor, 51
Mitstreitern, 63, 172, 210
mobilisierte, 90, 92, 254
mobilisierten, 142
Mobilisierung, 104, 147, 151, 224,
    225
moderner, 144
Moment als, 182
Moment kam, 181
morphologischen, 126
Motivation zurückzugewinnen, 91
motivieren und, 221
motiviert, 13, 153, 227, 233
motivierte, 38
musikalischen, 42
musste, 20, 48, 53, 55, 77, 81, 97,
    163, 179, 222, 230
mussten, 28, 30, 34, 35, 48, 52, 53,
    62, 73, 90, 121, 124, 144,
    149, 150, 155, 164, 165,
    178, 180, 181, 250
mutiger, 75
möglichen, 20
möglicherweise, 43, 110, 178, 204
Möglichkeiten, 102, 105, 121, 185,
    254
Möglichkeiten bewusst, 105
müssen gesellschaftliche, 187

müssen verschiedene, 195

Nach, 40
nach, 21, 25, 40, 47, 71, 73, 78, 80, 84, 86, 90–92, 124, 125, 131, 133, 153, 158, 161, 193, 206, 226, 247
Nach der, 147
Nach einer, 83
Nach einigen, 36
Nach mehreren Monaten intensiver Arbeit, 33
nachahmt, 44
Nachahmung, 220
Nachbereitung können, 148
nachhaltige, 54, 107, 159, 177, 189, 194, 204, 239, 242, 246
nachhaltigen, 89, 157, 159, 213, 237
nachhaltiger, 205
Nachhaltigkeit, 243
Nachhaltigkeit der, 226, 244
Nachhaltigkeit einer, 242
Nachhaltigkeit geht, 120
Nachhaltigkeit ihres Erbes, 206
Nachhaltigkeit ist, 242, 243
Nachhaltigkeit sind, 244
Nachhaltigkeit von, 151
Nachthimmel, 141
nahm, 92
Neben ihren, 19
negativ, 47, 58, 82
negative, 62, 79, 168, 201
negativen Auswirkungen des Aktivismus, 84
nehmen, 157, 228, 249
neigen dazu, 110
neigen sie, 7
Netzwerkaufbau verbunden, 101
Netzwerke, 99, 248

Netzwerken, 99
Netzwerken mit, 53
Netzwerken von, 99
neue, 22, 27–29, 67, 73, 81, 82, 92, 97, 103, 105, 142, 159, 174, 185, 206, 209, 211, 223, 226, 232, 241, 248
neuen, 1, 22, 47, 60, 73, 84, 86, 92, 118, 125–127, 133, 143, 200, 221, 234, 250, 251
neuer, 38, 174, 193, 200, 230, 234–237, 240, 242
Neulingen, 234
Nicht, 244
nicht, 1–10, 12–23, 25–36, 38–43, 45–49, 52, 54, 55, 61–63, 65, 67–69, 71–73, 75, 76, 78, 80, 81, 86–90, 92, 93, 97–99, 101, 103, 104, 106, 107, 109, 110, 112, 114, 116–119, 121–125, 128, 131, 132, 134, 137, 139–144, 146, 148, 149, 151, 153–155, 157–159, 161–165, 168, 170–173, 177–185, 188–190, 192–194, 197–207, 210–213, 215, 217, 219–230, 232, 234, 237, 240–247, 249–251, 253, 254, 256
niedrige Lichtintensität, 127
Normen gebunden, 248
notwendig, 5, 35, 48, 79, 91, 127, 151, 166, 178, 240, 246, 247
notwendige Bedingung, 205
notwendigen, 102, 148, 187, 189
notwendiger, 75, 127, 203

Notwendigkeit, 53, 104, 178
Notwendigkeit heraus, 75
Notwendigkeit konfrontiert, 118
Notwendigkeit von, 20, 137, 226, 246
Nuancen der, 9
nuancierten Bedeutungen der, 21
nun, 194, 206
Nur, 84, 123
nur, 1–3, 5–10, 12–23, 25–34, 36, 38–43, 45–47, 49, 52, 54–56, 61, 63, 65, 67–69, 71, 72, 75, 78, 80, 81, 86–90, 92, 93, 97, 99, 101, 103, 107, 109, 112, 114, 116–119, 121, 123–125, 128, 131, 132, 134, 137, 140, 142, 144, 146, 148, 149, 151, 153, 155, 157–159, 161–165, 168, 170, 171, 173, 177, 179, 180, 182–185, 189, 190, 192–194, 198–201, 203–207, 210–213, 215, 217, 219–230, 232, 234, 237, 238, 240–242, 244–247, 249, 251–254, 256
Nur durch, 177, 187, 189, 201, 244, 256
nutzen, 6, 25–27, 62, 90, 107, 116, 199, 201, 219, 230, 238, 239, 246
nutzte, 22, 81, 92, 113, 173, 179, 246, 250
nutzten, 61, 81, 135, 141
Nutzung von, 43, 54, 106, 124, 148, 155, 227, 235, 236
nächsten, 39, 129, 185, 192, 193

Nähe von, 124
näher beleuchtet, 114
nötigen Mittel können, 247

ob, 15, 28, 47, 48
oben, 85, 148
oder, 6, 7, 12, 15, 17, 28, 32, 33, 43, 47, 48, 51, 52, 76, 77, 89, 106, 110, 112, 124, 146–150, 193, 200, 210, 220, 226, 233, 235, 245, 247, 248, 254
offen, 29, 52
offenen, 53
offener, 12
offensichtlichen, 94, 240
offizielle, 71, 72, 158, 169, 186, 187
oft gab es Missverständnisse, 52
oft kam es zu, 98
ohne, 35, 38, 40, 48, 98, 139, 141, 143, 154, 165, 172, 181, 226, 250
organisieren, 33, 51, 98, 110, 112, 155, 165
organisiert, 31, 48, 55, 101, 147, 210
organisierte, 26, 27, 46, 48, 51, 81, 118, 165, 170, 173, 241
orientieren, 15
Orientierung, 221
Ort, 1, 14, 50

passte, 18
Paulo Freire, 190
performativen Aktivität, 43
personeller, 110
persönlich von, 16
persönliche, 12, 14, 19, 20, 28, 34, 45, 107, 147, 223, 250
Persönlichkeit erkunden, 18

Persönlichkeiten, 36
Persönlichkeiten spielt, 105
Petitionen, 238
physischen Erscheinung, 4
physisches Merkmal, 2
Phänomen betrachtet, 161
Phänomen wahrgenommen wurde, 42
Pierre Bourdieu, 117
Pilotprojekts, 163, 179
Plakate, 31
planen, 185, 235
plante, 71
Planung, 148
Planung gemeinsamer, 111
plötzlicher, 106
politische, 60, 62, 63, 72, 73, 75, 78, 80, 150, 164–166, 180, 183, 185, 187, 198, 201, 206, 210, 226, 238, 243
politischen, 20, 58, 59, 62, 63, 72, 101, 157, 161, 164–166, 168, 170, 172, 177, 178, 180, 183, 192, 194, 202, 206, 225, 228, 230, 232, 234, 235, 243, 244, 250
politischer, 16, 42, 56, 112, 141, 159, 168, 189, 239
positiven Aspekte der, 38, 89, 135, 148, 155
positiven Aspekte des kulturellen Einflusses, 113
positiven Aspekte des Zusammenhalts, 204
positiven Aspekte von, 20
positiven Auswirkungen, 220
positiven Auswirkungen von, 43
positiven Entwicklung, 154
positiven Ergebnissen, 153

positiven Reaktionen gab es auch, 59
positiven Resonanz gab es auch, 102
positiven Resonanz gab es erhebliche, 228
positiven Rolle, 177
potenzielle Unterstützer, 150
potenzielle Unterstützer von, 165
potenzieller, 62
Praktiken helfen ihr, 15
praktisch, 50
praktischen Implikationen, 182
praktizieren, 45
Praxis zeigen, 168
Prioritäten zu, 90
professionelle, 149
profitierte, 221
Prominente, 106, 107
prominente, 71, 86, 105, 107
Prominente bieten, 106
Prominente können, 105
prominenten Mitglied der, 81
prominenten Rednern, 184
prominenten Unterstützern, 134
prominentesten, 217
propagiert, 232
proportional, 210
Proteste, 154, 238
Proteste mit, 89
Prozess, 3, 39, 168
prägend, 3, 15, 155
prägnante, 61
prägt, 14, 112
prägte, 4, 51, 118
prägten, 3, 12, 14, 20, 34, 45, 75, 153, 220
Prägung, 2
psychische, 248
psychologischen, 29, 77, 82, 89, 233
pulsierendes Blau aus, 125

Putnam argumentiert, 203

qualitativ, 245
Quebec, 186
Quellen der, 43, 91
Quellen von, 18
quo, 59

Rahmen durchgeführt, 149
Rahmenbedingungen ständig ändern, 192
Rahmens, 112
Rat von, 64, 72
reagieren, 112
reagierte, 78, 79
Reaktionen, 38
Rechte oft mit, 187
Rechten befassen, 224
Rechten geht, 177
rechtlichen, 64, 172, 173
Reflexion darstellten, 60
Reflexion innerhalb, 73
regelmäßig, 46, 243
regelmäßige, 17, 27, 52, 151, 243
regelmäßigen, 116, 204
regelmäßiger, 205
Regierungsvertreter von, 163
reich, 14
reichten von, 173
Reichtum, 9, 14
Reichtum der, 7, 179
Reise, 8, 34, 45, 102
Reise zeigt, 221
Rekrutierung von, 35
renommierten, 62, 220
repressiven Maßnahmen, 53, 78
repräsentieren, 14, 126
repräsentiert, 16, 97
Resilienz behandelt, 81

Resilienz ihrer, 89
Resilienz innerhalb, 90
Resilienz von, 82
respektiert, 3, 49, 109, 112, 131, 175, 251
Respekts gegenüber, 32, 192
respektvolle, 7, 123, 132, 177
Ressourcen begrenzt, 148, 245
Ressourcen besser, 174
Ressourcen kann, 242
Ressourcen mit, 144
Ressourcen zu, 93
Ressourcenbereitstellung sind, 249
richten, 204, 250
Risiken, 248
Robert Putnam, 203
Rolle, 168
Rolle bei, 10, 16, 79, 98, 128, 198, 227, 238, 250
Rolle dabei, 54
Rolle spielen, 232
Rolle spielt, 238
Rückkehr, 118
Rückschlag, 154
Rückschlägen konfrontiert, 46

sah, 79
sah sich, 28, 109
sahen, 4, 59, 78, 162, 172, 175
sammelte, 19, 34, 54
sanft, 25
sanfte, 122
sanften Grüntönen, 125
sangen, 42
schaffen, 20, 30, 32, 38, 42, 45, 49, 53, 66, 116, 121, 125, 127, 143, 187, 192, 204, 217, 230, 233, 247, 249, 252
schafft, 45

Schau stellen, 15
Schicksal, 220
schienen, 76
schikaniert oder, 248
schimmernden Biolumineszenz, 19
schimmernden Licht, 2
schließlich, 33, 36, 89, 170, 249
Schließlich ist, 151, 165, 189
schloss, 4, 49
Schritt, 14, 22, 28, 32–34, 46, 47, 49, 52, 89, 109, 118, 125, 127, 131, 135, 137, 142, 163, 172, 182, 203, 211, 230, 251
Schule, 27
Schultag von, 12
Schutzschild wirken, 89
schwer, 122
Schwert, 107, 150
Schwert sein, 104
schwierigen Zeiten, 17
Schwierigkeiten, 34
Schwierigkeiten konfrontiert, 28
schätzen, 34, 221
Schüler, 33, 46
Schüler beider, 29
Schüler ermutigte, 30
Schüler gemeinsam, 256
Schüler geprägt, 33
Schüler gerecht zu, 29
Schüler Geschichten, 26
Schüler ihre, 26, 27
Schüler wechselten, 25
Schüler weiter, 26
Schülern, 27, 33, 45, 192, 256
Schülern ermöglichten, 25, 29
Schülervertretung, 26, 33
Schülervertretung zu, 22
schüren, 62, 78, 80

schützen, 116, 119, 171, 173, 189, 194, 206
sehen, 15, 226, 227, 233
Sehnsucht, 21
sei es durch, 17, 150, 233
sein, 89, 110
sein kann, 148
Seine, 107
seine, 36, 72, 107, 203
Seine Lehren, 20
seinem Werk "Die Sprache, 117
seinen Bann zieht, 45
seiner, 4, 15
Seiten, 9, 46, 141, 148
selbst, 38, 73, 75, 76, 83, 86–88, 90, 131, 155, 203, 220, 221, 254
Selbstbewusstsein, 15
Selbstfürsorge, 88
Selbstfürsorge kann zu, 87
Selbstfürsorge konnte, 93
Selbstfürsorge oft vernachlässigt, 86
Selbstfürsorge zu, 87
Selbstfürsorgepraktiken konnte, 88
Selbstvertrauen zu, 9
Selbstwertgefühl, 190
sensibilisieren, 114, 142, 146, 204
setzen, 62, 90, 193, 204
setzte, 54, 62, 143, 151, 223
setzten, 132, 150
sich, 2, 4, 6–8, 12–15, 18–23, 26–29, 32–44, 46–56, 58–62, 64, 65, 67, 69, 71–73, 75–78, 81, 82, 86, 88–93, 98, 99, 101–110, 112, 114, 116, 118, 119, 121, 123–126, 128, 132–137, 142, 146, 149, 150, 153, 155, 157–159,

164–166, 168–170, 172, 175, 177, 181, 184, 185, 188, 189, 192–194, 196, 199–201, 203–207, 209, 210, 216–219, 221, 222, 224–228, 230, 232–235, 237, 239, 242, 245–249, 251, 253, 254
sicher, 90, 131, 140, 150, 206
sichern, 161, 166, 170, 244
sicherstellte, 150
sichtbar, 142
Sidney Tarrow, 248
sie, 1–5, 7–9, 12–23, 26–29, 31–44, 47, 48, 53, 54, 62, 64, 69, 71–73, 75–77, 79, 81, 83, 84, 87–89, 92, 98, 104–107, 112, 113, 116–118, 123, 124, 134, 135, 142, 144, 151, 153, 155–157, 165, 166, 168, 173, 178, 179, 181, 182, 193, 194, 197, 199, 201, 205–207, 210, 211, 213, 216, 220–223, 226, 227, 229, 230, 232, 236, 239, 246–249, 252
Sie lernte, 34
Sie schuf, 36
Sieg, 182, 230
sieht sich, 204
signalisieren könnten, 127
signifikant, 40
sind, 1, 5, 8, 9, 14–17, 19–21, 36, 38, 40, 42–45, 47, 61–63, 69, 80, 84, 89, 90, 95, 99, 101, 113, 114, 116, 118, 119, 121–125, 127, 131, 135, 137, 146, 148, 151, 153, 157, 159, 164, 165, 177–179, 183, 185–189, 192, 194, 199–201, 203, 204, 206, 213, 216, 220, 223, 225, 227, 228, 234–240, 242, 244–249, 254
Sinne, 14
Skeptiker, 175
skeptisch, 35, 38, 51, 133, 162
sofort, 178
sogar Verhaftungen von, 165
solcher, 89, 91
solidarisierten, 184
Solidarität gab es zahlreiche, 55
Solidarität gegenüber, 55
solide, 140
sollte, 1, 14, 73, 118, 147, 175, 254
sollten, 19, 34, 38, 49, 55, 58, 88, 133, 146–148, 165, 174, 221, 256
sorgfältige Überlegung, 44
sorgfältigen Auswahl von, 101
sowie, 2, 34, 56, 82, 106, 127, 146, 168, 194, 199, 211, 222, 233, 240, 242
sowohl, 2, 4, 5, 15, 18, 28, 29, 34, 39, 43, 44, 46, 50, 52, 53, 58, 61, 62, 75, 78, 80, 84, 87, 90, 101, 105, 107, 110, 114, 121, 131, 133, 140, 147, 153, 163, 164, 166, 172, 173, 175, 178, 179, 187, 198, 201, 219, 224, 242, 246
soziale, 6, 17, 19, 25, 43, 60, 67, 72, 75, 81, 82, 84, 89, 92, 99, 102, 106, 110, 112, 114, 115, 117, 135, 144, 145,

150, 151, 179, 190, 197, 199, 201, 203, 206, 209, 213, 219, 221, 224–227, 229, 230, 238, 239, 244, 246, 248, 249
sozialem, 56
sozialen, 1, 2, 7, 14, 16, 17, 19, 32, 54, 58, 59, 63, 72, 73, 75, 78, 89, 90, 95, 101, 107, 109, 117, 128, 137, 146, 148, 149, 153, 155, 161, 162, 166, 173, 175, 203, 205, 206, 215, 216, 220, 224, 226, 227, 235–237, 242, 245, 248
sozialer, 71, 76, 112, 146, 188, 225, 246, 256
Soziologen wie, 248
Spaltungen führen, 89
Spaltungen innerhalb, 79
Spannungen führen, 106, 177
Spannungen führte, 48, 90
Spannungen innerhalb, 204
Spannungen mit, 90
Spannungen zwischen, 46, 78, 174, 178
spiegeln, 15, 245, 249
spiegelt, 119, 201
spiegelten, 58, 173
spielen, 1, 37, 61, 62, 101, 113, 146, 165, 166, 168, 177, 193, 220, 221, 232
spielt, 6, 10, 15, 30, 105, 122, 123, 127, 128, 135, 146, 155, 168, 189, 192, 194, 198, 215, 227, 236, 238, 239, 244, 246, 247, 256
spielte, 2, 9, 16, 19, 36, 56, 79, 90, 98, 103, 151

spielten, 18, 27, 29, 54, 140, 174, 180, 184, 229, 250
sprach, 16, 38, 41, 46, 162
Sprachaktivisten, 103
Sprachclub, 35
Sprachclub schließlich, 36
Sprachclub wurde, 34
Sprache von, 154
Sprachen, 5, 26, 28, 98, 179, 186, 198–200, 205, 241
sprachen, 98, 170
Sprachen beleuchten, 119
Sprachen miteinander, 129
Sprachgemeinschaften, 185, 202, 203
sprachlichen, 8, 17, 26, 28, 98, 99, 119, 129, 134, 158, 161, 194, 200, 206, 211, 224, 254
sprachlicher, 128, 200
Sprachrechte, 34, 36, 41, 47, 50, 57, 58, 62, 66, 67, 75, 92, 93, 99, 101, 102, 107–110, 114, 116, 127, 132, 137, 142, 145, 146, 148, 149, 151, 153, 155, 161, 163–166, 170, 173–175, 179, 181, 185, 189, 192, 194, 195, 198, 201–206, 213, 219–222, 224, 226, 228, 230, 232, 234, 242, 244–247, 253, 254
Sprachrechte betonten, 81
Sprachrechte dar, 73
Sprachrechte kann nicht, 246
Sprachrechten betonen, 226
Sprachrechten verändert, 232
Sprachrechtsbewegung, 190

Sprachrechtsbewegung auf, 132, 140, 144
Sprachrechtsbewegung von, 125, 134, 146, 153, 155
Sprachrechtskampagne umfassten, 138
Sprachunterricht bestehen, 129
sprechen, 40, 103
späteren Kampf, 9
Stadt, 147
Stadtzentrum von, 183
stammte, 19
stand, 220
starken Vorbildern, 221
starten, 238
statt, 4, 17, 48, 50, 101, 125, 162, 178, 182
stattfand, 49, 98, 149
stattfinden, 124
Staunens geprägt, 4
steht vor, 233
steigern, 54, 147
stellte, 4, 9, 16, 18, 21, 22, 26, 28, 29, 32, 36, 52, 64, 65, 72, 75, 76, 88, 90, 91, 93, 97, 101, 102, 107, 109–111, 113, 115, 121, 131, 134, 140, 141, 144, 148–150, 154, 181, 182
stellten, 62, 80, 161, 170, 174, 182
Stellung, 118
stetig, 36
Stiftungen, 242
Stil der, 40
Stimme, 164
Stimme effektiv, 34
Stimme verleiht, 82
Stimmen abgelehnt, 72

Stimmen der, 3, 21, 45, 137, 142, 180, 206, 249
Stimmen gehört, 112, 131, 132, 254
Stimmen stärken, 249
strahlende, 221
strahlenden, 1, 45
Strategie sein, 235
strategischen, 80, 93
strategischer Allianzen, 180
strategischer Ansätze, 217
strategischer Schritt, 107, 161
Streben nach, 193
stressigen Situationen kann es zu, 89
studierte, 39
Stunden, 90
Stunden damit, 19, 39
ständige, 52, 76, 200, 228, 243
stärken, 29, 32, 47, 54, 81, 82, 103, 118, 138, 150, 157, 170, 172, 173, 183–185, 194, 204, 220, 233, 236, 239, 241
stärken ihr, 15
stärken können, 90
stärkeren Bewegung, 67, 95
stärkeren interkulturellen Verständigung, 182
stärkeren Kohäsion innerhalb, 155
stärkt, 68, 203, 205
stärkte, 42, 88, 98, 115
stärkten, 20, 63, 92
stützen, 89
symbiotischen, 1
symbolisierten, 7
systematischen, 180
Säulen jeder, 245

Taktiken zu, 73
Tat umzusetzen, 52

Tausende von, 107, 254
Techniken, 223
Techniken erlernen, 67
technische, 28, 29, 150
Technologien konnten, 115
Technologische Barrieren stellen, 188
technologischen, 105, 123, 244
technologischer Barrieren, 127
Teil von, 17
Teilhabe von, 201
Teilnahme der, 243
teilnahmen, 154
Teilnehmerzahlen, 148
Teilung, 115
teuer, 122
Theda Skocpol beschrieben, 72
theoretischen, 20, 54, 66, 123, 125, 127, 137, 211, 252, 254
Theorien von, 56
tief, 7, 21, 32, 72, 80, 112, 118, 119, 122, 123, 133, 173, 180, 188, 247
tiefe, 127
Tiefe der, 122
tiefer, 12
tiefere, 4, 8, 39, 148, 199, 222
tiefgreifenden Austausch von, 5
tiefgreifenden Einfluss auf, 67, 198, 209, 234
Tonhöhe kombiniert, 127
Tonhöhe Traurigkeit, 127
traditionellen, 2, 51, 193
traditioneller, 174
Traditionen, 6, 16, 113
traf, 92
tragen, 8, 42, 148, 206, 227, 244
transportierten, 9
traten, 3, 78, 162

Traum dar, 68
Traurigkeit, 83, 122
Treffen klar, 50
Treffen zwischen, 110
treuen Verbündeten, 80
Triumphe, 183
trotz, 71, 90, 93, 150, 203
Trotz der, 4, 8, 15, 20, 43, 44, 48, 51, 55, 56, 59, 62, 67, 81, 89, 94, 95, 99, 102, 104, 106, 113, 135, 146, 148, 155, 163, 172, 174, 177, 179, 190, 194, 195, 204, 213, 216, 220, 225, 228, 229, 235, 239, 240, 245, 252
Trotz des positiven Feedbacks, 40
Trotz dieser, 46, 51, 90, 94, 98, 154, 172, 218
trugen, 18, 34, 36, 39, 42, 65, 101–103, 118, 142, 154, 173, 180, 184, 212
Träger von, 72, 117, 119, 162, 171
Träume, 18, 21–23, 43
Träumen begegnete, 21
Tänze aufgeführt, 6

Umarmung zeigte, 141
umfasst, 121, 164, 187, 188, 191, 198, 226, 242, 247, 249
umfasste, 28, 29, 101
umfassten, 48, 50, 71, 78, 102, 138, 166, 170, 171
Umfeld bewegen müssen, 40
Umfeld wie, 80
Umgang, 90, 111, 239
umgeben, 1, 2, 14, 19, 20, 141
Umgebungen sind, 124
Umweltziele oder, 110
umzugehen, 47, 81, 150, 155

umzusetzen, 22, 52
unbestreitbar, 146, 216, 225
und, 1–10, 12–23, 25–67, 69,
    71–73, 75–86, 88–93, 95,
    97–129, 131–138,
    140–151, 153–159,
    161–166, 168, 170–175,
    177–190, 192–195,
    197–207, 209–213,
    215–217, 219–230,
    232–240, 242–254, 256
Und wie, 14
Ungerechtigkeiten, 238
Ungerechtigkeiten kann zu, 76
Ungerechtigkeiten schärft, 246
ungleiche, 239
universelle, 5
universellen, 99, 223
uns, 128, 201, 256
unschätzbarem Wert, 90
unsere, 249
unserer, 10
unter, 33, 40, 55, 62, 107, 115, 132,
    181, 182, 240
untergraben, 106
untermauern, 222
unterrichtet, 182
unterrichtete, 27
unterrichteten, 246
Unterschiede der, 119, 121
Unterschiede respektierten und, 21
Unterschiede zwischen, 111, 123,
    174
unterschieden, 98
unterschiedliche, 12, 28, 38, 55, 101,
    111, 121, 126, 143, 150,
    164, 178
Unterschiedliche Arten können, 124

unterschiedlichen, 26, 52, 110, 113,
    173, 174, 222
unterschätzen, 99, 125, 199, 202,
    205, 223, 242
unterstreichen, 86, 87, 95, 125
unterstützen, 20, 106, 129, 148, 186,
    188, 189, 245, 249
Unterstützer frustrierte, 46
Unterstützers kann zu, 106
unterstützten, 46, 79, 223
Unterstützungsnetzwerk, 89
untersuchen, 61, 93, 112, 119, 123,
    135, 156, 199, 203, 235,
    240, 247
untersucht, 125, 127, 168, 183, 217
unverzichtbarer Bestandteil des
    Aktivismus, 205
unverzichtbarer Bestandteil des
    Kampfes, 137
unverzichtbarer Bestandteil ihres
    Aktivismus, 90
urbanisierten, 120

verabschiedet, 102, 158
verankern, 103
Veranstaltungen erleichtern, 238
Veranstaltungen gesammelt werden,
    148
Veranstaltungen nicht, 148
Veranstaltungen organisierte, 173
Veranstaltungen spielt, 146
Veranstaltungen zu, 165
Verantwortung, 249
verantwortungsbewusst, 239
verarbeiten, 89, 221
verbessern, 27, 148
verbindet, 22, 234
verbleibenden, 77, 81
verbrachte, 39

verbrachten, 19
verbreiten, 22, 28, 31, 43, 54, 61, 62, 73, 81, 90, 92, 101, 102, 105, 106, 113, 114, 144, 146, 155, 163, 166, 168, 200, 219, 227, 237–239, 244
verbreitete, 200
verbreiteten, 100, 150
Verbreitung von, 61, 79, 199, 201, 213, 217, 219, 229, 237, 239
verbuchen, 51, 63
verbundene, 194
verdeutlicht, 1, 15–18, 30, 46, 104, 117, 132, 133, 178, 210, 215, 239
verdeutlichte, 141
verdeutlichten, 33, 163, 184
vereint, 22, 58
verfolgten, 47, 49, 53, 73, 144
verfügen, 248
verfügte, 110
Vergangenheit, 232
Vergessenheit geraten können, 226
vergrößern, 93
Verhaftung von, 78
Verhandlungen, 158, 177–181
Verhandlungen mit, 102
verkündet, 154, 183
Verlauf von, 78
verleiht, 82
vermeiden, 48, 111, 150
vermitteln, 5, 9, 118, 121, 149, 153, 179, 190, 226
vermittelt, 39, 98, 126, 192, 199, 213
vermittelten, 39, 221
vermochten, 2
vernetzen, 20, 105

Vernetzung, 114
verringert wird, 210
versammelten, 50
verschiedene, 5, 17, 18, 31, 33, 36, 42, 44, 59, 84, 85, 87, 91, 106, 114, 121, 124, 135, 138, 150, 164, 166, 183, 191, 195, 198, 205, 215, 219, 223, 233, 243, 246, 252, 253
Verschiedene Hintergründe, 111
verschiedenen, 1, 6, 7, 9, 12, 13, 25–27, 32, 36, 44, 49, 55, 59, 61, 66, 71–73, 75, 82, 87, 89, 93, 97, 98, 101, 106, 107, 109, 111–114, 119, 123–126, 135, 137, 146, 150, 155, 157, 164, 174, 175, 178, 182–185, 192, 194, 197–199, 203, 206, 225, 229, 230, 239, 240, 247, 249, 256
verschwinden, 157, 226
versprach, 154
verstand, 20, 38, 49
verstehen, 4, 18, 21, 30, 34, 37, 39, 49, 71, 73, 97, 106, 123, 149, 151, 161, 166, 197, 204, 236
Verständigung, 154
Verständigung zwischen, 185
verstärkt, 45, 55, 73, 77
verstärkten, 136, 155, 168
versuchte, 3, 4, 12, 13, 53, 141
versuchten, 38
Vertrauen, 48
vertreten, 22, 76, 164, 165, 206, 249
Vertreter der, 162
verwandelt, 132

Index

verwendet, 6, 7, 31, 44, 126, 206
verwendete, 4, 13
verwendeten, 5, 9, 28, 29, 101, 125
verwirklichen, 22, 23, 187, 205, 256
verwurzelt, 7, 32, 112, 113, 118, 119, 123, 133, 188, 247
verwurzelten, 72, 80, 173, 180
verzerrt, 149
Verzweiflung, 83
verändern, 39, 155, 157, 190
verändert, 103, 232
veränderte, 180
Veränderung oft steinig, 22
Veränderungen, 21, 72, 194, 215, 220, 237, 240, 246, 248, 249
Veränderungen als, 114
Veränderungen anzupassen, 82
Veränderungen gemessen, 47
Veränderungen herbeizuführen, 16, 32, 34, 38, 86, 194, 209, 248
Veränderungen innerhalb, 157
Veränderungen sein, 157
Veränderungen unerlässlich ist, 155
Veränderungen unser, 189
Veränderungen voranzutreiben, 225, 249
Veröffentlichung, 62
Viele, 76, 187, 247
Viele Absolventen, 212
Viele Aktivisten, 233
Viele Biolumineszenten, 48, 143
Viele Biolumineszenz-Sprecher, 51
Viele der, 98
Viele Mitglieder der, 72
Viele Politiker, 172
Viele potenzielle Mitglieder waren, 35

Viele Regierungsvertreter sahen, 162
vielen Fällen sind, 245
vielen Fällen werden, 76, 248
vielen Gesellschaften auf, 201
vieler, 21, 82, 205, 206, 223, 232
Vielfalt, 200
vielfältig, 30, 47, 54, 91, 151, 230
vielfältige, 116, 131, 159, 168, 187, 198
vielschichtig, 43, 114, 121, 123, 132, 171, 173, 189, 244
vielschichtige, 237
vielsprachigen, 192
Vielzahl, 19
Vielzahl von, 5, 28, 52, 58, 71, 78, 98, 109, 164, 193
virale, 229
Visionen, 23, 50
Visionen leben, 206
visualisierte, 102
visuell, 121, 141
visuelle, 7, 22, 29, 44, 98, 124, 140, 142, 223
visuelles Spektakel, 45
voller, 15, 22, 37
von, 1–10, 12, 14–23, 25–56, 58–61, 63–65, 67–69, 71–73, 76–84, 86–93, 95, 97–99, 101–107, 109–119, 121, 123–125, 127, 129, 131–137, 140–144, 146–151, 153–155, 157–159, 161–166, 168, 170–173, 177–180, 182–185, 187, 188, 190, 192–194, 197–201, 203–207, 209–213, 215–217, 219–230, 232–240,

242–250, 252–254, 256
Von den, 199
voneinander, 26, 109
vor, 9, 12, 20–22, 26, 43, 44, 46, 51, 157, 162, 168, 172, 177, 182, 193, 197, 233, 247
Vor der, 180
voranbrachten, 94
vorantreibt, 116
voranzutreiben, 82, 107, 225, 249
Vorbereitung der, 163
Vorbilder aus, 220
vorbrachte, 162
Vordergrund, 230
Vordergrund rücken, 232
Vorfahren bewahren, 38
Vorfahren umfasst, 247
Vorfall, 165
vorherrschenden, 32, 76, 228
vorkamen, 25
vorkommen, 124
Vorreiterin, 206
Vorschlag, 33, 72
Vorschlag ab, 46
Vorschläge von, 249
Vorteil der, 199
Vorurteile gegenüber, 12, 62, 188
vorzustellen, 61

wachsende, 203
Wahrheit, 150
Wahrnehmung, 4, 15, 53, 80, 149, 155, 168, 249
Wandels, 72, 248
wandte Jyn verschiedene, 91
war, 1–5, 9, 12–14, 16–22, 25–29, 32–35, 37–43, 45–53, 55, 58, 60, 62, 64, 67, 71–73, 75, 78–81, 84, 86, 88–92, 95, 98, 99, 102–104, 107, 109–115, 118, 125, 131–133, 137–144, 148–150, 153–155, 161–164, 166, 168–175, 177–180, 182, 185, 211, 213, 219–223, 225, 229, 238, 243, 245–247, 250, 251
waren, 2–5, 9, 12, 14, 17–23, 25, 27, 29, 30, 34–36, 38, 39, 41–43, 47, 48, 51–54, 58, 67, 71, 72, 78, 80, 83, 87, 90, 91, 101, 102, 105, 114, 118, 131–134, 139, 141–143, 149, 150, 153, 155, 161, 163–165, 170, 172–174, 179–184, 200, 224, 225, 228, 230, 233, 251
Webinare und, 238
weckten, 32, 36
weil, 164
Weise, 2, 25, 27, 29, 41, 105, 111, 112, 117, 124, 151, 168, 199, 232
weiter, 26, 36, 46, 77, 79, 90, 102, 155, 157, 163, 170, 206, 207, 228, 239, 252
weitere, 65, 110, 111, 132, 149, 183, 185, 227
weiteren Erfolge der, 142
weiteren Konferenzen und, 103
weiteren Mobilisierung, 185
weiteren Repressionen, 46
weiteren Verlauf des Kampfes, 54
weiteren Verlauf ihres Aktivismus, 41
weiterentwickelt, 166, 199, 206

weiterer, 12, 22, 26, 33, 46, 49, 52, 53, 64, 115, 122, 131, 138, 147, 154, 174, 179, 188, 227, 238, 243, 246
Weitergabe von, 159
weitergeben, 227
weitergegeben, 2, 17, 226
weiterhin, 116
weiterhin Generationen von, 207, 235
weiterhin von, 105
weitertragen sollten, 38
weiterzuentwickeln, 148, 232
Wellen geschlagen, 206
Welt, 207
Weltanschauung, 119
Wende erklärte, 134
Wendepunkt dar, 154
weniger, 110, 120, 177, 200, 248
wenn Aktivisten sich, 101
Wenn beispielsweise, 147
wenn die, 4
Wenn Konflikte mit, 17
Wenn Prominente sich, 106
wenn sich, 254
wenn äußere, 89
Wer bin ich, 14
wer sie, 15
werden, 2, 3, 6, 9, 16, 17, 22, 23, 29, 32, 34, 40, 43, 47, 49, 50, 54, 55, 61, 65, 66, 68, 69, 75, 76, 79, 82, 84, 88, 93, 97, 101, 104–106, 109, 112, 114, 116, 118, 119, 122–127, 129, 131, 132, 135, 137, 140, 146–150, 153, 155, 157, 159, 169, 170, 173–175, 177, 180, 183, 187, 190–195, 198–200, 202, 203, 206, 211, 213, 215, 217, 219, 221, 224–226, 230, 232, 235, 237–240, 242–252, 254
Werkzeug, 43, 103
Wert der, 21
Werte, 19, 197
Werten der, 33
Wertschätzung, 205
wertvolle, 47, 56, 63, 86, 95, 99, 151, 179, 236
Wesen, 28
Wesen konnte, 18
Wesen miteinander, 199
wesentlicher Bestandteil des Aktivismus, 95, 185
wesentlicher Bestandteil des Erfolgs, 67
wesentlicher Bestandteil des individuellen, 112
wesentlicher Bestandteil des Selbstkonzepts, 16
wesentlicher Bestandteil ihres Aktivismus, 223
wesentlicher Bestandteil von, 213
wesentlicher Faktor, 137
Wettbewerb, 53
wichtig, 9, 20, 31, 34, 47, 53, 65, 71, 81, 88, 89, 91, 98, 106, 107, 147, 150, 153, 159, 161, 166, 168, 177, 189, 204, 221, 233, 237, 240, 244, 248, 251, 252
wichtige Punkte, 181
wichtigen, 142, 155
wichtiger Aspekt der, 115, 138, 179, 227

wichtiger Aspekt des Aktivismus, 238
wichtiger Aspekt ist, 147
wichtiger Aspekt von, 22
Widerstandsfähigkeit, 81
Widerstände auf, 162
widriger, 93
wie, 3, 9, 12–15, 17, 18, 20, 29, 31, 33, 34, 38, 39, 41, 43, 46, 48, 49, 52, 53, 55, 61, 64, 65, 69, 72, 73, 77, 80, 81, 84, 88–91, 93, 101, 105–107, 110–112, 114, 117, 118, 120, 124, 127, 137, 150, 151, 153, 159, 162, 168, 172, 179, 180, 189, 197–199, 201, 205, 210, 215, 216, 219–221, 225–227, 232, 237, 238, 243, 248
wies darauf hin, 72
wir hinterlassen, 226
wir sicherstellen, 201
wird der, 43
wird deutlich, 73, 117
wird Jyns kreativer Ausdruck zu, 45
wird von, 6, 206
Wirksamkeit und, 242
Wirksamkeit von, 63
Wirkung zeigt, 144
Wissen, 65
Wissen zu, 238
wissenschaftlichen, 4
Wissensvermittlung, 256
Wohlbefinden, 88
wollte, 49, 52, 222
Workshops, 204
Worte, 9
wuchs, 36, 46

wurde oft als, 161
wurde schnell, 45
wurde somit zu, 75
wurde von, 131, 179
wurden, 1–3, 7, 8, 12, 19–22, 25, 32, 34, 41, 48, 50, 54, 55, 59, 65, 77, 79, 81, 83, 90, 98, 101, 104, 112, 114, 116, 124, 131, 132, 138, 140–142, 150, 151, 153–155, 163, 165, 171–173, 175, 180, 182–184, 191, 198, 199, 206, 209, 210, 212, 223, 233, 251, 253
wusste, 39
wächst, 14
Während, 72, 162
während, 4, 5, 7, 13, 15, 41, 43, 51, 56, 62, 72, 79, 84, 91, 116, 122, 124, 127, 149, 154, 165, 168, 181–183, 201, 204, 210, 222, 223, 238, 239
Während sie, 107
Wünschen der, 107
würde, 23
würde aus, 47
würden, 71
würden sich, 54
würdigen, 185

zahlreiche, 4, 55, 75, 94, 98, 103, 133, 148, 179, 181, 190, 195, 206, 240, 245, 252
zahlreichen Schwierigkeiten verbunden, 187
zahlreichen Stimmen, 211
Zeichen, 125

Zeichen integrierte, 22
zeigen, 9, 55, 65, 66, 101, 107, 127, 168, 183, 220, 232, 251
zeigt, 31, 222
zeigt Jyn, 118
zeigte Jyn, 20
zeigten, 36
Zeit jedoch, 134
Zeit spielt, 244
Zeit wird deutlich, 90
Zeiten, 76, 82, 89, 155, 221
Zeiten des Rückschlags, 52
Zeitung, 62
Zeitungen, 57
zentrale, 30, 127, 146, 153, 184, 193, 221, 232, 239
zentraler, 3, 7, 14, 17, 18, 43, 65, 99, 112, 114, 117, 129, 131, 147, 148, 161, 192, 219, 226
zentrales Anliegen, 150, 196
zentrales Designelement, 141
Zentrum der, 34
Ziele, 19, 47, 49, 50, 53–55, 73, 86, 98, 99, 110, 114, 116, 138, 144, 146, 147, 155, 177, 179, 189, 204, 239, 242
Ziele abhängt, 178
Ziele der, 48, 137, 148
Ziele effektiver zu, 103
Ziele erreichen, 116
Ziele klar, 52
Ziele konzentrieren, 101
Ziele langfristig erreicht, 244
Ziele oder, 89
Ziele von, 103
Zielgruppe zugänglich sein als, 147
Zielgruppen ist, 149
Ziels, 55

zielten darauf ab, 211
zitierte, 38, 162
zog, 42, 46, 49, 61, 101, 107
zogen, 72
Zorak, 19, 20
zu, 2–7, 9, 12–23, 25–55, 57–59, 61, 62, 64–67, 69, 71–73, 75–82, 84–93, 95, 97–107, 110–129, 131–135, 137, 138, 141–151, 153–155, 157, 159, 161–166, 168, 170–175, 177–185, 187–194, 196–206, 209–212, 215–217, 219–230, 232–254, 256
Zu den, 94
Zudem, 43
Zudem gab es, 141
Zudem kann der, 220
Zudem wird, 194
zueinander, 1
Zugehörigkeitsgefühl, 14
zugrunde, 71, 82
Zuhörer, 41, 222, 223
Zuhörer auf, 41
zukünftige Aktivistin, 18
zukünftige Kooperationen schaffen, 116
zukünftige Veranstaltungen noch stärker auf, 148
zukünftige Veranstaltungen zu, 148
zum, 12, 14, 28, 34, 41, 47, 49, 69, 119, 179, 183, 185, 245, 253
Zunahme der, 132
zunehmen, 239
Zunächst, 133, 171
zunächst, 164, 178

Zunächst einmal, 32
Zunächst gab es, 230
zur, 6, 8, 13–17, 22, 34, 36, 40–42, 44, 46–49, 52, 53, 62, 64, 66, 71, 81, 82, 84, 88, 91–93, 98, 102–104, 109, 111, 115, 117–119, 122, 124, 125, 127, 132, 135, 140, 142, 144, 146–149, 151, 153, 154, 158, 162–164, 168–173, 175, 178, 179, 181, 184, 185, 187, 190, 198, 199, 204, 206, 210, 212, 213, 217, 224, 233, 235, 239, 241, 243, 245, 251–254, 256
zusammen, 55, 98, 180, 251
Zusammenarbeit, 54, 55, 67, 85, 93, 95, 101, 109–111, 114–116, 121, 153, 198, 203, 213, 227, 256
Zusammenarbeit hochgehalten, 9
Zusammenarbeit kann eine, 177
Zusammenarbeit konnte, 33
zusammenarbeiten konnten, 29
zusammenbrachte, 114
Zusammenfassend lässt sich, 18, 23, 34, 39, 56, 60, 62, 67, 90, 99, 101, 103, 109, 116, 128, 132, 134, 137, 157, 166, 168, 175, 185, 194, 201, 207, 219, 221, 227, 232, 237, 239, 249, 251
Zusammenhalt gefördert, 205
Zusammenhalt ist, 203, 205
Zusammenhalt oft durch, 203
Zusammenhang mit, 18
Zusammenleben der, 119
Zusammenstößen mit, 79
zusammenzuhalten, 90
zusammenzustehen, 90
Zuschüssen von, 233
zuständigen Behörden, 164
Zusätzlich gab es, 35
Zusätzlich gibt, 245
Zusätzlich können, 104
zuvor wenig über, 33, 153
zwischen, 1, 4, 5, 9, 12, 21, 22, 25, 28, 42, 46, 49, 58, 78, 79, 97, 98, 101, 102, 106, 109–112, 114, 117, 118, 120, 122, 123, 131, 141, 153, 161, 164, 168, 174, 178, 185, 187, 199, 200, 204, 222, 244, 246
zögerlichen, 187

Ältesten der, 1
Ängste, 173, 174
Ängsten, 175
Ära spielt, 227
Öffentlichkeit spielt, 135
Öffentlichkeit zugänglich sein, 44
Öffentlichkeitsarbeit, 149–151, 165
Ökosystem, 1
Überleben, 89
Überleben einer, 119
Überlegungen als, 140
Übersetzer, 123
Übersetzungssystem entwickelt, 101
ähnliche, 16, 21, 26, 33, 47, 49, 53, 67, 73, 98, 124, 144, 172, 182, 229
ältere, 149, 247
älteren Mitgliedern, 51
älterer, 149
äußerte sich, 165

öffentliche, 4, 46, 48, 55, 58, 71, 79, 80, 106, 125, 132, 137, 149, 151, 154, 155, 164–166, 168, 173, 179, 180, 183, 246, 249, 250
öffentlichem Druck, 158
öffentlichen, 7, 20, 27, 31, 38–41, 79, 83, 132, 135, 142, 148, 158, 166, 174, 188, 209, 250
öffentlicher, 166, 170, 180
über, 2, 3, 5, 8, 13, 20, 22, 27, 28, 33, 36, 39, 41, 43, 46, 47, 52, 57, 59, 61, 62, 67, 71, 72, 79, 89, 90, 98, 102, 107, 110, 115, 121, 131, 132, 134, 141, 144, 149, 151, 153, 155, 162, 164, 168, 174, 178, 180, 182, 184, 203, 205, 217, 227–230, 232, 238, 244, 245, 248, 250, 252, 253
überbetont, 32, 246
überdachten, 154
überfordert, 77
überraschenden, 134
übersehen, 84, 124, 159, 247
übertragen, 61, 122, 199, 238
überwachen, 251
überwiegen, 221
überwältigend, 46, 76, 182
überzeugende, 35
überzeugenden Argumente, 72